D1546277

SCRIPTORVM CLASSICORVM
BIBLIOTHECA OXONIENSIS

OXONII

E TYPOGRAPHEO CLARENDONIANO

HOMERI

OPERA

RECOGNOVIT
BREVIQVE ADNOTATIONE CRITICA INSTRVXIT

THOMAS W. ALLEN

TOMVS V

HYMNOS CYCLVM FRAGMENTA MARGITEN
BATRACHOMYOMACHIAM VITAS CONTINENS

OXONII
E TYPOGRAPHEO CLARENDONIANO

*This book has been printed digitally and produced in a standard specification
in order to ensure its continuing availability*

OXFORD
UNIVERSITY PRESS

Great Clarendon Street, Oxford OX2 6DP

Oxford University Press is a department of the University of Oxford.
It furthers the University's objective of excellence in research, scholarship,
and education by publishing worldwide in

Oxford New York

Auckland Cape Town Dar es Salaam Hong Kong Karachi
Kuala Lumpur Madrid Melbourne Mexico City Nairobi
New Delhi Shanghai Taipei Toronto
With offices in
Argentina Austria Brazil Chile Czech Republic France Greece
Guatemala Hungary Italy Japan South Korea Poland Portugal
Singapore Switzerland Thailand Turkey Ukraine Vietnam

Oxford is a registered trade mark of Oxford University Press
in the UK and in certain other countries

Published in the United States
by Oxford University Press Inc., New York

ISBN 978-0-19-814534-9

PRAEFATIO

IN tomo hoc quinto opera quae sub Homeri nomine feruntur conclusimus, scilicet hymnos, Cycli epici fragmenta, Batrachomyomachiam, quibus, id quod his ducentis annis in Britannia vix factum est, vitas Homeri accedere iussimus. Hymnorum traditioni nonnulla addidimus, Batrachomyomachiae pauca, Vitarum satis multa. quae ut omnia Academiae Oxoniensis munificentiae accepta referimus ita quae ex Hispanis bibliothecis eruimus debentur Mauricii de Bunsen Regis Britannici apud aulam Hispaniensem oratoris amplissimi summae humanitati, qua aditus patefactus est nobis cum in thesauros Matritenses tum in Scorialenses in tutela patrum reverendorum Augustinianorum feliciter adservatos

Davamus in Aula Reginae in urbe Oxonia die XXVII *mensis Iulii anno salutis* MDCCCCXI.

v

IN HOC LIBRO CONTINENTVR

HYMNI

Post tres hymnorum editiones iam quartam mihi
paranti illud propositum erat ut remotis recentiorum
coniecturis ad codicum fidem quam maxime auctorem
revocarem. etenim post primos atque faciles anony-
morum qui editionis principis bina exempla adnotave-
runt, eius qui codicem Γ correxit, fortasse et illius qui
codicem S confecit, Chalcondylae, Casauboni, Martini
conatus, quibus aperti scribarum errores sanati sunt,
defuit Musa criticis. unum fetum vel duo feliciter
peperit Josua Cantabrigiensis, unum Pierson, unum
si dis placet Samuel Clarke; at renascentibus post
Moscoviensis codicis inventionem his studiis dira
passi sunt hymni. doctrinam sane contulerunt
Ruhnken, Ilgen, Matthiae, optime de lectoribus meruit
Baumeister: textum vero quae saeculo inerat tradi-
tionis inscitia pessum dederunt, superati tamen ipsi
a programmatum scriptoribus ducem vitae diam Igno-
rantiam secutis. collegit demum centum annorum
monstra Eugenius Abel a. 1886. melius fateor egit
eodem anno Gemoll, ut qui satis multa perspexerit.
septem post annis poetam nos Eduardi Sikes eximia
rerum grammaticarum metricarum divinarum scientia
muniti in statum magis suum restituimus. quod qui
dubitaverit conferat iubeo editionem Gemollii cum illa
quae Londinii apud Macmillanos a. 1904 prodiit. nunc
cum quod et omnibus et mihi potissimum dolen-
dum est ab hisce curis se receperit collega meus Canta-
brigiensis, codicum lectionum etiam purius exhibenda-
rum muneri solus incubui, quoniam persuasum habui
praeter locos paucos ubi voces quasi in elementa sua

discesserint, quae quidem felici arte iterum conciliave-
runt saeculi xvi et xvii critici, poetarum verba satis sin-
cera propagata esse. quippe et mutandi causam librariis
defuisse, neque in sermone epico recentiore peregrinita-
tem quas apud tragicos turbas dedisse. supellectili cri-
ticae accesserunt si non multa tamen nonnulla. codicem
Matritensem munificentia aucti academiae Oxoniensis
contulimus, quo facto ut testimonium Bethianum
plerisque locis confirmaverimus ita iam licet Isaaco
Casaubon neque Constantino Lascari laudem corre-
ctionis κρισσαίων (h. Apoll. 446) adserere. praeterea
codicem Monacensem a S. Riezler excussum contu-
limus. Bruxellensem ab E. Ouverleaux accuratissime
exscriptum inspeximus, neque non codices Parisinum
suppl. 1095 et Ven. 456 relegimus idque cum fructu.
notas quasdam marginales editionis principis Venetiis
ix. 37 signatae exscripsimus, quae et cum familia
y et cum lectore codicis Γ maximam habent cogna-
tionem : similia et ab H. Hollander in exemplo
editionis principis Laur. 32. 7 observata adiecimus.
ex editione Stephani academiae Cantabrigiensis in-
venta quaedam excerpsimus Casauboni, quibus laudem
recentioribus aliquibus praeripit. ad hymnum qui
in Cererem est praesto fuit papyrus Orphica Bero-
linensis. L⁴R³ contulerunt viri amicissimi caelo gau-
dentes nobis feliciore. cetera e nostris collationibus in
usum Alfredi Goodwin praeceptoris nostri olim factis
sciat lector desumpta esse.

   Cum autem ut iam dictum est saeculorum post
Christum natum xviii et xix inventa pleraque eiceri-
mus, tamen a viris doctis hodiernis multa licuit reci-
pere : egregia enim eaque invidenda felicitate invene-
runt Tyrrell, Postgate, Agar, Marx, Tucker : hic
autem intercedente Eduardo Sikes et coniecturarum
seriem praeclaram obtulit. ita factum est ut seniorum
mendis iuniores medeantur.

HYMNORVM CODICES

1. A = Parisinus 2763. chart. mm. 220 × 146, ff. 244, s. xv.
cont. Orphei Arg. hymn., Proculi Callimachi (ff. 91-129) Homeri
hymnos iii–xxxiii, Moschi Ἔρως δραπέτης, Musaei Her. Leandr.,
Hesiodum, Theocritum.

2. At = Athous in monasterio Vatopedi 587. chart. in fol.
s. xv. cont. Sophoclis Aiac. Electr. O. T., Euripidis Hec. Or.
Phoen., (ff. 191-218) Homeri hymnos iii-xxxiii, Callimachum.
hymnorum lectiones edidit M. Constantinides *Classical Review*
1894, 341 sqq.

3. B = Parisinus 2765. chart. mm. 192 × 139, ff. 58, s. xv.
cont. Orphei Proculi (ff. 23-58) Homeri hymnos iii-xxxiii,
Moschi Ἔρως.

4. C = Parisinus 2833. membr. mm. 243 × 147, ff. 214, s. xv.
cont. Theocr., (ff. 44-85) Homeri hymnos iii-xxxiii, Moschi
Ἔρως, Musaei Her. Leand., Dionysii Cosmogr., Theognidem,
Phocylidem.

5. D = Ambrosianus 120 B 98 sup. membr. mm. 255 × 180,
ff. 227, s. xv. cont. Apollonii Argonautica, Batrachomyomachiam,
Herodoti vitam Hom., Maximi Tyrii opuscula (ff. 178-209),
Homeri hymnos iii-xxxiii, Callim.

6. E = Estensis 164 iii E 11. chart. mm. 292 × 203, ff. 93,
s. xv. cont. Apollonii Argonaut., Callimachi (ff. 50-84) Homeri
hymnos iii-xxxiii. in calce γεώργιος ὁ οὐάλλα (corr. in βάλλας)
πλακεντῖνος ἔγραψε.

7. G = Vaticanus Reginae Suec. 91. chart. mm. 292 × 202,
ff. 350, s. xvi. cont. Odysseam, Batrachomyomach., hymnos
iii-xxxiii, scilicet eadem quae editionis principis tomus alter.

8. Γ = Bruxellensis 74 (11377-11380). chart. mm. 202 × 145,
ff. 94, s. xvi. cont. Theognidem, (ff. 27-63) Homeri hymnos iii-
xxxiii, Moschi Ἔρως, Orphei Proculi hymnos. f. 95 ἀριστοβούλου
χειρὸς ἐκ διακόνου | ὕμνοι ὁμήρου λάβον ἄξιον ὕμνου πέρας. contulit
E. Ouverleaux.

HYMNORVM CODICES

9. H = Harleianus 1752. chart. mm. 230 × 160, ff. 191, s. xv.
cont. (ff. 2–5) Homeri hymnos viii–xviii h. Apoll. 1–55, Orphei
hymnos Argonaut., Lycophronem, Pindari Ol. Pyth. Nem.

10. J = Estensis 51 ii B. 14. chart. mm. 216 × 152, ff. 264,
s. xv. cont. Arati Phaenomena, Tzetzis περὶ ποιητῶν, (ff. 55–64)
Homeri hymnos viii–xviii h. Apoll. 1–185 om. 184, Hesiodi
Theog. Scut., Lycophronem, Pindari Pyth.

11. K = Laur. 31. 32. membr. mm. 269 × 185, ff. 55, s. xv.
cont. Hesiodi Scut. Theog, (ff. 25–30) Homeri hymnos viii–
xviii h. Apoll. 1–185 om. 184, Arati Phaenomena.

12. L¹ = Laur. 32. 45. membr. mm. 267 × 178, ff. 170, s. xv.
cont. Apollonii Argonaut., Orphei (ff. 144–170) Homeri hymnos
iii–vii. 33.

13. L² = Laur. 70. 35. membr. mm. 252 × 178, ff. 109, s. xv.
cont. Herodoti vit. Hom , Gorgiae encomium Helenae, Orphei
Argon. hymnos, Proculi (ff. 68–103) Homeri hymnos iii–xxxiii,
Moschi Ἔρως, Musaei Heron. Leandr. manu scriptus est Ioannis
Scutariotae.

14. L³ = Laur. 32. 4. chart. mm. 407 × 229, ff. 476, s. xv.
cont Iliad. Odyss. (ff. 450–476) hymnos iii–xxxiii. manu scriptus
est Ioannis Rhosi.

15. L⁴ = Laur. Aedil. 220. chart. mm. 256 × 175, ff. 90, s. xv.
cont. Orphei Argonaut. hymnos, Proculi Homeri hymnos
iii–xxxiii, Moschi Ἔρως, Musaei Her. Leandr. manu scriptus
est Ioannis Scutariotae. contulit Hieronymus Vitelli.

16. L⁵ = marginalia atque correctiones editionis principis
Laur. 32. 7. vulgavit Hollander, *Ueber die neu bekannt ge-
wordenen Handschriften der homerischen Hymnen* 1895, ff. 10,
11.

17. M = Leidensis 22 xviii 33 H. chart. mm. 293 × 210,
ff. 50, s. xiv. cont. ff. 1–30 Iliadis Θ 435–N 134, 31–50 Homeri
hymnos i. 10–xviii. 4.

18. Mon. = Monacensis 333. chart. mm. 230 × 155, ff. 110,
s. xv–xvi. cont. Orphei Argon. hymnos, Proculi (ff. 72–90)
Homeri hymnos iii–iv 192, Herodoti vit. Hom., contulit S.
Riezler.

19. N = Leidensis 28. xviii. 74 C. membr. mm. 230 × 168,
ff. 111, s. xv. cont. Orphei Argon. hymnos (ff. 53–104) Homeri

hymnos iii–xxxiii, Proculi hymnos, Moschi Ἔρως, Musaei Her. Leand.

20. O = Ambrosianus 845 C 10 inf. chart. mm. 216 × 128, ff. 143, s. xv–xvi. cont. Platonis Cratylum, Orphei Argon. hymnos, Proculi (ff. 127–143) Homeri hymnos iii–iv 80.

21. P = Vaticanus Palat. 179. membr. mm. 255 × 165, ff. 140 s. xv. cont. Herodoti vit. Hom., Gorgiae encomium Helenae, Orphei Argon. hymn., Proculi (ff. 86–129) Homeri hymnos iii–xxxiii, Moschi Ἔρως, Musaei Heron. Leand.

22. Π = Parisinus suppl. graec. 1095. chart. mm. 335 × 228 ff. 280, s. xv. cont. Iliadem (ff. 225–245) Homeri hymnos iii–xxxiii,Callimachi Orphei Proculi hymnos, Batrachomyomachiam.

23. Q = Ambrosianus 734 S 31 sup. chart. mm. 230 × 158, ff. 320, s. xv. cont. Orphei Proculi (ff. 39–89) Homeri hymnos iii–xxxiii, Moschi Ἔρως, Callimachum, Pindari Ol. Pyth.

24. R¹ = Riccardianus 53 K ii 13. membr. mm. 223 × 143, ff. 106, s. xv. cont. Orphei Argon. hymnos, Proculi (ff. 61–99) Homeri hymnos iii–xxxiii, Moschi Ἔρως, Musaei Heron. Leand. manu scriptus est Ioannis Rhosi.

25. R² = Riccardianus 52 K ii 14. membr. mm. 214 × 144, ff. 73, s. xv. cont. Orphei Proculi (ff. 31–72) Homeri hymnos iii–xxxiii, Moschi Ἔρως. manu scriptus est Ioannis Scutariotae.

26. R³ = Riccardianus 3195 (nunc 3020). chart. mm. 198 × 140, ff. 85, a. 1494. cont. Batrachomyomachiam (ff. 6, 7) Homeri hymnos ix, xii, xiii, miscell. manu scriptus est Bartolomaei Comparini. contulit A. Olivieri.

27. S = Vaticanus 1880. chart. mm. 230 × 165, ff. 266. s. xv–xvi. cont. ff. 1–8 (s. xv) h. Apoll. 1–357, (a. 1503) miscell.

28. T = Matritensis 4562 = 24. chart. mm. 280 × 180, ff. 136, a. 1466. cont. Musaei Her. Leand., Orphei Argon. hymnos, (ff. 56–83) Homeri hymnos iii–xxxiii, Callimachum, epigrammata f. 100 v. κτῆμα κωνσταντίνου τοῦ λασκάρεως ἐν μεδιολάνῳ ὑπ' αὐτοῦ ἐκγραφέν. ͵ᾱ ῡ ξ̄ δ.

29. V¹ = Venetus 456. membr. mm. 311 × 252, ff. 541. s. xv. cont. Iliadem, Quint. Smyrn., Odysseam (ff. 509–534), hymnos iii–xxxiii.

30. V² = marginalia editionis principis Ven. ix. 37 tomi alterius.

FAMILIAE

p = A B C Γ G L² L³ L⁴ Mon. N O P Q R¹ R² V¹.

x = E L¹ Π T.

y = marginalia E L¹ Π T interdum et in textu reperta, maxime in E T.

z = H J K.

𝔭 = papyrus Orphica Berolinensis 44 (*Berliner Klassikertexte*, 1907, 7 sqq.) in qua nonnulli hymni ii versus citantur.

Casauboni coniecturas sumpsimus ex H. Stephani Poetarum heroicorum exemplo in bibliotheca academiae Cantabrigiensis Nn. v. 17 notato : in fronte exstat *Isaacus Casaubonus* eadem qua adversaria manu.

Jacobi Philippi D'Orville adversaria e commentariis illius in bibliotheca Bodleiana Dorv. 216 (17094) ol. Auct. X. 1. 6. 27 notatis vulgavimus J. Phil. xxv. 250 sqq.

v. Hollander *Die handschriftliche Ueberlieferung der homerischen Hymnen* 1886, *Zur Ueberlieferung der hom. Hymnen* Hermes 1891. 170, 636 *Ueber den Codex Estensis der hom. Hymnen* Neue Jahrbb. f. Phil. 1892, 544, *Ueber die neu bekannt gewordenen Handschriften der hom. Hymnen* 1895 : praeterea J. H. S. 1895, 138 sqq., ed. Hymnorum 1904 xiii sqq.

ΟΜΗΡΟΥ ΥΜΝΟΙ

I. *Fragmenta Hymni in Bacchum*

Versus 1-9 citantur a Diodoro III, 66. 3 ; 8, 9 tantum ib. I, 15. 7,
IV, 2. 4, schol. Apoll. Rhod. II, 1211, Eudoc. 932, p. 406.

οἱ μὲν γὰρ Δρακάνῳ σ', οἱ δ' Ἰκάρῳ ἠνεμοέσσῃ
φάσ', οἱ δ' ἐν Νάξῳ, δῖον γένος εἰραφιῶτα,
οἱ δέ σ' ἐπ' Ἀλφειῷ ποταμῷ βαθυδινήεντι
κυσαμένην Σεμέλην τεκέειν Διὶ τερπικεραύνῳ,
ἄλλοι δ' ἐν Θήβῃσιν ἄναξ σε λέγουσι γενέσθαι   5
ψευδόμενοι· σὲ δ' ἔτικτε πατὴρ ἀνδρῶν τε θεῶν τε
πολλὸν ἀπ' ἀνθρώπων κρύπτων λευκώλενον Ἥρην.
ἔστι δέ τις Νύσῃ ὕπατον ὄρος ἀνθέον ὕλῃ
τηλοῦ Φοινίκης σχεδὸν Αἰγύπτοιο ῥοάων

hic incipit fol. xxxi codicis M

καί οἱ ἀναστήσουσιν ἀγάλματα πόλλ' ἐνὶ νηοῖς.   10
ὡς δὲ τάμεν τρία, σοὶ πάντως τριετηρίσιν αἰεὶ
ἄνθρωποι ῥέξουσι τεληέσσας ἑκατόμβας.
ἦ καὶ κυανέῃσιν ἐπ' ὀφρύσι νεῦσε Κρονίων·
ἀμβρόσιαι δ' ἄρα χαῖται ἐπερρώσαντο ἄνακτος
κρατὸς ἀπ' ἀθανάτοιο, μέγαν δ' ἐλέλιξεν Ὄλυμπον.   15
ὣς εἰπὼν ἐκέλευσε καρήατι μητίετα Ζεύς.
ἵληθ' εἰραφιῶτα γυναιμανές· οἱ δέ σ' ἀοιδοὶ
ᾄδομεν ἀρχόμενοι λήγοντές τ', οὐδέ πῃ ἔστι

8 κέρας pro ὄρος scholiasta Apollonii sed cf. Ap. Rh. iv. 282
ἀνθέον (ἔνθεον MSS.) ὕλᾳ Alcman 58. 1   10 οἱ] sc. Semelae   11 ὡς
δέ, τὰ μὲν τρίασοι πάντως M   τάμεν (secuit) nos   16 ἐπένευσε
Ruhnken, sed cf. Ψ 642 Ω 326

1

σεῖ' ἐπιληθόμενῳ ἱερῆς μεμνῆσθαι ἀοιδῆς.
καὶ σὺ μὲν οὕτω χαῖρε Διώνυσ' εἰραφιῶτα,
σὺν μητρὶ Σεμέλῃ ἥν περ καλέουσι Θυώνην.

ΙΙ. Εἰς Δημήτραν

Δήμητρ' ἠΰκομον σεμνὴν θεὰν ἄρχομ' ἀείδειν,
αὐτὴν ἠδὲ θύγατρα τανύσφυρον ἣν Ἀϊδωνεὺς
ἥρπαξεν, δῶκεν δὲ βαρύκτυπος εὐρυόπα Ζεύς,
νόσφιν Δήμητρος χρυσαόρου ἀγλαοκάρπου
παίζουσαν κούρῃσι σὺν Ὠκεανοῦ βαθυκόλποις,   5
ἄνθεά τ' αἰνυμένην ῥόδα καὶ κρόκον ἠδ' ἴα καλὰ
λειμῶν' ἂμ μαλακὸν καὶ ἀγαλλίδας ἠδ' ὑάκινθον
νάρκισσόν θ', ὃν φῦσε δόλον καλυκώπιδι κούρῃ
Γαῖα Διὸς βουλῇσι χαριζομένη πολυδέκτῃ
θαυμαστὸν γανόωντα, σέβας τότε πᾶσιν ἰδέσθαι   10
ἀθανάτοις τε θεοῖς ἠδὲ θνητοῖς ἀνθρώποις·
τοῦ καὶ ἀπὸ ῥίζης ἑκατὸν κάρα ἐξεπεφύκει,
κῶζ' ἥδιστ' ὀδμή, πᾶς δ' οὐρανὸς εὐρὺς ὕπερθε
γαῖά τε πᾶσ' ἐγέλασσε καὶ ἁλμυρὸν οἶδμα θαλάσσης.
ἡ δ' ἄρα θαμβήσασ' ὠρέξατο χερσὶν ἅμ' ἄμφω   15
καλὸν ἄθυρμα λαβεῖν· χάνε δὲ χθὼν εὐρυάγυια
Νύσιον ἂμ πεδίον τῇ ὅρουσεν ἄναξ πολυδέγμων
ἵπποις ἀθανάτοισι Κρόνου πολυώνυμος υἱός.
ἁρπάξας δ' ἀέκουσαν ἐπὶ χρυσέοισιν ὄχοισιν

19 ἐπιλαθόμενοι Μ, ἐπιληθόμενον Ruhnken cl. vii. 59. vel ex hoc vel ex alio hymno versum
αὐτῇσι σταφυλῇσι μελαίνῃσιν κομόωντες
sumpsit Crates ἐν δευτέρῳ Ἀττικῆς διαλέκτου ap. Athen. 653 Β (p. 65 Wachsmuth) : quidni et fr. homericum xxiv. p. 150 βαρύβρομα θωύσσοντες hinc venerit? 21 ἥν καλέουσι Μ corr. m. p.
ΙΙ. *codex* : Μ. Τιτ. τοῦ αὐτοῦ ὕμνοι εἰς τὴν δήμητραν litteris rubris Μ
1 δημήτηρ' Μ corr. Ruhnken (cf. 315)   2 και τανυσφορον ειπει[ν] Philodem. Voll. Herc. vi. col. vii. 157 Gomperz *Sgb. Ak. Wien.* 1890.
29   7 λειμῶνα μαλακὸν Μ corr. Hermann (ἂν Ruhnken)   8 ἔφυσε Ilgen cl. 428   καλυκώπιδι—12 ἀπὸ ῥί = 𝔭 c. 4. 12-16   10 τότε Μ : ὅτε 𝔭 : τό γε Goodwin   13 κῶδις τ' ὀδμῇ Μ corr. Tyrrell   17, 18 = 𝔭 c. 5. 1-3   18 ἀθανάτα[ισι 𝔭

ἦγ' ὀλοφυρομένην· ἰάχησε δ' ἄρ' ὄρθια φωνῇ   20
κεκλομένη πατέρα Κρονίδην ὕπατον καὶ ἄριστον.
οὐδέ τις ἀθανάτων οὐδὲ θνητῶν ἀνθρώπων
ἤκουσεν φωνῆς, οὐδ' ἀγλαόκαρποι ἐλαῖαι,
εἰ μὴ Περσαίου θυγάτηρ ἀταλὰ φρονέουσα
ἄϊεν ἐξ ἄντρου Ἑκάτη λιπαροκρήδεμνος,   25
Ἠέλιός τε ἄναξ Ὑπερίονος ἀγλαὸς υἱός,
κούρης κεκλομένης πατέρα Κρονίδην· ὁ δὲ νόσφιν
ἧστο θεῶν ἀπάνευθε πολυλλίστῳ ἐνὶ νηῷ
δέγμενος ἱερὰ καλὰ παρὰ θνητῶν ἀνθρώπων.
τὴν δ' ἀεκαζομένην ἦγεν Διὸς ἐννεσίῃσι   30
πατροκασίγνητος πολυσημάντωρ πολυδέγμων
ἵπποις ἀθανάτοισι Κρόνου πολυώνυμος υἱός.
ὄφρα μὲν οὖν γαῖάν τε καὶ οὐρανὸν ἀστερόεντα
λεῦσσε θεὰ καὶ πόντον ἀγάρροον ἰχθυόεντα
αὐγάς τ' ἠελίου, ἔτι δ' ἤλπετο μητέρα κεδνὴν   35
ὄψεσθαι καὶ φῦλα θεῶν αἰειγενετάων,
τόφρα οἱ ἐλπὶς ἔθελγε μέγαν νόον ἀχνυμένης περ·
ἤχησαν δ' ὀρέων κορυφαὶ καὶ βένθεα πόντου
φωνῇ ὑπ' ἀθανάτῃ, τῆς δ' ἔκλυε πότνια μήτηρ.
ὀξὺ δέ μιν κραδίην ἄχος ἔλλαβεν, ἀμφὶ δὲ χαίταις   40
ἀμβροσίαις κρήδεμνα δαΐζετο χερσὶ φίλῃσι,
κυάνεον δὲ κάλυμμα κατ' ἀμφοτέρων βάλετ' ὤμων,
σεύατο δ' ὥς τ' οἰωνὸς ἐπὶ τραφερήν τε καὶ ὑγρὴν
μαιομένη· τῇ δ' οὔ τις ἐτήτυμα μυθήσασθαι
ἤθελεν οὔτε θεῶν οὔτε θνητῶν ἀνθρώπων,   45
οὔτ' οἰωνῶν τις τῇ ἐτήτυμος ἄγγελος ἦλθεν.
ἐννῆμαρ μὲν ἔπειτα κατὰ χθόνα πότνια Δηὼ
στρωφᾶτ' αἰθομένας δαΐδας μετὰ χερσὶν ἔχουσα,
οὐδέ ποτ' ἀμβροσίης καὶ νέκταρος ἡδυπότοιο

28 πολυκλίστῳ M corr. Ruhnken cl. h. Ap. 347 ε 445   33-36 = p
c. 5. 3-6.   35 ἔτι ἤλπετο p   37 lacunam post h. v. statuit Her-
mann, sed cf. 127, 315, 445, h. Herm. 110, T 80 et de re Galen. vi.
106, x. 275 K.   49 ἢ δεπότοιο M corr. Ruhnken cl. ο 507

πάσσατ' ἀκηχεμένη, οὐδὲ χρόα βάλλετο λουτροῖς. 50
ἀλλ' ὅτε δὴ δεκάτη οἱ ἐπήλυθε φαινολὶς Ἠὼς
ἤντετό οἱ Ἑκάτη σέλας ἐν χείρεσσιν ἔχουσα,
καί ῥά οἱ ἀγγελέουσα ἔπος φάτο φώνησέν τε·
πότνια Δημήτηρ ὡρηφόρε ἀγλαόδωρε
τίς θεῶν οὐρανίων ἠὲ θνητῶν ἀνθρώπων 55
ἥρπασε Περσεφόνην καὶ σὸν φίλον ἤκαχε θυμόν;
φωνῆς γὰρ ἤκουσ', ἀτὰρ οὐκ ἴδον ὀφθαλμοῖσιν
ὅς τις ἔην· σοὶ δ' ὦκα λέγω νημερτέα πάντα.
ὣς ἄρ' ἔφη Ἑκάτη· τὴν δ' οὐκ ἠμείβετο μύθῳ
Ῥείης ἠϋκόμου θυγάτηρ, ἀλλ' ὦκα σὺν αὐτῇ 60
ἤϊξ' αἰθομένας δαΐδας μετὰ χερσὶν ἔχουσα.
Ἠέλιον δ' ἵκοντο θεῶν σκοπὸν ἠδὲ καὶ ἀνδρῶν,
στὰν δ' ἵππων προπάροιθε καὶ εἴρετο δῖα θεάων·
Ἠέλι' αἴδεσσαί με θεὰν σύ περ, εἴ ποτε δή σευ
ἢ ἔπει ἢ ἔργῳ κραδίην καὶ θυμὸν ἴηνα. 65
κούρην τὴν ἔτεκον γλυκερὸν θάλος εἴδεϊ κυδρὴν
τῆς ἀδινὴν ὄπ' ἄκουσα δι' αἰθέρος ἀτρυγέτοιο
ὥς τε βιαζομένης, ἀτὰρ οὐκ ἴδον ὀφθαλμοῖσιν.
ἀλλὰ σὺ γὰρ δὴ πᾶσαν ἐπὶ χθόνα καὶ κατὰ πόντον
αἰθέρος ἐκ δίης καταδέρκεαι ἀκτίνεσσι, 70
νημερτέως μοι ἔνισπε φίλον τέκος εἴ που ὄπωπας
ὅς τις νόσφιν ἐμεῖο λαβὼν ἀέκουσαν ἀνάγκῃ
οἴχεται ἠὲ θεῶν ἢ καὶ θνητῶν ἀνθρώπων.
ὣς φάτο, τὴν δ' Ὑπεριονίδης ἠμείβετο μύθῳ·
Ῥείης ἠϋκόμου θυγάτηρ Δήμητερ ἄνασσα 75
εἰδήσεις· δὴ γὰρ μέγα ἅζομαι ἠδ' ἐλεαίρω
ἀχνυμένην περὶ παιδὶ τανυσφύρῳ· οὐδέ τις ἄλλος
αἴτιος ἀθανάτων εἰ μὴ νεφεληγερέτα Ζεύς,

50 πᾶσατ' M corr. Ruhnken   51 φαινόλη M corr. Ruhnken cl. Sapph. 95   55, 56 = p c. 7. 3-5   55 θεὸς οὐράνιος p   56 ἤπα]φε θυμόν p   64 θέας ὕπερ M corr. Ludwich cl. 116   70 καταδέρκεται M   71 ὄπωπεν M corr. Ruhnken   72 ἐμοῖο M corr. Ruhnken   76 μέγα σ' Ruhnken, sed cf. Hes. Theog. 532, Theogn. 280

4

ὃς μιν ἔδωκ' Ἀΐδῃ θαλερὴν κεκλῆσθαι ἄκοιτιν
αὐτοκασιγνήτῳ· ὁ δ' ὑπὸ ζόφον ἠερόεντα   80
ἁρπάξας ἵπποισιν ἆγεν μεγάλα ἰάχουσαν.
ἀλλὰ θεὰ κατάπαυε μέγαν γόον· οὐδέ τι σὲ χρὴ
μὰψ αὕτως ἄπλητον ἔχειν χόλον· οὔ τοι ἀεικὴς
γαμβρὸς ἐν ἀθανάτοις πολυσημάντωρ Ἀϊδωνεὺς
αὐτοκασίγνητος καὶ ὁμόσπορος· ἀμφὶ δὲ τιμὴν   85
ἔλλαχεν ὡς τὰ πρῶτα διάτριχα δασμὸς ἐτύχθη·
τοῖς μεταναιετάει τῶν ἔλλαχε κοίρανος εἶναι.
   Ὣς εἰπὼν ἵπποισιν ἐκέκλετο, τοὶ δ' ὑπ' ὁμοκλῆς
ῥίμφ' ἔφερον θοὸν ἅρμα τανύπτεροι ὥς τ' οἰωνοί·
τὴν δ' ἄχος αἰνότερον καὶ κύντερον ἵκετο θυμόν.   90
χωσαμένη δ' ἤπειτα κελαινεφέϊ Κρονίωνι
νοσφισθεῖσα θεῶν ἀγορὴν καὶ μακρὸν Ὄλυμπον
ᾤχετ' ἐπ' ἀνθρώπων πόλιας καὶ πίονα ἔργα
εἶδος ἀμαλδύνουσα πολὺν χρόνον· οὐδέ τις ἀνδρῶν
εἰσορόων γίγνωσκε βαθυζώνων τε γυναικῶν   95
πρίν γ' ὅτε δὴ Κελεοῖο δαΐφρονος ἵκετο δῶμα,
ὃς τότ' Ἐλευσῖνος θυοέσσης κοίρανος ἦεν.
ἕζετο δ' ἐγγὺς ὁδοῖο φίλον τετιημένη ἦτορ
Παρθενίῳ φρέατι ὅθεν ὑδρεύοντο πολῖται
ἐν σκιῇ, αὐτὰρ ὕπερθε πεφύκει θάμνος ἐλαίης,   100
γρηῒ παλαιγενέϊ ἐναλίγκιος, ἥ τε τόκοιο
εἴργηται δώρων τε φιλοστεφάνου Ἀφροδίτης,
οἷαί τε τροφοί εἰσι θεμιστοπόλων βασιλήων
παίδων καὶ ταμίαι κατὰ δώματα ἠχήεντα.
τὴν δὲ ἴδον Κελεοῖο Ἐλευσινίδαο θύγατρες   105
ἐρχόμεναι μεθ' ὕδωρ εὐήρυτον ὄφρα φέροιεν
κάλπισι χαλκείῃσι φίλα πρὸς δώματα πατρός,
τέσσαρες ὥς τε θεαὶ κουρήϊον ἄνθος ἔχουσαι,

83 cf. Paus. ii. 28. 4 γαμβρὸν οὐ μεμπτόν, Aph. 136   87 μετά-
ναίεται M corr. Voss   98 τετιημένος M corr. Ruhnken   99 πὰρ
θείῳ φρέατι Wolf: φρείατι Παρθενίῳ Porson : πὰρ φρέατ' Ἀνθείῳ Tucker
107 φίλου Matthiae et 180

5

Καλλιδίκη καὶ Κλεισιδίκη Δημώ τ' ἐρόεσσα
Καλλιθόη θ', ἣ τῶν προγενεστάτη ἦεν ἁπασῶν·   110
οὐδ' ἔγνων· χαλεποὶ δὲ θεοὶ θνητοῖσιν ὁρᾶσθαι.
ἀγχοῦ δ' ἱστάμεναι ἔπεα πτερόεντα προσηύδων·
Τίς πόθεν ἐσσὶ γρηὺ παλαιγενέων ἀνθρώπων;
τίπτε δὲ νόσφι πόληος ἀπέστιχες οὐδὲ δόμοισι
πίλνᾳς; ἔνθα γυναῖκες ἀνὰ μέγαρα σκιόεντα   115
τηλίκαι ὡς σύ περ ὧδε καὶ ὁπλότεραι γεγάασιν,
αἵ κέ σε φίλωνται ἠμὲν ἔπει ἠδὲ καὶ ἔργῳ.

Ὣς ἔφαθ', ἡ δ' ἐπέεσσιν ἀμείβετο πότνα θεάων·
τέκνα φίλ' αἵ τινές ἐστε γυναικῶν θηλυτεράων
χαίρετ', ἐγὼ δ' ὑμῖν μυθήσομαι· οὔ τοι ἀεικὲς   120
ὑμῖν εἰρομένῃσιν ἀληθέα μυθήσασθαι.
†Δὼς ἐμοί γ' ὄνομ' ἐστί· τὸ γὰρ θέτο πότνια μήτηρ·
νῦν αὖτε Κρήτηθεν ἐπ' εὐρέα νῶτα θαλάσσης
ἤλυθον οὐκ ἐθέλουσα, βίῃ δ' ἀέκουσαν ἀνάγκῃ
ἄνδρες λῃστῆρες ἀπήγαγον. οἱ μὲν ἔπειτα   125
νηὶ θοῇ Θορικὸν δὲ κατέσχεθον, ἔνθα γυναῖκες
ἠπείρου ἐπέβησαν ἀολλέες ἠδὲ καὶ αὐτοὶ
δεῖπνον ἐπηρτύνοντο παρὰ πρυμνήσια νηός·
ἀλλ' ἐμοὶ οὐ δόρποιο μελίφρονος ἤρατο θυμός,
λάθρῃ δ' ὁρμηθεῖσα δι' ἠπείροιο μελαίνης   130
φεῦγον ὑπερφιάλους σημάντορας, ὄφρα κε μή με
ἀπριάτην περάσαντες ἐμῆς ἀποναίατο τιμῆς.
οὕτω δεῦρ' ἱκόμην ἀλαλημένη, οὐδέ τι οἶδα
ἥ τις δὴ γαῖ' ἐστὶ καὶ οἵ τινες ἐγγεγάασιν.

109 cf. ℙ c. 4. 2, 3 καλλιόπης δὲ καὶ κλ[ει]σι[δί]κης καὶ Δαμ[ω]-
ν[άσ]σης   109, 110 Paus. i. 38. 3 τὰ δὲ ἱερὰ τοῖν θεοῖν Εὔμολπος καὶ
αἱ θυγατέρες δρῶσιν αἱ Κελεοῦ· καλοῦσι δὲ σφᾶς Πάμφως τε κατὰ ταὐτὰ
καὶ Ὅμηρος Διογένειαν καὶ Παμμερόπην καὶ τρίτην Σαισάραν   112 δ'
add. Ruhnken   115 πίλνᾳς M : πίλνασαι Voss : πιλνᾷ Hermann
117 φίλωνται M corr. Voss   118 ἔφαν Voss   119 φίλα· τίνες M
corr. Fontein   120 οὔτι M   121 εἰρομένοισιν M   122 Δωσὼ
Passow : Δωρὶς Ruhnken : Δμωὶς Mitscherlich : Δωὶς Hermann, Bechtel :
Δωὰς Hermann : Δηὼ Fontein : Δὼς μὲν Brunck   132 ἀπονοίατο M
corr. Ruhnken   134 ἐκγεγάασιν M corr. Ruhnken

ΕΙΣ ΔΗΜΗΤΡΑΝ

ἀλλ' ὑμῖν μὲν πάντες 'Ολύμπια δώματ' ἔχοντες   135
δοῖεν κουριδίους ἄνδρας καὶ τέκνα τεκέσθαι
ὡς ἐθέλουσι τοκῆες· ἐμὲ δ' αὖτ' οἰκτείρατε κοῦραι

προφρονέως φίλα τέκνα τέων πρὸς δώμαθ' ἴκωμαι
ἀνέρος ἠδὲ γυναικός, ἵνα σφίσιν ἐργάζωμαι
πρόφρων οἷα γυναικὸς ἀφήλικος ἔργα τέτυκται·   140
καί κεν παῖδα νεογνὸν ἐν ἀγκοίνῃσιν ἔχουσα
καλὰ τιθηνοίμην καὶ δώματα τηρήσαιμι
καί κε λέχος στορέσαιμι μυχῷ θαλάμων εὐπήκτων
δεσπόσυνον καί κ' ἔργα διαθρήσαιμι γυναικός.

Φῆ ῥα θεά· τὴν δ' αὐτίκ' ἀμείβετο παρθένος ἀδμὴς   145
Καλλιδίκη Κελεοῖο θυγατρῶν εἶδος ἀρίστη·

Μαῖα θεῶν μὲν δῶρα καὶ ἀχνύμενοί περ ἀνάγκῃ
τέτλαμεν ἄνθρωποι· δὴ γὰρ πολὺ φέρτεροί εἰσιν.
ταῦτα δέ τοι σαφέως ὑποθήσομαι ἠδ' ὀνομήνω
ἀνέρας οἷσιν ἔπεστι μέγα κράτος ἐνθάδε τιμῆς,   150
δήμου τε προύχουσιν, ἰδὲ κρήδεμνα πόληος
εἰρύαται βουλῇσι καὶ ἰθείῃσι δίκῃσιν.
ἠμὲν Τριπτολέμου πυκιμήδεος ἠδὲ Διόκλου
ἠδὲ Πολυξείνου καὶ ἀμύμονος Εὐμόλποιο
καὶ Δολίχου καὶ πατρὸς ἀγήνορος ἡμετέροιο   155
τῶν πάντων ἄλοχοι κατὰ δώματα πορσαίνουσι·
τάων οὐκ ἄν τίς σε κατὰ πρώτιστον ὀπωπὴν
εἶδος ἀτιμήσασα δόμων ἀπονοσφίσσειεν,
ἀλλά σε δέξονται· δὴ γὰρ θεοείκελός ἐσσι.

εἰ δὲ θέλεις, ἐπίμεινον, ἵνα πρὸς δώματα πατρὸς   160
ἔλθωμεν καὶ μητρὶ βαθυζώνῳ Μετανείρῃ

---

137 ἔμ' αὖτ' Fontein : ἐμὲ δ' οἰκτείρατε Ilgen : ἐμοὶ δ' αὖτ' εἴπατε
Cobet. lacunam statuimus cuius sententia fuerit τοῦτο δέ μοι σαφέως
ὑποθήκατε ὄφρα πύθωμαι cl. 149   138 τέως pro τέων Ruhnken
141 ἔχουσα ex ἔχουσιν M m. p.   144 διαθήσαιμι γυναικὸς M corr.
Bothe : διδασκήσαιμι γυναῖκας Voss : διασκήσαιμι διαθλήσαιμι
Ignarra : διαντλήσαιμι Mitscherlich   153 ἢ μὲν...ἢ δὲ 154 ἢ δὲ M
corr. Matthiae   154 Pausanias i. 38. 2 Ὁμήρῳ δὲ ἐς μὲν τὸ γένος ἐστὶν
οὐδὲν αὐτοῦ πεποιημένον, ἐπονομάζει δὲ ἀγήνορα ἐν τοῖς ἔπεσι τὸν Εὐμολ-
πον, unde ἀγήνορος hic ἀμύμονος 155 Ruhnken

7

εἴπωμεν τάδε πάντα διαμπερές, αἴ κέ σ’ ἀνώγῃ
ἡμέτερον δ’ ἰέναι μηδ’ ἄλλων δώματ’ ἐρευνᾶν.
τηλύγετος δέ οἱ υἱὸς ἐνὶ μεγάρῳ εὐπήκτῳ
ὀψίγονος τρέφεται, πολυεύχετος ἀσπάσιός τε.   165
εἰ τόν γ’ ἐκθρέψαιο καὶ ἥβης μέτρον ἵκοιτο
ῥεῖά κέ τίς σε ἰδοῦσα γυναικῶν θηλυτεράων
ζηλώσαι· τόσα κέν τοι ἀπὸ θρεπτήρια δοίη.
   Ὣς ἔφαθ’· ἡ δ’ ἐπένευσε καρήατι, ταὶ δὲ φαεινὰ
πλησάμεναι ὕδατος φέρον ἄγγεα κυδιάουσαι.   170
ῥίμφα δὲ πατρὸς ἵκοντο μέγαν δόμον, ὦκα δὲ μητρὶ
ἔννεπον ὡς εἶδόν τε καὶ ἔκλυον. ἡ δὲ μάλ’ ὦκα
ἐλθούσας ἐκέλευε καλεῖν ἐπ’ ἀπείρονι μισθῷ.
αἱ δ’ ὥς τ’ ἢ ἔλαφοι ἢ πόρτιες ἤαρος ὥρῃ
ἄλλοντ’ ἂν λειμῶνα κορεσσάμεναι φρένα φορβῇ,   175
ὣς αἱ ἐπισχόμεναι ἑανῶν πτύχας ἱμεροέντων
ἤϊξαν κοίλην κατ’ ἀμαξιτόν, ἀμφὶ δὲ χαῖται
ὤμοις ἀΐσσοντο κροκηΐῳ ἄνθει ὁμοῖαι.
τέτμον δ’ ἐγγὺς ὁδοῦ κυδρὴν θεὰν ἔνθα πάρος περ
κάλλιπον· αὐτὰρ ἔπειτα φίλα πρὸς δώματα πατρὸς   180
ἡγεῦνθ’, ἡ δ’ ἄρ’ ὄπισθε φίλον τετιημένη ἦτορ
στεῖχε κατὰ κρῆθεν κεκαλυμμένη, ἀμφὶ δὲ πέπλος
κυάνεος ῥαδινοῖσι θεᾶς ἐλελίζετο ποσσίν.
αἶψα δὲ δώμαθ’ ἵκοντο διοτρεφέος Κελεοῖο,
βὰν δὲ δι’ αἰθούσης ἔνθα σφίσι πότνια μήτηρ   185
ἧστο παρὰ σταθμὸν τέγεος πύκα ποιητοῖο
παῖδ’ ὑπὸ κόλπῳ ἔχουσα νέον θάλος· αἱ δὲ παρ’ αὐτὴν
ἔδραμον, ἡ δ’ ἄρ’ ἐπ’ οὐδὸν ἔβη ποσὶ καί ῥα μελάθρου
κῦρε κάρη, πλῆσεν δὲ θύρας σέλαος θείοιο.
τὴν δ’ αἰδώς τε σέβας τε ἰδὲ χλωρὸν δέος εἷλεν·   190
εἷξε δέ οἱ κλισμοῖο καὶ ἑδριάασθαι ἄνωγεν.

174 αἴδ’ ὥς τοι M corr. Brunck   εἴαρος Ruhnken; cf. 401   180 φίλου
Matthiae ut 107   182 κατ’ ἄκρηθεν M corr. Ruhnken   183 θεῆς M
corr. Ruhnken

ἀλλ' οὐ Δημήτηρ ὡρηφόρος ἀγλαόδωρος
ἤθελεν ἑδριάασθαι ἐπὶ κλισμοῖο φαεινοῦ,
ἀλλ' ἀκέουσα ἔμιμνε κατ' ὄμματα καλὰ βαλοῦσα,
πρίν γ' ὅτε δή οἱ ἔθηκεν Ἰάμβη κέδν' εἰδυῖα   195
πηκτὸν ἕδος, καθύπερθε δ' ἐπ' ἀργύφεον βάλε κῶας.
ἔνθα καθεζομένη προκατέσχετο χερσὶ καλύπτρην·
δηρὸν δ' ἄφθογγος τετιημένη ἧστ' ἐπὶ δίφρου,
οὐδέ τιν' οὔτ' ἔπεϊ προσπτύσσετο οὔτε τι ἔργῳ,
ἀλλ' ἀγέλαστος ἄπαστος ἐδητύος ἠδὲ ποτῆτος   200
ἧστο πόθῳ μινύθουσα βαθυζώνοιο θυγατρός,
πρίν γ' ὅτε δὴ χλεύῃς μιν Ἰάμβη κέδν' εἰδυῖα
πολλὰ παρασκώπτουσ' ἐτρέψατο πότνιαν ἁγνὴν
μειδῆσαι γελάσαι τε καὶ ἵλαον σχεῖν θυμόν·
ἣ δή οἱ καὶ ἔπειτα μεθύστερον εὔαδεν ὀργαῖς.   205
τῇ δὲ δέπας Μετάνειρα δίδου μελιηδέος οἴνου
πλήσασ', ἣ δ' ἀνένευσ'· οὐ γὰρ θεμιτόν οἱ ἔφασκε
πίνειν οἶνον ἐρυθρόν, ἄνωγε δ' ἄρ' ἄλφι καὶ ὕδωρ
δοῦναι μίξασαν πιέμεν γλήχωνι τερείνῃ.
ἣ δὲ κυκεῶ τεύξασα θεᾷ πόρεν ὡς ἐκέλευε·   210
δεξαμένη δ' ὁσίης ἕνεκεν πολυπότνια Δηὼ

τῇσι δὲ μύθων ἦρχεν ἐΰζωνος Μετάνειρα·
    Χαῖρε γύναι, ἐπεὶ οὔ σε κακῶν ἄπ' ἔολπα τοκήων
ἔμμεναι ἀλλ' ἀγαθῶν· ἐπί τοι πρέπει ὄμμασιν αἰδὼς
καὶ χάρις, ὡς εἴ πέρ τε θεμιστοπόλων βασιλήων.   215
ἀλλὰ θεῶν μὲν δῶρα καὶ ἀχνύμενοί περ ἀνάγκῃ
τέτλαμεν ἄνθρωποι· ἐπὶ γὰρ ζυγὸς αὐχένι κεῖται.
νῦν δ' ἐπεὶ ἵκεο δεῦρο, παρέσσεται ὅσσα τ' ἐμοί περ.
παῖδα δέ μοι τρέφε τόνδε, τὸν ὀψίγονον καὶ ἄελπτον

192 ὡρηφόρος M corr. Ruhnken   196 κῶα M corr. Ruhnken
202 χλεύης M corr. Ruhnken   203 παρασκώπτουσα τρέψατο M corr.
Voss   205 ἤδη M, ἔβαδεν M corr. Ruhnken   207 οἱ] τοι M
corr. Matthiae   211 lacunam statuimus cuius sententia fuerit ἔκπιεν,
ἡ δὲ λαβοῦσα δέπας θέτο ἔνθ' ἀνδειρε   pro ἕνεκεν ἔλαχεν Schaefer :
ἐπέβη Voss   πίε πότνια Franke

ὤπασαν ἀθάνατοι, πολυάρητος δέ μοί ἐστιν.   220
εἰ τόν γε θρέψαιο καὶ ἥβης μέτρον ἵκοιτο
ἦ ῥά κέ τίς σε ἰδοῦσα γυναικῶν θηλυτεράων
ζηλώσαι· τόσα κέν τοι ἀπὸ θρεπτήρια δοίην.
Τὴν δ' αὖτε προσέειπεν ἐϋστέφανος Δημήτηρ·
καὶ σὺ γύναι μάλα χαῖρε, θεοὶ δέ τοι ἐσθλὰ πόροιεν.   225
παῖδα δέ τοι πρόφρων ὑποδέξομαι ὥς με κελεύεις·
θρέψω, κού μιν ἔολπα κακοφραδίῃσι τιθήνης
οὔτ' ἄρ' ἐπηλυσίη δηλήσεται οὔθ' ὑποτάμνον·
οἶδα γὰρ ἀντίτομον μέγα φέρτερον ὑλοτόμοιο,
οἶδα δ' ἐπηλυσίης πολυπήμονος ἐσθλὸν ἐρυσμόν.   230
Ὣς ἄρα φωνήσασα θυώδεϊ δέξατο κόλπῳ
χερσίν τ' ἀθανάτοισι· γεγήθει δὲ φρένα μήτηρ.
ὣς ἡ μὲν Κελεοῖο δαΐφρονος ἀγλαὸν υἱὸν
Δημοφόωνθ', ὃν ἔτικτεν ἐΰζωνος Μετάνειρα,
ἔτρεφεν ἐν μεγάροις· ὁ δ' ἀέξετο δαίμονι ἶσος   235
οὔτ' οὖν σῖτον ἔδων, οὐ θησάμενος ⟨γάλα μητρὸς⟩
                         Δημήτηρ
χρίεσκ' ἀμβροσίῃ ὡς εἰ θεοῦ ἐκγεγαῶτα,
ἡδὺ καταπνείουσα καὶ ἐν κόλποισιν ἔχουσα·
νύκτας δὲ κρύπτεσκε πυρὸς μένει ἠΰτε δαλὸν
λάθρα φίλων γονέων· τοῖς δὲ μέγα θαῦμ' ἐτέτυκτο   240
ὡς προθαλὴς τελέθεσκε, θεοῖσι δὲ ἄντα ἐῴκει.
καί κέν μιν ποίησεν ἀγήρων τ' ἀθάνατόν τε
εἰ μὴ ἄρ' ἀφραδίῃσιν ἐΰζωνος Μετάνειρα
νύκτ' ἐπιτηρήσασα θυώδεος ἐκ θαλάμοιο
σκέψατο· κώκυσεν δὲ καὶ ἄμφω πλήξατο μηρὼ   245
δείσασ' ᾧ περὶ παιδὶ καὶ ἀάσθη μέγα θυμῷ,

220 πολυήρατος M corr. Ruhnken   228 ἐπηλσίησι δηλήσεται οὔθ' ὑποταμνὸν M : ἐπηλυσίη Ruhnken, cl. Herm. 37   pro ὑποταμνὸν ὑποταμνῶν Ignarra : οὔτε τομαῖον Voss : ὑπόθαμνον et ὀρόδαμνος commendat Buecheler. subcidens vermis est   229 ὑλοτόμοιο] οὐλοτόμοιο Voss. et silvicida vermis   236 θησάμενος δημήτηρ M. lacunam a Mitscherlichio statutam explevit Hermann, cf. Herm. 267   237 ἀλλά μιν ἡματίη μὲν ἐυστέφανος Δημήτηρ Stoll   240 λάθρα ἐῶν Spitzner

καί ῥ' ὀλοφυρομένη ἔπεα πτερόεντα προσηύδα·
Τέκνον Δημοφόων ξείνη σε πυρὶ ἔνι πολλῷ
κρύπτει, ἐμοὶ δὲ γόον καὶ κήδεα λυγρὰ τίθησιν.
Ὣς φάτ' ὀδυρομένη· τῆς δ' ἄϊε δῖα θεάων.   250
τῇ δὲ χολωσαμένη καλλιστέφανος Δημήτηρ
παῖδα φίλον, τὸν ἄελπτον ἐνὶ μεγάροισιν ἔτικτε,
χείρεσσ' ἀθανάτῃσιν ἀπὸ ἕο θῆκε πέδον δὲ
ἐξανελοῦσα πυρὸς θυμῷ κοτέσασα μάλ' αἰνῶς,
καί ῥ' ἄμυδις προσέειπεν ἐΰζωνον Μετάνειραν·   255
Νήϊδες ἄνθρωποι καὶ ἀφράδμονες οὔτ' ἀγαθοῖο
αἶσαν ἐπερχομένου προγνώμεναι οὔτε κακοῖο·
καὶ σὺ γὰρ ἀφραδίῃσι τεῆς μήκιστον ἀάσθης.
ἴστω γὰρ θεῶν ὅρκος ἀμείλικτον Στυγὸς ὕδωρ
ἀθάνατόν κέν τοι καὶ ἀγήραον ἤματα πάντα   260
παῖδα φίλον ποίησα καὶ ἄφθιτον ὤπασα τιμήν·
νῦν δ' οὐκ ἔσθ' ὥς κεν θάνατον καὶ κῆρας ἀλύξαι.
τιμὴ δ' ἄφθιτος αἰὲν ἐπέσσεται οὕνεκα γούνων
ἡμετέρων ἐπέβη καὶ ἐν ἀγκοίνῃσιν ἴαυσεν.
ὥρῃσιν δ' ἄρα τῷ γε περιπλομένων ἐνιαυτῶν   265
παῖδες Ἐλευσινίων πόλεμον καὶ φύλοπιν αἰνὴν
αἰὲν ἐν ἀλλήλοισι συνάξουσ' ἤματα πάντα.
εἰμὶ δὲ Δημήτηρ τιμάοχος, ἥ τε μέγιστον
ἀθανάτοις θνητοῖσί τ' ὄνεαρ καὶ χάρμα τέτυκται.
ἀλλ' ἄγε μοι νηόν τε μέγαν καὶ βωμὸν ὑπ' αὐτῷ   270

248, 249 = ⅌ c. 6. 12-14   248 πυρῇ ἔνι πο]λλῆ ⅌ nescio an recte ;
cf. 287 η 13 ι 251 Herod. ii. 39   253 ἄπω M corr. Matthiae
256-262 = ⅌ c. 6. 15-20 qui ita se habent :
    Ἄφρονε[ς] ἄνθ[ρω]ποι δυστλήμονες [οὔτε κακοῖο
      ἐπ]ερ[χομένου πρ]ογνώμονες οὔτ' ἀ[γ]α[θοῖο
      γ]ὰρ ἀβραδί[ης   ]μος πολὺ πείρατι νυκτὸς
    τη   εκ.α   ἥρπασεν ἀγήρ
    νῦν δ' οὐ]κ ἔσθ' ὥς [κεν θά]νατον [. . . .
cf. et Orphica fr. 76 Abel.   257 προγνώμενοι M corr. Matthiae :
-ες ⅌   258 νήκεστον Voss cl. Hes. Opp. 283   259-261 om. ⅌
261 ποιήσασα M corr. Ruhnken   263 ἄφθιτον M corr. Ruhnken
267 συναυξήσουσ' M corr. Ignarra   268 ⅌ c. 7. 2, 3 εἰμὶ δὲ Δη[μ]ήτηρ
ὠρηφόρ[ος ἀγλαό]δωρος, cf. 54   269 ἀθανάτοις θνητοῖσιν ὄνειαρ M :
θνητοῖσί τ' Ruhnken : ὄνεαρ Ilgen

τευχόντων πᾶς δῆμος ὑπαὶ πόλιν αἰπύ τε τεῖχος
Καλλιχόρου καθύπερθεν ἐπὶ προὔχοντι κολωνῷ·
ὄργια δ' αὐτὴ ἐγὼν ὑποθήσομαι ὡς ἂν ἔπειτα
εὐαγέως ἔρδοντες ἐμὸν νόον ἱλάσκοισθε.

Ὣς εἰποῦσα θεὰ μέγεθος καὶ εἶδος ἄμειψε   275
γῆρας ἀπωσαμένη, περί τ' ἀμφί τε κάλλος ἄητο·
ὀδμὴ δ' ἱμερόεσσα θυηέντων ἀπὸ πέπλων
σκίδνατο, τῆλε δὲ φέγγος ἀπὸ χροὸς ἀθανάτοιο
λάμπε θεᾶς, ξανθαὶ δὲ κόμαι κατενήνοθεν ὤμους,
αὐγῆς δ' ἐπλήσθη πυκινὸς δόμος ἀστεροπῆς ὥς.   280
βῆ δὲ διὲκ μεγάρων, τῆς δ' αὐτίκα γούνατ' ἔλυντο,
δηρὸν δ' ἄφθογγος γένετο χρόνον, οὐδέ τι παιδὸς
μνήσατο τηλυγέτοιο ἀπὸ δαπέδου ἀνελέσθαι.
τοῦ δὲ κασίγνηται φωνὴν ἐσάκουσαν ἐλεεινήν,
κὰδ δ' ἄρ' ἀπ' εὐστρώτων λεχέων θόρον· ἡ μὲν ἔπειτα   285
παῖδ' ἀνὰ χερσὶν ἑλοῦσα ἑῷ ἐγκάτθετο κόλπῳ,
ἡ δ' ἄρα πῦρ ἀνέκαι', ἡ δ' ἔσσυτο πόσσ' ἁπαλοῖσι
μητέρ' ἀναστήσουσα θυώδεος ἐκ θαλάμοιο.
ἀγρόμεναι δέ μιν ἀμφὶς ἐλούεον ἀσπαίροντα
ἀμφαγαπαζόμεναι· τοῦ δ' οὐ μειλίσσετο θυμός·   290
χειρότεραι γὰρ δή μιν ἔχον τροφοὶ ἠδὲ τιθῆναι.
Αἱ μὲν παννύχιαι κυδρὴν θεὸν ἱλάσκοντο
δείματι παλλόμεναι· ἅμα δ' ἠοῖ φαινομένηφιν
εὐρυβίη Κελεῷ νημερτέα μυθήσαντο,
ὡς ἐπέτελλε θεὰ καλλιστέφανος Δημήτηρ.   295
αὐτὰρ ὅ γ' εἰς ἀγορὴν καλέσας πολυπείρονα λαὸν
ἤνωγ' ἠϋκόμῳ Δημήτερι πίονα νηὸν
ποιῆσαι καὶ βωμὸν ἐπὶ προὔχοντι κολωνῷ.
οἱ δὲ μάλ' αἶψ' ἐπίθοντο καὶ ἔκλυον αὐδήσαντος,
τεῦχον δ' ὡς ἐπέτελλ'· ὁ δ' ἀέξετο δαίμονος αἴσῃ.   300
αὐτὰρ ἐπεὶ τέλεσαν καὶ ἐρώησαν καμάτοιο

274 νηὸν M corr. Ruhnken   279 θεῆς M corr. Hermann   280 αὐτῆς
M corr. Ruhnken   287 πυρὰν ἕκαι' M corr. Ruhnken, v. 248   299 αἶψα
πίθοντο M ante corr.   301 ἐτέλεσσαν M corr. Valckenaer

ΕΙΣ ΔΗΜΗΤΡΑΝ

βάν ῥ' ἴμεν οἴκαδ' ἕκαστος· ἀτὰρ ξανθὴ Δημήτηρ
ἔνθα καθεζομένη μακάρων ἀπὸ νόσφιν ἁπάντων
μίμνε πόθῳ μινύθουσα βαθυζώνοιο θυγατρός.
αἰνότατον δ' ἐνιαυτὸν ἐπὶ χθόνα πουλυβότειραν   305
ποίησ' ἀνθρώποις καὶ κύντατον, οὐδέ τι γαῖα
σπέρμ' ἀνίει· κρύπτεν γὰρ ἐϋστέφανος Δημήτηρ.
πολλὰ δὲ καμπύλ' ἄροτρα μάτην βόες ἕλκον ἀρούραις,
πολλὸν δὲ κρῖ λευκὸν ἐτώσιον ἔμπεσε γαίῃ.
καί νύ κε πάμπαν ὄλεσσε γένος μερόπων ἀνθρώπων   310
λιμοῦ ὑπ' ἀργαλέης, γεράων τ' ἐρικυδέα τιμὴν
καὶ θυσιῶν ἤμερσεν Ὀλύμπια δώματ' ἔχοντας,
εἰ μὴ Ζεὺς ἐνόησεν ἑῷ τ' ἐφράσσατο θυμῷ.
Ἶριν δὲ πρῶτον χρυσόπτερον ὦρσε καλέσσαι
Δήμητρ' ἠΰκομον πολυήρατον εἶδος ἔχουσαν.   315
ὣς ἔφαθ'· ἡ δὲ Ζηνὶ κελαινεφέϊ Κρονίωνι
πείθετο καὶ μεσσηγὺ διέδραμεν ὦκα πόδεσσιν.
ἵκετο δὲ πτολίεθρον Ἐλευσῖνος θυοέσσης,
εὗρεν δ' ἐν νηῷ Δημήτερα κυανόπεπλον,
καί μιν φωνήσασ' ἔπεα πτερόεντα προσηύδα·   320
   Δήμητερ καλέει σε πατὴρ Ζεὺς ἄφθιτα εἰδὼς
ἐλθέμεναι μετὰ φῦλα θεῶν αἰειγενετάων.
ἀλλ' ἴθι, μηδ' ἀτέλεστον ἐμὸν ἔπος ἐκ Διὸς ἔστω.
   Ὣς φάτο λισσομένη· τῆς δ' οὐκ ἐπεπείθετο θυμός.
αὖτις ἔπειτα πατὴρ μάκαρας θεοὺς αἰὲν ἐόντας   325
πάντας ἐπιπροΐαλλεν· ἀμοιβηδὶς δὲ κιόντες
κίκλησκον καὶ πολλὰ δίδον περικαλλέα δῶρα,
τιμάς θ' ἅς κ' †ἐθέλοιτο† μετ' ἀθανάτοισιν ἑλέσθαι·
ἀλλ' οὔ τις πεῖσαι δύνατο φρένας οὐδὲ νόημα
θυμῷ χωομένης, στερεῶς δ' ἠναίνετο μύθους.   330

302 βὰν δ' M corr. Wyttenbach   304 θυγατρός ex γυναικός corr. M
308 εἷλκον M   314 ἥρην M corr. Ruhnken, contra ἥρην pro Ἶριν Bent-
leius ad Ar. Av. 575   317 τὸ μεσηγὺ Ilgen cl. Ap. 108   325 πατὴρ add.
Valckenaer, cf. 345   328 κεν ἕλοιτο μετ' ἀθανάτοισι θεοῖσι Hermann
cl. 444 : κε βόλοιτο nos cl. Λ 319   329 ἠδὲ Brunck mutatione facili
(E 484 O 409 P 42 Ω 750 al.) sed vix necessaria

οὐ μὲν γάρ ποτ' ἔφασκε θυώδεος Οὐλύμποιο
πρίν γ' ἐπιβήσεσθαι, οὐ πρὶν γῆς καρπὸν ἀνήσειν,
πρὶν ἴδοι ὀφθαλμοῖσιν ἑὴν εὐώπιδα κούρην.

Αὐτὰρ ἐπεὶ τό γ' ἄκουσε βαρύκτυπος εὐρύοπα Ζεὺς
εἰς Ἔρεβος πέμψε χρυσόρραπιν Ἀργειφόντην,   335
ὄφρ' Ἀΐδην μαλακοῖσι παραιφάμενος ἐπέεσσιν
ἀγνὴν Περσεφόνειαν ἀπὸ ζόφου ἠερόεντος
ἐς φάος ἐξαγάγοι μετὰ δαίμονας, ὄφρα ἑ μήτηρ
ὀφθαλμοῖσιν ἰδοῦσα μεταλήξειε χόλοιο.

Ἑρμῆς δ' οὐκ ἀπίθησεν, ἄφαρ δ' ὑπὸ κεύθεα γαίης   340
ἐσσυμένως κατόρουσε λιπὼν ἔδος Οὐλύμποιο.
τέτμε δὲ τόν γε ἄνακτα δόμων ἔντοσθεν ἐόντα
ἥμενον ἐν λεχέεσσι σὺν αἰδοίῃ παρακοίτι
πόλλ' ἀεκαζομένῃ μητρὸς πόθῳ· ἡ δ' ἀποτηλοῦ
ἔργοις θεῶν μακάρων ‿‿– μητίσετο βουλῇ.   345
ἀγχοῦ δ' ἱστάμενος προσέφη κρατὺς Ἀργειφόντης·

Ἀΐδη κυανοχαῖτα καταφθιμένοισιν ἀνάσσων
Ζεύς σε πατὴρ ἤνωγεν ἀγαυὴν Περσεφόνειαν
ἐξαγαγεῖν Ἐρέβευσφι μετὰ σφέας, ὄφρα ἑ μήτηρ
ὀφθαλμοῖσιν ἰδοῦσα χόλου καὶ μήνιος αἰνῆς   350
ἀθανάτοις παύσειεν· ἐπεὶ μέγα μήδεται ἔργον
φθῖσαι φῦλ' ἀμενηνὰ χαμαιγενέων ἀνθρώπων
σπέρμ' ὑπὸ γῆς κρύπτουσα, καταφθινύθουσα δὲ τιμὰς
ἀθανάτων. ἡ δ' αἰνὸν ἔχει χόλον, οὐδὲ θεοῖσι
μίσγεται, ἀλλ' ἀπάνευθε θυώδεος ἔνδοθι νηοῦ   355
ἧσται, Ἐλευσῖνος κραναὸν πτολίεθρον ἔχουσα.

332 ἐπιβήσεσθ' M corr. Voss   344 ἠδ' ἐπ' ἀτλήτων M : ἀποτηλοῦ
satis probabiliter Ilgen, cf. ἀπάνευθε 355 : ἔτ' ἄπληστον idem : ἀτελέστων
Ruhnken : ἔτ' ἄληκτον Voss : ἐπ' ἀλιτρῶν seu ἀπατηλῶν Mitscherlich :
ἐπ' ἀλάστοις Hermann : ἐπὶ ἔργοις | ἀτλήτοισι C. Burney in marg. ed.
Ruhnkenianae   345 ἔργοις θεῶν] ὀργισθεῖσα Ignarra : excidisse
videtur anapaestus cl. 325, ex. gr. θάνατον (Ο 349), τι κακὸν (Ap. 325 a).
ἔργοις ἀθανάτων μακάρων μηνίετο βουλὴν Ruhnken : ἔργοισιν μακάρων
ὀλοὴν Hermann : δεινὴν μηνίετο βουλὴν Voss   348 σε] με Wytten-
bach   351 λήξειεν C. Burney, Hermann cl. 410

ΕΙΣ ΔΗΜΗΤΡΑΝ

Ὣς φάτο· μείδησεν δὲ ἄναξ ἐνέρων Ἀϊδωνεὺς
ὀφρύσιν, οὐδ' ἀπίθησε Διὸς βασιλῆος ἐφετμῆς.
ἐσσυμένως δ' ἐκέλευσε δαΐφρονι Περσεφονείῃ·
ἔρχεο Περσεφόνη παρὰ μητέρα κυανόπεπλον   360
ἤπιον ἐν στήθεσσι μένος καὶ θυμὸν ἔχουσα,
μηδέ τι δυσθύμαινε λίην περιώσιον ἄλλων.
οὔ τοι ἐν ἀθανάτοισιν ἀεικὴς ἔσσομ' ἀκοίτης
αὐτοκασίγνητος πατρὸς Διός· ἔνθα δ' ἐοῦσα
δεσπόσσεις πάντων ὁπόσα ζώει τε καὶ ἕρπει,   365
τιμὰς δὲ σχήσησθα μετ' ἀθανάτοισι μεγίστας,
τῶν δ' ἀδικησάντων τίσις ἔσσεται ἤματα πάντα
οἵ κεν μὴ θυσίαισι τεὸν μένος ἱλάσκωνται
εὐαγέως ἔρδοντες ἐναίσιμα δῶρα τελοῦντες.

Ὣς φάτο· γήθησεν δὲ περίφρων Περσεφόνεια,   370
καρπαλίμως δ' ἀνόρουσ' ὑπὸ χάρματος· αὐτὰρ ὅ γ' αὐτὸς
ῥοιῆς κόκκον ἔδωκε φαγεῖν μελιηδέα λάθρῃ
ἀμφὶ ἓ νωμήσας, ἵνα μὴ μένοι ἤματα πάντα
αὖθι παρ' αἰδοίῃ Δημήτερι κυανοπέπλῳ.
ἵππους δὲ προπάροιθεν ὑπὸ χρυσέοισιν ὄχεσφιν   375
ἔντυεν ἀθανάτους πολυσημάντωρ Ἀϊδωνεύς.
ἡ δ' ὀχέων ἐπέβη, παρὰ δὲ κρατὺς Ἀργειφόντης
ἡνία καὶ μάστιγα λαβὼν μετὰ χερσὶ φίλῃσι
σεῦε διὲκ μεγάρων· τὼ δ' οὐκ ἄκοντε πετέσθην.
ῥίμφα δὲ μακρὰ κέλευθα διήνυσαν, οὐδὲ θάλασσα   380
οὔθ' ὕδωρ ποταμῶν οὔτ' ἄγκεα ποιήεντα
ἵππων ἀθανάτων οὔτ' ἄκριες ἔσχεθον ὁρμήν,
ἀλλ' ὑπὲρ αὐτάων βαθὺν ἠέρα τέμνον ἰόντες.
στῆσε δ' ἄγων ὅθι μίμνεν ἐϋστέφανος Δημήτηρ
νηοῖο προπάροιθε θυώδεος· ἡ δὲ ἰδοῦσα   385

357 ἀνέρων M corr. Ruhnken : eadem tria verba I. G. Sic. Ital.
1842   362 θυσθύμαινε M corr. Ruhnken   363 ἄκοιτις M corr.
Ruhnken   364 ἰοῦσα M corr. Ruhnken   366 σχήσεισθα Boissonade
alii   368 ἱλάσκονται M corr. Valckenaer   373 ἀμφὶ ἓ Ruhnken
alii : ἀμφὶς Santen

15

ἦϊξ' ἠΰτε μαινὰς ὄρος κάτα δάσκιον ὕλης.

Περσεφόνη δ' ἑτέρ[ωθεν ἐπεὶ ἴδεν ὄμματα καλὰ]
μητρὸς ἑῆς κατ' [ἄρ' ἥ γ' ὄχεα προλιποῦσα καὶ ἵππους]
ἆλτο θέει[ν, δειρῇ δέ οἱ ἔμπεσεν ἀμφιχυθεῖσα·]
τῇ δὲ [φίλην ἔτι παῖδα ἑῆς μετὰ χερσὶν ἐχούσῃ]   390
α[ἶψα δόλον θυμός τιν' ὀίσατο, τρέσσε δ' ἄρ' αἰνῶς]
πα[υ]ομ[ένη φιλότητος, ἄφαρ δ' ἐρεείνετο μύθῳ·]

Τέκνον μή ῥά τί μοι σ[ύ γε πάσσαο νέρθεν ἐοῦσα]
βρώμης· ἐξαύδα, [μὴ κεῦθ', ἵνα εἴδομεν ἄμφω·]
ὡς μὲν γάρ κ' ἀνιοῦσα π[αρὰ στυγεροῦ 'Αΐδαο]   395
καὶ παρ' ἐμοὶ καὶ πατρὶ κελ[αινεφέϊ Κρονίωνι]
ναιετάοις πάντεσσι τετιμ[ένη ἀθανάτοι]σιν.
εἰ δέ, πᾶσα πάλιν ⟨σύ γ'⟩ ἰοῦσ' ὑπ[ὸ κεύθεσι γαίης]
οἰκήσεις ὡρέων τρίτατον μέρ[ος εἰς ἐνιαυτόν,]
τὰς δὲ δύω παρ' ἐμοί τε καὶ [ἄλλοις ἀθανά]τοισιν.   400
ὁππότε δ' ἄνθεσι γαῖ' εὐώδε[σιν] ἠαρινο[ῖσι]
παντοδαποῖς θάλλει, τότ' ἀπὸ ζόφου ἠερόεντος
αὖτις ἄνει μέγα θαῦμα θεοῖς θνητοῖς τ' ἀνθρώποις.

καὶ τίνι σ' ἐξαπάτησε δόλῳ κρατερ[ὸς Πολυδ]έγμων;
Τὴν δ' αὖ Περσεφόνη περικαλλὴς ἀντίον ηὔδα·   405
τοιγὰρ ἐγώ σοι μῆτερ ἐρέω νημερτέα πάντα·
εὖτέ μοι Ἑρμῆς ἦ[λθ]' ἐριούνιος ἄγγελος ὠκὺς
πὰρ πατέρος Κρονίδαο καὶ ἄλλων οὐρανιώνων

386 ὕλης M : cf. Anacreon 51, Anacreontea 32. 7, Moschus iii. 89
Hecataeus 172 οὔρεα δασέα ὕλῃσι, C. R. 1906. 290: ὕλη Ruhnken
387 lacunam quae versus 387-405, 462-478 hausit explevit scriba
s. xvi (m): quae dedimus supplementa Alfredi Goodwin ingenio
plerumque debentur   392 παομένη leg. E. Maunde Thomp-
son   394 βρώμης M corr. Voss   μὴ κεῦθ' Ilgen   ἵνα εἴδομεν
ἄμφω Hermann   395 κε νέουσα M corr. Ruhnken   396 suppl.
m   397 ναιετάεις M (ss. οι)   τετιμημένη m corr. Ruhnken
398 εἰ δὲ πᾶσα πάλιν ἰοῦσ' ὑπ M reposuimus C. R. 1901. 97   ὑπὸ κεύθεσι
γαίης m   399 ὀρέων M corr. Ilgen   μοῖραν εἰς ἐνιαυτὸν m sed μέρ M
400 suppl. m   401 suppl. m   403 ἀνεῖ M corr. Wyttenbach
lacunam statuit Ruhnken : εἰπὲ δὲ πῶς σ' ἥρπαξεν ὑπὸ ζόφον ἠερόεντα
suppl. Goodwin   404 καί τιν' ἐξαπάτησε M corr. Ruhnken
407 suppl. Mitscherlich

16

ΕΙΣ ΔΗΜΗΤΡΑΝ

ἐλθεῖν ἐξ Ἐρέβευς, ἵνα μ' ὀφθαλμοῖσιν ἰδοῦσα
λήξαις ἀθανάτοισι χόλου καὶ μήνιος αἰνῆς,   410
αὐτὰρ ἐγὼν ἀνόρουσ' ὑπὸ χάρματος, αὐτὰρ ὁ λάθρῃ
ἔμβαλέ μοι ῥοιῆς κόκκον, μελιηδέ' ἐδωδήν,
ἄκουσαν δὲ βίῃ με προσηνάγκασσε πάσασθαι.
ὡς δέ μ' ἀναρπάξας Κρονίδεω πυκινὴν διὰ μῆτιν
ᾤχετο πατρὸς ἐμοῖο φέρων ὑπὸ κεύθεα γαίης   415
ἐξερέω καὶ πάντα διίξομαι ὡς ἐρεείνεις.
ἡμεῖς μὲν μάλα πᾶσαι ἀν' ἱμερτὸν λειμῶνα,
Λευκίππη Φαινώ τε καὶ Ἠλέκτρη καὶ Ἰάνθη
καὶ Μελίτη Ἰάχη τε Ῥόδειά τε Καλλιρόη τε
Μηλόβοσίς τε Τύχη τε καὶ Ὠκυρόη καλυκῶπις   420
Χρυσηΐς τ' Ἰάνειρά τ' Ἀκάστη τ' Ἀδμήτη τε
καὶ Ῥοδόπη Πλουτώ τε καὶ ἱμερόεσσα Καλυψὼ
καὶ Στὺξ Οὐρανίη τε Γαλαξαύρη τ' ἐρατεινὴ
Παλλάς τ' ἐγρεμάχη καὶ Ἄρτεμις ἰοχέαιρα
παίζομεν ἠδ' ἄνθεα δρέπομεν χείρεσσ' ἐρόεντα,   425
μίγδα κρόκον τ' ἀγανὸν καὶ ἀγαλλίδας ἠδ' ὑάκινθον
καὶ ῥοδέας κάλυκας καὶ λείρια, θαῦμα ἰδέσθαι,
νάρκισσόν θ' ὃν ἔφυσ' ὥς περ κρόκον εὐρεῖα χθών.
αὐτὰρ ἐγὼ δρεπόμην περὶ χάρματι, γαῖα δ' ἔνερθε

---

411 αὐτίκ' Ilgen : εἶθαρ Ruhnken   418–423 = ℗ c. 2. 7–13.
Paus. iv. 30. 4 πρῶτος δὲ ὧν οἶδα ἐποιήσατο ἐν τοῖς ἔπεσιν Ὅμηρος Τύχης
μνήμην. ἐποιήσατο δὲ ἐν τῷ ὕμνῳ τῷ ἐς τὴν Δήμητρα, ἄλλας τε τῶν
Ὠκεανοῦ θυγατέρας καταριθμούμενος, ὡς ὁμοῦ Κόρῃ τῇ Δήμητρος παί-
ζοιεν, καὶ Τύχην ὡς Ὠκεανοῦ καὶ ταύτην παῖδα οὖσαν. καὶ οὕτως ἔχει τὰ
ἔπη·

> ἡμεῖς μὲν μάλα πᾶσαι ἀν' ἱμερτὸν λειμῶνα
> Λευκίππη Φαινώ τε καὶ Ἠλέκτρη καὶ Ἰάνθη
> Μηλόβοσίς τε Τύχη τε καὶ Ὠκυρόη καλυκῶπις.

Oceanides recenset et Hesiodus Theog. 349 sqq.   418 φανερη ℗
Ἰάνθη τ' Ἠλέκτρη τε Hes. Theog. 349   419 om. ℗ Paus.   Ἱππώ τε
Κλυμένη τε Ῥόδειά τε Καλλιρόη τε Hes. 351   ῥόεια Μ   420 ita ℗ Paus.
Μηλόβοσίς τε Θόη τε καὶ εὐειδὴς Πολυδώρη Hes. 354   μηλοβόστη τε corr.
ex μηλοβοείη seu μηλοβότη τε Μ   ὠκύρθη Μ   421 ita ℗   ἀκατάστη Μ
422 hab. ℗   423 ita ℗ cf. Hes. 353, 361   ταλαξαύρη Μ   426 κρο-
κοέντα γανὸν Μ corr. Voss   427 ῥόδα ἐς Μ corr. Heyne   428 cf.
178, Ap. Rhod. iii. 855, Diosc. iv. 161 (158), Hipponax 41 ἔστι δ' οἶά
περ κρόκος   429 δρεπομένη Μ corr. Ruhnken

17

χώρησεν, τῇ δ' ἔκθορ' ἄναξ κρατερὸς πολυδέγμων.　　430
βῆ δὲ φέρων ὑπὸ γαῖαν ἐν ἅρμασι χρυσείοισι
πόλλ' ἀεκαζομένην, ἐβόησα δ' ἄρ' ὄρθια φωνῇ.
ταῦτά τοι ἀχνυμένη περ ἀληθέα πάντ' ἀγορεύω.
Ὣς τότε μὲν πρόπαν ἦμαρ ὁμόφρονα θυμὸν ἔχουσαι
πολλὰ μάλ' ἀλλήλων κραδίην καὶ θυμὸν ἴαινον　　435
ἀμφαγαπαζόμεναι, ἀχέων δ' ἀπεπαύετο θυμός.
γηθοσύνας δὲ δέχοντο παρ' ἀλλήλων ἔδιδ[όν τε.]
τῇσιν δ' ἐγγύθεν ἦλθ' Ἑκάτη λιπαροκρήδεμνος,
πολλὰ δ' ἄρ' ἀμφαγάπησε κόρην Δημήτερος ἁγνῆς·
ἐκ τοῦ οἱ πρόπολος καὶ ὀπάων ἔπλετ' ἄνασσα.　　440
ταῖς δὲ μετάγγελον ἧκε βαρύκτυπος εὐρύοπα Ζεὺς
Ῥείην ἠύκομον ἣν μητέρα κυανόπεπλον
ἀξέμεναι μετὰ φῦλα θεῶν, ὑπέδεκτο δὲ τιμὰς
δωσέμεν, ἅς κεν ἕλοιτο μετ' ἀθανάτοισι θεοῖσι·
νεῦσε δέ οἱ κούρην ἔτεος περιτελλομένοιο　　445
τὴν τριτάτην μὲν μοῖραν ὑπὸ ζόφον ἠερόεντα,
τὰς δὲ δύω παρὰ μητρὶ καὶ ἄλλοις ἀθανάτοισιν.
ὣς ἔφατ'· οὐδ' ἀπίθησε θεὰ Διὸς ἀγγελιάων.
ἐσσυμένως δ' ἤιξε κατ' Οὐλύμποιο καρήνων,
εἰς δ' ἄρα Ῥάριον ἷξε, φερέσβιον οὖθαρ ἀρούρης　　450
τὸ πρίν, ἀτὰρ τότε γ' οὔ τι φερέσβιον, ἀλλὰ ἔκηλον
ἑστήκει πανάφυλλον· ἔκευθε δ' ἄρα κρῖ λευκὸν
μήδεσι Δήμητρος καλλισφύρου· αὐτὰρ ἔπειτα
μέλλεν ἄφαρ ταναοῖσι κομήσειν ἀσταχύεσσιν
ἦρος ἀεξομένοιο, πέδῳ δ' ἄρα πίονες ὄγμοι　　455
βρισέμεν ἀσταχύων, τὰ δ' ἐν ἐλλεδανοῖσι δεδέσθαι.
ἔνθ' ἐπέβη πρώτιστον ἀπ' αἰθέρος ἀτρυγέτοιο·
ἀσπασίως δ' ἴδον ἀλλήλας, κεχάρηντο δὲ θυμῷ.
τὴν δ' ὧδε προσέειπε Ῥέη λιπαροκρήδεμνος·

437 γηθόσυναι M corr. Ruhnken　　ἐδίδ M : ἐδίδοντο m corr. Ruhnken
440 πρόπολον καὶ ὀπάονα cit. Philodemus de piet. 40. 5 (Ὅμηρος ἐν
τοῖς ὕμνοις)　　441 μετ' M　　442 Δημήτερα Fontein, cf. Herod. iv.
53. 6　　450 ῥίον M corr. Ruhnken　　452 εἰστήκει M corr. Hermann

ΕΙΣ ΔΗΜΗΤΡΑΝ

Δεῦρο τέκος, καλέει σε βαρύκτυπος εὐρύοπα Ζεὺς   460
ἐλθέμεναι μετὰ φῦλα θεῶν, ὑπέδεκτο δὲ τιμὰς
[δωσέμεν, ἅς κ' ἐθέλησθα] μετ' ἀθανάτοισι θεοῖσι.
[νεῦσε δέ σοι κούρην ἔτεος π]εριτελλομένοιο
[τὴν τριτάτην μὲν μοῖραν ὑπὸ ζόφον ἠ]ερόεντα,
[τὰς δὲ δύω παρὰ σοί τε καὶ ἄλλοις] ἀθανάτοισιν.   465
[ὣς ἄρ' ἔφη τελέ]εσθαι· ἐῷ δ' ἐπένευσε κάρητι.
[ἀλλ' ἴθι τέκνον] ἐμὸν καὶ πείθεο, μηδέ τι λίην
ἀ[ζηχὲς μεν]έαινε κελαινεφέϊ Κρονίωνι·
α[ἶψα δὲ κα]ρπὸν ἄεξε φερέσβιον ἀνθρώποισιν.

    Ὣ[ς ἔφατ', οὐ]δ' ἀπίθησεν ἐϋστέφανος Δημήτηρ,   470
αἶψα δὲ καρπὸν ἀνῆκεν ἀρουράων ἐριβώλων.
πᾶσα δὲ φύλλοισίν τε καὶ ἄνθεσιν εὐρεῖα χθὼν
ἔβρισ'· ἡ δὲ κιοῦσα θεμιστοπόλοις βασιλεῦσι
δ[εῖξε,] Τριπτολέμῳ τε Διοκλεῖ τε πληξίππῳ,
Εὐμόλπου τε βίῃ Κελεῷ θ' ἡγήτορι λαῶν,   475
δρησμοσύνην θ' ἱερῶν καὶ ἐπέφραδεν ὄργια πᾶσι,
Τριπτολέμῳ τε Πολυξείνῳ τ', ἐπὶ τοῖς δὲ Διοκλεῖ,
σεμνά, τά τ' οὔ πως ἔστι παρεξ[ίμ]εν [οὔτε πυθέσθαι,]
οὔτ' ἀχέειν· μέγα γάρ τι θεῶν σέβας ἰσχάνει αὐδήν.
ὄλβιος ὃς τάδ' ὄπωπεν ἐπιχθονίων ἀνθρώπων·   480
ὃς δ' ἀτελὴς ἱερῶν, ὅς τ' ἄμμορος, οὔ ποθ' ὁμοίων
αἶσαν ἔχει φθίμενός περ ὑπὸ ζόφῳ εὐρώεντι.

    Αὐτὰρ ἐπεὶ δὴ πάνθ' ὑπεθήκατο δῖα θεάων,
βάν ῥ' ἴμεν Οὔλυμπον δὲ θεῶν μεθ' ὁμήγυριν ἄλλων.
ἔνθα δὲ ναιετάουσι παραὶ Διὶ τερπικεραύνῳ   485

462 et seqq. suppl. *m*   464 ερόεντα (ss. ἱ) M (et olim
ζόφον ss. ω?) cf. 482   465 expl. Ruhnken : post h.v. versus
449–453 repetivit M expunxit *m*   466 expl. Goodwin : δύο
δὲ πὰρ σοὶ ἔσ *m*   467 suppl. *m*   468 suppl. *m*   469 suppl. *m*
470 suppl. *m*   474-6 cit. Paus. ii. 14. 3   474 δ᾿ M : δεῖξεν
Paus. : εἶπε *m*   476 χρησμοσύνην M : δρησμοσύνην Paus.   ὄργια
καλὰ M : πᾶσι Paus.   478 παρεξ ΄ . ΄ . (ss. εν) M : παρεξίμεν Mat-
thiae : παρεξέμεν Ruhnken   οὔτε olim M ut vid.   πυθέσθαι
add. *m*   479 σ . . . σ M ut vid. : σέβας Cobet : ἄχος *m* : ἄγος
Valckenaer   484 θέων M corr. Ruhnken

σεμναί τ' αἰδοῖαί τε· μέγ' ὄλβιος ὅν τιν' ἐκεῖναι
προφρονέως φίλωνται ἐπιχθονίων ἀνθρώπων·
αἶψα δέ οἱ πέμπουσιν ἐφέστιον ἐς μέγα δῶμα
Πλοῦτον, ὃς ἀνθρώποις ἄφενος θνητοῖσι δίδωσιν.

Ἀλλ' ἄγ' Ἐλευσῖνος θυοέσσης δῆμον ἔχουσαι   490
καὶ Πάρον ἀμφιρύτην Ἄντρωνά τε πετρήεντα,
πότνια ἀγλαόδωρ' ὡρηφόρε Δηοῖ ἄνασσα
αὐτὴ καὶ κούρη περικαλλὴς Περσεφόνεια
πρόφρονες ἀντ' ᾠδῆς βίοτον θυμήρε' ὀπάζειν.
αὐτὰρ ἐγὼ καὶ σεῖο καὶ ἄλλης μνήσομ' ἀοιδῆς.   495

III. Εἰς Ἀπόλλωνα

Μνήσομαι οὐδὲ λάθωμαι Ἀπόλλωνος ἑκάτοιο,
ὅν τε θεοὶ κατὰ δῶμα Διὸς τρομέουσιν ἰόντα·
καί ῥά τ' ἀναΐσσουσιν ἐπὶ σχεδὸν ἐρχομένοιο
πάντες ἀφ' ἑδράων, ὅτε φαίδιμα τόξα τιταίνει.
Λητὼ δ' οἴη μίμνε παραὶ Διὶ τερπικεραύνῳ,   5
ἥ ῥα βιόν τ' ἐχάλασσε καὶ ἐκλήϊσε φαρέτρην,
καί οἱ ἀπ' ἰφθίμων ὤμων χείρεσσιν ἑλοῦσα
τόξον ἀνεκρέμασε πρὸς κίονα πατρὸς ἑοῖο
πασσάλου ἐκ χρυσέου· τὸν δ' εἰς θρόνον εἷσεν ἄγουσα.
τῷ δ' ἄρα νέκταρ ἔδωκε πατὴρ δέπαϊ χρυσείῳ   10
δεικνύμενος φίλον υἱόν, ἔπειτα δὲ δαίμονες ἄλλοι
ἔνθα καθίζουσιν· χαίρει δέ τε πότνια Λητώ,
οὕνεκα τοξοφόρον καὶ καρτερὸν υἱὸν ἔτικτεν.

488 μέγαν δόμον M corr. Ruhnken   490 ἀλλὰ θελευσῖνος M corr.
Ruhnken   494 ὁπάζε M corr. Voss
III. Codices : M p x y s (usque ad 185) S (usque ad 357). Titvlvs :
τοῦ αὐτοῦ ὁμήρου ὕμνοι εἰς ἀπόλλωνα M : ὁμήρου ὕμνος εἰς ἀπόλλωνα
D L¹ : ὁμήρου ὕμνοι εἰς ἀπόλλωνα Ε Π S T ed. pr. (aᵒˢ add. E T) : ὕμνοι
ὁμήρου· εἰς τὸν (om. Mon.) ἀπόλλωνα p (ὕμνος εἰς V) : εἰς ἀπόλλωνα ʃ : ἐς
ἀπόλλω H om. K   1 cit. Certamen Hom. et Hes. 316 σταθεὶς ἐπὶ τὸν
κεράτινον βωμὸν λέγει ὕμνον εἰς Ἀπόλλωνα οὗ ἡ ἀρχὴ [v. 1], Tzetzes praef.
in Lycophr. f. 3 Scheer   3 τ' Hermann : γ' codd.   ἐπὶ x s D V¹ Pepp-
mueller : ἐπισχεδὸν M p   5 παρὰ ed. pr.   9 ᾖσεν M   11 δὲ
om. p H S

χαῖρε μάκαιρ' ὦ Λητοῖ, ἐπεὶ τέκες ἀγλαὰ τέκνα
Ἀπόλλωνά τ' ἄνακτα καὶ Ἄρτεμιν ἰοχέαιραν,　　　　　15
τὴν μὲν ἐν Ὀρτυγίῃ, τὸν δὲ κραναῇ ἐνὶ Δήλῳ,
κεκλιμένη πρὸς μακρὸν ὄρος καὶ Κύνθιον ὄχθον,
ἀγχοτάτω φοίνικος ὑπ' Ἰνωποῖο ῥεέθροις.

Πῶς τάρ σ' ὑμνήσω πάντως εὔυμνον ἐόντα;
πάντῃ γάρ τοι, Φοῖβε, νομὸς βεβλήαται ᾠδῆς,　　　　20
ἠμὲν ἀν' ἤπειρον πορτιτρόφον ἠδ' ἀνὰ νήσους.
πᾶσαι δὲ σκοπιαί τοι ἄδον καὶ πρώονες ἄκροι
ὑψηλῶν ὀρέων ποταμοί θ' ἅλα δὲ προρέοντες,
ἀκταί τ' εἰς ἅλα κεκλιμέναι λιμένες τε θαλάσσης.
ἦ ὥς σε πρῶτον Λητὼ τέκε χάρμα βροτοῖσι,　　　　25
κλινθεῖσα πρὸς Κύνθου ὄρος κραναῇ ἐνὶ νήσῳ
Δήλῳ ἐν ἀμφιρύτῃ; ἑκάτερθε δὲ κῦμα κελαινὸν
ἐξῄει χέρσον δὲ λιγυπνοίοις ἀνέμοισιν·
ἔνθεν ἀπορνύμενος πᾶσι θνητοῖσιν ἀνάσσεις.
ὅσσους Κρήτη τ' ἐντὸς ἔχει καὶ δῆμος Ἀθηνῶν　　　30
νῆσός τ' Αἴγίνη ναυσικλειτή τ' Εὔβοια
Αἰγαί τ' Εἰρεσίαι τε καὶ ἀγχιάλη Πεπάρηθος
Θρηΐκιός τ' Ἀθόως καὶ Πηλίου ἄκρα κάρηνα
Θρηϊκίη τε Σάμος Ἴδης τ' ὄρεα σκιόεντα
Σκῦρος καὶ Φώκαια καὶ Αὐτοκάνης ὄρος αἰπὺ　　　　35

14 μάκαιρα λητοῖ M　18 ἐπ' Reiz　οἰνώποιο s : ἰνώποιο sim. cet.
(ποταμοῦ ss. T), -οῖο Schneidewin　19 γάρ codd.　πάντοσσ' M :
πάντων A B C O Q　20 νόμος codd. : νόμοι Matthiae : νομοὶ
Barnes　21 παντοτρόφον p, πρὸς ss. T　23–73 om. M : λείπουσι
στίχοι ϝα m　24 λίμναι p, cf. Herod. iv. 195　25 ἢ ὡς A ed. pr. :
ἠώς cet.　26 κύνθου Holstein cl. 141: κύνθος codd. : κύνθος· καὶ θηλυκῶς
καὶ οὐδετέρως Steph. Byz.　28 ἐξείει x: ἔξεισι T mg.　λιγυπνόοις
p　30 τ' add. Hermann　Ἀθηνέων Hermann　31 αἴγινα codd.
(αἴγινα J Π O Q) em. Barnes, cf. Herod. iii. 59　ναυσικλείτη codd. corr.
Barnes　εὔβοια κυδνὴ H J : Steph. Byz. Κύδνα· πόλις Μακεδονίας.
Θεαγένης ἐν Μακεδονικοῖς (F. H. G. iv. 509 fr. 5)· ἢ κατὰ παραφθορὰν
Πύδνα λέγεται. legit pro Αἰγαί ut videtur quidam. Κύδνα et oppidum
Lycium, Ptol. Geogr. v. 3 (Πύδναι Stadiasm. 248)　32 Πειρεσίαι
Ruhnken　ἀγχίαλος p : ἀγχιάλην Π　33 ἄθως codd. corr. Barnes
35 αὐτοκανὴς x s AtDS: ΑΥΤΟΚΑΝΑ nummi sequitur in s AtD v.41

'Ίμβρος τ' εὐκτιμένη καὶ Λῆμνος ἀμιχθαλόεσσα
Λέσβος τ' ἠγαθέη Μάκαρος ἕδος Αἰολίωνος
καὶ Χίος, ἣ νήσων λιπαρωτάτη εἰν ἁλὶ κεῖται,
παιπαλόεις τε Μίμας καὶ Κωρύκου ἄκρα κάρηνα
καὶ Κλάρος αἰγλήεσσα καὶ Αἰσαγέης ὄρος αἰπὺ   40
καὶ Σάμος ὑδρηλὴ Μυκάλης τ' αἰπεινὰ κάρηνα
Μίλητός τε Κόως τε, πόλις Μερόπων ἀνθρώπων,
καὶ Κνίδος αἰπεινὴ καὶ Κάρπαθος ἠνεμόεσσα
Νάξος τ' ἠδὲ Πάρος 'Ρήναιά τε πετρήεσσα,
τόσσον ἔπ' ὠδίνουσα 'Εκηβόλον ἵκετο Λητώ,   45
εἴ τίς οἱ γαιέων υἱεῖ θέλοι οἰκία θέσθαι.

αἱ δὲ μάλ' ἐτρόμεον καὶ ἐδείδισαν, οὐδέ τις ἔτλη
Φοῖβον δέξασθαι καὶ πιοτέρη περ ἐοῦσα
πρίν γ' ὅτε δή ῥ' ἐπὶ Δήλου ἐβήσετο πότνια Λητώ,
καί μιν ἀνειρομένη ἔπεα πτερόεντα προσηύδα·   50
Δῆλ' εἰ γάρ κ' ἐθέλοις ἕδος ἔμμεναι υἱος ἐμοῖο
Φοίβου 'Απόλλωνος, θέσθαι τ' ἔνι πίονα νηόν·
ἄλλος δ' οὔ τις σεῖό ποθ' ἅψεται, οὐδέ σε λήσει,
οὐδ' εὔβων σέ γ' ἔσεσθαι ὀίομαι οὔτ' εὔμηλον,
οὐδὲ τρύγην οἴσεις, οὔτ' ἄρ φυτὰ μυρία φύσεις.   55

38 νῆσος Ε Τ   39 κορύκου *x* D K : κουρύκου J : κουρίκου Η
40 ἀσαγέης Mon.   τόπος ἐστὶ τοῦ ὀψικίου ὁ νῦν καλούμενος μαλάγινα
περὶ οὗ φησὶ καὶ ὁ λυκόφρων (1464, 5) κλάρου μιμάλλων ἦτι φίκιον τέρας
Π marg.   dici quidem oppidum Malaginam seu Melam in themate
Obsequii monuit J. G. C. Anderson : quid vero ita sibi scholiasta
voluerit nescimus. cf. et Αἰσαγέη, Αἰγαγέη Nic. Ther. 218, Αἰγανέη
Anth. Pal. vii. 390, 'Αγχαλέη Hipponact. 99   42 πόλεις *p*   44 ῥή-
ναιά S : ῥηναία cet. cum Steph. Byz. : 'Ρήνεια Lobeck   πετρήδες(σ)α
L¹ Π   v. om. Mon.   45 ἐπωδίνουσα codd. corr. Barnes   46 οἱ
Η L⁸ Τ corr. : σοι cet. praeter *p* : εἴ τις γαιάων *p* (σοὶ add. A m. rec.)
θέλοι L⁸ Mon. S : θέλει cet.   48 προτέρη Q   49 ἐβήσατο D K L¹
(σσ): βήσατο H J   51 κ' ἐθέλοις H S : κεθέλοις J : κεθέλης L¹ (κέλης)
Π: -εις cet.   ἐμοῖο A H L¹ Π R¹ S : ἐμεῖο cet. cf. 314   52 ἐπὶ J :
ἐνὶ cet. corr. Hermann   53 ἄλλως J L⁸ S Bothe   λήσει Agar C. R.
x. 388 : λήσει (ss. σ) S : λίσσει cet. cf. λ 102 υ 85, Theogn. 20, Anth.
Pal. vii. 513. 3, Herod. iii. 2, Batr. 93   54 ουδ' Γ Ο Π Q S   εὔβουν *p* :
εὔβωλο S   γ' add. Hermann, cf. 88 (σ' ἐσέσεσθαι L¹)   55 οἴσεις
Η J (οἴσεῖς L¹ Π : οἰσεῖς cet.): πολλὴν *y*

22

αἱ δέ κ' Ἀπόλλωνος ἑκαέργου νηὸν ἔχησθα,
ἄνθρωποί τοι πάντες ἀγινήσουσ' ἑκατόμβας
ἐνθάδ' ἀγειρόμενοι, κνίση δέ τοι ἄσπετος αἰεὶ
δημοῦ ἀναΐξει, βοσκήσεις θ' οἵ κέ σ' ἔχωσι
χειρὸς ἀπ' ἀλλοτρίης, ἐπεὶ οὔ τοι πῖαρ ὑπ' οὖδας.   60
῀Ως φάτο· χαῖρε δὲ Δῆλος, ἀμειβομένη δὲ προσηύδα·
Λητοῖ κυδίστη θύγατερ μεγάλου Κοίοιο,
ἀσπασίη κεν ἐγώ γε γονὴν ἑκάτοιο ἄνακτος
δεξαίμην· αἰνῶς γὰρ ἐτήτυμόν εἰμι δυσηχὴς
ἀνδράσιν, ὧδε δέ κεν περιτιμήεσσα γενοίμην.   65
ἀλλὰ τόδε τρομέω Λητοῖ ἔπος, οὐδέ σε κεύσω·
λίην γάρ τινά φασιν ἀτάσθαλον Ἀπόλλωνα
ἔσσεσθαι, μέγα δὲ πρυτανευσέμεν ἀθανάτοισι
καὶ θνητοῖσι βροτοῖσιν ἐπὶ ζείδωρον ἄρουραν.
τῷ ῥ' αἰνῶς δείδοικα κατὰ φρένα καὶ κατὰ θυμὸν   70
μὴ ὁπότ' ἂν τὸ πρῶτον ἴδῃ φάος ἠελίοιο
νῆσον ἀτιμήσας, ἐπεὶ ἦ κραναήπεδός εἰμι,
ποσσὶ καταστρέψας ὤσῃ ἁλὸς ἐν πελάγεσσιν.
ἔνθ' ἐμὲ μὲν μέγα κῦμα κατὰ κρατὸς ἅλις αἰεὶ
κλύσσει, ὁ δ' ἄλλην γαῖαν ἀφίξεται ἥ κεν ἅδῃ οἱ   75
τεύξασθαι νηόν τε καὶ ἄλσεα δενδρήεντα·
πουλύποδες δ' ἐν ἐμοὶ θαλάμας φῶκαί τε μέλαιναι

57 ita J : ἀγινήσουσιν vulg.: ἀγινηοῦσα V² : ἀγίνουσιν S ed. pr.
59 δημοῦ Cobet, reliqua Stoll : δηρὸν (ss. μ) ἄναξ εἰ βόσκοις περί
(ss. θ) τας   s ἔχωσιν ΕΤ (om. μ hic): δηρον (ss. μ) ἄναξ εἰ
βόσκοις   σ' ἔχωσιν L¹ : δηρὸν ἄναξ εἰ βόσκοις θεοί κε σ' ἔχωσιν D K
(-εις) Π : γρ. εἰ βόσκοισθε οἵ κε σ' ἔχωσιν margo Ε : δηρὸν ἄνακτ' εἰ
βόσκεις· δὴ ῥὰ θεοί κε σ' ἔχωσι J : δηρὸν ἄνακτ' εἰ βόσκοις θεοί κε σ'
ἔχωσι S, ἄνακτ' et L⁵ : δηρὸν ἄναξ εἰ βόσκοις (ss. ει) θύτας οἷκε
σ' ἔχωσι ἄνακτ' Γ m. 2 : θύτάς θ' οἵ κέ σ' ἔχωσι, et δήμον. δηρὸν ἄνακτ'
εἰ βόσκοις V² : δηρὸν ... βόσκοις ρ   60 πῖαρ] πεῖαρ Ο J K T : πεῖαρ
L¹ Π : πεῖας Ε   62 μεγάλοιο κρόνοιο codd. corr. Barnes   63 κεν]
μὲν ed. pr. S   65 γ' ἐροίμην x D K   71 ἴδῃς x D K : ὅτι (om.
L¹ Π)   τὸν ἥλιον φασὶν (φησὶ Ο) προυπάρχειν τοῦ ἀπόλλωνος L¹ Ο Π
marg.   72 ita ρ : ἀτιμήσω x D K uv. : ἀτιμήσῃ J S D ss. K T corr.
(ex -ω uv.)   73 ὤσει x At D J S tuetur Marx Rh. Mus. 1907. 620
74 ἄλλυδις J : ἄλλυδις ἄλλο Stephanus   75 ἀδῇ οἱ sim. x : ἀδοίη ρ :
ἀίδης Μ Ν   76 ἄλγεα Π

23

οἰκία ποιήσονται ἀκηδέα χήτεϊ λαῶν·
ἀλλ' εἴ μοι τλαίης γε θεὰ μέγαν ὅρκον ὀμόσσαι,
ἐνθάδε μιν πρῶτον τεύξειν περικαλλέα νηὸν   80
ἔμμεναι ἀνθρώπων χρηστήριον, αὐτὰρ ἔπειτα

πάντας ἐπ' ἀνθρώπους, ἐπεὶ ἦ πολυώνυμος ἔσται.
῾Ως ἄρ' ἔφη· Λητὼ δὲ θεῶν μέγαν ὅρκον ὄμοσσεν·
ἴστω νῦν τάδε γαῖα καὶ οὐρανὸς εὐρὺς ὕπερθεν
καὶ τὸ κατειβόμενον Στυγὸς ὕδωρ, ὅς τε μέγιστος   85
ὅρκος δεινότατός τε πέλει μακάρεσσι θεοῖσιν·
ἦ μὴν Φοίβου τῇδε θυώδης ἔσσεται αἰεὶ
βωμὸς καὶ τέμενος, τίσει δέ σέ γ' ἔξοχα πάντων.

Αὐτὰρ ἐπεί ῥ' ὄμοσέν τε τελεύτησέν τε τὸν ὅρκον,
Δῆλος μὲν μάλα χαῖρε γόνῳ ἑκάτοιο ἄνακτος,   90
Λητὼ δ' ἐννῆμάρ τε καὶ ἐννέα νύκτας ἀέλπτοις
ὠδίνεσσι πέπαρτο.   θεαὶ δ' ἔσαν ἔνδοθι πᾶσαι
ὅσσαι ἄρισται ἔσαν, Διώνη τε Ῥείη τε
Ἰχναίη τε Θέμις καὶ ἀγάστονος Ἀμφιτρίτη,
ἄλλαι τ' ἀθάναται, νόσφιν λευκωλένου Ἥρης·   95
ἧστο γὰρ ἐν μεγάροισι Διὸς νεφεληγερέταο.
μούνη δ' οὐκ ἐπέπυστο μογοστόκος Εἰλείθυια·
ἧστο γὰρ ἄκρῳ Ὀλύμπῳ ὑπὸ χρυσέοισι νέφεσσι
Ἥρης φραδμοσύνης λευκωλένου, ἥ μιν ἔρυκε
ζηλοσύνῃ ὅ τ' ἄρ' υἱὸν ἀμύμονά τε κρατερόν τε   100
Λητὼ τέξεσθαι καλλιπλόκαμος τότ' ἔμελλεν.

Αἱ δ' Ἶριν προύπεμψαν ἐϋκτιμένης ἀπὸ νήσου
ἀξέμεν Εἰλείθυιαν, ὑποσχόμεναι μέγαν ὅρμον
χρυσείοισι λίνοισιν ἐερμένον ἐννεάπηχυν·

78 ἄχη τεϊλάων Ε Τ : ἔκαστά τε φῦλα νεπούδων p   81 lac. stat.
Hermann : ex gr. τευξάσθω νηούς τε καὶ ἄλσεα δενδρήεντα   82 ἔσται
Μ, γρ. J : ἐστὶν cet.   83 ὄμοσεν x : ὄμωσεν D K, γρ. J   86 τε
om. Ε Τ D J   πέλεται J   87 μη L¹ Π : ἦ μή Π marg.   αἰὲν codd.
corr. Barnes   88 σ' ἔξοχα x : σε ἔξοχα J S (γ' add. m. pr.)   93 ἔσαν
ἔασι Wolf : ἔσαν δὲ Tucker   ῥέη codd. corr. ed. pr.   96 v. om.
Μ Ε Τ   μεγάροις codd. corr. ed. pr.   99 φραδμοσύνης Μ : -η cet. corr.
Baumeister   104 ἐεργμένον codd. corr. Barnes, cf. Α 486 Ε 89 σ 296

νόσφιν δ' ἤνωγον καλέειν λευκωλένου Ἥρης   105
μή μιν ἔπειτ' ἐπέεσσιν ἀποστρέψειεν ἰοῦσαν.
αὐτὰρ ἐπεὶ τό γ' ἄκουσε ποδήνεμος ὠκέα Ἶρις
βῆ ῥα θέειν, ταχέως δὲ διήνυσε πᾶν τὸ μεσηγύ.
αὐτὰρ ἐπεί ῥ' ἵκανε θεῶν ἕδος αἰπὺν Ὄλυμπον
αὐτίκ' ἄρ' Εἰλείθυιαν ἀπὸ μεγάροιο θύραζε   110
ἐκπροκαλεσσαμένη ἔπεα πτερόεντα προσηύδα
πάντα μάλ' ὡς ἐπέτελλον Ὀλύμπια δώματ' ἔχουσαι.
τῇ δ' ἄρα θυμὸν ἔπειθεν ἐνὶ στήθεσσι φίλοισι,
βὰν δὲ ποσὶ τρήρωσι πελειάσιν ἴθμαθ' ὁμοῖαι.
εὖτ' ἐπὶ Δήλου ἔβαινε μογοστόκος Εἰλείθυια,   115
τὴν τότε δὴ τόκος εἷλε, μενοίνησεν δὲ τεκέσθαι.
ἀμφὶ δὲ φοίνικι βάλε πήχεε, γοῦνα δ' ἔρεισε
λειμῶνι μαλακῷ, μείδησε δὲ γαῖ' ὑπένερθεν·
ἐκ δ' ἔθορε πρὸ φόως δέ, θεαὶ δ' ὀλόλυξαν ἅπασαι.
ἔνθα σὲ ἤϊε Φοῖβε θεαὶ λόον ὕδατι καλῷ   120
ἁγνῶς καὶ καθαρῶς, σπάρξαν δ' ἐν φάρεϊ λευκῷ
λεπτῷ νηγατέῳ· περὶ δὲ χρύσεον στρόφον ἧκαν.
οὐδ' ἄρ' Ἀπόλλωνα χρυσάορα θήσατο μήτηρ,
ἀλλὰ Θέμις νέκταρ τε καὶ ἀμβροσίην ἐρατεινὴν
ἀθανάτῃσιν χερσὶν ἐπήρξατο· χαῖρε δὲ Λητὼ   125
οὕνεκα τοξοφόρον καὶ καρτερὸν υἱὸν ἔτικτεν.

Αὐτὰρ ἐπεὶ δὴ Φοῖβε κατέβρως ἄμβροτον εἶδαρ,
οὔ σέ γ' ἔπειτ' ἴσχον χρύσεοι στρόφοι ἀσπαίροντα,
οὐδ' ἔτι δεσμά σ' ἔρυκε, λύοντο δὲ πείρατα πάντα.
αὐτίκα δ' ἀθανάτῃσι μετηύδα Φοῖβος Ἀπόλλων·   130

110 ἀπὸ M : ἀπὲκ (ἀπ'ἐκ) cet.   112 ἔχοντες E T   114 Ar. Aves 575
Ἶριν δέ γ' Ὅμηρος ἔφασκ' ἰκέλην εἶναι τρήρωνι πελείῃ.   schol. ad loc. ὅτι
ψεύδεται παίζων· οὐ γὰρ ἐπὶ Ἴριδος ἀλλ' ἐπὶ Ἀθηνᾶς καὶ Ἥρας (E 778)
αἳ δὲ βάτην τρήρωσι πελειάσιν ἴθμαθ' ὁμοῖαι.
οἱ δὲ ἐν ἑτέροις ποιήμασιν ὁμήρου φασὶ τοῦτο φέρεσθαι.   εἰσὶ γὰρ αὐτοῦ
καὶ ὕμνοι.   ἴθμαθ' M : ἴσμαθ' x, cf. Marx l. c.: ἴσθμαθ' p S commendat
Jacobsohn Hermes 1910. 201: ἴθμαθ' x D, Π ss. eaedem varietates
E 778   115 μονοστόκος L¹ Π : μυγοστόλος E   116 μενήνυσε
M   119 ἐν L¹ Π   120 λοῦον codd. corr. Steph.   122 στροφὸν
codd. corr. Stephanus, item 128   125 ἀθανάτοισι K V¹   ἐπώρξατο
M   128 ἴσχον S   ἀσπαίροντες E T   129 δεσμά σ' p : δεσμά τ'
seu δέσμα τ' cet.   130 ἀθανάτοισι D J E ed. pr.

εἴη μοι κίθαρίς τε φίλη καὶ καμπύλα τόξα,
χρήσω δ᾽ ἀνθρώποισι Διὸς νημερτέα βουλήν.

Ὣς εἰπὼν ἐβίβασκεν ἀπὸ χθονὸς εὐρυοδείης
Φοῖβος ἀκερσεκόμης ἑκατηβόλος· αἱ δ᾽ ἄρα πᾶσαι
θάμβεον ἀθάναται, χρυσῷ δ᾽ ἄρα Δῆλος ἅπασα   135
ꓜ βεβρίθει καθορῶσα Διὸς Λητοῦς τε γενέθλην,
ꓜ γηθοσύνῃ ὅτι μιν θεὸς εἵλετο οἰκία θέσθαι
ꓜ νήσων ἠπείρου τε, φίλησε δὲ κηρόθι μᾶλλον.
• ἤνθησ᾽ ὡς ὅτε τε ῥίον οὔρεος ἄνθεσιν ὕλης.

Αὐτὸς δ᾽ ἀργυρότοξε ἄναξ ἑκατηβόλ᾽ Ἄπολλον,   140
ἄλλοτε μέν τ᾽ ἐπὶ Κύνθου ἐβήσαο παιπαλόεντος,
ἄλλοτε δ᾽ ἂν νήσους τε καὶ ἀνέρας ἠλάσκαζες.
πολλοί τοι νηοί τε καὶ ἄλσεα δενδρήεντα,
πᾶσαι δὲ σκοπιαί τε φίλαι καὶ πρώονες ἄκροι
ὑψηλῶν ὀρέων, ποταμοί θ᾽ ἅλα δὲ προρέοντες·   145
ἀλλὰ σὺ Δήλῳ Φοῖβε μάλιστ᾽ ἐπιτέρπεαι ἦτορ,
ἔνθα τοι ἑλκεχίτωνες Ἰάονες ἠγερέθονται
αὐτοῖς σὺν παίδεσσι καὶ αἰδοίῃς ἀλόχοισιν.
οἱ δέ σε πυγμαχίῃ τε καὶ ὀρχηθμῷ καὶ ἀοιδῇ
μνησάμενοι τέρπουσιν ὅταν στήσωνται ἀγῶνα.   150
φαίη κ᾽ ἀθανάτους καὶ ἀγήρως ἔμμεναι αἰεὶ
ὃς τότ᾽ ἐπαντιάσει᾽ ὅτ᾽ Ἰάονες ἀθρόοι εἶεν·

132 δ᾽] τ᾽ χ Μ Ρ S   133 ἐπὶ Matthiae, sed cf. Ε 13 τ 389 χ 72, I. G.
Ins. Aeg. iii. 449   136-138 om. codd. praeter y: (scilicet exstant in
marg. Ε L¹ Τ praefixis in Ε Τ ꓜ) et ἐν ἑτέρῳ κεῖνται καὶ οὗτοι οἱ στίχοι,
in textu Π signis ꓜ ante vv. 136, 137 isdemque verbis καὶ οὗτοι οἱ στίχοι
κεῖνται praefixis: in marg. Ο m. 2, in textu S ed. pr.:) 136-138 et
139 alius esse recensionis signis indicavimus   137 οἵατο Π marg.
(voluitne ἵατο?)   139 ὡς ὅτε γ᾽ ἀνθέει οὔρεος ἄνθεσιν ὕλῃ J similia
,D'Orville J. Ph. xxv. 251   142 ἂν D'Orville: αὖ codd., cf. Β 198
144 ἄκραι J   145 ὑψηλῶντ᾽ ὀρέων ποταμοὶ ἄλ. Μ   146-150
Thuc. iii. 104 δηλοῖ δὲ μάλιστα Ὅμηρος ὅτι τοιαῦτα ἦν ἐν τοῖς ἔπεσι
τοῖσδε, ἅ ἐστιν ἐκ προοιμίου Ἀπόλλωνος   146 ἀλλ᾽ ὅτε Thuc.
ἐπετέρπεο Μ   μάλιστά γε θυμὸν ἐτέρφθης Thuc.   147 ὁ αὐτὸς
ἐν τῇ ῡ Ἰλιάδος [685] Ἰάονες ἑλκεσιχίτωνες L¹ Π: cf. Asii Samii fr. 13
Kink.   148 σὺν σφοῖσιν τεκέεσσι γυναιξί τε σὴν ἐς ἀγυιάν Thuc.
149 ἔνθα σε Thuc.   ὀρχηστυῖ Thuc.   150 καθέσωσιν Thuc.   151 ἀθά-
νατος Μ, Bernardus Martin   αἰεὶ] ἀνήρ χ (ἀνὴρ αἰεὶ L¹) At D Κ: ἄνδρας
J Κ m 2   152 οἳ τότ᾽ ἐπ᾽ ἀντιᾶσι τ᾽ Ἰάονες Μ: οἳ τότ᾽ ἐπάντια σεῖο τ᾽ Ἰάονες
χ s At D S: οἳ δὴ τότ᾽ ἐπαντία σεῖο ρ corr. Martin, cf. Herod. i. 124

πάντων γάρ κεν ἴδοιτο χάριν, τέρψαιτο δὲ θυμὸν
ἄνδρας τ' εἰσορόων καλλιζώνους τε γυναῖκας
νῆάς τ' ὠκείας ἠδ' αὐτῶν κτήματα πολλά.   155
πρὸς δὲ τόδε μέγα θαῦμα, ὅου κλέος οὔποτ' ὀλεῖται,
κοῦραι Δηλιάδες Ἑκατηβελέταο θεράπναι·
αἵ τ' ἐπεὶ ἂρ πρῶτον μὲν Ἀπόλλων' ὑμνήσωσιν,
αὖτις δ' αὖ Λητώ τε καὶ Ἄρτεμιν ἰοχέαιραν,
μνησάμεναι ἀνδρῶν τε παλαιῶν ἠδὲ γυναικῶν   160
ὕμνον ἀείδουσιν, θέλγουσι δὲ φῦλ' ἀνθρώπων.
πάντων δ' ἀνθρώπων φωνὰς καὶ κρεμβαλιαστὺν
μιμεῖσθ' ἴσασιν· φαίη δέ κεν αὐτὸς ἕκαστος
φθέγγεσθ'· οὕτω σφιν καλὴ συνάρηρεν ἀοιδή.
ἀλλ' ἄγεθ' ἱλήκοι μὲν Ἀπόλλων Ἀρτέμιδι ξύν,   165
χαίρετε δ' ὑμεῖς πᾶσαι· ἐμεῖο δὲ καὶ μετόπισθε
μνήσασθ', ὁππότε κέν τις ἐπιχθονίων ἀνθρώπων
ἐνθάδ' ἀνείρηται ξεῖνος ταλαπείριος ἐλθών·
ὦ κοῦραι, τίς δ' ὔμμιν ἀνὴρ ἥδιστος ἀοιδῶν
ἐνθάδε πωλεῖται, καὶ τέῳ τέρπεσθε μάλιστα;   170
ὑμεῖς δ' εὖ μάλα πᾶσαι ὑποκρίνασθ' ἀμφ' ἡμέων·
τυφλὸς ἀνήρ, οἰκεῖ δὲ Χίῳ ἔνι παιπαλοέσσῃ,

156 τόδ' αὖ J   ὅου Β Ε : θ' οὗ Μ : ὃ οὗ sim. cet. cf. Herm. 400   157 δη-
λιάδες δ' codd. praeter M   158 ἀρ] ἀν s   159 αὖθις p   162 βαμ-
βαλιαστὺν Ε Τ : κρεμβαλιαστὺν (ss. βαμ) L¹ Π : κρεμβαλιαστὺν D L³
Q S ed. pr. : -στὴν M J K Mon. -σὺν p (plerique)   163 μιμεῖσθαι
codd. corr. Barnes   164 ἀοιδῇ L¹   165 Thuc. l. c. ὅτι δὲ καὶ μουσικῆς
ἀγὼν ἦν καὶ ἀγωνιούμενοι ἐφοίτων ἐν τοῖσδε αὖ δηλοῖ, ἅ ἐστιν ἐκ τοῦ αὐτοῦ
προοιμίου· τὸν γὰρ Δηλιακὸν χορὸν τῶν γυναικῶν ὑμνήσας ἐτελεύτα τοῦ
ἐπαίνου ἐς τάδε τὰ ἔπη, ἐν οἷς καὶ ἑαυτοῦ ἐπεμνήσθη [165-172].   Aris-
tides xxxiv. 35 διαλεγόμενος γὰρ ταῖς Δηλιάσι καὶ καταλύων τὸ προοί-
μιον εἴ τις ἔροιθ' ὑμᾶς φησὶν [169-172] cf. xxviii. 19   ἀλλά γε λητὼ
μὲν καὶ ἀπόλλων Μ : ἀλλ' ἄγε δὴ λητὼ μὲν ἀπόλλων cet. praeter S : ἀλλ'
ἄγεθ' ἱλήκοι μὲν ἀπόλλων L⁶ S Thucydidis codd. vetustiores : reposuit
Normann   166 ἐμεῖο D K L² N R² V¹ : ἐμοῖο cet.   168 ταλαπείριος
ἄλλος ἐπελθών Thuc.   171 ὑποκρίνασθε codd. (-θαι S : ὑποκρίνεσθ' Μ :
ἀπ- Aristid.)   ἀφ' ἡμέων M D L¹ Π At D s : ἀφ' ἡμῶν Aristides : ἀφ'
ὑμέων Ε Τ S : ἀφ' ὑμῶν p : ἀφήμως Thuc. codices antiquiores εὐφήμως
recentiores : correxit F. Marx Rh. Mus. 1907. 620. poeta ap. Suidam
in v. Κοκκύαι. ἀ(μ)φ' ὑμέων κοκύῃσι καθημένη ἀρχαίῃσι   172 σῇ ἐν-
τεῦθεν ἐστιν εἰδέναι τὸν ὅμηρον χίον εἶναι Τ marg. : σῇ ὡς ἐντεῦθεν φαίνει
(ἐμφ. L¹) ὅμηρος ἑαυτὸν χίον εἶναι L¹ Π marg.

τοῦ πᾶσαι μετόπισθεν ἀριστεύουσιν ἀοιδαί.
ἡμεῖς δ᾽ ὑμέτερον κλέος οἴσομεν ὅσσον ἐπ᾽ αἶαν
ἀνθρώπων στρεφόμεσθα πόλεις εὖ ναιεταώσας·   175
οἱ δ᾽ ἐπὶ δὴ πείσονται, ἐπεὶ καὶ ἐτήτυμόν ἐστιν.
αὐτὰρ ἐγὼν οὐ λήξω ἑκηβόλον Ἀπόλλωνα
ὑμνέων ἀργυρότοξον ὃν ἠύκομος τέκε Λητώ.
ὦ ἄνα, καὶ Λυκίην καὶ Μηονίην ἐρατεινὴν
καὶ Μίλητον ἔχεις ἔναλον πόλιν ἱμερόεσσαν,   180
αὐτὸς δ᾽ αὖ Δήλοιο περικλύστου μέγ᾽ ἀνάσσεις.
εἶσι δὲ φορμίζων Λητοῦς ἐρικυδέος υἱὸς
φόρμιγγι γλαφυρῇ πρὸς Πυθὼ πετρήεσσαν,
ἄμβροτα εἵματ᾽ ἔχων τεθυωμένα· τοῖο δὲ φόρμιγξ
χρυσέου ὑπὸ πλήκτρου καναχὴν ἔχει ἱμερόεσσαν.   185
ἔνθεν δὲ πρὸς Ὄλυμπον ἀπὸ χθονὸς ὥς τε νόημα
εἶσι Διὸς πρὸς δῶμα θεῶν μεθ᾽ ὁμήγυριν ἄλλων·
αὐτίκα δ᾽ ἀθανάτοισι μέλει κίθαρις καὶ ἀοιδή.
Μοῦσαι μέν θ᾽ ἅμα πᾶσαι ἀμειβόμεναι ὀπὶ καλῇ
ὑμνεῦσίν ῥα θεῶν δῶρ᾽ ἄμβροτα ἠδ᾽ ἀνθρώπων   190
τλημοσύνας, ὅσ᾽ ἔχοντες ὑπ᾽ ἀθανάτοισι θεοῖσι
ζώουσ᾽ ἀφραδέες καὶ ἀμήχανοι, οὐδὲ δύνανται
εὑρέμεναι θανάτοιό τ᾽ ἄκος καὶ γήραος ἄλκαρ·
αὐτὰρ ἐϋπλόκαμοι Χάριτες καὶ ἐύφρονες Ὧραι
Ἁρμονίη θ᾽ Ἥβη τε Διὸς θυγάτηρ τ᾽ Ἀφροδίτη   195
ὀρχεῦντ᾽ ἀλλήλων ἐπὶ καρπῷ χεῖρας ἔχουσαι·
τῇσι μὲν οὔτ᾽ αἰσχρὴ μεταμέλπεται οὔτ᾽ ἐλάχεια,
ἀλλὰ μάλα μεγάλη τε ἰδεῖν καὶ εἶδος ἀγητὴ
Ἄρτεμις ἰοχέαιρα ὁμότροφος Ἀπόλλωνι.
ἐν δ᾽ αὖ τῇσιν Ἄρης καὶ ἐύσκοπος Ἀργειφόντης   200

174 ἡμέτερον *x* At D   176 ἐπειδὴ M E T S: ἐπιδὴν *p*   178 ὑμνῶν *p*
181 δ᾽ αὖ] γὰρ M   περικλύστου] ita M : περικλύστης cet. : περικλύστης
(ss. οιο) Γ (sc. om. μέγ᾽)   184 ἔχον *p* L¹ Π   τεθυώδεα codd. : θυώδεα
(ss. τε) Γ: εὐωδέα Pierson: corr. Barnes   pro hoc versu ἔνθεν δὲ πρὸς
ὄλυμπον (186) *s* quae hic desinit   189 om. *p*   192 ἀμφαδέες libri
praeter M Γ marg., cf. Nonn. v. 349   197 οὔτε λάχεια omnes praeter
p (-εῖα M E T)   198 ἀγητὴ] ἀγαυὴ M   200 ἔνθ᾽ codd. praeter M
αὐτῆσιν M

παίζουσ'· αὐτὰρ ὁ Φοῖβος Ἀπόλλων ἐγκιθαρίζει
καλὰ καὶ ὕψι βιβάς, αἴγλη δέ μιν ἀμφιφαείνει
μαρμαρυγαί τε ποδῶν καὶ ἐϋκλώστοιο χιτῶνος.
οἱ δ' ἐπιτέρπονται θυμὸν μέγαν εἰσορόωντες
Λητώ τε χρυσοπλόκαμος καὶ μητίετα Ζεὺς   205
υἷα φίλον παίζοντα μετ' ἀθανάτοισι θεοῖσι.
πῶς τ' ἄρ σ' ὑμνήσω πάντως εὔυμνον ἐόντα;
ἠέ σ' ἐνὶ μνηστῇσιν ἀείδω καὶ φιλότητι
ὅππως μνωόμενος ἔκιες Ἀζαντίδα κούρην
Ἴσχυ' ἅμ' ἀντιθέῳ Ἐλατιονίδῃ εὐίππῳ;   210
ἢ ἅμα Φόρβαντι Τριοπέῳ γένος, ἢ ἅμ' Ἐρευθεῖ;
ἢ ἅμα Λευκίππῳ καὶ Λευκίπποιο δάμαρτι
πεζός, ὁ δ' ἵπποισιν; οὐ μὴν Τρίοπός γ' ἐνέλειπεν.
ἢ ὡς τὸ πρῶτον χρηστήριον ἀνθρώποισι
ζητεύων κατὰ γαῖαν ἔβης ἑκατηβόλ' Ἄπολλον;   215
Πιερίην μὲν πρῶτον ἀπ' Οὐλύμποιο κατῆλθες·
Λέκτον τ' ἠμαθόεντα παρέστιχες ἠδ' Αἰνιῆνας
καὶ διὰ Περραιβούς· τάχα δ' εἰς Ἰαωλκὸν ἵκανες,
Κηναίου τ' ἐπέβης ναυσικλείτης Εὐβοίης·
στῆς δ' ἐπὶ Ληλάντῳ πεδίῳ, τό τοι οὐχ ἅδε θυμῷ   220
τεύξασθαι νηόν τε καὶ ἄλσεα δενδρήεντα.

202 ἀμφιφαείνη L³ N Q R² V,¹ η ss. x L², γρ. marg. Γ R¹: -ειὴ O: -ειη
L¹: -ει (ss. η) Π Τ, (ss. ηι) E   203 μαρμαρυγὰς O ut Bothe   204 μέγα Μ
207 πάντοσ' Μ   208 μνηστῇρσιν Ε   209 ὁππόταν ἱέμενος Μ: ὁππότ'
ἀνωόμενος S: ὁππoσ' ἀνωόμενος cet. corr. Martin: ὁππόσα μαιόμενος κίες
εἰς Ludwich   ἀτλαντίδα Μ: Ἀζανίδα Martin   210 ἐλατιονίδῃ Ε Β
ed. pr.: ἐλατινιονίδη cet. (ἐλατινιονίδη Μ)   211 v. om. p At   τριοπέῳ
correximus: τριόπω (τριοπῶ Μ) γένος x Μ: τριοπόω om. γένος marg. L¹ Π
ἅμ' ἐρεχθεῖ Μ D'Orville: ἀμαρύνθω marg. L¹ Π: Ἐρύμανθος Ptol. Heph.
146 b 41   213 ἐνέλειπεν A Q S: ἐνέλιψεν vulg.: ἐλέλιψεν Μ
214 ὡς] καὶ E L¹ T   215 ἀπόλλωνος p (= ἀπόλλων ss. ο)
216 πιερίην S: πετρίην Μ, cf. Herod. viii. 44: πιερίης x D ed. pr.:
πιερίη p   217 Λέκτον] Λύγκον Hermann: Λάκμον Baumeister   ἠμα-
θόεντα] Ἡμαθίην τε Matthiae   Αἰνιῆνας] ἠδ' ἀγνιῆνας Μ: ἢ μαγνιῆνας γ,
γρ. V²: μαγνηῗδας (ss. ν) Γ: ἢ μαγνηῗδας x p: μαγνηῗας At: Ἐνιῆνας
Matthiae. mirus gentium ordo   218 ἰωλκὸν codd. (ἰολκὸν Μ) corr.
Barnes   219 κυναίου A B: κῦναί Γ   220 τῶτ' Μ   οὐχάδε codd.
(ἅδε Π), corr. ed. pr.   221 τεύξεσθαι L¹ Π

ἔνθεν δ' Εὔριπον διαβὰς ἑκατηβόλ' Ἄπολλον
βῆς ἀν' ὄρος ζάθεον χλωρόν· τάχα δ' ἷξες ἀπ' αὐτοῦ
ἐς Μυκαλησσὸν ἰὼν καὶ Τευμησσὸν λεχεποίην.
Θήβης δ' εἰσαφίκανες ἕδος καταειμένον ὕλῃ·   225
οὐ γάρ πώ τις ἔναιε βροτῶν ἱερῇ ἐνὶ Θήβῃ,
οὐδ' ἄρα πω τότε γ' ἦσαν ἀταρπιτοὶ οὐδὲ κέλευθοι
Θήβης ἂμ πεδίον πυρηφόρον, ἀλλ' ἔχεν ὕλη.
ἔνθεν δὲ προτέρω ἔκιες ἑκατηβόλ' Ἄπολλον,
Ὀγχηστὸν δ' ἷξες Ποσιδήϊον ἀγλαὸν ἄλσος·   230
ἔνθα νεοδμὴς πῶλος ἀναπνέει ἀχθόμενός περ
ἕλκων ἅρματα καλά, χαμαὶ δ' ἐλατὴρ ἀγαθός περ
ἐκ δίφροιο θορὼν ὁδὸν ἔρχεται· οἱ δὲ τέως μὲν
κείν' ὄχεα κροτέουσιν ἀνακτορίην ἀφιέντες.
εἰ δέ κεν ἅρματ' ἀγῇσιν ἐν ἄλσεϊ δενδρήεντι,   235
ἵππους μὲν κομέουσι, τὰ δὲ κλίναντες ἐῶσιν·
ὣς γὰρ τὰ πρώτισθ' ὁσίη γένεθ'· οἱ δὲ ἄνακτι
εὔχονται, δίφρον δὲ θεοῦ τότε μοῖρα φυλάσσει.
ἔνθεν δὲ προτέρω ἔκιες ἑκατηβόλ' Ἄπολλον·
Κηφισὸν δ' ἄρ' ἔπειτα κιχήσαο καλλιρέεθρον,   240
ὅς τε Λιλαίηθεν προχέει καλλίρροον ὕδωρ·
τὸν διαβὰς Ἑκάεργε καὶ Ὠκαλέην πολύπυργον
ἔνθεν ἄρ' εἰς Ἁλίαρτον ἀφίκεο ποιήεντα.
βῆς δ' ἐπὶ Τελφούσης· τόθι τοι ἅδε χῶρος ἀπήμων
τεύξασθαι νηόν τε καὶ ἄλσεα δενδρήεντα.   245

223 ἷξες x p: ἷξας D S ed. pr. : εἶξας M   ἀπ' M ed. pr. ἐπ' cet.
224 μυκάλισσον M   τέμμισον M : τελμησσὸν p : Τευμησσός, ὅρος
Βοιωτίας. Ὅμηρος ἐν τῷ εἰς Ἀπόλλωνα ὕμνῳ citato h. v. Steph. Byz.
227 πω τότε p D : πώποτε cet.   228 ἀμπεδίον codd. corr. Ilgen
ὕλην codd. corr. Barnes   230 ὄγχηστον hic codd. τὰ εἰς στος τῷ ῆ
παραληγόμενα κύρια ὀξύνεται, Ὀγχηστὸς ἄλσος [B 506] Herodian. i. 223.
29 Lentz; cf. Herm. 88, 186, 190   231 ἀναπνέει codd. praeter M N S
232 om. (ex homoeotel.) M B O   233 οὐδὲ L¹ Π   234 κείν' vulg.:
κείνον M (sc. κείν'): κείν' S   κρατέουσιν M   ἀφιέν (ss. τ) M   235 ἄγῃ-
σιν codd. corr. Ilgen, Cobet   241 προχέει] προίει Hesiod. fr.
37   243 ἁλίαρτον Γ m. 2 ᵍleg. ἁλίαρ' Casaubon: ἅμαρτον, ἄμαρτον cet.
244 δελφούσης (ss. τ) Γ: δελφούσης cet.   οἱ codd. praeter M E

στῆς δὲ μάλ' ἄγχ' αὐτῆς καί μιν πρὸς μῦθον ἔειπες·
Τελφοῦσ' ἐνθάδε δὴ φρονέω περικαλλέα νηὸν
ἀνθρώπων τεῦξαι χρηστήριον, οἵ τέ μοι αἰεὶ
ἐνθάδ' ἀγινήσουσι τεληέσσας ἑκατόμβας,
ἠμὲν ὅσοι Πελοπόννησον πίειραν ἔχουσιν   250
ἠδ' ὅσοι Εὐρώπην τε καὶ ἀμφιρύτους κάτα νήσους,
χρησόμενοι· τοῖσιν δέ τ' ἐγὼ νημερτέα βουλὴν
πᾶσι θεμιστεύοιμι χρέων ἐνὶ πίονι νηῷ.

ˊΩς εἰπὼν διέθηκε θεμείλια Φοῖβος Ἀπόλλων
εὐρέα καὶ μάλα μακρὰ διηνεκές· ἡ δὲ ἰδοῦσα   255
Τελφοῦσα κραδίην ἐχολώσατο εἶπέ τε μῦθον·

Φοῖβε ἄναξ ἑκάεργε ἔπος τί τοι ἐν φρεσὶ θήσω,
ἐνθάδ' ἐπεὶ φρονέεις τεῦξαι περικαλλέα νηὸν
ἔμμεναι ἀνθρώποις χρηστήριον, οἱ δέ τοι αἰεὶ
ἐνθάδ' ἀγινήσουσι τελεήσσας ἑκατόμβας·   260
ἀλλ' ἔκ τοι ἐρέω, σὺ δ' ἐνὶ φρεσὶ βάλλεο σῇσι·
πημανέει σ' αἰεὶ κτύπος ἵππων ὠκειάων
ἀρδόμενοί τ' οὐρῆες ἐμῶν ἱερῶν ἀπὸ πηγέων·
ἔνθα τις ἀνθρώπων βουλήσεται εἰσοράασθαι
ἅρματά τ' εὐποίητα καὶ ὠκυπόδων κτύπον ἵππων   265
ἢ νηόν τε μέγαν καὶ κτήματα πόλλ' ἐνεόντα.
ἀλλ' εἰ δή τι πίθοιο, σὺ δὲ κρείσσων καὶ ἀρείων
ἐσσὶ ἄναξ ἐμέθεν, σεῦ δὲ σθένος ἐστὶ μέγιστον·
ἐν Κρίσῃ ποίησαι ὑπὸ πτυχὶ Παρνησοῖο.
ἔνθ' οὔθ' ἅρματα καλὰ δονήσεται, οὔτε τοι ἵππων   270
ὠκυπόδων κτύπος ἔσται ἐΰδμητον περὶ βωμόν.
ἀλλά τοι ὡς προσάγοιεν Ἰηπαιήονι δῶρα

---

247 δελφοῦσ' (256 δελφοῦσα) praeter M codd.   249 ἐνθάδ'] πολλοὶ
M   251 ἀμφιρύτας codd. praeter M   252 τ'] κ' Ilgen, cf. 292
253 θεμιστεύσοιμι Β Γ, cf. 293   ἐν M   255 ἡ δὲ ἰδοῦσα Hermann
cl. 341 : δ' ἐσιδοῦσα codd.   259 ἀνθρώποισι codd. praeter p
260 τελειέσσας Ε Τ p (praeter P R¹)   261–289 om. Ε Τ   263 πηγῶν
M   269 κρίση M : -ει V¹ : κρίσση cet.   ποιῆσαι M   παρνησοῖο
M : -ασ(σ)οῖο cet.   272 τοι M : καὶ cet.   προσάγοιεν x D S ed. pr. :
προσάγοιεν cet. (προσάγοι ἐνηεῖ παιήονι M)

ἀνθρώπων κλυτὰ φῦλα, σὺ δὲ φρένας ἀμφιγεγηθὼς
δέξαι· ἱερὰ καλὰ περικτιόνων ἀνθρώπων.
Ὡς εἰποῦσ' Ἑκάτου πέπιθε φρένας, ὄφρα οἱ αὐτῇ   275
Τελφούσῃ κλέος εἴη ἐπὶ χθονὶ μηδ' Ἑκάτοιο.
ἔνθεν δὲ προτέρω ἔκιες ἑκατηβόλ' Ἄπολλον,
ἷξες δ' ἐς Φλεγύων ἀνδρῶν πόλιν ὑβριστάων,
οἳ Διὸς οὐκ ἀλέγοντες ἐπὶ χθονὶ ναιετάασκον
ἐν καλῇ βήσσῃ Κηφισίδος ἐγγύθι λίμνης.   280
ἔνθεν καρπαλίμως προσέβης πρὸς δειράδα θύων,
ἷκεο δ' ἐς Κρίσην ὑπὸ Παρνησὸν νιφόεντα
κνημὸν πρὸς ζέφυρον τετραμμένον, αὐτὰρ ὕπερθεν
πέτρη ἐπικρέμαται, κοίλη δ' ὑποδέδρομε βῆσσα
τρηχεῖ'· ἔνθα ἄναξ τεκμήρατο Φοῖβος Ἀπόλλων   285
νηὸν ποιήσασθαι ἐπήρατον εἶπέ τε μῦθον·
ἐνθάδε δὴ φρονέω τεύξειν περικαλλέα νηὸν
ἔμμεναι ἀνθρώποις χρηστήριον οἵ τέ μοι αἰεὶ
ἐνθάδ' ἀγινήσουσι τεληέσσας ἑκατόμβας,
ἠμὲν ὅσοι Πελοπόννησον πίειραν ἔχουσιν,   290
ἠδ' ὅσοι Εὐρώπην τε καὶ ἀμφιρύτους κατὰ νήσους,
χρησόμενοι· τοῖσιν δ' ἄρ' ἐγὼ νημερτέα βουλὴν
πᾶσι θεμιστεύοιμι χρέων ἐνὶ πίονι νηῷ.
Ὡς εἰπὼν διέθηκε θεμείλια Φοῖβος Ἀπόλλων
εὐρέα καὶ μάλα μακρὰ διηνεκές· αὐτὰρ ἐπ' αὐτοῖς   295
λάϊνον οὐδὸν ἔθηκε Τροφώνιος ἠδ' Ἀγαμήδης
υἱέες Ἐργίνου, φίλοι ἀθανάτοισι θεοῖσιν·
ἀμφὶ δὲ νηὸν ἔνασσαν ἀθέσφατα φῦλ' ἀνθρώπων
κτιστοῖσιν λάεσσιν ἀοίδιμον ἔμμεναι αἰεί.

274 δέξαι M x D S : δέξαιο p corr. Ilgen   276 τελφούση M L¹ ss. :
δελφούση cet.   ἵνα κλεος ειη I. G. Ins. Aeg. 737   279 ναιετάε-
σκον M   282 ἵκες S   κρίσσην praeter M libri   283 κνή-
μον D L¹ Π   284 πέτρος M   ὑποκρέμαται x At D S ed.
pr.   290-293 bina signa (ζ) praefixa habet T   291 ἠδ'] οἶδ' x N
ed. pr.   ἀμφιρύτας ed. pr.   292 τοῖσιν] τῆσιν x D ed. pr.   ἄρ'
M : ἂν cet.   293-320 om. B   293 θεμιστεύσοιμι praeter M
omnes, cf. 253   νηῷ] βωμῷ p (νηῶ νιῶ ss. N O P V¹)   295 μακρὰ]
καλὰ M   διηνεκὲς M : διαμπερὲς cet., cf. 255   297 υἱέε σεργίνου
vulg. : υ. σεργῖνος Π corr. S Vᵀ ed. pr.   299 ξεστοῖσιν Ernesti : ῥυτοῖ-
σιν, τυκτοῖσιν alii

ἀγχοῦ δὲ κρήνη καλλίρροος ἔνθα δράκαιναν　　　　300
κτεῖνεν ἄναξ Διὸς υἱὸς ἀπὸ κρατεροῖο βιοῖο
ζατρεφέα μεγάλην τέρας ἄγριον, ἣ κακὰ πολλὰ
ἀνθρώπους ἔρδεσκεν ἐπὶ χθονί, πολλὰ μὲν αὐτοὺς
πολλὰ δὲ μῆλα ταναύποδ' ἐπεὶ πέλε πῆμα δαφοινόν.
καί ποτε δεξαμένη χρυσοθρόνου ἔτρεφεν Ἥρης　　　305
δεινόν τ' ἀργαλέον τε Τυφάονα πῆμα βροτοῖσιν,
ὅν ποτ' ἄρ' Ἥρη ἔτικτε χολωσαμένη Διὶ πατρὶ
ἡνίκ' ἄρα Κρονίδης ἐρικυδέα γείνατ' Ἀθήνην
ἐν κορυφῇ· ἡ δ' αἶψα χολώσατο πότνια Ἥρη
ἠδὲ καὶ ἀγρομένοισι μετ' ἀθανάτοισιν ἔειπε·　　　310
κέκλυτέ μευ πάντες τε θεοὶ πᾶσαί τε θέαιναι,
ὡς ἔμ' ἀτιμάζειν ἄρχει νεφεληγερέτα Ζεὺς
πρῶτος, ἐπεί μ' ἄλοχον ποιήσατο κέδν' εἰδυῖαν·
καὶ νῦν νόσφιν ἐμεῖο τέκε γλαυκῶπιν Ἀθήνην,
ἣ πᾶσιν μακάρεσσι μεταπρέπει ἀθανάτοισιν·　　　315
αὐτὰρ ὅ γ' ἠπεδανὸς γέγονεν μετὰ πᾶσι θεοῖσι
παῖς ἐμὸς Ἥφαιστος ῥικνὸς πόδας ὃν τέκον αὐτὴ

ῥῖψ' ἀνὰ χερσὶν ἑλοῦσα καὶ ἔμβαλον εὐρέϊ πόντῳ·
ἀλλά ἑ Νηρῆος θυγάτηρ Θέτις ἀργυρόπεζα
δέξατο καὶ μετὰ ᾗσι κασιγνήτῃσι κόμισσεν·　　　320
ὡς ὄφελ' ἄλλο θεοῖσι χαρίσσασθαι μακάρεσσι.
σχέτλιε ποικιλομῆτα τί νῦν μητίσεαι ἄλλο;

304 ταναύποδ' x S ed. pr. : τανύποδ' cet., cf. Herm. 232, 1 464
306 τυφάονα p S ed. pr., cf. 352: τυφλὸν x At D: τυφλὸν τε M
308 ἧνεκ' ἄρα M praefixis punctis : εὖτ' ἄρα δὴ cet.　　　309 κορυφῆς, s
m. 2, Γ: ἄλλως ἐκ κορυφῆς V², idem Barnes　　　310 ἠδὲ M D N
311 θεαὶ pro θεοὶ A Γ L² O P　　　313 ἐποιήσατο codd. corr. Steph.
314 ἐμοῖο M Γ　　　317 λείπει marg. ed. pr., lacunam stat. Matthiae
αὐτὴ ex αὐτὸς uv. T　　　318 ῥῖψ' ἀνὰ (ss. δε) Γ: ῥῖψα δὲ χερσὶν
V²　　　ἑλοῦσα (ss. ὰν) T　　　ἔμβαλον M ed. pr. Γ ss.: ἔμβαλεν cet.
320 κόμισεν codd. corr. Steph.: ἐβάστασεν· εἰ δὲ μετὰ τοῦ ῆ ἐπιμε-
λείας ἠξίωσεν· ὁ αὐτὸς καὶ ἐν τῇ σ Ἰλιάδος [395]· ῆ μ' ἔσδωσ' ὅτε μ' ἄλγος
ἀφίκ (ss. α) marg. L¹ Π　　　321 χαρίσασθαι M : χαρίζεσθαι cet., cf. 430
322 σχέτλια M　　　μητίσεαι M : μήσεαι x D : ἔτι μήσεαι p

33

πῶς ἔτλης οἷος τεκέειν γλαυκώπιδ᾽ Ἀθήνην;
οὐκ ἂν ἐγὼ τεκόμην; καὶ σὴ κεκλημένη ἔμπης
ἦα ῥ᾽ ἐν ἀθανάτοισιν οἳ οὐρανὸν εὐρὺν ἔχουσι.   325
φράζεο νῦν μή τοί τι κακὸν μητίσομ᾽ ὀπίσσω·   325ᵃ
καὶ νῦν μέν τοι ἐγὼ τεχνήσομαι ὥς κε γένηται
παῖς ἐμὸς ὅς κε θεοῖσι μεταπρέποι ἀθανάτοισιν,
οὔτε σὸν αἰσχύνασ᾽ ἱερὸν λέχος οὔτ᾽ ἐμὸν αὐτῆς,
οὐδέ τοι εἰς εὐνὴν πωλήσομαι, ἀλλ᾽ ἀπὸ σεῖο
τηλόθεν οὖσα θεοῖσι μετέσσομαι ἀθανάτοισιν.   330
Ὣς εἰποῦσ᾽ ἀπονόσφι θεῶν κίε χωομένη περ.
αὐτίκ᾽ ἔπειτ᾽ ἠρᾶτο βοῶπις πότνια Ἥρη,
χειρὶ καταπρηνεῖ δ᾽ ἔλασε χθόνα καὶ φάτο μῦθον·
κέκλυτε νῦν μοι γαῖα καὶ οὐρανὸς εὐρὺς ὕπερθεν,
Τιτῆνές τε θεοὶ τοὶ ὑπὸ χθονὶ ναιετάοντες   335
Τάρταρον ἀμφὶ μέγαν, τῶν ἐξ ἄνδρες τε θεοί τε·
αὐτοὶ νῦν μευ πάντες ἀκούσατε καὶ δότε παῖδα
νόσφι Διός, μηδέν τι βίην ἐπιδευέα κείνου·
ἀλλ᾽ ὅ γε φέρτερος ἔστω ὅσον Κρόνου εὐρύοπα Ζεύς.
Ὣς ἄρα φωνήσασ᾽ ἵμασε χθόνα χειρὶ παχείῃ·   340
κινήθη δ᾽ ἄρα γαῖα φερέσβιος, ἡ δὲ ἰδοῦσα
τέρπετο ὃν κατὰ θυμόν, ὀίετο γὰρ τελέεσθαι.
ἐκ τούτου δὴ ἔπειτα τελεσφόρον εἰς ἐνιαυτὸν
οὔτε ποτ᾽ εἰς εὐνὴν Διὸς ἤλυθε μητιόεντος,
οὔτε ποτ᾽ εἰς θῶκον πολυδαίδαλον ὡς τὸ πάρος περ   345
αὐτῷ ἐφεζομένη πυκινὰς φραζέσκετο βουλάς·

325 ἦ ῥ᾽ ἐν M D L¹ Π : ἦ ῥ᾽ ἐν E T : ἦ ῥ᾽ ἐν ρ : ἥ᾽ ἀρ S : ἦν Γ m. 2 ed.
pr. corr. Matthiae   325ᵃ om. codd. praeter y (γρ. Π : γρ. καὶ E T :
γρ. καὶ οὕτως L¹) : μήτι τοι marg. L¹ Π T : τοί om. marg. E   326 ita M,
καὶ νῦν τοίγαρ ρ ed. pr. (γάρ τοι Γ) : καὶ νῦν μὲν τοὶ γὰρ x At D   ἐγὼ
τεχνήσομαι] ἔγωγ᾽ ἐκθήσομαι M   328 αἰσχύνας codd. praeter ρ
331 περ] κῆρ Barnes   335 lacunam hic statuit Peppmueller
336 ἐξ L¹   338 μὴ δ᾽ ἀντιβίην M   339 ἐστιν. ὅσον M : ἢ ὅσσον
ed. pr.: ἢ πόσσον x D (πόσον subscr. s T): ἢ παρόσον ρ: ἔστω correximus : εἴη Hermann   341 schol. Genev. Φ 319 Ἀπολλόδωρος δέ
φησι περισσὸν τὸ σ παρ᾽ αὐτῷ εἶναι, ὡς παρ᾽ Ὁμήρῳ τὴν φερέσβιον   ἡ δ᾽
ἐσιδοῦσα praeter M codd.   342 ᾤετο M   344 om. ρ E (ex homoearch.)   346 φραζάσκετο x D

ἀλλ' ἥ γ' ἐν νηοῖσι πολυλλίστοισι μένουσα
τέρπετο οἷς ἱεροῖσι βοῶπις πότνια Ἥρη.
ἀλλ' ὅτε δὴ μῆνές τε καὶ ἡμέραι ἐξετελεῦντο
ἂψ περιτελλομένου ἔτεος καὶ ἐπήλυθον ὧραι,   350
ἡ δ' ἔτεκ' οὔτε θεοῖς ἐναλίγκιον οὔτε βροτοῖσι
δεινόν τ' ἀργαλέον τε Τυφάονα πῆμα βροτοῖσιν.
αὐτίκα τόνδε λαβοῦσα βοῶπις πότνια Ἥρη
δῶκεν ἔπειτα φέρουσα κακῷ κακόν, ἡ δ' ὑπέδεκτο·
ὃς κακὰ πόλλ' ἔρδεσκε κατὰ κλυτὰ φῦλ' ἀνθρώπων.   355
ὃς τῇ γ' ἀντιάσειε, φέρεσκέ μιν αἴσιμον ἦμαρ
πρίν γέ οἱ ἰὸν ἐφῆκεν ἄναξ ἑκάεργος Ἀπόλλων
καρτερόν· ἡ δ' ὀδύνῃσιν ἐρεχθομένη χαλεπῇσι
κεῖτο μέγ' ἀσθμαίνουσα κυλινδομένη κατὰ χῶρον.
θεσπεσίη δ' ἐνοπὴ γένετ' ἄσπετος, ἡ δὲ καθ' ὕλην   360
πυκνὰ μάλ' ἔνθα καὶ ἔνθα ἑλίσσετο, λεῖπε δὲ θυμὸν
φοινὸν ἀποπνείουσ', ὁ δ' ἐπηύξατο Φοῖβος Ἀπόλλων·
ἐνταυθοῖ νῦν πύθευ ἐπὶ χθονὶ βωτιανείρῃ,
οὐδὲ σύ γε ζωοῖσι κακὸν δήλημα βροτοῖσιν
ἔσσεαι, οἳ γαίης πολυφόρβου καρπὸν ἔδοντες   365
ἐνθάδ' ἀγινήσουσι τεληέσσας ἑκατόμβας,
οὐδέ τί τοι θάνατόν γε δυσηλεγέ' οὔτε Τυφωεὺς
ἀρκέσει οὔτε Χίμαιρα δυσώνυμος, ἀλλὰ σέ γ' αὐτοῦ
πύσει γαῖα μέλαινα καὶ ἠλέκτωρ Ὑπερίων.
Ὣς φάτ' ἐπευχόμενος, τὴν δὲ σκότος ὄσσε κάλυψε.   370
τὴν δ' αὐτοῦ κατέπυσ' ἱερὸν μένος Ἠελίοιο·
ἐξ οὗ νῦν Πυθὼ κικλήσκεται, οἱ δὲ ἄνακτα
Πύθειον καλέουσιν ἐπώνυμον οὕνεκα κεῖθι
αὐτοῦ πῦσε πέλωρ μένος ὀξέος Ἠελίοιο.

347 πολυκλίστοισι M : πολυαλίστοισι At, cf. Dem. 28   349 μῆνες
M : νύκτες cet.   350 ἐπιτελλομένου M   351 ἐναλίγγιον p
352 τυφῶνα πῆμα θεοῖσιν M   356 τώγ' M   αἴσιον p   357 hic
finitur S   358 χαλεπῆσι p M corr. : -οῖσι cet.   363 πουλυβοτείρη
At   364 δήλομα L¹   366 ἀδινήσουσι p (praeter N et L² P R¹ ss.)
367 δυσκλεέ' M   τυφωνεύς M   370 ὄσσ' ἐκάλυψε M   371 ἵμερον
codd. corr. Casaubon 'leg. ἱερ.', Martin   373 πύθιον codd. corr.
Barnes   374 αὐτοῦς O   πέλας M

Καὶ τότ' ἄρ' ἔγνω ᾗσιν ἐνὶ φρεσὶ Φοῖβος Ἀπόλλων   375
οὕνεκά μιν κρήνη καλλίρροος ἐξαπάφησε·
βῆ δ' ἐπὶ Τελφούσῃ κοχολωμένος, αἶψα δ' ἵκανε·
στῆ δὲ μάλ' ἄγχ' αὐτῆς καί μιν πρὸς μῦθον ἔειπε·

Τελφοῦσ', οὐκ ἄρ' ἔμελλες ἐμὸν νόον ἐξαπαφοῦσα
χῶρον ἔχουσ' ἐρατὸν προρέειν καλλίρροον ὕδωρ.   380
ἐνθάδε δὴ καὶ ἐμὸν κλέος ἔσσεται, οὐδὲ σὸν οἴης.

Ἦ καὶ ἐπὶ ῥίον ὦσεν ἄναξ ἑκάεργος Ἀπόλλων
πέτρῃσι προχυτῇσιν, ἀπέκρυψεν δὲ ῥέεθρα,
καὶ βωμὸν ποιήσατ' ἐν ἄλσεϊ δενδρήεντι
ἄγχι μάλα κρήνης καλλιρρόου· ἔνθα δ' ἄνακτι   385
πάντες ἐπίκλησιν Τελφουσίῳ εὐχετόωνται
οὕνεκα Τελφούσης ἱερῆς ᾔσχυνε ῥέεθρα.

Καὶ τότε δὴ κατὰ θυμὸν ἐφράζετο Φοῖβος Ἀπόλλων
οὕς τινας ἀνθρώπους ὀργιόνας εἰσαγάγοιτο
οἳ θεραπεύσονται Πυθοῖ ἔνι πετρηέσσῃ·   390
ταῦτ' ἄρα ὁρμαίνων ἐνόησ' ἐπὶ οἴνοπι πόντῳ
νῆα θοήν· ἐν δ' ἄνδρες ἔσαν πολέες τε καὶ ἐσθλοί,
Κρῆτες ἀπὸ Κνωσοῦ Μινωίου, οἵ ῥά τ' ἄνακτι
ἱερά τε ῥέζουσι καὶ ἀγγέλλουσι θέμιστας
Φοίβου Ἀπόλλωνος χρυσαόρου, ὅττι κεν εἴπῃ   395
χρείων ἐκ δάφνης γυάλων ὕπο Παρνησοῖο.

οἳ μὲν ἐπὶ πρῆξιν καὶ χρήματα νηὶ μελαίνῃ
ἐς Πύλον ἠμαθόεντα Πυλοιγενέας τ' ἀνθρώπους
ἔπλεον· αὐτὰρ ὁ τοῖσι συνήντετο Φοῖβος Ἀπόλλων·
ἐν πόντῳ δ' ἐπόρουσε δέμας δελφῖνι ἐοικὼς   400
νηὶ θοῇ, καὶ κεῖτο πέλωρ μέγα τε δεινόν τε·
τῶν δ' ὅς τις κατὰ θυμὸν ἐπιφράσσαιτο νοῆσαι

377 κεχολωμένοι L¹ : -ον E   382 ᾗσεν E T   386 τελφούσιον
(ss. ω) Γ   389 ὀργίοτας E T (-ot- corr. fort. ex -ων-): ὀργίονας
cet.   391 ἴσως λείπει στίχος εἰς M marg.   ταῦτ' ἄρ' ἄμ' Lud-
wich   392 ἠμαθόην codd. corr. M T man. rec. (νηϊαθόην, ν prae-
fixo) Γ marg. ed. pr.   ἔνθ' M   393 κνώσσου p E M : κνωσσοῦ cet.
corr. Baumeister   394 ῥέζουσι E T : ῥέξ- cet.   ἀγγελέουσι p
γρ. V²   398 πυληγενέας codd. corr. Fick, cf. B 54   402 οὕτις M, Γ
marg.   ἐπιφράσσαιτο p : ἐπιφράσσατο seu ἐπεφράσ(σ)ατο cet.

πάντοσ' ἀνασσείασκε, τίνασσε δὲ νήϊα δοῦρα.
οἱ δ' ἀκέων ἐνὶ νηῒ καθῆατο δειμαίνοντες,
οὐδ' οἵ γ' ὅπλ' ἔλυον κοίλην ἀνὰ νῆα μέλαιναν,　　　　405
οὐδ' ἔλυον λαῖφος νηὸς κυανοπρώροιο·
ἀλλ' ὡς τὰ πρώτιστα κατεστήσαντο βοεῦσιν
ὣς ἔπλεον· κραιπνὸς δὲ νότος κατόπισθεν ἔγειρε
νῆα θοήν· πρῶτον δὲ παρημείβοντο Μάλειαν,
πὰρ δὲ Λακωνίδα γαῖαν ἀλιστέφανον πτολίεθρον　　　　410
ἷξον καὶ χῶρον τερψιμβρότου Ἡελίοιο
Ταίναρον, ἔνθα τε μῆλα βαθύτριχα βόσκεται αἰεὶ
Ἡελίοιο ἄνακτος, ἔχει δ' ἐπιτερπέα χῶρον.
οἱ μὲν ἄρ' ἔνθ' ἔθελον νῆα σχεῖν ἠδ' ἀποβάντες
φράσσασθαι μέγα θαῦμα καὶ ὀφθαλμοῖσιν ἰδέσθαι　　　　415
εἰ μενέει νηὸς γλαφυρῆς δαπέδοισι πέλωρον,
ἦ εἰς οἶδμ' ἅλιον πολυΐχθυον ἀμφὶς ὀρούσει·
ἀλλ' οὐ πηδαλίοισιν ἐπείθετο νηῦς εὐεργής,
ἀλλὰ παρὲκ Πελοπόννησον πίειραν ἔχουσα
ἤϊ' ὁδόν, πνοιῇ δὲ ἄναξ ἑκάεργος Ἀπόλλων　　　　420
ῥηϊδίως ἴθυν'· ἡ δὲ πρήσσουσα κέλευθον
Ἀρήνην ἵκανε καὶ Ἀργυφέην ἐρατεινὴν
καὶ Θρύον Ἀλφειοῖο πόρον καὶ ἐΰκτιτον Αἶπυ
καὶ Πύλον ἠμαθόεντα Πυλοιγενέας τ' ἀνθρώπους·
βῆ δὲ παρὰ Κρουνοὺς καὶ Χαλκίδα καὶ παρὰ Δύμην　　　　425
ἠδὲ παρ' Ἤλιδα δῖαν ὅθι κρατέουσιν Ἐπειοί·

403 πάντοσ' ρ : πάντοθ' cet.　　ἀνασσείασκε Μ Τ : ἀνασ(σ)είσασκε
cet.　　δουρός Μ　　404 καθείατο codd.　　406 ita Μ : οὐδὲ λύον
cet.　 407 πρώτιστα Μ : πρῶτα cet. : οἳ τὰ πρῶτα ed. pr.　　408 ἔπει-
γε Ruhnken, sed cf. Herod. vii. 49 Ap. Rhod. i. 666, 1159, iii. 295
Anth. Pal. vi. 21. 12 Quintus Smyrnaeus ix. 271　　410 Ἕλος τ'
ἔφαλον pro ἀλιστέφανον Matthiae　　416 om. ρ　　417 ἀμφὶς] αὖθις
Pierson　　420 ἤϊ' Μ : ἦεν cet.　　πνοιὴν Μ　　423 ἐΰκτιτον Μ
Γ marg. : εὐκτίμενον, εὐκτίσμενον cet., cf. Β 592 Quint. Smyrn. xii. 91
αἶπυ Μ Ο Τ marg. : αἰπὺ L¹ Τ : αἰπύ cet.　　424 πυληγενέας codd. : πολυ-
γενέας ed. pr. cf. 398. idem fere iter narrat Stesich. fr. 44　　425 ο 295
βὰν δὲ παρὰ κρουνοὺς καὶ χαλκίδα καλλιρέεθρον in codd. Odysseae omissum
cit. Strabo 350, 447 (et hic quidem πετρήεσσαν e Β 640 fort. petitum)
426 = ο 298

εὖτε Φερὰς ἐπέβαλλεν ἀγαλλομένη Διὸς οὔρῳ
καί σφιν ὑπὲκ νεφέων Ἰθάκης τ' ὄρος αἰπὺ πέφαντο,
Δουλίχιόν τε Σάμη τε καὶ ὑλήεσσα Ζάκυνθος.
ἀλλ' ὅτε δὴ Πελοπόννησον παρενίσατο πᾶσαν,   430
καὶ δὴ ἐπὶ Κρίσης κατεφαίνετο κόλπος ἀπείρων
ὅς τε διὲκ Πελοπόννησον πίειραν ἐέργει,
ἦλθ' ἄνεμος ζέφυρος μέγας αἴθριος ἐκ Διὸς αἴσης
λάβρος ἐπαιγίζων ἐξ αἰθέρος, ὄφρα τάχιστα
νηῦς ἀνύσειε θέουσα θαλάσσης ἁλμυρὸν ὕδωρ.   435
ἄψορροι δὴ ἔπειτα πρὸς ἠῶ τ' ἠέλιόν τε
ἔπλεον, ἡγεμόνευε δ' ἄναξ Διὸς υἱὸς Ἀπόλλων·
ἷξον δ' ἐς Κρίσην εὐδείελον ἀμπελόεσσαν
ἐς λιμέν', ἡ δ' ἀμάθοισιν ἐχρίμψατο ποντοπόρος νηῦς.
ἔνθ' ἐκ νηὸς ὄρουσεν ἄναξ ἑκάεργος Ἀπόλλων   440
ἀστέρι εἰδόμενος μέσῳ ἤματι· τοῦ δ' ἀπὸ πολλαὶ
σπινθαρίδες πωτῶντο, σέλας δ' εἰς οὐρανὸν ἷκεν·
ἐς δ' ἄδυτον κατέδυσε διὰ τριπόδων ἐριτίμων.
ἔνθ' ἄρ' ὅ γε φλόγα δαῖε πιφαυσκόμενος τὰ ἃ κῆλα,
πᾶσαν δὲ Κρίσην κάτεχεν σέλας· αἱ δ' ὀλόλυξαν   445
Κρισαίων ἄλοχοι καλλίζωνοί τε θύγατρες
Φοίβου ὑπὸ ῥιπῆς· μέγα γὰρ δέος ἔμβαλ' ἑκάστῳ.
ἔνθεν δ' αὖτ' ἐπὶ νῆα νόημ' ὡς ἆλτο πέτεσθαι
ἀνέρι εἰδόμενος αἰζηῷ τε κρατερῷ τε
πρωθήβῃ, χαίτῃς εἰλυμένος εὐρέας ὤμους·   450

427 φέρας M : φεράς L.¹   ἡ δὲ φεράς ἐπέβαλλεν ἐπειγομένη Διὸς οὔρῳ
ο 297 (ἀγαλλομένη cit. Strabo 350): ubi φεαῖς (seu φεᾶς) leg. Aristarchus,
cf. et Rhian. ap. Steph. Byz. in Ἀρτεμίτα   428 πέφανται M :
πέφαντο corr. ex πέφανται Mon. : πέφαντο cet.   429 = a 246 i 24
π 123   430 παρενίσατο M : παρενίσσετο cet.   431 ἐπὶ M R¹:
ἐπεὶ cet.   κρίσης M : κρίσσης cet.   436 ἄψορρον M, cf. Ω 330 Hes.
Theog. 659   438 κρίσσην praeter M codd., item 445   439 ἐς
λιμένος δ' ἀμάθοισιν M : ἐλλιμέν' E   441 ἤματι μέσῳ (ss. β, a)
E T   442 πώτοντο M   ἦκεν codd. corr. Barnes   443 κατέ-
δυσσε x ed. pr.   ἴαχεν ἐξ ἀδύτοιο διὰ τριπόδων ἐριτίμων Ar. Eq.
1016   444 ἐν δ' codd. corr. Hermann   φλόγ' ἔδαιε praeter x M
codd.   πιφασκόμενος Γ V¹ E L¹ : ἐπιφ. Π   445 κρίσιν M : κρίσσην
cet.   446 κρισ(σ)αγῶν vulg.: κρισσαίων V² Casaubon : -σ- Her-
mann   447 εἷλεν ἕκαστον x p   450 χαίτη Γ corr., ed. pr.

καί σφεας φωνήσας ἔπεα πτερόεντα προσηύδα·
ὦ ξεῖνοι τίνες ἐστέ; πόθεν πλεῖθ' ὑγρὰ κέλευθα;
ἤ τι κατὰ πρῆξιν, ἦ μαψιδίως ἀλάλησθε
οἷά τε ληϊστῆρες ὑπεὶρ ἅλα, τοί τ' ἀλόωνται
ψυχὰς παρθέμενοι κακὸν ἀλλοδαποῖσι φέροντες;   455
τίφθ' οὕτως ἧσθον τετιηότες, οὐδ' ἐπὶ γαῖαν
ἔκβητ', οὐδὲ καθ' ὅπλα μελαίνης νηὸς ἔθεσθε;
αὕτη μέν γε δίκη πέλει ἀνδρῶν ἀλφηστάων
ὁππόταν ἐκ πόντοιο ποτὶ χθονὶ νηὶ μελαίνῃ
ἔλθωσιν καμάτῳ ἀδηκότες, αὐτίκα δέ σφεας   460
σίτοιο γλυκεροῖο περὶ φρένας ἵμερος αἱρεῖ.
   Ὣς φάτο καί σφιν θάρσος ἐνὶ στήθεσσιν ἔθηκε.
τὸν καὶ ἀμειβόμενος Κρητῶν ἀγὸς ἀντίον ηὔδα·
ξεῖν', ἐπεὶ οὐ μὲν γάρ τι καταθνητοῖσιν ἔοικας,
οὐ δέμας οὐδὲ φυήν, ἀλλ' ἀθανάτοισι θεοῖσιν,   465
οὖλέ τε καὶ μέγα χαῖρε, θεοὶ δέ τοι ὄλβια δοῖεν.
καί μοι τοῦτ' ἀγόρευσον ἐτήτυμον ὄφρ' εὖ εἰδῶ·
τίς δῆμος; τίς γαῖα; τίνες βροτοὶ ἐγγεγάασιν;
ἄλλῃ γὰρ φρονέοντες ἐπεπλέομεν μέγα λαῖτμα
εἰς Πύλον ἐκ Κρήτης, ἔνθεν γένος εὐχόμεθ' εἶναι·   470
νῦν δ' ὧδε ξὺν νηὶ κατήλθομεν οὔ τι ἑκόντες
νόστου ἱέμενοι ἄλλην ὁδὸν ἄλλα κέλευθα·
ἀλλά τις ἀθανάτων δεῦρ' ἤγαγεν οὐκ ἐθέλοντας.
   Τοὺς δ' ἀπαμειβόμενος προσέφη ἑκάεργος Ἀπόλλων·
ξεῖνοι, τοὶ Κνωσὸν πολυδένδρεον ἀμφινέμεσθε   475
τὸ πρίν, ἀτὰρ νῦν οὐκ ἔθ' ὑπότροποι αὖθις ἔσεσθε
ἔς τε πόλιν ἐρατὴν καὶ δώματα καλὰ ἕκαστος
ἔς τε φίλας ἀλόχους, ἀλλ' ἐνθάδε πίονα νηὸν
ἕξετ' ἐμὸν πολλοῖσι τετιμένον ἀνθρώποισιν·
εἰμὶ δ' ἐγὼ Διὸς υἱός, Ἀπόλλων δ' εὔχομαι εἶναι,   480
ὑμέας δ' ἤγαγον ἐνθάδ' ὑπὲρ μέγα λαῖτμα θαλάσσης

452 πόθεν ἐστὲ codd., τίνες Γ ss., ed. pr., cf. Dem. 411, Merc. 453
459 ἐπὶ Μ   460 σφας p   466 γάρ τοι Ε Τ   468 ἐκγεγάασιν
libri, corr. Ilgen   475 κνωσσὸν libri   479 ἐμὸν λλοῖσι L¹ Π :
καλλοῖσι Ε Τ

οὔ τι κακὰ φρονέων, ἀλλ' ἐνθάδε πίονα νηὸν
ἕξετ' ἐμὸν πᾶσιν μάλα τίμιον ἀνθρώποισι,
βουλάς τ' ἀθανάτων εἰδήσετε, τῶν ἰότητι
αἰεὶ τιμήσεσθε διαμπερὲς ἤματα πάντα.   485
ἀλλ' ἄγεθ' ὡς ἂν ἐγὼ εἴπω πείθεσθε τάχιστα·
ἱστία μὲν πρῶτον κάθετον λύσαντε βοείας,
νῆα δ' ἔπειτα θοὴν ἂν' ἐπ' ἠπείρου ἐρύσασθε,
ἐκ δὲ κτήμαθ' ἕλεσθε καὶ ἔντεα νηὸς ἐΐσης,
καὶ βωμὸν ποιήσατ' ἐπὶ ῥηγμῖνι θαλάσσης,   490
πῦρ ἐπικαίοντες ἐπί τ' ἄλφιτα λευκὰ θύοντες·
εὔχεσθαι δὴ ἔπειτα παριστάμενοι περὶ βωμόν.
ὡς μὲν ἐγὼ τὸ πρῶτον ἐν ἠεροειδέϊ πόντῳ
εἰδόμενος δελφῖνι θοῆς ἐπὶ νηὸς ὅρουσα,
ὡς ἐμοὶ εὔχεσθαι δελφινίῳ· αὐτὰρ ὁ βωμὸς   495
αὐτὸς δέλφειος καὶ ἐπόψιος ἔσσεται αἰεί.
δειπνῆσαί τ' ἄρ' ἔπειτα θοῇ παρὰ νηὶ μελαίνῃ,
καὶ σπεῖσαι μακάρεσσι θεοῖς οἳ Ὄλυμπον ἔχουσιν.
αὐτὰρ ἐπὴν σίτοιο μελίφρονος ἐξ ἔρον ἧσθε,
ἔρχεσθαί θ' ἅμ' ἐμοὶ καὶ ἰηπαιήον' ἀείδειν   500
εἰς ὅ κε χῶρον ἵκησθον ἵν' ἕξετε πίονα νηόν.
Ὣς ἔφαθ'· οἱ δ' ἄρα τοῦ μάλα μὲν κλύον ἠδ' ἐπίθοντο.
ἱστία μὲν πρῶτον κάθεσαν, λῦσαν δὲ βοείας,
ἱστὸν δ' ἱστοδόκῃ πέλασαν προτόνοισιν ὑφέντες,
ἐκ δὲ καὶ αὐτοὶ βαῖνον ἐπὶ ῥηγμῖνι θαλάσσης,   505
ἐκ δ' ἁλὸς ἤπειρον δὲ θοὴν ἀνὰ νῆ' ἐρύσαντο
ὑψοῦ ἐπὶ ψαμάθοις, παρὰ δ' ἕρματα μακρὰ τάνυσσαν,
καὶ βωμὸν ποίησαν ἐπὶ ῥηγμῖνι θαλάσσης·
πῦρ δ' ἐπικαίοντες ἐπί τ' ἄλφιτα λευκὰ θύοντες
εὔχονθ' ὡς ἐκέλευε παριστάμενοι περὶ βωμόν.   510
δόρπον ἔπειθ' εἵλοντο θοῇ παρὰ νηὶ μελαίνῃ,

488 θοὴν ἐπὶ ἠπείρου codd. (ἐπ' ἠπ- ΜΤ) corr. Agar cl. 506   491 ἐπι-
καίοντές γ' ΜΓΟ   496 δελφίνιος Μ : δέλφιος ΑΔΟΡΟ   501 εἰς
ὅτε Μ   505 βῆσαν Μ   507 περὶ δ' ἔργματα Μ   510 περὶ Π
marg. Ernesti : παρὰ cet., cf. 492

καὶ σπεῖσαν μακάρεσσι θεοῖς οἳ Ὄλυμπον ἔχουσιν.
αὐτὰρ ἐπεὶ πόσιος καὶ ἐδητύος ἐξ ἔρον ἕντο
βάν ρ' ἴμεν· ἦρχε δ' ἄρα σφιν ἄναξ Διὸς υἱὸς Ἀπόλλων
φόρμιγγ' ἐν χείρεσσιν ἔχων ἐρατὸν κιθαρίζων   515
καλὰ καὶ ὕψι βιβάς· οἱ δὲ ῥήσσοντες ἕποντο
Κρῆτες πρὸς Πυθὼ καὶ ἰηπαιήον' ἄειδον,
οἷοί τε Κρητῶν παιήονες οἷσί τε Μοῦσα
ἐν στήθεσσιν ἔθηκε θεὰ μελίγηρυν ἀοιδήν.
ἄκμητοι δὲ λόφον προσέβαν ποσίν, αἶψα δ' ἵκοντο   520
Παρνησὸν καὶ χῶρον ἐπήρατον ἔνθ' ἄρ' ἔμελλεν
οἰκήσειν πολλοῖσι τετιμένος ἀνθρώποισι·
δεῖξε δ' ἄγων ἄδυτον ζάθεον καὶ πίονα νηόν.
τῶν δ' ὠρίνετο θυμὸς ἐνὶ στήθεσσι φίλοισι·
τὸν καὶ ἀνειρόμενος Κρητῶν ἀγὸς ἀντίον ηὔδα·   525
ὦ ἄν' ἐπεὶ δὴ τῆλε φίλων καὶ πατρίδος αἴης
ἤγαγες· οὕτω που τῷ σῷ φίλον ἔπλετο θυμῷ·
πῶς καὶ νῦν βιόμεσθα; τό σε φράζεσθαι ἄνωγμεν.
οὔτε τρυγηφόρος ἥδε γ' ἐπήρατος οὔτ' εὐλείμων,
ὥς τ' ἀπό τ' εὖ ζώειν καὶ ἅμ' ἀνθρώποισιν ὀπηδεῖν.   530
Τοὺς δ' ἐπιμειδήσας προσέφη Διὸς υἱὸς Ἀπόλλων·
νήπιοι ἄνθρωποι δυστλήμονες οἳ μελεδῶνας
βούλεσθ' ἀργαλέους τε πόνους καὶ στείνεα θυμῷ·
ῥηΐδιον ἔπος ὔμμ' ἐρέω καὶ ἐπὶ φρεσὶ θήσω.
δεξιτερῇ μάλ' ἕκαστος ἔχων ἐν χειρὶ μάχαιραν   535
σφάζειν αἰεὶ μῆλα· τὰ δ' ἄφθονα πάντα παρέσται,
ὅσσα ἐμοί κ' ἀγάγωσι περικλυτὰ φῦλ' ἀνθρώπων·
νηὸν δὲ προφύλαχθε, δέδεχθε δὲ φῦλ' ἀνθρώπων

515 ἐρατὸν Μ, Barnes: ἔχων ατὸν ΕΤ: ἔχω ατὸν L¹Π: ἀγατὸν D ed.
pr.: χρυσῆν ρ: χαρίεν Athen. 22 C (Ὅμηρος ἢ τῶν Ὁμηριδῶν τις ἐν τῷ εἰς
Ἀπόλλωνα ὕμνῳ φησὶν [514 Ἀπόλλων—516 βιβάς])   516 ῥήσσοντες
Μ Γ: φρίσσοντες cet.   522 τετιμημένος Μ Αt Γ   523 ἄδυτον
ζάθεον γ gr. V²: αὐτοῦ δάπεδον cet.   525 τῶν x ed. pr.: τὸν cet.
(cum V²)   530 τ' εὖ] τίνας uv. Τ ss.   532 μελεδῶνας L¹Π
534 ῥηιδίως Μ   536 μάλα ρ (μάλα Β Γ)   537 ὅσσα] αἰὲν Μ   δσσ'
ἄμ' ἐμοί κ' Ludwich   538 om. ρΜ (ex homoeotel.)   νηὸν δὲ Ilgen:
τε codd.

ΥΜΝΟΙ

ἐνθάδ' ἀγειρομένων καὶ ἐμὴν ἰθύν τε μάλιστα

ἠέ τι τηΰσιον ἔπος ἔσσεται ἠέ τι ἔργον,   540
ὕβρις θ', ἢ θέμις ἐστὶ καταθνητῶν ἀνθρώπων,
ἄλλοι ἔπειθ' ὑμῖν σημάντορες ἄνδρες ἔσονται,
τῶν ὑπ' ἀναγκαίῃ δεδμήσεσθ' ἤματα πάντα.
εἴρηταί τοι πάντα, σὺ δὲ φρεσὶ σῇσι φύλαξαι.
Καὶ σὺ μὲν οὕτω χαῖρε Διὸς καὶ Λητοῦς υἱέ·   545
αὐτὰρ ἐγὼ καὶ σεῖο καὶ ἄλλης μνήσομ' ἀοιδῆς.

IV. Εἰς Ἑρμῆν

Ἑρμῆν ὕμνει Μοῦσα Διὸς καὶ Μαιάδος υἱόν,
Κυλλήνης μεδέοντα καὶ Ἀρκαδίης πολυμήλου,
ἄγγελον ἀθανάτων ἐριούνιον, ὃν τέκε Μαῖα
νύμφη ἐϋπλόκαμος Διὸς ἐν φιλότητι μιγεῖσα
αἰδοίη· μακάρων δὲ θεῶν ἠλεύαθ' ὅμιλον   5
ἄντρον ἔσω ναίουσα παλίσκιον, ἔνθα Κρονίων
νύμφῃ ἐϋπλοκάμῳ μισγέσκετο νυκτὸς ἀμολγῷ,
ὄφρα κατὰ γλυκὺς ὕπνος ἔχοι λευκώλενον Ἥρην,
λήθων ἀθανάτους τε θεοὺς θνητούς τ' ἀνθρώπους.
ἀλλ' ὅτε δὴ μεγάλοιο Διὸς νόος ἐξετελεῖτο,   10
τῇ δ' ἤδη δέκατος μεὶς οὐρανῷ ἐστήρικτο,
εἴς τε φόως ἄγαγεν, ἀρίσημά τε ἔργα τέτυκτο·
καὶ τότ' ἐγείνατο παῖδα πολύτροπον, αἱμυλομήτην,
λῃϊστῆρ', ἐλατῆρα βοῶν, ἡγήτορ' ὀνείρων,

---

539 ἰθύντε T   τὰ μάλιστα D'Orville : καὶ ἐμὴν ἰθύντε θέμιστα
Baumeister (Hes. Opp. 9 δίκῃ δ' ἴθυνε θέμιστας), lacunam nos.   540 ἠέ
τ' ἐτήσιον M : μάταιον ss. T   γ' ἔπος D ed. pr.   543 δεδμήσασθ'
M   ὄμματα M   544 δ' ἐνὶ M
IV. codices M x y p (Mon. usque ad 192 O usque ad 80)   TITVLVS.
τοῦ αὐτοῦ ὕμνοι εἰς ἑρμῆν M : ὕμνος δεύτερος εἰς ἑρμῆν E T : εἰς ἑρμῆν
D L¹ Π ed. pr. : εἰς τὸν ἑρμῆν p   1 ὑμνεῖ x At D ed. pr.   5 ἠλαύνετ'
At   10 δὴ om. p   11 μῆς (ss. εἰς) M : μεῖς D ed. pr., cf. T 117
13 τότε γείνατο x M

42

ΕΙΣ ΕΡΜΗΝ

νυκτὸς ὀπωπητῆρα, πυληδόκον, ὃς τάχ᾽ ἔμελλεν   15
ἀμφανέειν κλυτὰ ἔργα μετ᾽ ἀθανάτοισι θεοῖσιν.
ἠῷος γεγονὼς μέσῳ ἤματι ἐγκιθάριζεν,
ἑσπέριος βοῦς κλέψεν ἑκηβόλου Ἀπόλλωνος,
τετράδι τῇ προτέρῃ τῇ μιν τέκε πότνια Μαῖα.
ὃς καὶ ἐπεὶ δὴ μητρὸς ἀπ᾽ ἀθανάτων θόρε γυίων   20
οὐκέτι δηρὸν ἔκειτο μένων ἱερῷ ἐνὶ λίκνῳ,
ἀλλ᾽ ὅ γ᾽ ἀναΐξας ζήτει βόας Ἀπόλλωνος
οὐδὸν ὑπερβαίνων ὑψηρεφέος ἄντροιο.
ἔνθα χέλυν εὑρὼν ἐκτήσατο μυρίον ὄλβον·
Ἑρμῆς τοι πρώτιστα χέλυν τεκτήνατ᾽ ἀοιδόν,   25
ἥ ῥά οἱ ἀντεβόλησεν ἐπ᾽ αὐλείῃσι θύρῃσι
βοσκομένη προπάροιθε δόμων ἐριθηλέα ποίην,
σαῦλα ποσὶν βαίνουσα· Διὸς δ᾽ ἐριούνιος υἱὸς
ἀθρήσας ἐγέλασσε καὶ αὐτίκα μῦθον ἔειπε·
σύμβολον ἤδη μοι μέγ᾽ ὀνήσιμον, οὐκ ὀνοτάζω.   30
χαῖρε φυὴν ἐρόεσσα χοροιτύπε δαιτὸς ἑταίρη,
ἀσπασίη προφανεῖσα· πόθεν τόδε καλὸν ἄθυρμα
αἰόλον ὄστρακον ἔσσο χέλυς ὄρεσι ζώουσα;
ἀλλ᾽ οἴσω σ᾽ εἰς δῶμα λαβών· ὄφελός τί μοι ἔσσῃ,
οὐδ᾽ ἀποτιμήσω· σὺ δέ με πρώτιστον ὀνήσεις.   35
οἴκοι βέλτερον εἶναι, ἐπεὶ βλαβερὸν τὸ θύρηφιν·
ἦ γὰρ ἐπηλυσίης πολυπήμονος ἔσσεαι ἔχμα
ζώουσ᾽· ἢν δὲ θάνῃς τότε κεν μάλα καλὸν ἀείδοις.
Ὣς ἄρ᾽ ἔφη· καὶ χερσὶν ἅμ᾽ ἀμφοτέρῃσιν ἀείρας
ἂψ εἴσω κίε δῶμα φέρων ἐρατεινὸν ἄθυρμα.   40
ἔνθ᾽ ἀναπηλήσας γλυφάνῳ πολιοῖο σιδήρου

15 ὀπωπ[ητῆρα Kaibel Ep. Gr. 1032.. 1 = I. G. Sic. Ital. 2557
21 ἱερῶς Ε Τ   33 ἔσσο Matthiae, Tyrrell : ἐσσὶ codd.   36 βέλ-
τιον Β Γ : σῆ τὸν ἡσίοδον κλέψαντα (κεκλοφότα ῥ) τὸν στίχον [Opp. 365]
L¹ Π C L² L³ O R¹ R² : cf. Cercidas fr. 3 (P. L. G. ii. 514), carm. pop.
21 ib. iii. 662 : σὴ· περὶ ἀποδημήσεως Π   τὸ om. x D   37 ἐπηλύ-
σιος Β Γ R¹   ἔχμα Ruhnken : αἰχμὰ codd. (αἴχμα Μ : αἰγχμὰ
L¹)   38 θάνης Μ D ed. pr.: θάνοις cet.   κεν Hermann : ἂν codd.
ἀείδεις (ss. οις) Ε Τ   41 ἀναπειρήνας Stephanus: ἀναπηδήσας Barnes:
ἀναπιλήσας perperam Hermann : ἀναπειλήσας Agar

43

αἰῶν' ἐξετόρησεν ὀρεσκῴοιο χελώνης.
ὡς δ' ὁπότ' ὠκὺ νόημα διὰ στέρνοιο περήσῃ
ἀνέρος ὅν τε θαμιναὶ ἐπιστρωφῶσι μέριμναι,
ἢ ὅτε δινηθῶσιν ἀπ' ὀφθαλμῶν ἀμαρυγαί,   45
ὡς ἅμ' ἔπος τε καὶ ἔργον ἐμήδετο κύδιμος Ἑρμῆς.
πῆξε δ' ἄρ' ἐν μέτροισι ταμὼν δόνακας καλάμοιο
πειρήνας διὰ νῶτα διὰ ῥινοῖο χελώνης.
ἀμφὶ δὲ δέρμα τάνυσσε βοὸς πραπίδεσσιν ἐῇσι,
καὶ πήχεις ἐνέθηκ', ἐπὶ δὲ ζυγὸν ἤραρεν ἀμφοῖν,   50
ἑπτὰ δὲ συμφώνους ὀΐων ἐτανύσσατο χορδάς.
αὐτὰρ ἐπεὶ δὴ τεῦξε φέρων ἐρατεινὸν ἄθυρμα
πλήκτρῳ ἐπειρήτιζε κατὰ μέλος, ἡ δ' ὑπὸ χειρὸς
σμερδαλέον κονάβησε· θεὸς δ' ὑπὸ καλὸν ἄειδεν
ἐξ αὐτοσχεδίης πειρώμενος, ἠΰτε κοῦροι   55
ἡβηταὶ θαλίῃσι παραιβόλα κερτομέουσιν,
ἀμφὶ Δία Κρονίδην καὶ Μαιάδα καλλιπέδιλον
†ὃν πάρος ὠρίζεσκον† ἑταιρείῃ φιλότητι,
ἥν τ' αὐτοῦ γενεὴν ὀνομακλυτὸν ἐξονομάζων·
ἀμφιπόλους τε γέραιρε καὶ ἀγλαὰ δώματα νύμφης,   60
καὶ τρίποδας κατὰ οἶκον ἐπηετανούς τε λέβητας.
καὶ τὰ μὲν οὖν ἤειδε, τὰ δὲ φρεσὶν ἄλλα μενοίνα.
καὶ τὴν μὲν κατέθηκε φέρων ἱερῷ ἐνὶ λίκνῳ
φόρμιγγα γλαφυρήν· ὁ δ' ἄρα κρειῶν ἐρατίζων

42 αἰὼν M, marg. γρ. ὡς δοκεῖ μοι ἀγὼν'ἐξετό   ὀρεσκώ λώνης E L¹:
ὀρεσκώϊο κολώνης Π : ὀρεσκώηι λώνης T uv. ante corr.   43 περήσῃ B
Franke : περήσει cet.   44 θαμιναὶ codd., Ruhnken : cf. Choero-
bosc. An. Ox. ii. 180, Matro 79, Nicand. Ther. 239, Call. Aet. 36 (Ox.
Pap. vii. 1011), Xen. Anab. iv. 1. 16 (v. l.) : θαμειαὶ Barnes   45 ἢ
ὅτε M V². marg. Γ: αἱ ὅτε x : ἃς ὅτε ρ   δυνηθῶσιν ρ At   ἀμαλδύναι y
46 ἐμήσατο E   47 ταμὼν] λαβὼν D   48 τετρήνας Matthiae, cf.
vv. ll. Herod. ii. 11   pro διὰ ῥινοῖο coni. κραταιρίνοιο Barnes (cl.
Herod. i. 47): διατρήτοιο Ludwich   51 συμφώνους] θηλυτέρων Antigo-
nus Carystius c. 7: voce συμφωνούσας utitur Ion Chius 3. 2   53 μέρος
codd.   54 κονάβησε M : -ισ(σ)ε cet.   55 ἢντε κόραοι M   56 παραί-
βολα M   58 ὃν codd. (ὃν πάρος Nonnus ii. 269): ὡς Γ corr., V²: οἳ
Clarke   ἠρίζεσκον Γ: ἐρίζεσκον (ss. ἠ) V²: ὠρίζ. M   καὶ ἑταιρείῃ
M   59 ὀνομακλυτὴν ρ   ὀνομάζων praeter M codd.

ἆλτο κατὰ σκοπιὴν εὐώδεος ἐκ μεγάροιο,　　　　　65
ὁρμαίνων δόλον αἰπὺν ἐνὶ φρεσὶν οἷά τε φῶτες
φηληταὶ διέπουσι μελαίνης νυκτὸς ἐν ὥρῃ.

Ἥλιος μὲν ἔδυνε κατὰ χθονὸς ὠκεανὸν δὲ
αὐτοῖσίν θ᾽ ἵπποισι καὶ ἅρμασιν, αὐτὰρ ἄρ᾽ Ἑρμῆς
Πιερίης ἀφίκανε θέων ὄρεα σκιόεντα,　　　　　70
ἔνθα θεῶν μακάρων βόες ἄμβροτοι αὖλιν ἔχεσκον
βοσκόμεναι λειμῶνας ἀκηρασίους ἐρατεινούς.
τῶν τότε Μαιάδος υἱὸς ἐΰσκοπος Ἀργειφόντης
πεντήκοντ᾽ ἀγέλης ἀπετάμνετο βοῦς ἐριμύκους.
πλανοδίας δ᾽ ἤλαυνε διὰ ψαμαθώδεα χῶρον　　　　75
ἴχνι᾽ ἀποστρέψας· δολίης δ᾽ οὐ λήθετο τέχνης
ἀντία ποιήσας ὁπλάς, τὰς πρόσθεν ὄπισθεν,
τὰς δ᾽ ὄπιθεν πρόσθεν, κατὰ δ᾽ ἔμπαλιν αὐτὸς ἔβαινε.
σάνδαλα δ᾽ αὐτίκα ῥιψὶν ἐπὶ ψαμάθοις ἁλίῃσιν
ἄφραστ᾽ ἠδ᾽ ἀνόητα διέπλεκε, θαυματὰ ἔργα,　　　80
συμμίσγων μυρίκας καὶ μυρσινοειδέας ὄζους.
τῶν τότε συνδήσας νεοθηλέαν ἀγκάλῳ ὥρην
ἀβλαβέως ὑπὸ ποσσὶν ἐδήσατο σάνδαλα κοῦφα
αὐτοῖσιν πετάλοισι, τὰ κύδιμος Ἀργειφόντης
ἔσπασε Πιερίηθεν ὁδοιπορίην ἀλεείνων,　　　　85
οἷά τ᾽ ἐπειγόμενος δολιχὴν ὁδόν, αὐτοτροπήσας.

65 ἆλτο M : ὦρτο p V² : ἆτο x, cf. Υ 6a　　　67 φιληταὶ M D, cf.
159, 175　　　69 αὐτὰρ ὅγ᾽ Barnes　　70 Πηρείη (Β 766) non Πιερίη
in fabula pristina videtur stetisse : cf. Antonini Lib. 23 (αἱ δὲ ἐνέμοντο
ἵναπερ ἦσαν αἱ Ἀδμήτου βόες)　　θεῶν (sc. θεῖα, cf. 551 ω 67 Υ 53)
codd. praeter D ed. pr.　　7a ἀκειρασίους x D ed. pr.　　74 ἀγέλας M
76 ἴχνη codd. corr. Hermann cl. 218 al.　　78 πρώτας M　　79 αὐτίκ·
om. x (σάνδαλα ἔριψεν E : σάνδαλα κ᾽ ἔριψεν L¹ : σάνδαλα αὐτίκ᾽ ἔριψεν Π :
δ᾽ αὐτί- in spatio vacuo suppl. T)　　ἔριψεν codd. em. Postgate　　81 συμ-
μίστων Ε Τ : συμμίστων L¹　　82 νεοθηλέος ἄγκαλον (ἀγκαλὸν x At Γ
ed. pr.) ὕλης vulg. : νεοθηλέαν ἀγκαλωρήν M　　83 ἀβλαδέως Head-
lam J. Ph. 1910. 2　　85 ἀλεείνων] ἀλεγύνων Windisch cl. 361
86 αὐτοτροπήσας M V² p y (-τραπήσας Mon. V¹ : αὐτοτροπήσας ὣς Ε Τ,
γρ. αὐτοτροπήσας Π marg.) : αὐτοπρεπὴς ὣς L¹ Π D ed. pr. : φὼς pro ὣς
Martin

τὸν δὲ γέρων ἐνόησε δέμων ἀνθοῦσαν ἀλωὴν
ἱέμενον πεδίον δὲ δι' Ὀγχηστὸν λεχεποίην·
τὸν πρότερος προσέφη Μαίης ἐρικυδέος υἱός·
ὦ γέρον ὅς τε φυτὰ σκάπτεις ἐπικαμπύλος ὤμους,   90
ἦ πολυοινήσεις εὖτ' ἂν τάδε πάντα φέρῃσι

καί τε ἰδὼν μὴ ἰδὼν εἶναι καὶ κωφὸς ἀκούσας,
καὶ σιγᾶν, ὅτε μή τι καταβλάπτῃ τὸ σὸν αὐτοῦ.
Τόσσον φὰς συνέσευε βοῶν ἴφθιμα κάρηνα.
πολλὰ δ' ὄρη σκιόεντα καὶ αὐλῶνας κελαδεινοὺς   95
καὶ πεδί' ἀνθεμόεντα διήλασε κύδιμος Ἑρμῆς.
ὀρφναίη δ' ἐπίκουρος ἐπαύετο δαιμονίη νὺξ
ἡ πλείων, τάχα δ' ὄρθρος ἐγίγνετο δημιοεργός·
ἡ δὲ νέον σκοπιὴν προσεβήσατο δῖα Σελήνη
Πάλλαντος θυγάτηρ Μεγαμηδείδαο ἄνακτος,   100
τῆμος ἐπ' Ἀλφειὸν ποταμὸν Διὸς ἄλκιμος υἱὸς
Φοίβου Ἀπόλλωνος βοῦς ἤλασεν εὐρυμετώπους.
ἀδμῆτες δ' ἵκανον ἐς αὔλιον ὑψιμέλαθρον
καὶ ληνοὺς προπάροιθεν ἀριπρεπέος λειμῶνος.
ἔνθ' ἐπεὶ εὖ βοτάνης ἐπεφόρβει βοῦς ἐριμύκους   105
καὶ τὰς μὲν συνέλασσεν ἐς αὔλιον ἀθρόας οὔσας
λωτὸν ἐρεπτομένας ἠδ' ἑρσήεντα κύπειρον,
σὺν δ' ἐφόρει ξύλα πολλά, πυρὸς δ' ἐπεμαίετο τέχνην.
δάφνης ἀγλαὸν ὄζον ἑλὼν ἐπέλεψε σιδήρῳ

ἄρμενον ἐν παλάμῃ, ἄμπνυτο δὲ θερμὸς ἀϋτμή·   110

87 δέμων ἀνθοῦσαν M : δόμων αἴθουσαν cet.   88 ὀγχηστῶν λεχε-
ποίων M ante corr.   90 ἐπικαμπύλα ξύλα M   91 πολυοινήσεις Ilgen:
πολὺ οἰν. M : πολὺ οἰμ- (οἰμ-)ήσεις cet., cf. χρηστοινεῖν Strabo 637 :
lacunam stat. Groddeck quam verbis εἶκε πίθη μάλα περ μεμνημένος ἐν
φρεσὶ σῇσι E. White explevit   93 σῖγαν E L¹   94 φασὶν ἔσευε
codd. (ἔσκευε L¹) corr. ed. pr.   99 σκοπιῇ At D ed. pr.   103 ἤλαυ-
νον At D   108 τέχνην] τύνη M : τέχνη Ilgen   109 ἐπέλεψε x p
cet. : ἐνίαλλε M, unde λείαινε Postgate, cf. Quintus xii. 136, Plat.
Tim. 65 E   lacunam hic statuit Kuhn Herabkunft des Feuers 36
110 ἀνὰ δ' ἄμπνυτο praeter M codd.   θυμὸς αὐτμῇ M

ΕΙΣ ΕΡΜΗΝ

Ἑρμῆς τοι πρώτιστα πυρήϊα πῦρ τ' ἀνέδωκε.
πολλὰ δὲ κάγκανα κᾶλα κατουδαίῳ ἐνὶ βόθρῳ
οὖλα λαβὼν ἐπέθηκεν ἐπηετανά· λάμπετο δὲ φλὸξ
τηλόσε φῦζαν ἱεῖσα πυρὸς μέγα δαιομένοιο.
ὄφρα δὲ πῦρ ἀνέκαιε βίῃ κλυτοῦ Ἡφαίστοιο,   115
τόφρα δ' ὑποβρύχιας ἕλικας βοῦς ἕλκε θύραζε
δοιὰς ἄγχι πυρός, δύναμις δέ οἱ ἔπλετο πολλή·
ἀμφοτέρας δ' ἐπὶ νῶτα χαμαὶ βάλε φυσιοώσας·
ἐγκλίνων δ' ἐκύλινδε δι' αἰῶνας τετορήσας,
ἔργῳ δ' ἔργον ὄπαζε ταμὼν κρέα πίονα δημῷ·   120
ὤπτα δ' ἀμφ' ὀβελοῖσι πεπαρμένα δουρατέοισι,
σάρκας ὁμοῦ καὶ νῶτα γεράσμια καὶ μέλαν αἷμα
ἐργμένον ἐν χολάδεσσι, τὰ δ' αὐτοῦ κεῖτ' ἐπὶ χώρης.
ῥινοὺς δ' ἐξετάνυσσε καταστυφέλῳ ἐνὶ πέτρῃ,
ὡς ἔτι νῦν τὰ μέτασσα πολυχρόνιοι πεφύασι   125
δηρὸν δὴ μετὰ ταῦτα καὶ ἄκριτον. αὐτὰρ ἔπειτα
Ἑρμῆς χαρμόφρων εἰρύσατο πίονα ἔργα
λείῳ ἐπὶ πλαταμῶνι καὶ ἔσχισε δώδεκα μοίρας
κληροπαλεῖς· τέλεον δὲ γέρας προσέθηκεν ἑκάστῃ.
ἔνθ' ὁσίης κρεάων ἠράσσατο κύδιμος Ἑρμῆς·   130
ὀδμὴ γάρ μιν ἔτειρε καὶ ἀθάνατόν περ ἐόντα
ἡδεῖ'· ἀλλ' οὐδ' ὥς οἱ ἐπείθετο θυμὸς ἀγήνωρ
καί τε μάλ' ἱμείροντι περῆν' ἱερῆς κατὰ δειρῆς.
ἀλλὰ τὰ μὲν κατέθηκεν ἐς αὔλιον ὑψιμέλαθρον,

---

111 πυρία (ss. ἡ) x praeter Π   112 κᾶλα p : καλά, κάλα cet.
114 φύσαν E: φύζαν cet.: φῦσαν D'Orville, Hemsterhuys   116 ὑποβρύ-
χους Ludwich   εἶλκε codd.   119 ἐγκλίνων] ἐκκρίνας M   αἰῶνος p T
corr.: αἰῶνας cet.   120 πίονι praeter M codd., cf. Ψ 750 al.   124 κατὰ
M D ed. pr.   στυφελῇ M   125 τὰ μέτασσα M, O. Müller Hyperbor.
Röm. Stud. 310 (An. Ox. i. 280 παρὰ τὴν μετὰ μέτασσα): τὰ μετ' (τάμετ'
E L¹; ἄσσα (ἄσσα) cet. : τὰ μέταξε Baumeister   127 χαρμοφέρων·
M x : χάρμα φέρων p, corr. Stephanus : χαρμόφρων· ὁ Ἑρμῆς Hesych.
132 ἐπεπείθετο M om. οἱ   133 περῆν· M : πέρην· x At D ed. pr. : πέρην p :
περᾶν Barnes : περῆν· Clarke : πιεῖν Ludwich : παρεῖν Tucker, cf.
xxx. 8

47

δημὸν καὶ κρέα πολλά, μετήορα δ' αἶψ' ἀνάειρε,   135
σῆμα νέης φωρῆς· ἐπὶ δὲ ξύλα κάγκαν' ἀείρας
οὐλόποδ' οὐλοκάρηνα πυρὸς κατεδάμνατ' ἀϋτμῇ.
αὐτὰρ ἐπεί τοι πάντα κατὰ χρέος ἤνυσε δαίμων
σάνδαλα μὲν προέηκεν ἐς 'Αλφειὸν βαθυδίνην,
ἀνθρακιὴν δ' ἐμάρανε, κόνιν δ' ἀμάθυνε μέλαιναν   140
παννύχιος· καλὸν δὲ φόως κατέλαμπε Σελήνης.
Κυλλήνης δ' αἶψ' αὖτις ἀφίκετο δῖα κάρηνα
ὄρθριος, οὐδέ τίς οἱ δολιχῆς ὁδοῦ ἀντεβόλησεν
οὔτε θεῶν μακάρων οὔτε θνητῶν ἀνθρώπων,
οὐδὲ κύνες λελάκοντο· Διὸς δ' ἐριούνιος Ἑρμῆς   145
δοχμωθεὶς μεγάροιο διὰ κλήϊθρον ἔδυνεν
αὔρῃ ὀπωρινῇ ἐναλίγκιος ἠΰτ' ὀμίχλη.
ἰθύσας δ' ἄντρου ἐξίκετο πίονα νηὸν
ἦκα ποσὶ προβιβῶν· οὐ γὰρ κτύπεν ὥς περ ἐπ' οὔδει.
ἐσσυμένως δ' ἄρα λίκνον ἐπῴχετο κύδιμος Ἑρμῆς·   150
σπάργανον ἀμφ' ὤμοις εἰλυμένος ἠΰτε τέκνον
νήπιον ἐν παλάμῃσι περ' ἰγνύσι λαῖφος ἀθύρων
κεῖτο, χέλυν ἐρατὴν ἐπ' ἀριστερὰ χειρὸς ἐέργων.
μητέρα δ' οὐκ ἄρ' ἔληθε θεὰν θεός, εἶπέ τε μῦθον·
τίπτε σὺ ποικιλομῆτα πόθεν τόδε νυκτὸς ἐν ὥρῃ   155
ἔρχῃ ἀναιδείην ἐπιειμένε; νῦν σε μάλ' οἴω
ἢ τάχ' ἀμήχανα δεσμὰ περὶ πλευρῇσιν ἔχοντα
Λητοΐδου ὑπὸ χερσὶ διὲκ προθύροιο περήσειν,
ἢ σὲ φέροντα μεταξὺ κατ' ἄγκεα φηλητεύσειν.
ἔρρε πάλιν· μεγάλην σε πατὴρ ἐφύτευσε μέριμναν   160
θνητοῖς ἀνθρώποισι καὶ ἀθανάτοισι θεοῖσι.
῾Τὴν δ' Ἑρμῆς μύθοισιν ἀμείβετο κερδαλέοισι·

136 v. om. M : φωνῆς codd. corr. Hermann cl. 385   138 τοι A ed.
om. cet.   ἐπειδὴ M   141 παννύχιον M   ἐπέλαμπε codd. praeter
M   148 ἰθύνας praeter M codices   151 ἠλυμένος M   152 περ-
ιγνύσι M O : περ' ἰγ. x ed. pr. : παρ' ἰγ. p   155 τάδε codd. corr. Wolf,
cf. a 409   157 ἢ τάχ'] δύσαχ' M : δὴ τάχ' Bywater   πλευροῖσι
p   159 φέροντα M : λαβόντα cet. : λαθόντα Matthiae : fort. βαλόντα,
cf. 256   φηλητεύσειν p : φιλ- cet., cf. 67   161 θνητῶν (ss. οἷς) E T

μῆτερ ἐμὴ τί με ταῦτα †τιτύσκεαι† ἠύτε τέκνον
νήπιον, ὃς μάλα παῦρα μετὰ φρεσὶν αἴσυλα οἶδε,
ταρβαλέον καὶ μητρὸς ὑπαιδείδοικεν ἐνιπάς;   165
αὐτὰρ ἐγὼ τέχνης ἐπιβήσομαι ἥ τις ἀρίστη
βουκολέων ἐμὲ καὶ σὲ διαμπερές· οὐδὲ θεοῖσι
νῶϊ μετ᾽ ἀθανάτοισιν ἀδώρητοι καὶ ἄλιστοι
αὐτοῦ τῇδε μένοντες ἀνεξόμεθ᾽, ὡς σὺ κελεύεις.
βέλτερον ἤματα πάντα μετ᾽ ἀθανάτοις ὀαρίζειν   170
πλούσιον ἀφνειὸν πολυλήϊον ἢ κατὰ δῶμα
ἄντρῳ ἐν ἠερόεντι θαασσέμεν· ἀμφὶ δὲ τιμῆς
κἀγὼ τῆς ὁσίης ἐπιβήσομαι ἧς περ Ἀπόλλων.
εἰ δέ κε μὴ δώῃσι πατὴρ ἐμός, ἦ τοι ἔγωγε
πειρήσω, δύναμαι, φηλητέων ὄρχαμος εἶναι.   175
εἰ δέ μ᾽ ἐρευνήσει Λητοῦς ἐρικυδέος υἱός,
ἄλλο τί οἱ καὶ μεῖζον ὀίομαι ἀντιβολήσειν.
εἶμι γὰρ εἰς Πυθῶνα μέγαν δόμον ἀντιτορήσων·
ἔνθεν ἅλις τρίποδας περικαλλέας ἠδὲ λέβητας
πορθήσω καὶ χρυσόν, ἅλις τ᾽ αἴθωνα σίδηρον   180
καὶ πολλὴν ἐσθῆτα· σὺ δ᾽ ὄψεαι αἴ κ᾽ ἐθέλησθα.

Ὣς οἱ μέν ῥ᾽ ἐπέεσσι πρὸς ἀλλήλους ἀγόρευον
υἱός τ᾽ αἰγιόχοιο Διὸς καὶ πότνια Μαῖα.
ἠὼς δ᾽ ἠριγένεια φόως θνητοῖσι φέρουσα
ὤρνυτ᾽ ἀπ᾽ Ὠκεανοῖο βαθυρρόου· αὐτὰρ Ἀπόλλων   185
Ὀγχηστὸν δ᾽ ἀφίκανε κιὼν πολυήρατον ἄλσος
ἁγνὸν ἐρισφαράγου Γαιηόχου· ἔνθα γέροντα
κνώδαλον εὗρε νέμοντα παρὲξ ὁδοῦ ἕρκος ἀλωῆς.

163 δεδίσκεαι Pierson cl. Υ 201   164 πολλὰ ἐνὶ . . . ἄρμενα Μ
165 ταρβαλέων L¹   167 βουκολέων Ludwich (βουκολέειν Gemoll): βου-
λεύων codd., cf. Ξ 445   168 ἄλιστοι y (sc. Ε Τ in textu, L¹ Π ss.): ἄπα-
στοι (ss. λι) L² Mon. Ν Ρ R¹: ἄπλιστοι Α C L³ Q: ἄπ στοι Β: ἄπαστοι Μ
At Γ D V¹ ed. pr.   169 ἀεξόμεθ᾽ Μ   171 πολυλήϊλον Ε Τ   173 ἧπερ
Ε   175 δύναμαι δὲ φιλητεύων (φιλητέον Μ) codd. corr. ed. pr.,
Steph., Bothe   183 μήτηρ pro μαῖα Μ   186 ὀγχηστόνδ᾽ Π:
ὀγχηστὸν δ᾽ D Ε: ὀγχηστόνδ᾽ cet., v. h. Apoll. 230   188 κνώδαλον]
κάνδαλον Ilgen: ἰκμάδα Groddeck: τρόχμαλον seu νωχαλὸν Hermann:
κλῶνας ὃγ᾽ Schneidewin: καμπύλον Stoll: νώδαλον Ridgeway: κώδαλον
Rossbach   νέμοντα] ἐλῶντα Ilgen: λέγοντα Schneidewin: ἀμῶντα
Tyrrell: δέμοντα Barnes, Fick

τὸν πρότερος προσέφη Λητοῦς ἐρικυδέος υἱός·

Ὦ γέρον Ὀγχηστοῖο βατοδρόπε ποιήεντος   190
βοῦς ἀπὸ Πιερίης διζήμενος ἐνθάδ' ἱκάνω
πάσας θηλείας, πάσας κεράεσσιν ἑλικτάς,
ἐξ ἀγέλης· ὁ δὲ ταῦρος ἐβόσκετο μοῦνος ἀπ' ἄλλων
κυάνεος, χαροποὶ δὲ κύνες κατόπισθεν ἕποντο
τέσσαρες ἠΰτε φῶτες ὁμόφρονες· οἱ μὲν ἔλειφθεν   195
οἵ τε κύνες ὅ τε ταῦρος, ὃ δὴ περὶ θαῦμα τέτυκται·
ταὶ δ' ἔβαν ἠελίοιο νέον καταδυομένοιο
ἐκ μαλακοῦ λειμῶνος ἀπὸ γλυκεροῖο νομοῖο.
ταῦτά μοι εἰπὲ γεραιὲ παλαιγενὲς εἴ που ὄπωπας
ἀνέρα ταῖσδ' ἐπὶ βουσὶ διαπρήσσοντα κέλευθον.   200

Τὸν δ' ὁ γέρων μύθοισιν ἀμειβόμενος προσέειπεν·
ὦ φίλος ἀργαλέον μὲν ὅσ' ὀφθαλμοῖσιν ἴδοιτο
πάντα λέγειν· πολλοὶ γὰρ ὁδὸν πρήσσουσιν ὁδῖται,
τῶν οἱ μὲν κακὰ πολλὰ μεμαότες, οἱ δὲ μάλ' ἐσθλὰ
φοιτῶσιν· χαλεπὸν δὲ δαήμεναί ἐστιν ἕκαστον.   205
αὐτὰρ ἐγὼ πρόπαν ἦμαρ ἐς ἠέλιον καταδύντα
ἔσκαπτον περὶ γουνὸν ἀλωῆς οἰνοπέδοιο·
παῖδα δ' ἔδοξα φέριστε, σαφὲς δ' οὐκ οἶδα, νοῆσαι,
ὅς τις ὁ παῖς ἅμα βουσὶν ἐϋκραίρῃσιν ὀπήδει
νήπιος, εἶχε δὲ ῥάβδον, ἐπιστροφάδην δ' ἐβάδιζεν,   210
ἐξοπίσω δ' ἀνέεργε, κάρη δ' ἔχεν ἀντίον αὐτῷ.

Φῆ ῥ' ὁ γέρων· ὁ δὲ θᾶττον ὁδὸν κίε μῦθον ἀκούσας.
οἰωνὸν δ' ἐνόει τανυσίπτερον, αὐτίκα δ' ἔγνω
φηλητὴν γεγαῶτα Διὸς παῖδα Κρονίωνος.
ἐσσυμένως δ' ἤϊξεν ἄναξ Διὸς υἱὸς Ἀπόλλων   215
ἐς Πύλον ἠγαθέην διζήμενος εἰλίποδας βοῦς,
πορφυρέῃ νεφέλῃ κεκαλυμμένος εὐρέας ὤμους·

193 ἐβόσκετο om. ρ   200 κέλευθα M   202 ἴδοιμι M : ἴδοιο
Ernesti   203 ὁδῖται (ss. σ, sc. ὁδισταί) E   205 πρήσσουσιν
M   208 νοήσας M   209 εὐκραίροισιν ρ   211 ἔχον Her-
mann   212 φῆ δ' L²   θᾶσσον codd., cf. 255   μῦθον ἀκούσας M γ
A B C Γ : φοῖβος ἀπόλλων cet.   214 φηλητὴν ed. pr. : φηλωτὴν ρ :
φιλωτὴν E Γ : φιλητὴν cet.   217 πορφυρέην L¹ : πορφυρη (ss. εἰ) E

ἴχνιά τ' εἰσενόησεν Ἑκηβόλος εἶπέ τε μῦθον·
Ὦ πόποι ἦ μέγα θαῦμα τόδ' ὀφθαλμοῖσιν ὁρῶμαι·
ἴχνια μὲν τάδε γ' ἐστὶ βοῶν ὀρθοκραιράων,   220
ἀλλὰ πάλιν τέτραπται ἐς ἀσφοδελὸν λειμῶνα·
βήματα δ' οὔτ' ἀνδρὸς τάδε γίγνεται οὔτε γυναικὸς
οὔτε λύκων πολιῶν οὔτ' ἄρκτων οὔτε λεόντων·
οὔτε τι κενταύρου λασιαύχενος ἔλπομαι εἶναι
ὅς τις τοῖα πέλωρα βιβᾷ ποσὶ καρπαλίμοισιν·   225
αἰνὰ μὲν ἔνθεν ὁδοῖο, τὰ δ' αἰνότερ' ἔνθεν ὁδοῖο.

Ὣς εἰπὼν ἤϊξεν ἄναξ Διὸς υἱὸς Ἀπόλλων,
Κυλλήνης δ' ἀφίκανεν ὄρος καταείμενον ὕλῃ
πέτρης εἰς κευθμῶνα βαθύσκιον, ἔνθα τε νύμφη
ἀμβροσίη ἐλόχευσε Διὸς παῖδα Κρονίωνος.   230
ὀδμὴ δ' ἱμερόεσσα δι' οὔρεος ἠγαθέοιο
κίδνατο, πολλὰ δὲ μῆλα ταναύποδα βόσκετο ποίην.
ἔνθα τότε σπεύδων κατεβήσατο λάϊνον οὐδὸν
ἄντρον ἐς ἠερόεν ἑκατηβόλος αὐτὸς Ἀπόλλων.

Τὸν δ' ὡς οὖν ἐνόησε Διὸς καὶ Μαιάδος υἱὸς   235
χωόμενον περὶ βουσὶν ἑκηβόλον Ἀπόλλωνα,
σπάργαν' ἔσω κατέδυνε θυήεντ'· ἠΰτε πολλὴν
πρέμνων ἀνθρακιὴν ὕλης σποδὸς ἀμφικαλύπτει,
ὡς Ἑρμῆς Ἑκάεργον ἰδὼν ἀνεείλε' ἓ αὐτόν.
ἐν δ' ὀλίγῳ συνέλασσε κάρη χεῖράς τε πόδας τε   240
φῆ ῥα νεόλλουτος προκαλεύμενος ἥδυμον ὕπνον,
ἐγρήσσων ἐτεόν γε· χέλυν δ' ὑπὸ μασχάλῃ εἶχε.
γνῶ δ' οὐδ' ἠγνοίησε Διὸς καὶ Λητοῦς υἱὸς

218, 219 om. M   224 ἔλπομαι εἶναι M y: ἔστιν ὁμοῖα cet. (ἦστιν Π:
ἦστην L¹): cf. Batr. 170 b (ἦσαν ὁμοῖοι)   230 κρονίωνα M   232 ταναύ-
ποδα x: τανύποδα cet., cf. Apoll. 304   238 ὁλοσποδὸς M: ὕλης σποδὸς
cet. i. q. τῇ ξυλίνῃ σποδῷ Strab. 269, cf. ἄνθρακα δρυός Galen. xiv. 521
K, μηρίων σποδόν Herod. iv. 35   ἀμφικαλύπτοι codd. praeter D ed.
pr.   239 ἀλέειννεν (-ον Ε Π) codd. em. Postgate (ἀνέειλεν Lohsee):
ἀλέαινεν Ilgen   241 δή ῥα νεόλλουτος M x ρ: θῆρα νέον λοχάων (-εύων
Π mg.) y: φῆ Barnes   νήδυμον ρ   προκαλούμενος M   242 ἄγρης
(ἄγρην B: ἄγρην (ss. s) εἰνεόν γε Γ) εἰνετεόν τε codd.: ἐγρήσσων invenit
Martin, cetera Hermann   δ' om. codd. add. Hermann

νύμφην τ' οὐρείην περικαλλέα καὶ φίλον υἱόν,
παῖδ' ὀλίγον δολίης εἰλυμένον ἐντροπίῃσι.　　245
παπτήνας δ' ἀνὰ πάντα μυχὸν μεγάλοιο δόμοιο
τρεῖς ἀδύτους ἀνέῳγε λαβὼν κληῖδα φαεινὴν
νέκταρος ἐμπλείους ἠδ' ἀμβροσίης ἐρατεινῆς·
πολλὸς δὲ χρυσός τε καὶ ἄργυρος ἔνδον ἔκειτο,
πολλὰ δὲ φοινικόεντα καὶ ἄργυφα εἵματα νύμφης,　　250
οἷα θεῶν μακάρων ἱεροὶ δόμοι ἐντὸς ἔχουσιν.
ἔνθ' ἐπεὶ ἐξερέεινε μυχοὺς μεγάλοιο δόμοιο
Λητοΐδης μύθοισι προσηύδα κύδιμον Ἑρμῆν·
'Ω παῖ ὃς ἐν λίκνῳ κατάκειαι, μήνυέ μοι βοῦς
θᾶττον· ἐπεὶ τάχα νῶϊ διοισόμεθ' οὐ κατὰ κόσμον.　　255
ῥίψω γάρ σε βαλὼν ἐς Τάρταρον ἠερόεντα,
εἰς ζόφον αἰνόμορον καὶ ἀμήχανον· οὐδέ σε μήτηρ
ἐς φάος οὐδὲ πατὴρ ἀναλύσεται, ἀλλ' ὑπὸ γαίῃ
ἐρρήσεις ὀλίγοισι μετ' ἀνδράσιν ἡγεμονεύων.
Τὸν δ' Ἑρμῆς μύθοισιν ἀμείβετο κερδαλέοισι·　　260
Λητοΐδη τίνα τοῦτον ἀπηνέα μῦθον ἔειπας
καὶ βοῦς ἀγραύλους διζήμενος ἐνθάδ' ἱκάνεις;
οὐκ ἴδον, οὐ πυθόμην, οὐκ ἄλλου μῦθον ἄκουσα·
οὐκ ἂν μηνύσαιμ', οὐκ ἂν μήνυτρον ἀροίμην·
οὐδὲ βοῶν ἐλατῆρι κραταιῷ φωτὶ ἔοικα,　　265
οὐδ' ἐμὸν ἔργον τοῦτο, πάρος δέ μοι ἄλλα μέμηλεν·
ὕπνος ἐμοί γε μέμηλε καὶ ἡμετέρης γάλα μητρός,
σπάργανά τ' ἀμφ' ὤμοισιν ἔχειν καὶ θερμὰ λοετρά.
μή τις τοῦτο πύθοιτο πόθεν τόδε νεῖκος ἐτύχθη·
καί κεν δὴ μέγα θαῦμα μετ' ἀθανάτοισι γένοιτο　　270
παῖδα νέον γεγαῶτα διὰ προθύροιο περῆσαι
βουσὶ μετ' ἀγραύλοισι· τὸ δ' ἀπρεπέως ἀγορεύεις.

246 ἀνὰ M : ἄρα cet.　　248 ἐμπλείους M : ἐκπλείους cet.　　254 λί-
κνῳ] κλίνῃ x At D　　κατάκηαι p praeter N　　256 λαβὼν Ilgen
259 ὀλίγοισι parvulis : κἀμὲ τὸν ἐν σμικροῖς ὀλίγον θεόν Anth. Pal. ix.
334 : ὀμφακίας νεκροὺς infantes Lucian Catapl. 5　　μετ' M : ἐν cet.
265 οὔτε codd. corr. Baumeister : οὔτι Hermann　　269 πόθου pro
πόθεν T　　272 ἀγραύλησι M

χθὲς γενόμην, ἀπαλοὶ δὲ πόδες, τρηχεῖα δ' ὑπὸ χθών.
εἰ δὲ θέλεις πατρὸς κεφαλὴν μέγαν ὅρκον ὀμοῦμαι·
μὴ μὲν ἐγὼ μήτ' αὐτὸς ὑπίσχομαι αἴτιος εἶναι,   275
μήτε τιν' ἄλλον ὄπωπα βοῶν κλοπὸν ὑμετεράων,
αἵ τινες αἱ βόες εἰσί· τὸ δὲ κλέος οἷον ἀκούω.

   ῀Ως ἄρ' ἔφη καὶ πυκνὸν ἀπὸ βλεφάρων ἀμαρύσσων
ὀφρύσι ῥιπτάζεσκεν ὁρώμενος ἔνθα καὶ ἔνθα,
μάκρ' ἀποσυρίζων, ἅλιον τὸν μῦθον ἀκούων.   280
τὸν δ' ἀπαλὸν γελάσας προσέφη ἑκάεργος Ἀπόλλων·

   ῏Ω πέπον ἠπεροπευτὰ δολοφραδὲς ἦ σε μάλ' οἴω
πολλάκις ἀντιτοροῦντα δόμους εὖ ναιετάοντας
ἔννυχον οὔ χ' ἕνα μοῦνον ἐπ' οὐδεϊ φῶτα καθίσσαι
σκευάζοντα κατ' οἶκον ἄτερ ψόφου, οἳ ἀγορεύεις.   285
πολλοὺς δ' ἀγραύλους ἀκαχήσεις μηλοβοτῆρας
οὔρεος ἐν βήσσῃς, ὁπόταν κρειῶν ἐρατίζων
ἀντῇς βουκολίοισι καὶ εἰροπόκοις ὀίεσσιν.
ἀλλ' ἄγε, μὴ πύματόν τε καὶ ὕστατον ὕπνον λαύσῃς,
ἐκ λίκνου κατάβαινε μελαίνης νυκτὸς ἑταῖρε.   290
τοῦτο γὰρ οὖν καὶ ἔπειτα μετ' ἀθανάτοις γέρας ἕξεις·
ἀρχὸς φηλητέων κεκλήσεαι ἤματα πάντα.

   ῀Ως ἄρ' ἔφη καὶ παῖδα λαβὼν φέρε Φοῖβος Ἀπόλλων.
σὺν δ' ἄρα φρασσάμενος τότε δὴ κρατὺς Ἀργειφόντης
οἰωνὸν προέηκεν ἀειρόμενος μετὰ χερσί,   295
τλήμονα γαστρὸς ἔριθον ἀτάσθαλον ἀγγελιώτην.
ἐσσυμένως δὲ μετ' αὐτὸν ἐπέπταρε, τοῖο δ' Ἀπόλλων
ἔκλυεν, ἐκ χειρῶν δὲ χαμαὶ βάλε κύδιμον Ἑρμῆν.

273 δ' ὀσποχθὼν L¹   279 ῥιπάζεσκεν Μ   280 τὸν γ At D : ὡς Μ ed.
pr. : ὡς τὸν ρ   284 οὐχ (οὐδ' Μ) codd. em. Tucker   286 δραύλους π D
(δραύλους ss. δ' ἀγραύλους Τ)   287 κρειῶν] μήλων Μ   288 ἄντην
βουκολίοισι καὶ εἰροπόκοις οἴεσσιν γ corr. Gemoll : ἀντήσῃς (-εις) ἀγέλῃσι
βοῶν καὶ πώεσι μήλων cet.   289 λαύσεις Μ : λαύῃς Π   290 νυκτὸς
δὲ φίλη καὶ ἑταίρη carmen ap. Origen. in haeret. 72 (P. L. G. iii.
682)   292 αὖχος Μ : ἀργὸς Ε   φηλητέων ed. pr. : φηλι////τέων corr.
ex φιλητέων Ρ : φηλιτέων ρ praeter Β Rᵃ : φιλητέων cet.   296 τλή-
μονα μετὰ Ε Τ, cf. xxvii. 13

ἕζετο δὲ προπάροιθε καὶ ἐσσύμενός περ ὁδοῖο
Ἑρμῆν κερτομέων, καί μιν πρὸς μῦθον ἔειπε·   300
Θάρσει σπαργανιῶτα Διὸς καὶ Μαιάδος υἱέ·
εὑρήσω καὶ ἔπειτα βοῶν ἴφθιμα κάρηνα
τούτοις οἰωνοῖσι· σὺ δ᾽ αὖθ᾽ ὁδὸν ἡγεμονεύσεις.

῾Ὣς φάθ᾽· ὁ δ᾽ αὖτ᾽ ἀνόρουσε θοῶς Κυλλήνιος Ἑρμῆς
σπουδῇ ἰών· ἄμφω δὲ παρ᾽ οὔατα χερσὶν ἐώθει,   305
σπάργανον ἀμφ᾽ ὤμοισιν ἐελμένος, εἶπε δὲ μῦθον·
Πῇ με φέρεις Ἑκάεργε θεῶν ζαμενέστατε πάντων;
ἦ με βοῶν ἕνεχ᾽ ὧδε χολούμενος ὀρσολοπεύεις;
ὢ πόποι εἴθ᾽ ἀπόλοιτο βοῶν γένος· οὐ γὰρ ἐγώ γε
ὑμετέρας ἔκλεψα βόας, οὐδ᾽ ἄλλον ὄπωπα,   310
αἵ τινές εἰσι βόες· τὸ δὲ δὴ κλέος οἶον ἀκούω.
δὸς δὲ δίκην καὶ δέξο παρὰ Ζηνὶ Κρονίωνι.

Αὐτὰρ ἐπεὶ τὰ ἕκαστα διαρρήδην ἐρέεινον
Ἑρμῆς τ᾽ οἰοπόλος καὶ Λητοῦς ἀγλαὸς υἱὸς
ἀμφὶς θυμὸν ἔχοντες· ὁ μὲν νημερτέα φωνὴν   315

οὐκ ἀδίκως ἐπὶ βουσὶν ἐλάζυτο κύδιμον Ἑρμῆν,
αὐτὰρ ὁ τέχνῃσίν τε καὶ αἱμυλίοισι λόγοισιν
ἤθελεν ἐξαπατᾶν Κυλλήνιος Ἀργυρότοξον·
αὐτὰρ ἐπεὶ πολύμητις ἐὼν πολυμήχανον εὗρεν
ἐσσυμένως δὴ ἔπειτα διὰ ψαμάθοιο βάδιζε   320
πρόσθεν, ἀτὰρ κατόπισθε Διὸς καὶ Λητοῦς υἱός.
αἶψα δὲ τέρθρον ἵκοντο θυώδεος Οὐλύμποιο
ἐς πατέρα Κρονίωνα Διὸς περικαλλέα τέκνα·
κεῖθι γὰρ ἀμφοτέροισι δίκης κατέκειτο τάλαντα.

303 αὐτοῖς M   οἰωνοῖς εὖ ed. pr.: οἰωνοῖσιν εὖ x D : σὺ M ρ (εὖ Γ marg.)   305 commate interpunximus   306 σπάργανον, D'Orville ἐελμένος M : ἐλιγμένος (ἐλ-) cet.: ἐελμένον Baumeister : ἐλελιγμένον Gemoll   308 ἐνέχωνδὲ M   ὀρσοπολεύεις ρ : ὀρσολοπεύεις. ἀλλαχῶς ὀρσοπολεύεις V²   312 δέξαι πὰρ ρ   313 ἔπειτα M   ἐρέεινεν x ρ M ed. pr.   315 φωνὴν codd. : φῶρα Windisch, cf. 136, 385   lacuna fortasse statuenda servato φωνήν   322 ita M L¹ Π : δ᾽ ἵκοντο κάρηνα ρ y ed. pr.

†εὐμιλίη† δ' ἔχ' Ὄλυμπον ἀγάννιφον, ἀθάνατοι δὲ   325
ἄφθιτοι ἠγερέθοντο μετὰ χρυσόθρονον ἠῶ.
ἔστησαν δ' Ἑρμῆς τε καὶ ἀργυρότοξος Ἀπόλλων
πρόσθε Διὸς γούνων· ὁ δ' ἀνείρετο φαίδιμον υἱὸν
Ζεὺς ὑψιβρεμέτης καί μιν πρὸς μῦθον ἔειπε·
Φοῖβε πόθεν ταύτην μενοεικέα ληΐδ' ἐλαύνεις   330
παῖδα νέον γεγαῶτα φυὴν κήρυκος ἔχοντα;
σπουδαῖον τόδε χρῆμα θεῶν μεθ' ὁμήγυριν ἦλθε.
Τὸν δ' αὖτε προσέειπεν ἄναξ ἑκάεργος Ἀπόλλων·
ὦ πάτερ ἦ τάχα μῦθον ἀκούσεαι οὐκ ἀλαπαδνὸν
κερτομέων ὡς οἶος ἐγὼ φιλολήϊός εἰμι.   335
παῖδά τιν' εὗρον τόνδε διαπρύσιον κεραϊστὴν
Κυλλήνης ἐν ὄρεσσι πολὺν διὰ χῶρον ἀνύσσας
κέρτομον, οἷον ἐγώ γε θεῶν οὐκ ἄλλον ὄπωπα
οὐδ' ἀνδρῶν, ὁπόσοι λησίμβροτοί εἰσ' ἐπὶ γαῖαν.
κλέψας δ' ἐκ λειμῶνος ἐμὰς βοῦς ᾤχετ' ἐλαύνων   340
ἑσπέριος παρὰ θῖνα πολυφλοίσβοιο θαλάσσης
εὐθὺ Πύλον δ' ἐλάων· τὰ δ' ἄρ' ἴχνια δοιὰ πέλωρα
οἷά τ' ἀγάσσασθαι καὶ ἀγανοῦ δαίμονος ἔργα.
τῇσιν μὲν γὰρ βουσὶν ἐς ἀσφοδελὸν λειμῶνα
ἀντία βήματ' ἔχουσα κόνις ἀνέφαινε μέλαινα·   345
αὐτὸς δ' οὗτος †ὅδ' ἐκτὸς† ἀμήχανος, οὔτ' ἄρα ποσσὶν
οὔτ' ἄρα χερσὶν ἔβαινε διὰ ψαμαθώδεα χῶρον·
ἀλλ' ἄλλην τινὰ μῆτιν ἔχων διέτριβε κέλευθα
τοῖα πέλωρ' ὡς εἴ τις ἀραιῇσι δρυσὶ βαίνοι.
ὄφρα μὲν οὖν ἐδίωκε διὰ ψαμαθώδεα χῶρον,   350

325 εὐμιλίη M : εὐμυλίη cet. : εὐμελίη, εὐνομίη, στωμυλίη D'Orville :
αἰμυλίη Heyne : εὐμελίη, ἐμμελίη Hermann : εὐελίη Franke : ἀδμωλὴ
Bergk : εὐδίη Baumeister : αἰθρίη Schmitt : εὐκηλίη Sikes : εὐμολίη Lud-
wich an οὐμιλίη sc. ὁμιλίη?   326 ita y : ποτὶ πτύχας οὐλύμποιο cet.
336 ἤγουν (ἢ Π ss. τ) φανερὸν κλέπτην marg. L¹ Π   339 γαῖαν M :
γαίη x ρ   342 εὐθύπυλονδ' M : εὐθυπόρονδ' cet.   δῖα ρ : δοιὰ cet.
343 ἀγάσ(σ)εσθαι codd. praeter M   344 τοῖσι M   349 βαίνων M

ῥεῖα μάλ' ἴχνια πάντα διέπρεπεν ἐν κονίῃσιν·
αὐτὰρ ἐπεὶ ψαμάθοιο μέγαν στίβον ἐξεπέρησεν,
ἄφραστος γένετ' ὦκα βοῶν στίβος ἠδὲ καὶ αὐτοῦ
χῶρον ἀνὰ κρατερόν· τὸν δ' ἐφράσατο βροτὸς ἀνὴρ
εἰς Πύλον εὐθὺς ἐλῶντα βοῶν γένος εὐρυμετώπων.   355
αὐτὰρ ἐπεὶ δὴ τὰς μὲν ἐν ἡσυχίῃ κατέερξε
καὶ διαπυρπαλάμησεν ὁδοῦ τὸ μὲν ἔνθα τὸ δ' ἔνθα,
ἐν λίκνῳ κατέκειτο μελαίνῃ νυκτὶ ἐοικὼς
ἄντρῳ ἐν ἠερόεντι κατὰ ζόφον, οὐδέ κεν αὐτὸν
αἰετὸς ὀξὺ λάων ἐσκέψατο· πολλὰ δὲ χερσὶν   360
αὐγὰς ὠμόργαζε δολοφροσύνην ἀλεγύνων.
αὐτὸς δ' αὐτίκα μῦθον ἀπηλεγέως ἀγόρευεν·
οὐκ ἴδον, οὐ πυθόμην, οὐκ ἄλλου μῦθον ἄκουσα,
οὐδέ κε μηνύσαιμ', οὐδ' ἂν μήνυτρον ἀροίμην.
Ἦ τοι ἄρ' ὣς εἰπὼν κατ' ἄρ' ἕζετο Φοῖβος Ἀπόλλων·
Ἑρμῆς δ' ἄλλον μῦθον ἐν ἀθανάτοισιν ἔειπε,   366
δείξατο δ' εἰς Κρονίωνα θεῶν σημάντορα πάντων·
Ζεῦ πάτερ ἦ τοι ἐγώ σοι ἀληθείην ἀγορεύσω·
νημερτής τε γάρ εἰμι καὶ οὐκ οἶδα ψεύδεσθαι.
ἦλθεν ἐς ἡμετέρου διζήμενος εἰλίποδας βοῦς   370
σήμερον ἠελίοιο νέον ἐπιτελλομένοιο,
οὐδὲ θεῶν μακάρων ἄγε μάρτυρας οὐδὲ κατόπτας.
μηνύειν δ' ἐκέλευεν ἀναγκαίης ὑπὸ πολλῆς,
πολλὰ δέ μ' ἠπείλησε βαλεῖν ἐς Τάρταρον εὐρύν,
οὕνεχ' ὁ μὲν τέρεν ἄνθος ἔχει φιλοκυδέος ἥβης,   375
αὐτὰρ ἐγὼ χθιζὸς γενόμην· τὰ δέ τ' οἶδε καὶ αὐτός·
οὔ τι βοῶν ἐλατῆρι κραταιῷ φωτὶ ἐοικώς.

352 μέγαν] πολὺν M   356 κατέερξε p: κατέρεξε cet.   357 διαπυρ
MDL¹: παλδμησεν M: διὰ πῦρ μάλ' ἄμησεν cet. corr. Ilgen, cf.
Stolz *Wiener Studien* 1903. 251   360 λάων (ss. βλέπων) EL¹
361 ὠ(ὠ)μάρταζε codd. (ὠμόρταζε T) em. Ilgen cl. σ 199   ἀλεγύνων
x O: ἀλεγίζων M: ἀλεείνων p, cf. 557   362 ἀπολεγέως EL¹Π
366 ita y: ἑρμῆς δ' αὖθ' ἑτέρωθεν ἀμειβόμενος ἔπος ηὔδα cet.   368 ἀγο-
ρεύσω M: καταλέξω cet., cf. Κ 384 al.   370 ἡμέτερον Barnes, cf.
β 55, η 301, ρ 534   371 νέον γ' p (praeter A Q): γ' add. D m. p.

πείθεο, καὶ γὰρ ἐμεῖο πατὴρ φίλος εὔχεαι εἶναι,
ὡς οὐκ οἴκαδ' ἔλασσα βόας, ὡς ὄλβιος εἴην,
οὐδ' ὑπὲρ οὐδὸν ἔβην· τὸ δέ τ' ἀτρεκέως ἀγορεύω.   380
Ἥλιον δὲ μάλ' αἰδέομαι καὶ δαίμονας ἄλλους,
καὶ σὲ φιλῶ καὶ τοῦτον ὀπίζομαι· οἶσθα καὶ αὐτὸς
ὡς οὐκ αἴτιός εἰμι· μέγαν δ' †ἐπιδαίομαι ὅρκον·
οὐ μὰ τάδ' ἀθανάτων εὐκόσμητα προθύραια.
καί ποτ' ἐγὼ τούτῳ τίσω ποτὶ νηλέα φωρὴν   385
καὶ κρατερῷ περ ἐόντι· σὺ δ' ὁπλοτέροισιν ἄρηγε.

Ὣς φάτ' ἐπιλλίζων Κυλλήνιος Ἀργειφόντης,
καὶ τὸ σπάργανον εἶχεν ἐπ' ὠλένῃ οὐδ' ἀπέβαλλε.
Ζεὺς δὲ μέγ' ἐξεγέλασσεν ἰδὼν κακομηδέα παῖδα
εὖ καὶ ἐπισταμένως ἀρνεύμενον ἀμφὶ βόεσσιν.   390
ἀμφοτέρους δ' ἐκέλευσεν ὁμόφρονα θυμὸν ἔχοντας
ζητεύειν, Ἑρμῆν δὲ διάκτορον ἡγεμονεύειν,
καὶ δεῖξαι τὸν χῶρον ἐπ' ἀβλαβίῃσι νόοιο
ὅππῃ δὴ αὖτ' ἀπέκρυψε βοῶν ἴφθιμα κάρηνα.
νεῦσεν δὲ Κρονίδης, ἐπεπείθετο δ' ἀγλαὸς Ἑρμῆς·   395
ῥηϊδίως γὰρ ἔπειθε Διὸς νόος αἰγιόχοιο.
τὼ δ' ἄμφω σπεύδοντε Διὸς περικαλλέα τέκνα
ἐς Πύλον ἠμαθόεντα ἐπ' Ἀλφειοῦ πόρον ἷζον·
ἀγροὺς δ' ἐξίκοντο καὶ αὔλιον ὑψιμέλαθρον
ᾗχοῦ δὴ τὰ χρήματ' ἀτάλλετο νυκτὸς ἐν ὥρῃ.   400
ἔνθ' Ἑρμῆς μὲν ἔπειτα κιὼν παρὰ λάϊνον ἄντρον
εἰς φῶς ἐξήλαυνε βοῶν ἴφθιμα κάρηνα·
Λητοΐδης δ' ἀπάτερθεν ἰδὼν ἐνόησε βοείας

381 δὲ om. codd. praeter M   382 ita M : καί σε cet.   383 ἐπι-
δεύομαι M : ἐπιδαίομαι cet. (δαι in ras. L²) : ἐπιδέομαι Π) : ἐπιδώσομαι
Barnes : ἐπιμαίομαι Herwerden : an μέγαν δ' ἄρ' ἐπαιδέομ' ὅρκον? olim
μέγαν δ' ἔπι ὅρκον ὁμοῦμαι proposuimus   385 ποτὶ M : ποτὲ
cet., cf. ρ 191   φωρὴν M : φωνὴν cet.   386 κραταιῶ ρ, cf. 265
394 ἴφιμα L¹ T   397 σπεύδοντο x At D ed. pr. Γ ss.   398 δ' ἐπ' x
At D ed. pr.   400 corr. Fick coll. ηχοι I. G. vii. 235. 16 : ὅχου δὲ τὰ
χρήματα τιτάλλετο M : ᾗχ' οὐ, ᾗχ' οὔ, ᾗχ' οὐ sim. cet.   ἀντιτάλλετο
vulg.: ἀντιβάλλετο E : ἀντιτάλλετο T, em. ed. pr.   401 ἐς pro παρὰ
M   402 ἤλαυνε ρ   403 ἀπάνευθεν M, cf. E 445

πέτρῃ ἐπ' ἠλιβάτῳ, τάχα δ' ἤρετο κύδιμον Ἑρμῆν·
Πῶς ἐδύνω δολομῆτα δύω βόε δειροτομῆσαι, 405
ὧδε νεογνὸς ἐὼν καὶ νήπιος; αὐτὸς ἐγώ γε
θαυμαίνω κατόπισθε τὸ σὸν κράτος· οὐδὲ τί σε χρὴ
μακρὸν ἀέξεσθαι Κυλλήνιε Μαιάδος υἱέ.
Ὣς ἄρ' ἔφη, καὶ χερσὶ περίστρεφε καρτερὰ δεσμὰ

ἄγνου· ταὶ δ' ὑπὸ ποσσὶ κατὰ χθονὸς αἶψα φύοντο 410
αὐτόθεν ἐμβολάδην ἐστραμμέναι ἀλλήλῃσι
ῥεῖά τε καὶ πάσῃσιν ἐπ' ἀγραύλοισι βόεσσιν
Ἑρμέω βουλῇσι κλεψίφρονος· αὐτὰρ Ἀπόλλων
θαύμασεν ἀθρήσας. τότε δὴ κρατὺς Ἀργειφόντης
χῶρον ὑποβλήδην ἐσκέψατο πῦρ ἀμαρύσσων 415

ἐγκρύψαι μεμαώς· Λητοῦς δ' ἐρικυδέος υἱὸν
ῥεῖα μάλ' ἐπρήϋνεν ἑκηβόλον, ὡς ἔθελ' αὐτός,
καὶ κρατερόν περ ἐόντα· λαβὼν δ' ἐπ' ἀριστερὰ χειρὸς
πλήκτρῳ ἐπειρήτιζε κατὰ μέλος· ἡ δ' ὑπὸ χειρὸς
σμερδαλέον κονάβησε, γέλασσε δὲ Φοῖβος Ἀπόλλων 420
γηθήσας, ἐρατὴ δὲ διὰ φρένας ἤλυθ' ἰωὴ
θεσπεσίης ἐνοπῆς, καί μιν γλυκὺς ἵμερος ᾕρει
θυμῷ ἀκουάζοντα· λύρῃ δ' ἐρατὸν κιθαρίζων
στῆ ῥ' ὅ γε θαρσήσας ἐπ' ἀριστερὰ Μαιάδος υἱὸς
Φοίβου Ἀπόλλωνος, τάχα δὲ λιγέως κιθαρίζων 425
γηρύετ' ἀμβολάδην, ἐρατὴ δέ οἱ ἕσπετο φωνή,
κραίνων ἀθανάτους τε θεοὺς καὶ γαῖαν ἐρεμνὴν
ὡς τὰ πρῶτα γένοντο καὶ ὡς λάχε μοῖραν ἕκαστος.

404 γαίῃ κατ' M   εἴρετο M   406 νεογνοίων M   408 ἀέξα-
σθαι M   409 lacunam hic et 415 stat. Baumeister   410 ἄγνου
L¹ T (ex ἀγ.): ἄγνου, ἀγνοῦ cet.: ἄγνους Ludwich   φέροντο V²
411 ἀμβολάδην M   412 ἀγραύλῃσι M x   414 ὅτε V²   417 ἐπραύ-
νεν E T (-εν ex -αν)   418 χειρὸς] λύρην M   420 κονάβισσε p
422 v. om. praeter M omnes   425 λιγέως x   426 ἕπετο T
427 κραίνων] κλείων Hermann: αἰνῶν Steph.: οὐρανὸν Tucker   κραίνειν·
τιμᾶν.   κραίνουσι· πληροῦσι, παρέχουσι, τιμῶσι. Hesych., cf. τ 567,
Emped. 111. 2 Diels

ΕΙΣ ΕΡΜΗΝ

Μνημοσύνην μὲν πρῶτα θεῶν ἐγέραιρεν ἀοιδῇ
μητέρα Μουσάων, ἡ γὰρ λάχε Μαιάδος υἱόν·   430
τοὺς δὲ κατὰ πρέσβιν τε καὶ ὡς γεγάασιν ἕκαστος
ἀθανάτους ἐγέραιρε θεοὺς Διὸς ἀγλαὸς υἱὸς
πάντ' ἐνέπων κατὰ κόσμον, ἐπωλένιον κιθαρίζων.
τὸν δ' ἔρος ἐν στήθεσσιν ἀμήχανος αἴνυτο θυμόν,
καί μιν φωνήσας ἔπεα πτερόεντα προσηύδα·   435
    Βουφόνε μηχανιῶτα πονεύμενε δαιτὸς ἑταῖρε
πεντήκοντα βοῶν ἀντάξια ταῦτα μέμηλας.
ἡσυχίως καὶ ἔπειτα διακρινέεσθαι ὀΐω.
νῦν δ' ἄγε μοι τόδε εἰπὲ πολύτροπε Μαιάδος υἱὲ
ἦ σοί γ' ἐκ γενετῆς τάδ' ἅμ' ἕσπετο θαυματὰ ἔργα   440
ἦέ τις ἀθανάτων ἠὲ θνητῶν ἀνθρώπων
δῶρον ἀγαυὸν ἔδωκε καὶ ἔφρασε θέσπιν ἀοιδήν;
θαυμασίην γὰρ τήνδε νεήφατον ὄσσαν ἀκούω,
ἣν οὔ πώ ποτέ φημι δαήμεναι οὔτε τιν' ἀνδρῶν,
οὔτε τιν' ἀθανάτων οἳ Ὀλύμπια δώματ' ἔχουσι,   445
νόσφι σέθεν φηλῆτα Διὸς καὶ Μαιάδος υἱέ.
τίς τέχνη, τίς μοῦσα ἀμηχανέων μελεδώνων,
τίς τρίβος; ἀτρεκέως γὰρ ἅμα τρία πάντα πάρεστιν
εὐφροσύνην καὶ ἔρωτα καὶ ἥδυμον ὕπνον ἑλέσθαι.
καὶ γὰρ ἐγὼ Μούσῃσιν Ὀλυμπιάδεσσιν ὀπηδός,   450
τῇσι χοροί τε μέλουσι καὶ ἀγλαὸς οἶμος ἀοιδῆς
καὶ μολπὴ τεθαλυῖα καὶ ἱμερόεις βρόμος αὐλῶν·
ἀλλ' οὔ πώ τί μοι ὧδε μετὰ φρεσὶν ἄλλο μέλησεν
οἷα νέων θαλίης ἐνδέξια ἔργα πέλονται·
θαυμάζω Διὸς υἱὲ τάδ' ὡς ἐρατὸν κιθαρίζεις.   455
νῦν δ' ἐπεὶ οὖν ὀλίγος περ ἐὼν κλυτὰ μήδεα οἶδας,

431 πρέσβην codd. em. Matthiae, cf. 515   ἅπαντες M   438 διακρί-
νεσθαι M D   440 σοί γ'] σὺ ρ   γενεῆς praeter M libri   443 super
νεήφατον nonnihil scriptum habet T (ην ἰ ειν ?)   446 φηλητὰ ρ At :
φιλητὰ cet. acc. corr. Barnes   448 τρὶς Γ   449 νήδυμον ρ
451 ὕμνος M y: οἶμος cet.   453 ἄλλο M : ὧδε cet., cf. Apoll. 452
456 οἶσθα M

ἷζε πέπον καὶ μῦθον ἐπαίνει πρεσβυτέροισι.
νῦν γάρ τοι κλέος ἔσται ἐν ἀθανάτοισι θεοῖσι
σοί τ' αὐτῷ καὶ μητρί· τὸ δ' ἀτρεκέως ἀγορεύσω·
ναὶ μὰ τόδε κρανέϊνον ἀκόντιον ἦ μὲν ἐγώ σε   460
κυδρὸν ἐν ἀθανάτοισι καὶ ὄλβιον †ἡγεμονεύσω,
δώσω τ' ἀγλαὰ δῶρα καὶ ἐς τέλος οὐκ ἀπατήσω.
   Τὸν δ' Ἑρμῆς μύθοισιν ἀμείβετο κερδαλέοισιν·
εἰρωτᾷς μ' Ἑκάεργε περιφραδές· αὐτὰρ ἐγώ σοι
τέχνης ἡμετέρης ἐπιβήμεναι οὔ τι μεγαίρω.   465
σήμερον εἰδήσεις· ἐθέλω δέ τοι ἤπιος εἶναι
βουλῇ καὶ μύθοισι, σὺ δὲ φρεσὶ πάντ' εὖ οἶδας.
πρῶτος γὰρ Διὸς υἱὲ μετ' ἀθανάτοισι θαάσσεις
ἠύς τε κρατερός τε· φιλεῖ δέ σε μητίετα Ζεὺς
ἐκ πάσης ὁσίης, ἔπορεν δέ τοι ἀγλαὰ δῶρα·   470
καὶ τιμὰς σὲ δέ φασι δαήμεναι ἐκ Διὸς ὀμφῆς
μαντείας θ' Ἑκάεργε Διὸς πάρα, θέσφατα πάντα·
τῶν νῦν αὐτὸς ἔγωγε †παῖδ' ἀφνειὸν† δεδάηκα.
σοὶ δ' αὐτάγρετόν ἐστι δαήμεναι ὅττι μενοινᾷς.
ἀλλ' ἐπεὶ οὖν τοι θυμὸς ἐπιθύει κιθαρίζειν,   475
μέλπεο καὶ κιθάριζε καὶ ἀγλαΐας ἀλέγυνε
δέγμενος ἐξ ἐμέθεν· σὺ δέ μοι φίλε κῦδος ὄπαζε.
εὐμόλπει μετὰ χερσὶν ἔχων λιγύφωνον ἑταίρην
καλὰ καὶ εὖ κατὰ κόσμον ἐπιστάμενος ἀγορεύειν.
εὔκηλος μὲν ἔπειτα φέρειν εἰς δαῖτα θάλειαν   480
καὶ χορὸν ἱμερόεντα καὶ ἐς φιλοκυδέα κῶμον,

457, 458 om. praeter M omnes   457 θυμὸν cod. em. Ruhnken,
cf. σ 167 (v. l.) Σ 313 sec. Epaphroditum. Δ 412 τέττα σιωπῇ ἧσο,
ἐμῷ δ' ἐπιπείθεο μύθῳ   460 ita Ilgen: κρανάϊνον Α Αt Γ: κρανάϊον
cet. (αἳ in ras V¹), cf. Herod. vii. 92   ἔγωγε Ε L¹ T   461 ἡγεμόν'
εἴσω Tyrrell   468 θοάσσεις Μ   471 σέ γέ ρx ita interpunximus:
καὶ τιμάς· σὲ δέ φασι δ. ἐκ Δ. ὀμ. μαντείας θ' ἑκάεργε· Διὸς παρὰ θέσφατα
πάντα codd.   472 μαντείας θ' Μ Α Q Π corr. δ' V¹ : τ' cet.   πάρα
Steph. : παρὰ, παρα codd.   473 τῶν γ V² : καὶ cet.   ἔγωγε παῖδ'
ἀφνειὸν codd.: ἐγώ σε Hermann, cf. 460: πεδ' ἀφνειὸν Tyrrell
474 αὖτ' ἄγρετόν codd. em. ed. pr.   478 γλυκύφωνον Ε Τ   ἑταῖρον
ρ   479 ἐπισταμένως codd. em. Barnes   481 φιλομειδέα ρ
χῶρον ρ

εὐφροσύνην νυκτός τε καὶ ἤματος. ὅς τις ἂν αὐτὴν
τέχνῃ καὶ σοφίῃ δεδαημένος ἐξερεείνῃ
φθεγγομένη παντοῖα νόῳ χαρίεντα διδάσκει
ῥεῖα συνηθείῃσιν ἀθυρομένη μαλακῇσιν,   485
ἐργασίην φεύγουσα δυήπαθον· ὃς δέ κεν αὐτὴν
νῆϊς ἐὼν τὸ πρῶτον ἐπιζαφελῶς ἐρεείνῃ,
μὰψ αὔτως κεν ἔπειτα μετήορά τε θρυλίζοι.
σοὶ δ' αὐτάγρετόν ἐστι δαήμεναι ὅττι μενοινᾷς.
καί τοι ἐγὼ δώσω ταύτην Διὸς ἀγλαὲ κοῦρε·   490
ἡμεῖς δ' αὖτ' ὄρεός τε καὶ ἱπποβότου πεδίοιο
βουσὶ νομοὺς Ἑκάεργε νομεύσομεν ἀγραύλοισιν.
ἔνθεν ἅλις τέξουσι βόες ταύροισι μιγεῖσαι
μίγδην θηλείας τε καὶ ἄρσενας· οὐδέ τί σε χρὴ
κερδαλέον περ ἐόντα περιζαμενῶς κεχολῶσθαι.   495

Ὣς εἰπὼν ὤρεξ', ὁ δ' ἐδέξατο Φοῖβος Ἀπόλλων,
Ἑρμῇ δ' ἐγγυάλιξεν ἔχων μάστιγα φαεινήν,
βουκολίας τ' ἐπέτελλεν· ἔδεκτο δὲ Μαιάδος υἱὸς
γηθήσας· κίθαριν δὲ λαβὼν ἐπ' ἀριστερὰ χειρὸς
Λητοῦς ἀγλαὸς υἱὸς ἄναξ ἑκάεργος Ἀπόλλων   500
πλήκτρῳ ἐπειρήτιζε κατὰ μέλος, ἡ δ' ὑπὸ νέρθεν
σμερδαλέον κονάβησε, θεὸς δ' ὑπὸ καλὸν ἄεισεν.

Ἔνθα βόες μὲν ἔπειτα ποτὶ ζάθεον λειμῶνα
ἐτραπέτην· αὐτοὶ δὲ Διὸς περικαλλέα τέκνα
ἄψορροι πρὸς Ὄλυμπον ἀγάννιφον ἐρρώσαντο   505
τερπόμενοι φόρμιγγι, χάρη δ' ἄρα μητίετα Ζεύς,

482 ὅστις ἂν καὶ M : ὅστις ἄρ' ed. pr.   483 ἐξερεείνει (ss. η)
T   484 νόα ρ   486 ita M : φθέγγουσα χ ρ   487 ἰὼν M   ἐρέεινε
praeter M omnes (ἐρέεινε T)   488 θρυαλίζοι codd. em. Ruhnken,
Schneidewin   489 αὖτ' ἄγρετόν codd. corr. ed. Aldina   491 αὖ
ed. pr.   493 θ' ἕξουσι M   494–Ven. 152 evulsi e Π   497 ἔχειν
D'Orville : ἐκὼν Martin : fort. ἑλών   499 om. M   501 ὑπὸ νέρθεν
M : ὑπὸ καλὸν cet.   502 σμερδαλέον M : ἱμερόεν cet.   κονάβισσε
ρ   καλὸν M : μέλος cet. (-λλ- E L¹ T)   503 ἔνθα] καί ῥα M   βόας
M   ποτὶ] κατὰ M   504 δραπέτην M

ἄμφω δ' ἐς φιλότητα συνήγαγε.   καὶ τὰ μὲν Ἑρμῆς
Λητοΐδην ἐφίλησε διαμπερὲς ὡς ἔτι καὶ νῦν,
σήματ' ἐπεὶ κίθαριν μὲν Ἑκηβόλῳ ἐγγυάλιξεν
ἱμερτήν, δεδαὼς ὁ δ' ἐπωλένιον κιθάριζεν·   510
αὐτὸς δ' αὖθ' ἑτέρης σοφίης ἐκμάσσατο τέχνην·
συρίγγων ἐνοπὴν ποιήσατο τηλόθ' ἀκουστήν.
καὶ τότε Λητοΐδης Ἑρμῆν πρὸς μῦθον ἔειπε·
Δείδια Μαιάδος υἱὲ διάκτορε ποικιλομῆτα
μή μοι ἀνακλέψῃς κίθαριν καὶ καμπύλα τόξα·   515
τιμὴν γὰρ πὰρ Ζηνὸς ἔχεις ἐπαμοίβιμα ἔργα
θήσειν ἀνθρώποισι κατὰ χθόνα πουλυβότειραν.
ἀλλ' εἴ μοι τλαίης γε θεῶν μέγαν ὅρκον ὀμόσσαι,
ἢ κεφαλῇ νεύσας ἢ ἐπὶ Στυγὸς ὄβριμον ὕδωρ,
πάντ' ἂν ἐμῷ θυμῷ κεχαρισμένα καὶ φίλα ἔρδοις.   520
Καὶ τότε Μαιάδος υἱὸς ὑποσχόμενος κατένευσε
μή ποτ' ἀποκλέψειν ὅσ' Ἑκηβόλος ἐκτεάτισται,
μηδέ ποτ' ἐμπελάσειν πυκινῷ δόμῳ· αὐτὰρ Ἀπόλλων
Λητοΐδης κατένευσεν ἐπ' ἀρθμῷ καὶ φιλότητι
μή τινα φίλτερον ἄλλον ἐν ἀθανάτοισιν ἔσεσθαι,   525
μήτε θεὸν μήτ' ἄνδρα Διὸς γόνον· ἐκ δὲ τέλειον

σύμβολον ἀθανάτων ποιήσομαι ἠδ' ἅμα πάντων
πιστὸν ἐμῷ θυμῷ καὶ τίμιον· αὐτὰρ ἔπειτα
ὄλβου καὶ πλούτου δώσω περικαλλέα ῥάβδον
χρυσείην τριπέτηλον, ἀκήριον ἥ σε φυλάξει   530
πάντας ἐπικραίνουσα θεμοὺς ἐπέων τε καὶ ἔργων
τῶν ἀγαθῶν ὅσα φημὶ δαήμεναι ἐκ Διὸς ὀμφῆς.

507 καὶ τὰ μὲν M : καὶ τὸ μὲν cet.   interpunxit Tucker   509 σήματ'
M : σήματ' cet.   510 om. M : interpunxit Ludwich   ὑπωλένιον
codd. corr. Ilgen, cf. 433   515 ἅμα κλέψῃς M, cf. γ 276   κιθάρην
praeter E M omnes   516 ἐπ' ἀμοίβημα M corr. Ludwich : ἐπαμοίβια
cet.   518 μέγαν] κατὰ m in rasura : fuerat uv. κ' (ss. τ) μεγ' (ss. αν)
522 μήτ' pro μή ποτ' M   ἐκτετάτισται E T, M ss.   524 ἀριθμῷ M
cf. Ap. Rhod. ii. 755   526 lacunam statuimus   530 ἀκήραον·ρ
L¹ (-αον ss. ῑ)   531 θεοὺς codd. : θεμοὺς Ludwich : οἴμους Hermann :
(πᾶν τοι) τέλος Bothe : ἄθλους Sikes

ΕΙΣ ΕΡΜΗΝ

μαντείην δὲ φέριστε διοτρεφὲς ἣν ἐρεείνεις
οὔτε σε θέσφατόν ἐστι δαήμεναι οὔτε τιν' ἄλλον
ἀθανάτων· τὸ γὰρ οἶδε Διὸς νόος· αὐτὰρ ἐγώ γε   535
πιστωθεὶς κατένευσα καὶ ὤμοσα καρτερὸν ὅρκον
μή τινα νόσφιν ἐμεῖο θεῶν αἰειγενετάων
ἄλλον γ' εἴσεσθαι Ζηνὸς πυκινόφρονα βουλήν.
καὶ σὺ κασίγνητε χρυσόρραπι μή με κέλευε
θέσφατα πιφαύσκειν ὅσα μήδεται εὐρύοπα Ζεύς.   540
ἀνθρώπων δ' ἄλλον δηλήσομαι, ἄλλον ὀνήσω,
πολλὰ περιτροπέων ἀμεγάρτων φῦλ' ἀνθρώπων.
καὶ μὲν ἐμῆς ὀμφῆς ἀπονήσεται ὅς τις ἂν ἔλθῃ
φωνῇ τ' ἠδὲ ποτῇσι τελῃέντων οἰωνῶν·
οὗτος ἐμῆς ὀμφῆς ἀπονήσεται οὐδ' ἀπατήσω.   545
ὃς δέ κε μαψιλόγοισι πιθήσας οἰωνοῖσι
μαντείην ἐθέλῃσι παρὲκ νόον ἐξερεείνειν
ἡμετέρην, νοέειν δὲ θεῶν πλέον αἰὲν ἐόντων,
φήμ' ἁλίην ὁδὸν εἶσιν, ἐγὼ δέ κε δῶρα δεχοίμην.
ἄλλο δέ τοι ἐρέω Μαίης ἐρικυδέος υἱὲ   550
καὶ Διὸς αἰγιόχοιο, θεῶν ἐριούνιε δαῖμον·
σεμναὶ γάρ τινες εἰσὶ κασίγνηται γεγαυῖαι
παρθένοι ὠκείῃσιν ἀγαλλόμεναι πτερύγεσσι
τρεῖς· κατὰ δὲ κρατὸς πεπαλαγμέναι ἄλφιτα λευκὰ
οἰκία ναιετάουσιν ὑπὸ πτυχὶ Παρνησοῖο   555
μαντείης ἀπάνευθε διδάσκαλοι ἣν ἐπὶ βουσὶ
παῖς ἔτ' ἐὼν μελέτησα· πατὴρ δ' ἐμὸς οὐκ ἀλέγιζεν.
ἐντεῦθεν δὴ ἔπειτα ποτώμεναι ἄλλοτε ἄλλη
κηρία βόσκονται καί τε κραίνουσιν ἕκαστα.
αἱ δ' ὅτε μὲν θυίωσιν ἐδηδυῖαι μέλι χλωρὸν   560

533 διαμπερὲς pro διοτρεφὲς M   534 ἄλλων M ·   535 om. Ε Τ
538 θυμὸν Τ ante corr.   539 χρυσάραπι At D   540 πιφάσκειν ρ
βούλεται At D   542 περιτραπῶν M   543 καὶ μὴν At : καὶ
μὴ M   544 φωνῇ τ' ἠδὲ πότῃσι M : φωνῇ καὶ πτερύγεσσι cet.
547 ἐθελήσει x M At D   550 υἱὸς M   552 σεμναὶ M : μοῖραι cet. :
Θριαὶ Hermann   556 διδασκαλίαν ἐπὶ M   557 ita Hermann cl.
361, Quintus ii. 428 : ἀλέγυνεν x M D At : ἀλέγεινεν ρ   558 ἄλλοτ'
ἐπ' ἄλλη libri corr. Schneidewin   560 θυίωσιν M : θυίσωσιν x D :
θύσωσι ρ   ἐδωδυῖαι ρ

προφρονέως ἐθέλουσιν ἀληθείην ἀγορεύειν·
ἢν δ' ἀπονοσφισθῶσι θεῶν ἡδεῖαν ἐδωδὴν
ψεύδονται δὴ ἔπειτα δι' ἀλλήλων δονέουσαι.
τάς τοι ἔπειτα δίδωμι, σὺ δ' ἀτρεκέως ἐρεείνων
σὴν αὐτοῦ φρένα τέρπε, καὶ εἰ βροτὸν ἄνδρα δαείης   565
πολλάκι σῆς ὀμφῆς ἐπακούσεται αἴ κε τύχῃσι.
ταῦτ' ἔχε Μαιάδος υἱὲ καὶ ἀγραύλους ἕλικας βοῦς,
ἵππους τ' ἀμφιπόλευε καὶ ἡμιόνους ταλαεργοὺς

καὶ χαροποῖσι λέουσι καὶ ἀργιόδουσι σύεσσι
καὶ κυσὶ καὶ μήλοισιν, ὅσα τρέφει εὐρεῖα χθών,   570
πᾶσι δ' ἐπὶ προβάτοισιν ἀνάσσειν κύδιμον Ἑρμῆν,
οἷον δ' εἰς Ἀίδην τετελεσμένον ἄγγελον εἶναι,
ὅς τ' ἄδοτός περ ἐὼν δώσει γέρας οὐκ ἐλάχιστον.
Οὕτω Μαιάδος υἱὸν ἄναξ ἐφίλησεν Ἀπόλλων
παντοίῃ φιλότητι, χάριν δ' ἐπέθηκε Κρονίων.   575
πᾶσι δ' ὅ γε θνητοῖσι καὶ ἀθανάτοισιν ὁμιλεῖ·
παῦρα μὲν οὖν ὀνίνησι, τὸ δ' ἄκριτον ἠπεροπεύει
νύκτα δι' ὀρφναίην φῦλα θνητῶν ἀνθρώπων.
Καὶ σὺ μὲν οὕτω χαῖρε Διὸς καὶ Μαιάδος υἱέ·
αὐτὰρ ἐγὼ καὶ σεῖο καὶ ἄλλης μνήσομ' ἀοιδῆς.   580

V. Εἰς Ἀφροδίτην

Μοῦσά μοι ἔννεπε ἔργα πολυχρύσου Ἀφροδίτης
Κύπριδος, ἥ τε θεοῖσιν ἐπὶ γλυκὺν ἵμερον ὦρσε
καί τ' ἐδαμάσσατο φῦλα καταθνητῶν ἀνθρώπων,
οἰωνούς τε διιπετέας καὶ θηρία πάντα,

561 ἐθέλωσι x   563 ita y (δενέουσαι) V² (δὲ νέουσαι), corr. Bau-
meister: πειρῶνται δ' ἤπειτα παρὲξ ὁδὸν ἡγεμονεύειν cet.   565 ἢν
At E   ἄνδρ' ἀδαῇ in extremo versu M   568 lacunam stat. Wolf
568 post 571 transp. E   570 χθονὸν L¹   572 δ' om. At D   576 ἀθανά-
τοισι νομίζων M
V. codices M x (praeter Π) p (praeter Mon. O)   TITVLVS: τοῦ
αὐτοῦ ὁμήρου ὕμνοι εἰς ἀφροδίτην M   ὕμνος εἰς ἀφροδίτην p At   εἰς
ἀφροδίτην D E L¹ ed. pr.: εἰς ἀφροδίτην γ (ss. os) T   4 διιπετέα M

ΕΙΣ ΑΦΡΟΔΙΤΗΝ

ἠμὲν ὅσ' ἤπειρος πολλὰ τρέφει ἠδ' ὅσα πόντος·   5
πᾶσιν δ' ἔργα μέμηλεν ἐϋστεφάνου Κυθερείης.
τρισσὰς δ' οὐ δύναται πεπιθεῖν φρένας οὐδ' ἀπατῆσαι·
κούρην τ' αἰγιόχοιο Διὸς γλαυκῶπιν Ἀθήνην·
οὐ γάρ οἱ εὔαδεν ἔργα πολυχρύσου Ἀφροδίτης,
ἀλλ' ἄρα οἱ πόλεμοί τε ἄδον καὶ ἔργον Ἄρηος,   13
ὑσμῖναί τε μάχαι τε καὶ ἀγλαὰ ἔργ' ἀλεγύνειν.
πρώτη τέκτονας ἄνδρας ἐπιχθονίους ἐδίδαξε
ποιῆσαι σατίνας καὶ ἅρματα ποικίλα χαλκῷ·
ἡ δέ τε παρθενικὰς ἀπαλόχροας ἐν μεγάροισιν
ἀγλαὰ ἔργ' ἐδίδαξεν ἐπὶ φρεσὶ θεῖσα ἑκάστῃ.   15
οὐδέ ποτ' Ἀρτέμιδα χρυσηλάκατον κελαδεινὴν
δάμναται ἐν φιλότητι φιλομμειδὴς Ἀφροδίτη·
καὶ γὰρ τῇ ἅδε τόξα καὶ οὔρεσι θῆρας ἐναίρειν,
φόρμιγγές τε χοροί τε διαπρύσιοί τ' ὀλολυγαὶ
ἄλσεά τε σκιόεντα δικαίων τε πτόλις ἀνδρῶν.   20
οὐδὲ μὲν αἰδοίη κούρη ἅδεν ἔργ' Ἀφροδίτης
Ἱστίη, ἣν πρώτην τέκετο Κρόνος ἀγκυλομήτης,
αὖτις δ' ὁπλοτάτην, βουλῇ Διὸς αἰγιόχοιο,
πότνιαν, ἣν ἐμνῶντο Ποσειδάων καὶ Ἀπόλλων·
ἡ δὲ μάλ' οὐκ ἔθελεν ἀλλὰ στερεῶς ἀπέειπεν,   25
ὤμοσε δὲ μέγαν ὅρκον, ὃ δὴ τετελεσμένος ἐστίν,
ἀψαμένη κεφαλῆς πατρὸς Διὸς αἰγιόχοιο
παρθένος ἔσσεσθαι πάντ' ἤματα, δῖα θεάων.
τῇ δὲ πατὴρ Ζεὺς δῶκε καλὸν γέρας ἀντὶ γάμοιο,
καί τε μέσῳ οἴκῳ κατ' ἄρ' ἕζετο πῖαρ ἑλοῦσα.   30
πᾶσιν δ' ἐν νηοῖσι θεῶν τιμάοχός ἐστι
καὶ παρὰ πᾶσι βροτοῖσι θεῶν πρέσβειρα τέτυκται.
τάων οὐ δύναται πεπιθεῖν φρένας οὐδ' ἀπατῆσαι·

8 ita M: γλαυκώπιδ' cet.   10 ἅδον Q, ex ἄδον M : ἄδεν At Γ : ἅδεν
cet.   11 om. E   13 σάτινα vulg.: σκύτινα At D : σάκεα V² marg.
Γ corr. Barnes   16 χρυσήλατον x D, cf. 118   17 φιλομειδὴς x M D
ed. pr., cf. 49, 56   18 καὶ γὰρ τῇ ἅδε] πουλύχρυσα δὲ M   20 πτόλις
Γ marg. ed. pr.: πόλις x At D : πόλεις M : πόνος p   22 ἰστίη M
At D   25 στερρῶς M   30 πῖαρ M

τῶν δ' ἄλλων οὔ πέρ τι πεφυγμένον ἔστ' Ἀφροδίτην
οὔτε θεῶν μακάρων οὔτε θνητῶν ἀνθρώπων.   35
καί τε παρὲκ Ζηνὸς νόον ἤγαγε τερπικεραύνου,
ὅς τε μέγιστός τ' ἐστί, μεγίστης τ' ἔμμορε τιμῆς·
καί τε τοῦ εὖτε θέλοι πυκινὰς φρένας ἐξαπαφοῦσα
ῥηϊδίως συνέμιξε καταθνητῇσι γυναιξὶν
Ἥρης ἐκλελαθοῦσα κασιγνήτης ἀλόχου τε,   40
ἣ μέγα εἶδος ἀρίστη ἐν ἀθανάτῃσι θεῇσι,
κυδίστην δ' ἄρα μιν τέκετο Κρόνος ἀγκυλομήτης
μήτηρ τε Ῥείη· Ζεὺς δ' ἄφθιτα μήδεα εἰδὼς
αἰδοίην ἄλοχον ποιήσατο κέδν' εἰδυῖαν.

Τῇ δὲ καὶ αὐτῇ Ζεὺς γλυκὺν ἵμερον ἔμβαλε θυμῷ   45
ἀνδρὶ καταθνητῷ μιχθήμεναι, ὄφρα τάχιστα
μηδ' αὐτὴ βροτέης εὐνῆς ἀποεργμένη εἴη
καί ποτ' ἐπευξαμένη εἴπῃ μετὰ πᾶσι θεοῖσιν
ἡδὺ γελοιήσασα φιλομμειδὴς Ἀφροδίτη
ὥς ῥα θεοὺς συνέμιξε καταθνητῇσι γυναιξὶ   50
καί τε καταθνητοὺς υἱεῖς τέκον ἀθανάτοισιν,
ὥς τε θεὰς ἀνέμιξε καταθνητοῖς ἀνθρώποις.

Ἀγχίσεω δ' ἄρα οἱ γλυκὺν ἵμερον ἔμβαλε θυμῷ,
ὃς τότ' ἐν ἀκροπόλοις ὄρεσιν πολυπιδάκου Ἴδης
βουκολέεσκεν βοῦς δέμας ἀθανάτοισιν ἐοικώς.   55
τὸν δὴ ἔπειτα ἰδοῦσα φιλομμειδὴς Ἀφροδίτη
ἠράσατ', ἐκπάγλως δὲ κατὰ φρένας ἵμερος εἷλεν.
ἐς Κύπρον δ' ἐλθοῦσα θυώδεα νηὸν ἔδυνεν
ἐς Πάφον· ἔνθα δέ οἱ τέμενος βωμός τε θυώδης·
ἔνθ' ἥ γ' εἰσελθοῦσα θύρας ἐπέθηκε φαεινάς.   60
ἔνθα δέ μιν Χάριτες λοῦσαν καὶ χρῖσαν ἐλαίῳ
ἀμβρότῳ, οἷα θεοὺς ἐπενήνοθεν αἰὲν ἐόντας,

38 ἐθέλῃ M   39 κατὰ codd. (et 46, 50, 51, 52)   θνητοῖσι ρ
46 μιγμέναι At D   47 ἀπὸ Τ   49 γελάσασα M   φιλομειδὴς
libri et 56 (ubi -μ- ss. μ Τ), 65   50 σύμμιξε M   θνητοῖσι ρ
51 τέκεν praeter M libri   52 συνέμιξε Schäfer   57 ἐκπάγλης L¹

ΕΙΣ ΑΦΡΟΔΙΤΗΝ

ἀμβροσίῳ ἑδανῷ, τό ῥά οἱ τεθυωμένον ἦεν.
ἑσσαμένη δ' εὖ πάντα περὶ χροῒ εἵματα καλὰ
χρυσῷ κοσμηθεῖσα φιλομμειδὴς Ἀφροδίτη   65
σεύατ' ἐπὶ Τροίης προλιποῦσ' εὐώδεα Κύπρον
ὕψι μετὰ νέφεσιν ῥίμφα πρήσσουσα κέλευθον.
Ἴδην δ' ἵκανεν πολυπίδακα, μητέρα θηρῶν,
βῆ δ' ἰθὺς σταθμοῖο δι' οὔρεος· οἱ δὲ μετ' αὐτὴν
σαίνοντες πολιοί τε λύκοι χαροποί τε λέοντες   70
ἄρκτοι παρδάλιές τε θοαὶ προκάδων ἀκόρητοι
ἤϊσαν· ἡ δ' ὁρόωσα μετὰ φρεσὶ τέρπετο θυμὸν
καὶ τοῖς ἐν στήθεσσι βάλ' ἵμερον, οἱ δ' ἅμα πάντες
σύνδυο κοιμήσαντο κατὰ σκιόεντας ἐναύλους.
αὐτὴ δ' ἐς κλισίας εὐποιήτους ἀφίκανε·   75
τὸν δ' εὗρε σταθμοῖσι λελειμμένον οἶον ἀπ' ἄλλων
Ἀγχίσην ἥρωα θεῶν ἄπο κάλλος ἔχοντα.
οἱ δ' ἅμα βουσὶν ἕποντο νομοὺς κάτα ποιήεντας
πάντες, ὁ δὲ σταθμοῖσι λελειμμένος οἶος ἀπ' ἄλλων
πωλεῖτ' ἔνθα καὶ ἔνθα διαπρύσιον κιθαρίζων.   80
στῆ δ' αὐτοῦ προπάροιθε Διὸς θυγάτηρ Ἀφροδίτη
παρθένῳ ἀδμήτῃ μέγεθος καὶ εἶδος ὁμοίη,
μή μιν ταρβήσειεν ἐν ὀφθαλμοῖσι νοήσας.
Ἀγχίσης δ' ὁρόων ἐφράζετο θαύμαινέν τε
εἶδός τε μέγεθος καὶ εἵματα σιγαλόεντα.   85
πέπλον μὲν γὰρ ἔεστο φαεινότερον πυρὸς αὐγῆς,
εἶχε δ' ἐπιγναμπτὰς ἕλικας κάλυκάς τε φαεινάς,
ὅρμοι δ' ἀμφ' ἀπαλῇ δειρῇ περικαλλέες ἦσαν
καλοὶ χρύσειοι παμποίκιλοι· ὡς δὲ σελήνη
στήθεσιν ἀμφ' ἁπαλοῖσιν ἐλάμπετο, θαῦμα ἰδέσθαι.   90
Ἀγχίσην δ' ἔρος εἷλεν, ἔπος δέ μιν ἀντίον ηὔδα·

63 ἑανῶ, ἑανῶ codd. em. Clarke cl. Ξ 172   66 τροίης M : τροίην
cet.   κῆπον M   67 νέφεσι ῥίμφα M : νεφέεσσι θοῶς cet.   68–112 om.
M   68 θεῶν, mg. γρ. θηρῶν Ε Τ   71 πορδάλιες Β Γ L² L³ N R¹ R²,
cf. N 103 P 20 Φ 573 δ 457   72 ἧεσ(σ)αν codd. em. Ilgen
82 τε καὶ Α Β C Γ L³ Q R¹   84 θάμβαινέν ρ, cf. Pind. Ol. iii. 83
85 τε καὶ codd.   87 ἐπὶ Q : ἔτι Barnes

Χαῖρε ἄνασσ᾽, ἥ τις μακάρων τάδε δώμαθ᾽ ἱκάνεις,
Ἄρτεμις ἢ Λητὼ ἠὲ χρυσέη Ἀφροδίτη
ἢ Θέμις ἠϋγενὴς ἠὲ γλαυκῶπις Ἀθήνη
ἤ πού τις Χαρίτων δεῦρ᾽ ἤλυθες, αἵ τε θεοῖσι   95
πᾶσιν ἑταιρίζουσι καὶ ἀθάνατοι καλέονται,
ἤ τις νυμφάων αἵ τ᾽ ἄλσεα καλὰ νέμονται,
ἢ νυμφῶν αἳ καλὸν ὄρος τόδε ναιετάουσι
καὶ πηγὰς ποταμῶν καὶ πίσεα ποιήεντα.
σοὶ δ᾽ ἐγὼ ἐν σκοπιῇ, περιφαινομένῳ ἐνὶ χώρῳ,   100
βωμὸν ποιήσω, ῥέξω δέ τοι ἱερὰ καλὰ
ὥρῃσιν πάσῃσι· σὺ δ᾽ εὔφρονα θυμὸν ἔχουσα
δός με μετὰ Τρώεσσιν ἀριπρεπέ᾽ ἔμμεναι ἄνδρα,
ποίει δ᾽ εἰσοπίσω θαλερὸν γόνον, αὐτὰρ ἔμ᾽ αὐτὸν
δηρὸν ἐῢ ζώειν καὶ ὁρᾶν φάος ἠελίοιο   105
ὄλβιον ἐν λαοῖς καὶ γήραος οὐδὸν ἱκέσθαι.

Τὸν δ᾽ ἠμείβετ᾽ ἔπειτα Διὸς θυγάτηρ Ἀφροδίτη·
Ἀγχίσῃ, κύδιστε χαμαιγενέων ἀνθρώπων,
οὔ τίς τοι θεός εἰμι· τί μ᾽ ἀθανάτῃσιν ἐΐσκεις;
ἀλλὰ καταθνητή γε, γυνὴ δέ με γείνατο μήτηρ.   110
Ὀτρεὺς δ᾽ ἐστὶ πατὴρ ὄνομα κλυτός, εἴ που ἀκούεις,
ὃς πάσης Φρυγίης εὐτειχήτοιο ἀνάσσει.
γλῶσσαν δ᾽ ὑμετέρην καὶ ἡμετέρην σάφα οἶδα·
Τρῳὰς γὰρ μεγάρῳ με τροφὸς τρέφεν, ἣ δὲ διὰ πρὸ
σμικρὴν παῖδ᾽ ἀτίταλλε φίλης παρὰ μητρὸς ἑλοῦσα.   115
ὣς δή τοι γλῶσσάν γε καὶ ὑμετέρην εὖ οἶδα.
νῦν δέ μ᾽ ἀνήρπαξε χρυσόρραπις Ἀργειφόντης
ἐκ χοροῦ Ἀρτέμιδος χρυσηλακάτου κελαδεινῆς.
πολλαὶ δὲ νύμφαι καὶ παρθένοι ἀλφεσίβοιαι
παίζομεν, ἀμφὶ δ᾽ ὅμιλος ἀπείριτος ἐστεφάνωτο·   120

93 χρυσῆ libri em. Barnes   97 om. ET   99 πείσεα (ss.
βη) Lˡ corr. Clarke Ruhnken : βήσεα cet.   105 ἐϋζώειν libri
praeter T   110 γε Gemoll : τε libri   113 ὑμετέρην καὶ ὑμετέρην
ET (priorem corr. T)   114 τρωὰς M : τρωὸς cet.   διὰ M D : δια
cet.   116 γε Hermann : τε libri   117 ἀνήρπαξε ET   118 χρυση-
λάτου libri praeter M D ed. pr.

ἔνθεν μ' ἥρπαξε χρυσόρραπις Ἀργειφόντης,
πολλὰ δ' ἔπ' ἤγαγεν ἔργα καταθνητῶν ἀνθρώπων,
πολλὴν δ' ἄκληρόν τε καὶ ἄκτιτον, ἣν διὰ θῆρες
ὠμοφάγοι φοιτῶσι κατὰ σκιόεντας ἐναύλους,
οὐδὲ ποσὶ ψαύσειν ἐδόκουν φυσιζόου αἴης·   125
Ἀγχίσεω δέ με φάσκε παραὶ λέχεσιν καλέεσθαι
κουριδίην ἄλοχον, σοὶ δ' ἀγλαὰ τέκνα τεκεῖσθαι.
αὐτὰρ ἐπεὶ δὴ δεῖξε καὶ ἔφρασεν ἦ τοι ὅ γ' αὖτις
ἀθανάτων μετὰ φῦλ' ἀπέβη κρατὺς Ἀργειφόντης·
αὐτὰρ ἐγώ σ' ἱκόμην, κρατερὴ δέ μοι ἔπλετ' ἀνάγκη.   130
ἀλλά σε πρὸς Ζηνὸς γουνάζομαι ἠδὲ τοκήων
ἐσθλῶν· οὐ μὲν γάρ κε κακοὶ τοιόνδε τέκοιεν·
ἀδμήτην μ' ἀγαγὼν καὶ ἀπειρήτην φιλότητος
πατρί τε σῷ δεῖξον καὶ μητέρι κεδνὰ ἰδυίῃ
σοῖς τε κασιγνήτοις οἵ τοι ὁμόθεν γεγάασιν·   135
οὔ σφιν ἀεικελίη νυὸς ἔσσομαι, ἀλλ' εἰκυῖα.
πέμψαι δ' ἄγγελον ὦκα μετὰ Φρύγας αἰολοπώλους
εἰπεῖν πατρί τ' ἐμῷ καὶ μητέρι κηδομένῃ περ·
οἱ δέ κέ τοι χρυσόν τε ἅλις ἐσθῆτά θ' ὑφαντὴν
πέμψουσιν, σὺ δὲ πολλὰ καὶ ἀγλαὰ δέχθαι ἄποινα.   140
ταῦτα δὲ ποιήσας δαίνυ γάμον ἱμερόεντα
τίμιον ἀνθρώποισι καὶ ἀθανάτοισι θεοῖσιν.
    Ὣς εἰποῦσα θεὰ γλυκὺν ἵμερον ἔμβαλε θυμῷ.
Ἀγχίσην δ' ἔρος εἷλεν, ἔπος τ' ἔφατ' ἔκ τ' ὀνόμαζεν·
    Εἰ μὲν θνητή τ' ἐσσί, γυνὴ δέ σε γείνατο μήτηρ,   145
Ὀτρεὺς δ' ἐστὶ πατὴρ ὄνομα κλυτός, ὡς ἀγορεύεις,
ἀθανάτου δὲ ἕκητι διακτόρου ἐνθάδ' ἱκάνεις

122 ἐπήγαγεν codd. em. Barnes   123 ἄκτιστον ΕΤ (ἄκτιστον
ss. τ Τ)   125 ψαύειν praeter M libri   φυσιζώοιν codd. em. Steph.
127 τεκέσθαι Buttmann : τελεῖσθαι Tucker   132 μὲν om. praeter
Μ Τ omnes   κε Μ : τοι V¹ ed. pr.: τε cet., cf. δ 64   135 δοιώ
τε κασιγνήτω Μ   post 136 add. εἴ τοι ἀεικελίη γυνὴ ἔσσομαι ἠὲ
καὶ οὐκί Μ x At D, cf. Dem. 83, 84   pro 136, 136a οὐ σφιν ἀεικε-
λίη γυνὴ ἔσσομαι ἠὲ καὶ οὐκὶ ρ   139 οὐδέ τε A Q : οἱ δέ τε cet.
praeter M   τοι add. Matthiae   χρυσόν κεν praeter M libri
144 ἔρως ρ Μ   146 ἀγοράζεις ρ (ἀγορεύεις Ν, marg. ἀγοράζεις)
147 ἀθανάτοιο δ' ἕκητι libri praeter Μ (ἔκατι Μ Ν)

Ἑρμέω, ἐμὴ δ' ἄλοχος κεκλήσεαι ἤματα πάντα·
οὔ τις ἔπειτα θεῶν οὔτε θνητῶν ἀνθρώπων
ἐνθάδε με σχήσει πρὶν σῇ φιλότητι μιγῆναι   150
αὐτίκα νῦν· οὐδ' εἴ κεν ἑκηβόλος αὐτὸς Ἀπόλλων
τόξου ἀπ' ἀργυρέου προΐῃ βέλεα στονόεντα.
βουλοίμην κεν ἔπειτα, γύναι εἰκυῖα θεῇσι,
σῆς εὐνῆς ἐπιβὰς δῦναι δόμον Ἄϊδος εἴσω.

Ὣς εἰπὼν λάβε χεῖρα· φιλομμειδὴς δ' Ἀφροδίτη   155
ἕρπε μεταστρεφθεῖσα κατ' ὄμματα καλὰ βαλοῦσα
ἐς λέχος εὔστρωτον, ὅθι περ πάρος ἔσκεν ἄνακτι
χλαίνῃσιν μαλακῇς ἐστρωμένον· αὐτὰρ ὕπερθεν
ἄρκτων δέρματ' ἔκειτο βαρυφθόγγων τε λεόντων,
τοὺς αὐτὸς κατέπεφνεν ἐν οὔρεσιν ὑψηλοῖσιν.   160
οἱ δ' ἐπεὶ οὖν λεχέων εὐποιήτων ἐπέβησαν,
κόσμον μέν οἱ πρῶτον ἀπὸ χροὸς εἷλε φαεινόν,
πόρπας τε γναμπτάς θ' ἕλικας κάλυκάς τε καὶ ὅρμους.
λῦσε δέ οἱ ζώνην ἰδὲ εἵματα σιγαλόεντα
ἔκδυε καὶ κατέθηκεν ἐπὶ θρόνου ἀργυροήλου   165
Ἀγχίσης· ὁ δ' ἔπειτα θεῶν ἰότητι καὶ αἴσῃ
ἀθανάτῃ παρέλεκτο θεᾷ βροτός, οὐ σάφα εἰδώς.

Ἦμος δ' ἂψ εἰς αὖλιν ἀποκλίνουσι νομῆες
βοῦς τε καὶ ἴφια μῆλα νομῶν ἐξ ἀνθεμοέντων,
τῆμος ἄρ' Ἀγχίσῃ μὲν ἐπὶ γλυκὺν ὕπνον ἔχευε   170
νήδυμον, αὐτὴ δὲ χροῒ ἕννυτο εἵματα καλά.
ἑσσαμένη δ' εὖ πάντα περὶ χροῒ δῖα θεάων
ἔστη ἄρα κλισίῃ, εὐποιήτοιο μελάθρου
κῦρε κάρη, κάλλος δὲ παρειάων ἀπέλαμπεν
ἄμβροτον, οἷόν τ' ἐστὶν ἐϋστεφάνου Κυθερείης.   175

149a προῖοι Γ L³ N Q R¹ V¹: προοίοι L² R²: προίη cet.   155 ita
A B L² N ss.: φιλομει- cet.   156 μεταστραφθεῖσα (ss. ε) E T   157 λέχον
M   ἔσκεν αὐτὴ M   158 δίνῃσι pro χλαίνῃσιν M   159 ἄρκτων]
ἐκ τῶν M   164 ἠδ' M   173 ἄρα] πὰρ Stephanus   κεὐποιήτοιο
Sikes : εὐποιήτου δὲ Ruhnken   174 κῦρε M, cf. Dem. 189 : βυρε
E T : ἠυρε L¹ Π ρ : ἦρε At D : ἦρε ed. pr.   175 ἰοστεφάνου M, cf.
vi. 18

ἐξ ὕπνου τ' ἀνέγειρεν, ἔπος τ' ἔφατ' ἔκ τ' ὀνόμαζεν·
Ὄρσεο Δαρδανίδη· τί νυ νήγρετον ὕπνον ἰαύεις;
καὶ φράσαι εἴ τοι ὁμοίη ἐγὼν ἰνδάλλομαι εἶναι
οἵην δή με τὸ πρῶτον ἐν ὀφθαλμοῖσι νόησας;
Ὣς φάθ'· ὁ δ' ἐξ ὕπνοιο μάλ' ἐμμαπέως ὑπάκουσεν.
ὡς δὲ ἴδεν δειρήν τε καὶ ὄμματα κάλ' Ἀφροδίτης   181
τάρβησέν τε καὶ ὄσσε παρακλιδὸν ἔτραπεν ἄλλη.
ἂψ δ' αὖτις χλαίνῃ τε καλύψατο καλὰ πρόσωπα,
καί μιν λισσόμενος ἔπεα πτερόεντα προσηύδα·
Αὐτίκα σ' ὡς τὰ πρῶτα θεὰ ἴδον ὀφθαλμοῖσιν   185
ἔγνων ὡς θεὸς ἦσθα· σὺ δ' οὐ νημερτὲς ἔειπες.
ἀλλά σε πρὸς Ζηνὸς γουνάζομαι αἰγιόχοιο
μή με ζῶντ' ἀμενηνὸν ἐν ἀνθρώποισιν ἐάσῃς
ναίειν, ἀλλ' ἐλέαιρ'· ἐπεὶ οὐ βιοθάλμιος ἀνὴρ
γίγνεται ὅς τε θεαῖς εὐνάζεται ἀθανάτῃσι.   190
Τὸν δ' ἠμείβετ' ἔπειτα Διὸς θυγάτηρ Ἀφροδίτη·
Ἀγχίση, κύδιστε καταθνητῶν ἀνθρώπων,
θάρσει, μηδέ τι σῇσι μετὰ φρεσὶ δείδιθι λίην·
οὐ γάρ τοί τι δέος παθέειν κακὸν ἐξ ἐμέθεν γε
οὐδ' ἄλλων μακάρων, ἐπεὶ ἦ φίλος ἐσσὶ θεοῖσι.   195
σοὶ δ' ἔσται φίλος υἱὸς ὃς ἐν Τρώεσσιν ἀνάξει
καὶ παῖδες παίδεσσι διαμπερὲς ἐκγεγάονται·
τῷ δὲ καὶ Αἰνείας ὄνομ' ἔσσεται οὕνεκά μ' αἰνὸν
ἔσχεν ἄχος ἕνεκα βροτοῦ ἀνέρος ἔμπεσον εὐνῇ·
ἀγχίθεοι δὲ μάλιστα καταθνητῶν ἀνθρώπων   200
αἰεὶ ἀφ' ὑμετέρης γενεῆς εἶδός τε φυήν τε.
ἦ τοι μὲν ξανθὸν Γανυμήδεα μητίετα Ζεὺς
ἥρπασεν ὃν διὰ κάλλος ἵν' ἀθανάτοισι μετείη
καί τε Διὸς κατὰ δῶμα θεοῖς ἐπιοινοχοεύοι,

178 τοι] τι x ed. pr.   ἀγὼν M   179 με om. La Roche, τὸ Hermann
181 δ' εἶδε M   186 ἔειπας (ss. ε) E T   189 βιοφθάλμιος M N P,
cf. Pind. Ol. vii. 20   190 ἀθανάτοισι Γ N   194 τι τοι M : τοι om.
ρ   197 ἐκγεγάοντες Baumeister   198 καὶ om. D L¹   200 ἀγχί-
θεοι Barnes, separatim codd.   202 ἦτοι codd. praeter E   203 ita
At Γ, Hermann: ἥρπασ' ἐνὸν x M (αἰνὸν M): ἐὸν ρ D   204 ἐπιοινο-
χοεύειν M : ἐπὶ οινοχοεύει E (ss. οι) T (ἐπ' Π)

θαῦμα ἰδεῖν, πάντεσσι τετιμένος ἀθανάτοισι,　　205
χρυσέου ἐκ κρητῆρος ἀφύσσων νέκταρ ἐρυθρόν.
Τρῶα δὲ πένθος ἄλαστον ἔχε φρένας, οὐδέ τι ᾔδει
ὅππῃ οἱ φίλον υἱὸν ἀνήρπασε θέσπις ἄελλα·
τὸν δὴ ἔπειτα γόασκε διαμπερὲς ἤματα πάντα.
καί μιν Ζεὺς ἐλέησε, δίδου δέ οἱ υἷος ἄποινα　　210
ἵππους ἀρσίποδας, τοί τ᾽ ἀθανάτους φορέουσι.
τούς οἱ δῶρον ἔδωκεν ἔχειν· εἶπεν δὲ ἕκαστα
Ζηνὸς ἐφημοσύνῃσι διάκτορος Ἀργειφόντης,
ὡς ἔοι ἀθάνατος καὶ ἀγήρως ἶσα θεοῖσιν.
αὐτὰρ ἐπεὶ δὴ Ζηνὸς ὅ γ᾽ ἔκλυεν ἀγγελιάων　　215
οὐκέτ᾽ ἔπειτα γόασκε, γεγήθει δὲ φρένας ἔνδον,
γηθόσυνος δ᾽ ἵπποισιν ἀελλοπόδεσσιν ὀχεῖτο.
ὣς δ᾽ αὖ Τιθωνὸν χρυσόθρονος ἥρπασεν Ἠὼς
ὑμετέρης γενεῆς ἐπιείκελον ἀθανάτοισι.
βῆ δ᾽ ἴμεν αἰτήσουσα κελαινεφέα Κρονίωνα　　220
ἀθάνατόν τ᾽ εἶναι καὶ ζώειν ἤματα πάντα·
τῇ δὲ Ζεὺς ἐπένευσε καὶ ἐκρήηνεν ἐέλδωρ.
νηπίη, οὐδ᾽ ἐνόησε μετὰ φρεσὶ πότνια Ἠὼς
ἥβην αἰτῆσαι, ξῦσαί τ᾽ ἄπο γῆρας ὀλοιόν.
τὸν δ᾽ ἦ τοι εἵως μὲν ἔχεν πολυήρατος ἥβη,　　225
Ἠοῖ τερπόμενος χρυσοθρόνῳ ἠριγενείῃ
ναῖε παρ᾽ Ὠκεανοῖο ῥοῇς ἐπὶ πείρασι γαίης·
αὐτὰρ ἐπεὶ πρῶται πολιαὶ κατέχυντο ἔθειραι
καλῆς ἐκ κεφαλῆς εὐηγενέος τε γενείου,
τοῦ δ᾽ ἦ τοι εὐνῆς μὲν ἀπείχετο πότνια Ἠώς,　　230
αὐτὸν δ᾽ αὖτ᾽ ἀτίταλλεν ἐνὶ μεγάροισιν ἔχουσα
σίτῳ τ᾽ ἀμβροσίῃ τε καὶ εἵματα καλὰ διδοῦσα.
ἀλλ᾽ ὅτε δὴ πάμπαν στυγερὸν κατὰ γῆρας ἔπειγεν

205 τετιμένον M : τετιμένονος x (sc. ·ον ss. os)　　206 κρα-
τῆρος praeter M omnes　　ἀφύσσειν M　　207 τρῶς ET, mg. Π
208 ὅποι M　　212 δὲ Wolf : τε libri　　214 ἀγήραος At D, cf. Θ
539　　Ἶσα θεοῖσι M y : ἤματα πάντα cet.　　218 χρυσόθρονον p
224 ἄπο ET : ἀπὸ cet.　　225 δ᾽ ἤτοι M N Π : δή τοι cet.　　229 εὐγε-
νέος codd. praeter M : καὶ εὐγενέος ed. pr.　　230 δή τοι codd. em.
Hermann

οὐδέ τι κινῆσαι μελέων δύνατ' οὐδ' ἀναεῖραι,
ἥδε δέ οἱ κατὰ θυμὸν ἀρίστη φαίνετο βουλή·   235
ἐν θαλάμῳ κατέθηκε, θύρας δ' ἐπέθηκε φαεινάς.
τοῦ δ' ἦ τοι φωνὴ ῥεῖ ἄσπετος, οὐδέ τι κῖκυς
ἔσθ' οἵη πάρος ἔσκεν ἐνὶ γναμπτοῖσι μέλεσσιν.
οὐκ ἂν ἐγώ γε σὲ τοῖον ἐν ἀθανάτοισιν ἑλοίμην
ἀθάνατόν τ' εἶναι καὶ ζώειν ἤματα πάντα.   240
ἀλλ' εἰ μὲν τοιοῦτος ἐὼν εἶδός τε δέμας τε
ζώοις, ἡμέτερός τε πόσις κεκλημένος εἴης,
οὐκ ἂν ἔπειτά μ' ἄχος πυκινὰς φρένας ἀμφικαλύπτοι.
νῦν δέ σε μὲν τάχα γῆρας ὁμοίιον ἀμφικαλύψει
νηλειές, τό τ' ἔπειτα παρίσταται ἀνθρώποισιν,   245
οὐλόμενον καματηρόν, ὅ τε στυγέουσι θεοί περ.
αὐτὰρ ἐμοὶ μέγ' ὄνειδος ἐν ἀθανάτοισι θεοῖσιν
ἔσσεται ἤματα πάντα διαμπερὲς εἵνεκα σεῖο,
οἳ πρὶν ἐμοὺς ὀάρους καὶ μήτιας, αἷς ποτε πάντας·
ἀθανάτους συνέμιξα καταθνητῇσι γυναιξί,   250
τάρβεσκον· πάντας γὰρ ἐμὸν δάμνασκε νόημα.
νῦν δὲ δὴ οὐκέτι μοι στόμα χείσεται ἐξονομῆναι
τοῦτο μετ' ἀθανάτοισιν, ἐπεὶ μάλα πολλὸν ἀάσθην
σχέτλιον οὐκ ὀνοταστόν, ἀπεπλάγχθην δὲ νόοιο,
παῖδα δ' ὑπὸ ζώνῃ ἐθέμην βροτῷ εὐνηθεῖσα.   255
τὸν μὲν ἐπὴν δὴ πρῶτον ἴδῃ φάος ἠελίοιο,
νύμφαι μιν θρέψουσιν ὀρεσκῷοι βαθύκολποι,
αἳ τόδε ναιετάουσιν ὄρος μέγα τε ζάθεόν τε·
αἳ ῥ' οὔτε θνητοῖς οὔτ' ἀθανάτοισιν ἕπονται·
δηρὸν μὲν ζώουσι καὶ ἄμβροτον εἶδαρ ἔδουσι,   260
καί τε μετ' ἀθανάτοισι καλὸν χορὸν ἐρρώσαντο.

237 δ' ἦτοι] δ' οὗτοι ΑΓL²ΝΡV¹: δ' οὗτῖ Β: δῆτι D: δῆτοι cet.
κίκυς libri corr. Abel   244 καταγῆρας (ss. τάχα) L¹Π   marg.
τὸ ὁμοίιον (ὅμοιον L¹) ὅμηρος πανταχοῦ ἐπὶ κακοῦ τιθέναι εἴωθεν
L¹Π   245 νηλειεὺς ΕΤ (ε|ς): νηλεὲς Π   τ' ῥ: γ' κ Μ At D:
σ' Π   247 ἐν Μ ed. pr.: μετ' cet.   252 στοναχήσεται codd.
em. Martin   254 ὀνόταστον codd. corr. Clarke: ὀνομαστὸν Martin
255 ζώνην Μ   256 ἐπεὶ Μ   ἴδῃ] ἤδη ΕΤ

τῆσι δὲ Σειληνοί τε καὶ εὔσκοπος Ἀργειφόντης
μίσγοντ' ἐν φιλότητι μυχῷ σπείων ἐροέντων.
τῆσι δ' ἅμ' ἢ ἐλάται ἠὲ δρύες ὑψικάρηνοι
γεινομένῃσιν ἔφυσαν ἐπὶ χθονὶ βωτιανείρῃ   265
καλαὶ τηλεθάουσαι ἐν οὔρεσιν ὑψηλοῖσιν.
ἑστᾶσ' ἠλίβατοι, τεμένη δέ ἑ κικλήσκουσιν
ἀθανάτων· τὰς δ' οὔ τι βροτοὶ κείρουσι σιδήρῳ.
ἀλλ' ὅτε κεν δὴ μοῖρα παρεστήκῃ θανάτοιο
ἀζάνεται μὲν πρῶτον ἐπὶ χθονὶ δένδρεα καλά,   270
φλοιὸς δ' ἀμφιπεριφθινύθει, πίπτουσι δ' ἀπ' ὄζοι,
τῶν δέ χ' ὁμοῦ ψυχὴ λείποι φάος ἠελίοιο.
αἱ μὲν ἐμὸν θρέψουσι παρὰ σφίσιν υἱὸν ἔχουσαι.
τὸν μὲν ἐπὴν δὴ πρῶτον ἕλῃ πολυήρατος ἥβη
ἄξουσίν σοι δεῦρο θεαί, δείξουσί τε παῖδα·   275
σοὶ δ' ἐγώ, ὄφρα κε ταῦτα μετὰ φρεσὶ πάντα διέλθω,
ἐς πέμπτον ἔτος αὖτις ἐλεύσομαι υἱὸν ἄγουσα.
τὸν μὲν ἐπὴν δὴ πρῶτον ἴδῃς θάλος ὀφθαλμοῖσι,
γηθήσεις ὁρόων· μάλα γὰρ θεοείκελος ἔσται·
ἄξεις δ' αὐτίκα νιν ποτὶ Ἴλιον ἠνεμόεσσαν.   280
ἢν δέ τις εἴρηταί σε καταθνητῶν ἀνθρώπων
ἤ τις σοὶ φίλον υἱὸν ὑπὸ ζώνῃ θέτο μήτηρ,
τῷ δὲ σὺ μυθεῖσθαι μεμνημένος ὥς σε κελεύω·
φασίν τοι νύμφης καλυκώπιδος ἔκγονον εἶναι
αἳ τόδε ναιετάουσιν ὄρος καταειμένον ὕλῃ.   285
εἰ δέ κεν ἐξείπῃς καὶ ἐπεύξεαι ἄφρονι θυμῷ
ἐν φιλότητι μιγῆναι ἐϋστεφάνῳ Κυθερείῃ,
Ζεύς σε χολωσάμενος βαλέει ψολόεντι κεραυνῷ.

262 σιληνοὶ M L¹ Π D ed. pr. : σεληνοὶ E T : σειληνοὶ p   263 μυχῶν
E T (ν T) : χυμῶ L¹   265 ἔφυγαν (ss. σ) E T   266 ἐν οὔρεσι
δ' L   267 ἔστασ' x M˙ ed. pr.   268 οὗτοι p D   269 παρεστήκοι
p : -ει cet. corr. Stephanus   271 ἀπ' ὄζοι codd. (ἄποζοι M) corr.
Steph.   272 δέ θ' Hermann   ψυχῇ E T (-ῇ)   λείπει codd.
275 ἄξουσί τοι M   276 κε add. Barnes   279 γηθήσαις p   280 ἄξαις
p   νιν codd. (νῦν M) : μιν Hermann   281 εἰρήσεταί T   σε om. L¹
284 φάσθαι Matthiae   ἔγγονον codd. em. Barnes   288 σε] τε B Γ

εἴρηταί τοι πάντα· σὺ δὲ φρεσὶ σῇσι νοήσας
ἴσχεο μηδ' ὀνόμαινε, θεῶν δ' ἐποπίζεο μῆνιν.   290
Ὣς εἰποῦσ' ἤιξε πρὸς οὐρανὸν ἠνεμόεντα.
Χαῖρε θεὰ Κύπροιο ἐϋκτιμένης μεδέουσα·
σεῦ δ' ἐγὼ ἀρξάμενος μεταβήσομαι ἄλλον ἐς ὕμνον.

VI. Εἰς Ἀφροδίτην

Αἰδοίην χρυσοστέφανον καλὴν Ἀφροδίτην
ᾄσομαι, ἣ πάσης Κύπρου κρήδεμνα λέλογχεν
εἰναλίης, ὅθι μιν Ζεφύρου μένος ὑγρὸν ἀέντος
ἤνεικεν κατὰ κῦμα πολυφλοίσβοιο θαλάσσης
ἀφρῷ ἔνι μαλακῷ· τὴν δὲ χρυσάμπυκες Ὧραι   5
δέξαντ' ἀσπασίως, περὶ δ' ἄμβροτα εἵματα ἕσσαν,
κρατὶ δ' ἐπ' ἀθανάτῳ στεφάνην εὔτυκτον ἔθηκαν
καλὴν χρυσείην, ἐν δὲ τρητοῖσι λοβοῖσιν
ἄνθεμ' ὀρειχάλκου χρυσοῖό τε τιμήεντος,
δειρῇ δ' ἀμφ' ἀπαλῇ καὶ στήθεσιν ἀργυφέοισιν   10
ὅρμοισι χρυσέοισιν ἐκόσμεον οἷσί περ αὐταὶ
Ὧραι κοσμείσθην χρυσάμπυκες ὁππότ' ἴοιεν
ἐς χορὸν ἱμερόεντα θεῶν καὶ δώματα πατρός.
αὐτὰρ ἐπεὶ δὴ πάντα περὶ χροῒ κόσμον ἔθηκαν
ἦγον ἐς ἀθανάτους· οἱ δ' ἠσπάζοντο ἰδόντες   15
χερσί τ' ἐδεξιόωντο καὶ ἠρήσαντο ἕκαστος
εἶναι κουριδίην ἄλοχον καὶ οἴκαδ' ἄγεσθαι,
εἶδος θαυμάζοντες ἰοστεφάνου Κυθερείης.
Χαῖρ' ἑλικοβλέφαρε γλυκυμείλιχε, δὸς δ' ἐν ἀγῶνι
νίκην τῷδε φέρεσθαι, ἐμὴν δ' ἔντυνον ἀοιδήν.   20
αὐτὰρ ἐγὼ καὶ σεῖο καὶ ἄλλης μνήσομ' ἀοιδῆς.

290 ὀνόμηνε codd. em. Hermann   292 ἐϋκτισμένης Ε Τ
VI. codices : M x p praeter Mon. O   Τιτυλυς : τοῦ αὐτοῦ εἰς τὴν
αὐτὴν ἀφροδίτην M : εἰς τὴν αὐτὴν vulg. : εἰς ἀφροδίτην Ε Ν : ἔτι εἰς
ἀφροδίτην V¹ : in Β Γ continuatur hymnus cum priore.   7 εὔτικτον
x At D ed. pr.   9 ἔνθεμ' p   12 κοσμίσθην x D ed. pr. : κοσμήσθην
M   ὁππότι ἦεν M   15 ἰδέσθαι M   16 τε δεξιόωντο x   18 ἐϋστε-
φάνου p (ἰο P ss.), cf. Aphr. 175   19 δός δ' ἀγγῶον L¹

ΥΜΝΟΙ

VII. Εἰς Διόνυσον

Ἀμφὶ Διώνυσον Σεμέλης ἐρικυδέος υἱὸν
μνήσομαι, ὡς ἐφάνη παρὰ θῖν' ἁλὸς ἀτρυγέτοιο
ἀκτῇ ἐπὶ προβλῆτι νεηνίῃ ἀνδρὶ ἐοικὼς
πρωθήβῃ· καλαὶ δὲ περισσείοντο ἔθειραι
κυάνεαι, φᾶρος δὲ περὶ στιβαροῖς ἔχεν ὤμοις   5
πορφύρεον· τάχα δ' ἄνδρες ἐϋσσέλμου ἀπὸ νηὸς
λῃσταὶ προγένοντο θοῶς ἐπὶ οἴνοπα πόντον
Τυρσηνοί· τοὺς δ' ἦγε κακὸς μόρος· οἱ δὲ ἰδόντες
νεῦσαν ἐς ἀλλήλους, τάχα δ' ἔκθορον, αἶψα δ' ἑλόντες
εἷσαν ἐπὶ σφετέρης νηὸς κεχαρημένοι ἦτορ.   10
υἱὸν γάρ μιν ἔφαντο διοτρεφέων βασιλήων
εἶναι, καὶ δεσμοῖς ἔθελον δεῖν ἀργαλέοισι.
τὸν δ' οὐκ ἴσχανε δεσμά, λύγοι δ' ἀπὸ τηλόσ' ἔπιπτον
χειρῶν ἠδὲ ποδῶν· ὁ δὲ μειδιάων ἐκάθητο
ὄμμασι κυανέοισι, κυβερνήτης δὲ νοήσας   15
αὐτίκα οἷς ἑτάροισιν ἐκέκλετο φώνησέν τε·
Δαιμόνιοι τίνα τόνδε θεὸν δεσμεύεθ' ἑλόντες
καρτερόν; οὐδὲ φέρειν δύναταί μιν νηῦς εὐεργής.
ἢ γὰρ Ζεὺς ὅδε γ' ἐστὶν ἢ ἀργυρότοξος Ἀπόλλων
ἠὲ Ποσειδάων· ἐπεὶ οὐ θνητοῖσι βροτοῖσιν   20
εἴκελος, ἀλλὰ θεοῖς οἳ Ὀλύμπια δώματ' ἔχουσιν.
ἀλλ' ἄγετ' αὐτὸν ἀφῶμεν ἐπ' ἠπείροιο μελαίνης
αὐτίκα, μηδ' ἐπὶ χεῖρας ἰάλλετε μή τι χολωθεὶς
ὄρσῃ ἀργαλέους τ' ἀνέμους καὶ λαίλαπα πολλήν.
Ὣς φάτο· τὸν δ' ἀρχὸς στυγερῷ ἠνίπαπε μύθῳ·   25
δαιμόνι' οὖρον ὅρα, ἅμα δ' ἱστίον ἕλκεο νηὸς

VII. *codices*: M *x* (L¹ usque ad v. 34) *p* praeter Mon. O Τιτυλυς:
τοῦ αὐτοῦ εἰς διόνυσον M : εἰς τὸν διόνυσον *p* : διόνυσος ἢ λῃσταί *x* D ed.
pr.   3 νεανίη ΕΤ   5 φᾶρος codd. em. Steph.   8 ἤγαγε codd.
praeter *p*   9 om. L¹   13 λυδοὶ libri praeter M (λῃδοί), corr. ed.
pr.   17 θεῶν δεσμὰ ἐθέλοντες M   21 ἴκελος codd. em. Steph.

σύμπανθ' ὅπλα λαβών· ὅδε δ' αὖτ' ἄνδρεσσι μελήσει.
ἔλπομαι ἢ Αἴγυπτον ἀφίξεται ἢ ὅ γε Κύπρον
ἢ ἐς Ὑπερβορέους ἢ ἑκαστέρω· ἐς δὲ τελευτὴν
ἔκ ποτ' ἐρεῖ αὐτοῦ τε φίλους καὶ κτήματα πάντα   30
οὕς τε κασιγνήτους, ἐπεὶ ἡμῖν ἔμβαλε δαίμων.
ᾺΩς εἰπὼν ἱστόν τε καὶ ἱστίον ἕλκετο νηός.
ἔμπνευσεν δ' ἄνεμος μέσον ἱστίον, ἀμφὶ δ' ἄρ' ὅπλα
καττάνυσαν· τάχα δέ σφιν ἐφαίνετο θαυματὰ ἔργα.
οἶνος μὲν πρώτιστα θοὴν ἀνὰ νῆα μέλαιναν   35
ἡδύποτος κελάρυζ' εὐώδης, ὤρνυτο δ' ὀδμὴ
ἀμβροσίη· ναύτας δὲ τάφος λάβε πάντας ἰδόντας.
αὐτίκα δ' ἀκρότατον παρὰ ἱστίον ἐξετανύσθη
ἄμπελος ἔνθα καὶ ἔνθα, κατεκρημνῶντο δὲ πολλοὶ
βότρυες· ἀμφ' ἱστὸν δὲ μέλας εἱλίσσετο κισσὸς   40
ἄνθεσι τηλεθάων, χαρίεις δ' ἐπὶ καρπὸς ὀρώρει·
πάντες δὲ σκαλμοὶ στεφάνους ἔχον· οἱ δὲ ἰδόντες
νῆ' ἤδη τότ' ἔπειτα κυβερνήτην ἐκέλευον
γῇ πελάαν· ὁ δ' ἄρα σφι λέων γένετ' ἔνδοθι νηὸς
δεινὸς ἐπ' ἀκροτάτης, μέγα δ' ἔβραχεν, ἐν δ' ἄρα μέσσῃ
ἄρκτον ἐποίησεν λασιαύχενα σήματα φαίνων·   46
ἂν δ' ἔστη μεμαυῖα, λέων δ' ἐπὶ σέλματος ἄκρου
δεινὸν ὑπόδρα ἰδών· οἱ δ' εἰς πρύμνην ἐφόβηθεν,
ἀμφὶ κυβερνήτην δὲ σαόφρονα θυμὸν ἔχοντα
ἔσταν ἄρ' ἐκπληγέντες· ὁ δ' ἐξαπίνης ἐπορούσας   50
ἀρχὸν ἕλ', οἱ δὲ θύραζε κακὸν μόρον ἐξαλύοντες
πάντες ὁμῶς πήδησαν ἐπεὶ ἴδον εἰς ἅλα δῖαν,
δελφῖνες δ' ἐγένοντο· κυβερνήτην δ' ἐλεήσας
ἔσχεθε καί μιν ἔθηκε πανόλβιον εἶπέ τε μῦθον·

29 ὃ ἑκαστέρω M (sc. ὅγ', cf. ν 245 ἢ δέ e g): ἑκατέρω F T   τελευτὴν
(ss. ε) M: ἐς δὲ τελευτὴν Theognis 755   34 in voce σφιν finitur L¹
36 κελάρυξ M E   ὄρνυτο Γ N V¹   37 φόβος y (E) M: ἤγουν φόβος
marg. P   39 κατεκριμνῶντο x D ed. pr.   43 ita Hermann cl. Apoll.
392, Herod. v. 85: μὴ δ' ἤδη M: μὴ δή δειν p Π T At: μὴ δείδειν Γ:
μὴ δέ δειν E: Μηδείδη,· Barnes

Θάρσει † δῖ' ἑκάτωρ τῷ ἐμῷ κεχαρισμένε θυμῷ·   55
εἰμὶ δ' ἐγὼ Διόνυσος ἐρίβρομος ὃν τέκε μήτηρ
Καδμηὶς Σεμέλη Διὸς ἐν φιλότητι μιγεῖσα.
   Χαῖρε τέκος Σεμέλης εὐώπιδος· οὐδέ πη ἔστι
σεῖό γε ληθόμενον γλυκερὴν κοσμῆσαι ἀοιδήν.

VIII. Εἰς Ἄρεα

Ἄρες ὑπερμενέτα, βρισάρματε, χρυσεοπήληξ,
ὀβριμόθυμε, φέρασπι, πολισσόε, χαλκοκορυστά,
καρτερόχειρ, ἀμόγητε, δορυσθενές, ἕρκος Ὀλύμπου,
Νίκης εὐπολέμοιο πάτερ, συναρωγὲ Θέμιστος,
ἀντιβίοισι τύραννε, δικαιοτάτων ἀγὲ φωτῶν,   5
ἠνορέης σκηπτοῦχε, πυραυγέα κύκλον ἑλίσσων
αἰθέρος ἑπταπόροις ἐνὶ τείρεσιν ἔνθα σε πῶλοι
ζαφλεγέες τριτάτης ὑπὲρ ἄντυγος αἰὲν ἔχουσι·
κλῦθι βροτῶν ἐπίκουρε, δοτὴρ εὐθαλέος ἥβης,
πρηὺ καταστίλβων σέλας ὑψόθεν ἐς βιότητα   10
ἡμετέρην καὶ κάρτος ἀρήϊον, ὥς κε δυναίμην
σεύασθαι κακότητα πικρὴν ἀπ' ἐμοῖο καρήνου,
καὶ ψυχῆς ἀπατηλὸν ὑπογνάμψαι φρεσὶν ὁρμὴν
θυμοῦ τ' αὖ μένος ὀξὺ κατισχέμεν ὅς μ' ἐρέθησι
φυλόπιδος κρυερῆς ἐπιβαινέμεν· ἀλλὰ σὺ θάρσος   15
δὸς μάκαρ, εἰρήνης τε μένειν ἐν ἀπήμοσι θεσμοῖς
δυσμενέων προφυγόντα μόθον κῆράς τε βιαίους.

55 δῖ' ἑκάτωρ M: δῖε κάτωρ cet. alibi Acoetes audit. cf. et Κα(σ)τρεύς
Apollod. ii. 23   τῷ 'μῷ x M D : τῶμῷ ρ corr. Ilgen
   VIII. codices M x praeter L¹ρ praeter Mon. O x At D   Τιτλυς:
τοῦ αὐτοῦ εἰς ἄρεα M : εἰς ἀρέα x D J K : εἰς τὸν ἀρέα L⁸R¹V¹ : εἰς τὸν
ἄρην cet. (ὁμήρου ὕμνοι εἰς θεούς εἰς ἄρην H)   2 ὀμβριμόθυμε x D H
ed. pr.   3 δορισθενὲς M   4 θέμιστα H   7 ἑπταπύροις M
9 εὐθαλέος ρ E T : εὐθαρλέσεος Π (sc. εὐθαλεος ss. ρσ) : εὐθαρσέος M :
εὐθηλ- Gemoll   10 πρηὺ] πρὶν M   11 ὥς τε V¹   12 σεύασθαι M :
-εσθαι cet.   ἐμοῖο B : ἐμεῖο cet.   13 ὑπογνάμψαι M : -δψαι cet.

IX. Εἰς Ἄρτεμιν

Ἄρτεμιν ὕμνει Μοῦσα κασιγνήτην Ἑκάτοις,
παρθένον ἰοχέαιραν, ὁμότροφον Ἀπόλλωνος,
ἥ θ' ἵππους ἄρσασα βαθυσχοίνοιο Μέλητος
ῥίμφα διὰ Σμύρνης παγχρύσεον ἅρμα διώκει
ἐς Κλάρον ἀμπελόεσσαν, ὅθ' ἀργυρότοξος Ἀπόλλων   5
ἧσται μιμνάζων ἑκατηβόλον ἰοχέαιραν.

Καὶ σὺ μὲν οὕτω χαῖρε θεαί θ' ἅμα πᾶσαι ἀοιδῇ·
αὐτὰρ ἐγώ σε πρῶτα καὶ ἐκ σέθεν ἄρχομ' ἀείδειν,
σεῦ δ' ἐγὼ ἀρξάμενος μεταβήσομαι ἄλλον ἐς ὕμνον.

X. Εἰς Ἀφροδίτην

Κυπρογενῆ Κυθέρειαν ἀείσομαι ἥ τε βροτοῖσι
μείλιχα δῶρα δίδωσιν, ἐφ' ἱμερτῷ δὲ προσώπῳ
αἰεὶ μειδιάει καὶ ἐφ' ἱμερτὸν θέει ἄνθος.

Χαῖρε θεὰ Σαλαμῖνος ἐϋκτιμένης μεδέουσα
εἰναλίης τε Κύπρου· δὸς δ' ἱμερόεσσαν ἀοιδήν.   5
αὐτὰρ ἐγὼ καὶ σεῖο καὶ ἄλλης μνήσομ' ἀοιδῆς.

XI. Εἰς Ἀθηνᾶν

Παλλάδ' Ἀθηναίην ἐρυσίπτολιν ἄρχομ' ἀείδειν
δεινήν, ᾗ σὺν Ἄρηϊ μέλει πολεμήϊα ἔργα
περθόμεναί τε πόληες ἀϋτή τε πτόλεμοί τε,
καί τ' ἐρρύσατο λαὸν ἰόντα τε νισόμενόν τε.

Χαῖρε θεά, δὸς δ' ἄμμι τύχην εὐδαιμονίην τε.   5

IX. *codices*: qui ad h. viii et R³   Τιτvlvs: εἰς ἄρτεμιν x s M D :
εἰς τὴν ἄρτεμιν p   1 ὑμνεῖ E T At D H ed. pr.   3 ita M (-νοῖο)
μελήτης x s At D L³: μιλήτης p praeter L³   7 θ' M : δ' cet.   8 σέ
τε M : σέθ' E T

X. post h. xi invenitur in M. *codices*: qui ad h. viii Τιτvlvs : εἰς
ἀφροδίτην x s M D ed. pr.: εἰς τὴν ἀφροδίτην p praeter L³   1 υπρο-
γενῆ D V¹: οὐπρογενῆ B: ευπρογενῆ E K T   3 ἐφιμερτὸν x J   θέει
M, cf. ζ 45 υ 357: φέρει cet.   4 χαῖρε μάκαιρα κυθήρης εὐκτιμένης
μεδέουσα M   5 εἰναλίης τε κύπρου M: καὶ πάσης κύπρου cet.

XI. *codices*: qui ad h. viii Τιτvlvs: εἰς τὴν ἀθηνᾶν p: εἰς ἀθηνᾶν
cet.   3 πόλιες praeter M N P codd.   αὐτοί M V¹   πόλεμοι p

ΥΜΝΟΙ

XII. Εἰς Ἥραν

Ἥρην ἀείδω χρυσόθρονον ἣν τέκε Ῥείη,
ἀθανάτην βασίλειαν ὑπείροχον εἶδος ἔχουσαν
Ζηνὸς ἐριγδούποιο κασιγνήτην ἄλοχόν τε
κυδρήν, ἣν πάντες μάκαρες κατὰ μακρὸν Ὄλυμπον
ἁζόμενοι τίουσιν ὁμῶς Διὶ τερπικεραύνῳ.   5

XIII. Εἰς Δημήτραν

Δήμητρ' ἠΰκομον σεμνὴν θεὰν ἄρχομ' ἀείδειν,
αὐτὴν καὶ κούρην, περικαλλέα Περσεφόνειαν.
Χαῖρε θεὰ καὶ τήνδε σάου πόλιν, ἄρχε δ' ἀοιδῆς.

XIV. Εἰς Μητέρα Θεῶν

Μητέρα μοι πάντων τε θεῶν πάντων τ' ἀνθρώπων
ὕμνει Μοῦσα λίγεια Διὸς θυγάτηρ μεγάλοιο,
ᾗ κροτάλων τυπάνων τ' ἰαχὴ σύν τε βρόμος αὐλῶν
εὔαδεν, ἠδὲ λύκων κλαγγὴ χαροπῶν τε λεόντων,
οὔρεά τ' ἠχήεντα καὶ ὑλήεντες ἔναυλοι.   5
Καὶ σὺ μὲν οὕτω χαῖρε θεαί θ' ἅμα πᾶσαι ἀοιδῇ.

XII. codices: qui ad h. viii et R³   Τιτυλυς: εἰς τὴν ἥραν p : εἰς
ἥραν cet. (ἥρην Κ)   1 ἥραν Μ R³   4 κυδνὴν J (= κεδνὴν ss. ν)
XIII. codices: qui ad h. viii et R³   Τιτυλυς: εἰς μητ' . . ρα θεῶν
(ss. δή ραν) Μ : εἰς δήμητραν x D H K ed. pr.: εἰς δήμητρα J : εἰς τὴν
δήμητραν καὶ περσεφόνην p : (περσεφόνην L² : περσεφόνειαν Ρ)   1 Μη-
μήτηρ' Μ : δημήτηρ' Ε Κ : δημήτηρ' (ss. δη) Τ : δημήτρ' Η J : δημήτερ'
p D corr. ed. pr.   θεὰν Μ : θεὸν cet.   2 φερσεφόνειαν x p D,
cf. Dem. 493   3 χαῖρε . . . πόλιν = Call. Dem. 134   σάω Barnes,
cf. p 595 Call. Epigr. 35 Alcman 45 Μῶσ' ἄγε . . . ἀρχ' ἐρατῶν ἐπέων
Pind. Nem. iii. 10
XIV. codices: Μ, qui ad h. viii   Τιτυλυς: εἰς μητέρα θεῶν Μ D Π
ed. pr.: εἰς μητέρα τῶν θεῶν Ε Τ : εἰς τὴν ῥέαν p : εἰς ῥέαν Η J, om. Κ
2 ὑμνεῖ x At D H   3 κροτάλη p   τυπάνων p praeter Γ R²: τυμ-
πάνων cet. (τυπάνων ss. μ L²): τυπάνα Ε marg., cf. Ap. Rhod. i. 1139
Anth. Pal. vi. 165. 5   βρόμος p Μ V², cf. h. Merc. 452 : τρόμος cet.
6 θ' Μ : δ' cet.   ἀοιδῆς Ε Τ

ΥΜΝΟΙ

XV. Εἰς Ἡρακλέα λεοντόθυμον

Ἡρακλέα Διὸς υἱὸν ἀείσομαι, ὃν μέγ' ἄριστον
γείνατ' ἐπιχθονίων Θήβης ἔνι καλλιχόροισιν
Ἀλκμήνη μιχθεῖσα κελαινεφέϊ Κρονίωνι·
ὃς πρὶν μὲν κατὰ γαῖαν ἀθέσφατον ἠδὲ θάλασσαν
πλαζόμενος πομπῇσιν ὕπ' Εὐρυσθῆος ἄνακτος   5
πολλὰ μὲν αὐτὸς ἔρεξεν ἀτάσθαλα, πολλὰ δ' ἀνέτλη·
νῦν δ' ἤδη κατὰ καλὸν ἔδος νιφόεντος Ὀλύμπου
ναίει τερπόμενος καὶ ἔχει καλλίσφυρον Ἥβην
Χαῖρε ἄναξ Διὸς υἱέ· δίδου δ' ἀρετήν τε καὶ ὄλβον.

XVI. Εἰς Ἀσκληπιόν

Ἰητῆρα νόσων Ἀσκληπιὸν ἄρχομ' ἀείδειν
υἱὸν Ἀπόλλωνος τὸν ἐγείνατο δῖα Κορωνὶς
Δωτίῳ ἐν πεδίῳ κούρη Φλεγύου βασιλῆος,
χάρμα μέγ' ἀνθρώποισι, κακῶν θελκτῆρ' ὀδυνάων.
Καὶ σὺ μὲν οὕτω χαῖρε ἄναξ· λίτομαι δέ σ' ἀοιδῇ.   5

XVII. Εἰς Διοσκούρους

Κάστορα καὶ Πολυδεύκε' ἀείσεο Μοῦσα λίγεια,
Τυνδαρίδας οἳ Ζηνὸς Ὀλυμπίου ἐξεγένοντο·
τοὺς ὑπὸ Ταϋγέτου κορυφῆς τέκε πότνια Λήδη

XV. codices: qui ad h. viii Τιτλυς: εἰς ἡρακλέα λεοντόθυμον
x M D ed. pr.: εἰς τὸν ἡρακλέα ρ: εἰς ἡρακλέα H: εἰς ἡρακλῆ J, om. K
4 ὃς ῥὰ ἦμὲν M   5 πλαζόμενος πημαίνετ' (ss. η) ἀεθλεύων
κραταιῶς M: ἀεθλεύων δὲ κρ. Ilgen   6 ἔξοχα ἔργα M: πολλὰ δ' ἀνέ-
τλη cet.
XVI. codices: qui ad h. viii Τιτλυς: εἰς τὸν ἀσκληπιὸν ρ M: εἰς
ἀσκληπιὸν cet. om. K   1-3 cit. schol. Pind. Pyth. iii. 14 (ἐν τοῖς
Ὁμηρικοῖς ὕμνοις)   2 κορωνίς om. M add. m. 2   3 δωτίνῳ ρ   φλε-
γύος At D K N: φλεγέος H J: φλεγύα scholiasta Pindari   4 κακὸν
H J   θελγηθρον ανε[ιῶν] I. G. xiv. 2557
XVII. codices: qui ad h. viii Τιτλυς: εἰς τοὺς διοσκούρους M: εἰς
διοσκούρους x D ed. pr.: εἰς κάστορα καὶ πολυδεύκη H J ρ (sed haec
quidem πολυδεύκην), om. K   1 ἀείδεο Steph.   3 λῆδα V¹
81

λάθρῃ ὑποδμηθεῖσα κελαινεφέϊ Κρονίωνι.
Χαίρετε Τυνδαρίδαι, ταχέων ἐπιβήτορες ἵππων.　　5

XVIII. Εἰς Ἑρμῆν

Ἑρμῆν ἀείδω Κυλλήνιον Ἀργειφόντην
Κυλλήνης μεδέοντα καὶ Ἀρκαδίης πολυμήλου,
ἄγγελον ἀθανάτων ἐριούνιον ὃν τέκε Μαῖα
Ἄτλαντος θυγάτηρ Διὸς ἐν φιλότητι μιγεῖσα
αἰδοίη· μακάρων δὲ θεῶν ἀλέεινεν ὅμιλον　　5
ἄντρῳ ναιετάουσα παλισκίῳ ἔνθα Κρονίων
νύμφῃ ἐϋπλοκάμῳ μισγέσκετο νυκτὸς ἀμολγῷ,
εὖτε κατὰ γλυκὺς ὕπνος ἔχοι λευκώλενον Ἥρην·
λάνθανε δ' ἀθανάτους τε θεοὺς θνητούς τ' ἀνθρώπους.
Καὶ σὺ μὲν οὕτω χαῖρε Διὸς καὶ Μαιάδος υἱέ·　　10
σεῦ δ' ἐγὼ ἀρξάμενος μεταβήσομαι ἄλλον ἐς ὕμνον.
χαῖρ' Ἑρμῆ χαριδῶτα διάκτορε, δῶτορ ἐάων.

XIX. Εἰς Πᾶνα

Ἀμφί μοι Ἑρμείαο φίλον γόνον ἔννεπε Μοῦσα,
αἰγιπόδην δικέρωτα φιλόκροτον ὅς τ' ἀνὰ πίση
δενδρήεντ' ἄμυδις φοιτᾷ χοροήθεσι νύμφαις
αἵ τε κατ' αἰγίλιπος πέτρης στείβουσι κάρηνα
Πᾶν' ἀνακεκλόμεναι νόμιον θεὸν ἀγλαέθειρον　　5
αὐχμήενθ', ὃς πάντα λόφον νιφόεντα λέλογχε
καὶ κορυφὰς ὀρέων καὶ πετρήεντα κέλευθα.
φοιτᾷ δ' ἔνθα καὶ ἔνθα διὰ ῥωπήϊα πυκνά,
ἄλλοτε μὲν ῥείθροισιν ἐφελκόμενος μαλακοῖσιν,

5 ἐπιβήτορες] ἐπ' ἀμήτων M
XVIII. codices : qui ad h. viii Τιτυλυς : εἰς τὸν ἑρμῆν p : εἰς ἑρμῆν
cet. om. K　　2 πολυμήλου (ss. ης) M　　4 in hoc versu expl. M
6 πολυσκίῳ J　　8 ἔχει p H (οι ss.)　　12 ἐάων Π P N corr. V¹
XIX. codices : x praeter L¹ p praeter Mon. O　Τιτυλυς : εἰς τὸν πᾶνα
p : εἰς πᾶνα cet.　　2 αἰγιπόδην codd. em. Hermann　　πίσση libri
corr. Steph.　　4 στείβουσαι E T　　7 κάρηνα D Π ed. pr. : κέλευθα cet.

ἄλλοτε δ' αὖ πέτρῃσιν ἐν ἠλιβάτοισι διοιχνεῖ,　　　　10
ἀκροτάτην κορυφὴν μηλοσκόπον εἰσαναβαίνων.
πολλάκι δ' ἀργινόεντα διέδραμεν οὔρεα μακρά,
πολλάκι δ' ἐν κνημοῖσι διήλασε θῆρας ἐναίρων
ὀξέα δερκόμενος· τότε δ' ἕσπερος ἔκλαγεν οἷον
ἄγρης ἐξανιών, δονάκων ὕπο μοῦσαν ἀθύρων　　　　15
νήδυμον· οὐκ ἂν τόν γε παραδράμοι ἐν μελέεσσιν
ὄρνις ἥ τ' ἔαρος πολυανθέος ἐν πετάλοισι
θρῆνον ἐπιπροχέουσ' ἀχέει μελίγηρυν ἀοιδήν.
σὺν δέ σφιν τότε νύμφαι ὀρεστιάδες λιγύμολποι
φοιτῶσαι πυκνὰ ποσσὶν ἐπὶ κρήνῃ μελανύδρῳ　　　　20
μέλπονται, κορυφὴν δὲ περιστένει οὔρεος ἠχώ·
δαίμων δ' ἔνθα καὶ ἔνθα χορῶν τοτὲ δ' ἐς μέσον ἕρπων
πυκνὰ ποσὶν διέπει, λαῖφος δ' ἐπὶ νῶτα δαφοινὸν
λυγκὸς ἔχει λιγυρῇσιν ἀγαλλόμενος φρένα μολπαῖς
ἐν μαλακῷ λειμῶνι τόθι κρόκος ἠδ' ὑάκινθος　　　　25
εὐώδης θαλέθων καταμίσγεται ἄκριτα ποίῃ.
ὑμνεῦσιν δὲ θεοὺς μάκαρας καὶ μακρὸν Ὄλυμπον·
οἷόν θ' Ἑρμείην ἐριούνιον ἔξοχον ἄλλων
ἔννεπον ὡς ὅ γ' ἅπασι θεοῖς θοὸς ἄγγελός ἐστι
καί ῥ' ὅ γ' ἐς Ἀρκαδίην πολυπίδακα, μητέρα μήλων,　　　30
ἐξίκετ', ἔνθα τέ οἱ τέμενος Κυλληνίου ἐστίν.
ἔνθ' ὅ γε καὶ θεὸς ὢν ψαφαρότριχα μῆλ' ἐνόμευεν
ἀνδρὶ πάρα θνητῷ· θάλε γὰρ πόθος ὑγρὸς ἐπελθὼν
νύμφῃ ἐϋπλοκάμῳ Δρύοπος φιλότητι μιγῆναι·

---

11 μηλόσκοπον codd. em. Gemoll　　12 αἰγινόεντα codd. em. Barnes
14 τοτὲ V¹　οἷον libri corr. Peppmüller (sc. μόνον, cf. Hes. Theog. 26,
Aesch. Ag. 136, C. I. A. iii, p. i. 171 B v. 22 ου μα[ν το]νδε χαριν σε τελε-
σφορε αιδομεν οιον)　15 ἄκρης codd. (ἄκρη V¹) em. Pierson　18 ἐπι-
προχέουσα χέει codd. em. Ilgen: ἰαχεῖ Ruhnken　20 πύκα Barnes
22 τότε ἐς codd. δ' add. Buttmann　24 λυγγὸς ρ　26 θαλέθων ρ:
θαλέων cet. cf. Ap. Rh. ii. 843　ποίην libri corr. Hermann　29 θεοῖς
θεὸς V¹　31 τε Hermann : δέ codd.　κυλληνίου ed. pr.　32 ψαφε-
ρότριχα x At D : ψαφορότριχα A Q　33 θάλε libri : λάθε Ruhnken

ἐκ δ' ἐτέλεσσε γάμον θαλερόν, τέκε δ' ἐν μεγάροισιν   35
Ἑρμείῃ φίλον υἱὸν ἄφαρ τερατωπὸν ἰδέσθαι,
αἰγιπόδην δικέρωτα πολύκροτον ἡδυγέλωτα·
φεῦγε δ' ἀναΐξασα, λίπεν δ' ἄρα παῖδα τιθήνη·
δεῖσε γὰρ ὡς ἴδεν ὄψιν ἀμείλιχον ἠϋγένειον.
τὸν δ' αἶψ' Ἑρμείας ἐριούνιος εἰς χέρα θῆκε   40
δεξάμενος, χαῖρεν δὲ νόῳ περιώσια δαίμων.
ῥίμφα δ' ἐς ἀθανάτων ἕδρας κίε παῖδα καλύψας
δέρμασιν ἐν πυκινοῖσιν ὀρεσκῴοιο λαγωοῦ·
πὰρ δὲ Ζηνὶ καθῖζε καὶ ἄλλοις ἀθανάτοισιν,
δεῖξε δὲ κοῦρον ἑόν· πάντες δ' ἄρα θυμὸν ἔτερφθεν   45
ἀθάνατοι, περίαλλα δ' ὁ Βάκχειος Διόνυσος·
Πᾶνα δέ μιν καλέεσκον ὅτι φρένα πᾶσιν ἔτερψε.
Καὶ σὺ μὲν οὕτω χαῖρε ἄναξ, ἵλαμαι δέ σ' ἀοιδῇ·
αὐτὰρ ἐγὼ καὶ σεῖο καὶ ἄλλης μνήσομ' ἀοιδῆς.

XX. Εἰς Ἥφαιστον

Ἥφαιστον κλυτόμητιν ἀείδεο Μοῦσα λίγεια,
ὃς μετ' Ἀθηναίης γλαυκώπιδος ἀγλαὰ ἔργα
ἀνθρώπους ἐδίδαξεν ἐπὶ χθονός, οἳ τὸ πάρος περ
ἄντροις ναιετάασκον ἐν οὔρεσιν ἠΰτε θῆρες.
νῦν δὲ δι' Ἥφαιστον κλυτοτέχνην ἔργα δαέντες   5
ῥηϊδίως αἰῶνα τελεσφόρον εἰς ἐνιαυτὸν
εὔκηλοι διάγουσιν ἐνὶ σφετέροισι δόμοισιν.
Ἀλλ' ἵληθ' Ἥφαιστε· δίδου δ' ἀρετήν τε καὶ ὄλβον.

38 ἀναΐξας λεῖπεν libri corr. Martin   44 κάθιζε Τ V¹   45 ἔτερ-
φθον libri : -ον ss. e Γ   48 ἵλαμαι Π marg. : λίσομαι (ss. ἵλα) Π :
ἱλάσομαι Ε Τ : λίσσομαι D : λίσομαι cet.
    XX. codices : qui h. xix et hymnos xxi–xxxiii continent   Τιτυλυς :
εἰς τὸν ἥφαιστον p : εἰς ἥφαιστον cet.   4 ναιετάεσκον Β Γ   8 om.
Ε Τ

ΥΜΝΟΙ

XXI. Εἰς Ἀπόλλωνα

Φοῖβε σὲ μὲν καὶ κύκνος ὑπὸ πτερύγων λίγ' ἀείδει
ὄχθῃ ἐπιθρῴσκων ποταμὸν πάρα δινήεντα
Πηνειόν· σὲ δ' ἀοιδὸς ἔχων φόρμιγγα λίγειαν
ἡδυεπὴς πρῶτόν τε καὶ ὕστατον αἰὲν ἀείδει.
Καὶ σὺ μὲν οὕτω χαῖρε ἄναξ, ἵλαμαι δέ σ' ἀοιδῇ.   5

XXII. Εἰς Ποσειδῶνα

Ἀμφὶ Ποσειδάωνα θεὸν μέγαν ἄρχομ' ἀείδειν
γαίης κινητῆρα καὶ ἀτρυγέτοιο θαλάσσης
πόντιον, ὅς θ' Ἑλικῶνα καὶ εὐρείας ἔχει Αἰγάς.
διχθά τοι Ἐννοσίγαιε θεοὶ τιμὴν ἐδάσαντο
ἵππων τε δμητῆρ' ἔμεναι σωτῆρά τε νηῶν.   5
Χαῖρε Ποσείδαον γαιήοχε κυανοχαῖτα,
καὶ μάκαρ εὐμενὲς ἦτορ ἔχων πλώουσιν ἄρηγε.

XXIII. Εἰς Δία

Ζῆνα θεῶν τὸν ἄριστον ἀείσομαι ἠδὲ μέγιστον
εὐρύοπα κρείοντα τελεσφόρον, ὅς τε Θέμιστι
ἐγκλιδὸν ἑζομένῃ πυκινοὺς ὀάρους ὀαρίζει.
Ἵληθ' εὐρύοπα Κρονίδη κύδιστε μέγιστε.

XXIV. Εἰς Ἑστίαν

Ἑστίη, ἥ τε ἄνακτος Ἀπόλλωνος ἑκάτοιο
Πυθοῖ ἐν ἠγαθέῃ ἱερὸν δόμον ἀμφιπολεύεις,
αἰεὶ σῶν πλοκάμων ἀπολείβεται ὑγρὸν ἔλαιον·

XXI. TITVLVS : εἰς τὸν ἀπόλλωνα p : εἰς ἀπόλλωνα cet.   1 Φοῖφε
(ss. β) T   5 ἵλασμαι E T
XXII. TITVLVS : εἰς τὸν ποσειδῶνα p : εἰς ποσειδῶνα cet.   1 θεῶν p
3 cf. vit. Herod. 236   αἰγας libri corr. ed. pr.
XXIII. TITVLVS : εἰς τὸν δία p : εἰς δία ed. pr. : εἰς ὕπατον κρονίδην
x : εἰς ὕπατον κρονίδην ἢ δία D   2 θέμιτι libri corr. Barnes, cf.
O 87 π 403
XXIV. TITVLVS : εἰς τὴν ἑστίαν p : εἰς ἑστίαν cet.   3 καλεῖ Tucker

ΥΜΝΟΙ

ἔρχεο τόνδ' ἀνὰ οἶκον, ἐπέρχεο θυμὸν ἔχουσα
σὺν Διὶ μητιόεντι· χάριν δ' ἅμ' ὄπασσον ἀοιδῇ.　　5

XXV. Εἰς Μούσας καὶ Ἀπόλλωνα

Μουσάων ἄρχωμαι Ἀπόλλωνός τε Διός τε·
ἐκ γὰρ Μουσάων καὶ ἐκηβόλου Ἀπόλλωνος
ἄνδρες ἀοιδοὶ ἔασιν ἐπὶ χθονὶ καὶ κιθαρισταί,
ἐκ δὲ Διὸς βασιλῆες· ὁ δ' ὄλβιος ὅν τινα Μοῦσαι
φίλωνται· γλυκερή οἱ ἀπὸ στόματος ῥέει αὐδή.　　5
Χαίρετε τέκνα Διὸς καὶ ἐμὴν τιμήσατ' ἀοιδήν·
αὐτὰρ ἐγὼν ὑμέων τε καὶ ἄλλης μνήσομ' ἀοιδῆς.

XXVI. Εἰς Διόνυσον

Κισσοκόμην Διόνυσον ἐρίβρομον ἄρχομ' ἀείδειν
Ζηνὸς καὶ Σεμέλης ἐρικυδέος ἀγλαὸν υἱόν,
ὃν τρέφον ἠΰκομοι νύμφαι παρὰ πατρὸς ἄνακτος
δεξάμεναι κόλποισι καὶ ἐνδυκέως ἀτίταλλον
Νύσης ἐν γυάλοις· ὁ δ' ἀέξετο πατρὸς ἕκητι　　5
ἄντρῳ ἐν εὐώδει μεταρίθμιος ἀθανάτοισιν.
αὐτὰρ ἐπεὶ δὴ τόνδε θεαὶ πολύυμνον ἔθρεψαν,
δὴ τότε φοιτίζεσκε καθ' ὑλήεντας ἐναύλους
κισσῷ καὶ δάφνῃ πεπυκασμένος· αἱ δ' ἅμ' ἔποντο
νύμφαι, ὁ δ' ἐξηγεῖτο· βρόμος δ' ἔχεν ἄσπετον ὕλην.　　10
Καὶ σὺ μὲν οὕτω χαῖρε πολυστάφυλ' ὦ Διόνυσε·
δὸς δ' ἡμᾶς χαίροντας ἐς ὥρας αὖτις ἱκέσθαι,
ἐκ δ' αὖθ' ὡράων εἰς τοὺς πολλοὺς ἐνιαυτούς.

4 ἔν' ἔρχεο Tucker cl. O 710. cf. et Ap. Rh. iv. 1030　　5 om. E add. marg.
XXV. ΤΙΤΥΛVS : εἰς μούσας ἀπόλλωνα καὶ δία p : εἰς μούσας καὶ ἀπόλλωνα cet.　　1 ἄρχομαι libri em. Stephanus　　2-5 = Hes. Theog. 94-7　　2 ἐκ γάρ τοι Μουσέων schol. Pind. Pyth. iv. 313, Nem. iii. 1　　3 χθόνα Hes. Theog. 95　　5 φιλεῦνται codd. Hes. Theog. 97 plures
XXVI. ΤΙΤΥΛVS : εἰς τὸν διόνυσον p : εἰς διόνυσον cet., om. T, add. aliquis　　13 ὁράων E T

ΥΜΝΟΙ

XXVII. Εἰς Ἄρτεμιν

Ἄρτεμιν ἀείδω χρυσηλάκατον κελαδεινὴν
παρθένον αἰδοίην ἐλαφηβόλον ἰοχέαιραν
αὐτοκασιγνήτην χρυσαόρου Ἀπόλλωνος,
ἣ κατ᾽ ὄρη σκιόεντα καὶ ἄκριας ἠνεμοέσσας
ἄγρῃ τερπομένη παγχρύσεα τόξα τιταίνει   5
πέμπουσα στονόεντα βέλη· τρομέει δὲ κάρηνα
ὑψηλῶν ὀρέων, ἰαχεῖ δ᾽ ἔπι δάσκιος ὕλη
δεινὸν ὑπὸ κλαγγῆς θηρῶν, φρίσσει δέ τε γαῖα
πόντος τ᾽ ἰχθυόεις· ἡ δ᾽ ἄλκιμον ἦτορ ἔχουσα
πάντῃ ἐπιστρέφεται θηρῶν ὀλέκουσα γενέθλην.   10
αὐτὰρ ἐπὴν τερφθῇ θηροσκόπος ἰοχέαιρα
εὐφρήνῃ δὲ νόον χαλάσασ᾽ εὐκαμπέα τόξα,
ἔρχεται ἐς μέγα δῶμα κασιγνήτοιο φίλοιο
Φοίβου Ἀπόλλωνος Δελφῶν ἐς πίονα δῆμον
Μουσῶν καὶ Χαρίτων καλὸν χορὸν ἀρτυνέουσα.   15
ἔνθα κατακρεμάσασα παλίντονα τόξα καὶ ἰοὺς
ἡγεῖται χαρίεντα περὶ χροῒ κόσμον ἔχουσα,
ἐξάρχουσα χορούς· αἱ δ᾽ ἀμβροσίην ὄπ᾽ ἰεῖσαι
ὑμνεῦσιν Λητὼ καλλίσφυρον ὡς τέκε παῖδας
ἀθανάτων βουλῇ τε καὶ ἔργμασιν ἔξοχ᾽ ἀρίστους,   20
Χαίρετε τέκνα Διὸς καὶ Λητοῦς ἠϋκόμοιο·
αὐτὰρ ἐγὼν ὑμέων καὶ ἄλλης μνήσομ᾽ ἀοιδῆς.

XXVIII. Εἰς Ἀθηνᾶν

Παλλάδ᾽ Ἀθηναίην κυδρὴν θεὸν ἄρχομ᾽ ἀείδειν
γλαυκῶπιν πολύμητιν ἀμείλιχον ἦτορ ἔχουσαν
παρθένον αἰδοίην ἐρυσίπτολιν ἀλκήεσσαν
Τριτογενῆ, τὴν αὐτὸς ἐγείνατο μητίετα Ζεὺς

XXVII. ΤιτΛυs : εἰς τὴν ἄρτεμιν p : εἰς ἄρτεμιν cet. om. T
7 ἐπιδάσκιος libri corr. Hermann   8 δεινῆς Π   13 μετὰ
κασιγνήτοιο x D, cf. Herm. 296   18 ἀμβροσίων Π   22 τε καὶ Barnes
XXVIII. ΤιτΛυs : εἰς τὴν ἀθηνᾶν p : εἰς ἀθηνᾶν cet.

σεμνῆς ἐκ κεφαλῆς, πολεμήϊα τεύχε' ἔχουσαν   5
χρύσεα παμφανόωντα· σέβας δ' ἔχε πάντας ὁρῶντας
ἀθανάτους· ἡ δὲ πρόσθεν Διὸς αἰγιόχοιο
ἐσσυμένως ὤρουσεν ἀπ' ἀθανάτοιο καρήνου
σείσασ' ὀξὺν ἄκοντα· μέγας δ' ἐλελίζετ' Ὄλυμπος
δεινὸν ὑπὸ βρίμης γλαυκώπιδος, ἀμφὶ δὲ γαῖα   10
σμερδαλέον ἰάχησεν, ἐκινήθη δ' ἄρα πόντος
κύμασι πορφυρέοισι κυκώμενος, ἔσχετο δ' ἅλμη
ἐξαπίνης· στῆσεν δ' Ὑπερίονος ἀγλαὸς υἱὸς
ἵππους ὠκύποδας δηρὸν χρόνον εἰσότε κούρη
εἵλετ' ἀπ' ἀθανάτων ὤμων θεοείκελα τεύχη   15
Παλλὰς Ἀθηναίη· γήθησε δὲ μητίετα Ζεύς.

   Καὶ σὺ μὲν οὕτω χαῖρε Διὸς τέκος αἰγιόχοιο·
αὐτὰρ ἐγὼ καὶ σεῖο καὶ ἄλλης μνήσομ' ἀοιδῆς.

XXIX. Εἰς Ἑστίαν

Ἑστίη ἣ πάντων ἐν δώμασιν ὑψηλοῖσιν
ἀθανάτων τε θεῶν χαμαὶ ἐρχομένων τ' ἀνθρώπων
ἕδρην ἀΐδιον ἔλαχες πρεσβηΐδα τιμὴν
καλὸν ἔχουσα γέρας καὶ τιμήν· οὐ γὰρ ἄτερ σοῦ
εἰλαπίναι θνητοῖσιν ἵν' οὐ πρώτῃ πυμάτῃ τε   5
Ἑστίῃ ἀρχόμενος σπένδει μελιηδέα οἶνον·
καὶ σύ μοι Ἀργειφόντα Διὸς καὶ Μαιάδος υἱὲ
ἄγγελε τῶν μακάρων χρυσόρραπι δῶτορ ἐάων,
ναίετε δώματα καλά, φίλα φρεσὶν ἀλλήλοισιν

Ἵλαος ὢν ἐπάρηγε σὺν αἰδοίη τε φίλῃ τε   10
Ἑστίῃ· ἀμφότεροι γὰρ ἐπιχθονίων ἀνθρώπων
εἰδότες ἔργματα καλὰ νόῳ θ' ἕσπεσθε καὶ ἥβῃ.

10 ὑπ' ὀμβρίμης x D ed. pr. : ὑπ' ὀβρίμης cet. corr. Ruhnken   12 δ'
N ed. pr. : θ' codd.   14 δειρὸν E T V¹ εἰς ὃ κε ed. pr., cf. ω 134
XXIX. Τιτυlvs : εἰς τὴν ἑστίαν p : εἰς ἑστίαν cet.   3 ἔλαχες p :
ἔλαχε cet.   6 ἑστίη D Q : ἱστίη cet.   8 ἐάων codd. em. Steph.
9 lacunam statuimus: v. 9 post 11 transp. Martin, White   11 ἑστίη
D : ἱστίη cet.   12 θ' ex τ' A, ss. Π : τ' cet.

ΥΜΝΟΙ

Χαῖρε Κρόνου θύγατερ, σύ τε καὶ χρυσόρραπις Ἑρμῆς.
αὐτὰρ ἐγὼν ὑμέων τε καὶ ἄλλης μνήσομ' ἀοιδῆς.

XXX. Εἰς Γῆν μητέρα πάντων

Γαῖαν παμμήτειραν ἀείσομαι ἠϋθέμεθλον
πρεσβίστην, ἣ φέρβει ἐπὶ χθονὶ πάνθ' ὁπόσ' ἐστίν·
ἠμὲν ὅσα χθόνα δῖαν ἐπέρχεται ἠδ' ὅσα πόντον
ἠδ' ὅσα πωτῶνται, τάδε φέρβεται ἐκ σέθεν ὄλβου.
ἐκ σέο δ' εὔπαιδές τε καὶ εὔκαρποι τελέθουσι   5
πότνια, σεῦ δ' ἔχεται δοῦναι βίον ἠδ' ἀφελέσθαι
θνητοῖς ἀνθρώποισιν· ὁ δ' ὄλβιος ὅν κε σὺ θυμῷ
πρόφρων τιμήσῃς· τῷ τ' ἄφθονα πάντα πάρεστι.
βρίθει μέν σφιν ἄρουρα φερέσβιος, ἠδὲ κατ' ἀγροὺς
κτήνεσιν εὐθηνεῖ, οἶκος δ' ἐμπίπλαται ἐσθλῶν·   10
αὐτοὶ δ' εὐνομίῃσι πόλιν κάτα καλλιγύναικα
κοιρανέουσ', ὄλβος δὲ πολὺς καὶ πλοῦτος ὀπηδεῖ·
παῖδες δ' εὐφροσύνῃ νεοθηλέϊ κυδιόωσι,
παρθενικαί τε χοροῖς φερεσανθέσιν εὔφρονι θυμῷ
παίζουσαι σκαίρουσι κατ' ἄνθεα μαλθακὰ ποίης,   15
οὕς κε σὺ τιμήσῃς σεμνὴ θεὰ ἄφθονε δαῖμον.
Χαῖρε θεῶν μήτηρ, ἄλοχ' Οὐρανοῦ ἀστερόεντος,
πρόφρων δ' ἀντ' ᾠδῆς βίοτον θυμήρε' ὄπαζε·
αὐτὰρ ἐγὼ καὶ σεῖο καὶ ἄλλης μνήσομ' ἀοιδῆς.

XXXI. Εἰς Ἥλιον

Ἥλιον ὑμνεῖν αὖτε Διὸς τέκος ἄρχεο Μοῦσα
Καλλιόπη φαέθοντα, τὸν Εὐρυφάεσσα βοῶπις

XXX. Titvlvs : εἰς γῆν μητέρα πάντων x D ed. pr. : εἰς τὴν γῆν p
(imaginem terrae add. A P Q, solis L²)   3 ὑπέρχεται D ed. pr. :
ἀπέρχεται Π   8 τιμήσεις libri em. Franke   περ (πέρ) ἐστι x D L²
N P : πέρεστι B : πάρεστι cet.   13 ἢ πάντες marg. E   14 περε-
σανθέσιν x D ed. pr. : παρ' εὐανθέσιν p V² corr. Ernesti   15 παίζουσι
χαίρουσι libri (παίζουσαι Γ ss. ed. pr.) corr. Ruhnken   μαλακὰ codd.
em. Stephanus   16 κε] καὶ x D   τιμήσεις codd. em. Franke
XXXI. Titvlvs : εἰς τὸν ἥλιον p : εἰς ἥλιον cet.   solis imaginem
add. A P Q R¹ R²

ΥΜΝΟΙ

γείνατο Γαίης παιδὶ καὶ Οὐρανοῦ ἀστερόεντος·
γῆμε γὰρ Εὐρυφάεσσαν ἀγακλειτὴν Ὑπερίων
αὐτοκασιγνήτην, ἥ οἱ τέκε κάλλιμα τέκνα   5
Ἠῶ τε ῥοδόπηχυν ἐϋπλόκαμόν τε Σελήνην
Ἠέλιόν τ' ἀκάμαντ' ἐπιείκελον ἀθανάτοισιν,
ὃς φαίνει θνητοῖσι καὶ ἀθανάτοισι θεοῖσιν
ἵπποις ἐμβεβαώς· σμερδνὸν δ' ὅ γε δέρκεται ὅσσοις
χρυσῆς ἐκ κόρυθος, λαμπραὶ δ' ἀκτῖνες ἀπ' αὐτοῦ   10
αἰγλῆεν στίλβουσι, παρὰ κροτάφων τε παρειαὶ
λαμπραὶ ἀπὸ κρατὸς χαρίεν κατέχουσι πρόσωπον
τηλαυγές· καλὸν δὲ περὶ χροΐ λάμπεται ἔσθος
λεπτουργὲς πνοιῇ ἀνέμων, ὑπὸ δ' ἄρσενες ἵπποι

ἔνθ' ἄρ' ὅ γε στήσας χρυσόζυγον ἅρμα καὶ ἵππους   15
θεσπέσιος πέμπῃσι δι' οὐρανοῦ ὠκεανὸν δέ.
Χαῖρε ἄναξ, πρόφρων δὲ βίον θυμῆρε' ὄπαζε·
ἐκ σέο δ' ἀρξάμενος κλῄσω μερόπων γένος ἀνδρῶν
ἡμιθέων ὧν ἔργα θεοὶ θνητοῖσιν ἔδειξαν.

XXXII. Εἰς Σελήνην

Μήνην ἀείδειν τανυσίπτερον ἔσπετε Μοῦσαι
ἡδυεπεῖς κοῦραι Κρονίδεω Διὸς ἵστορες ᾠδῆς·
ἧς ἄπο αἴγλη γαῖαν ἑλίσσεται οὐρανόδεικτος
κρατὸς ἀπ' ἀθανάτοιο, πολὺς δ' ὑπὸ κόσμος ὄρωρεν
αἴγλης λαμπούσης· στίλβει δέ τ' ἀλάμπετος ἀὴρ   5
χρυσέου ἀπὸ στεφάνου, ἀκτῖνες δ' ἐνδιάονται,
εὖτ' ἂν ἀπ' Ὠκεανοῖο λοεσσαμένη χρόα καλὸν
εἵματα ἑσσαμένη τηλαυγέα δῖα Σελήνη

4 ἀγακλυτὴν praeter D libri, cf. Π 463 al.   5 οἵη Β Γ   10 χρυσέης
Barnes   11 C. I. A. II. i. 703. vv. 10, 11 κρανιδιον . . . παρειας ουκ
εχον, sim. 676, 701; χαλκοπαρῄου Μ 183 al.   14 lacunam stat. Hermann
XXXII. Τιτλυς: εἰς τὴν σελήνην ρ Ε Τ : εἰς σελήνην cet.   lunae
imaginem habent A Q R¹ R², lunae phasium P   1 σελήνην Γ   ἀείδει
R¹ : εὐειδῆ Bothe : ἀϊδίην Sikes   ἔσπεται Ε : ἔσπετε cet. corr. Bau-
meister   4 κόσμον D Ε Π   5 δ' ἀλάμπετος libri corr. Barnes
6 χρυσοῦ p   ἀκτῆρες x At D ed. pr. : ἀκτῖνες p   ἐνδαίονται Roscher
8 ἥματα Γ Ν V¹ (ἤμ-)

ΕΙΣ ΔΙΟΣΚΟΥΡΟΥΣ

ζευξαμένη πώλους ἐριαύχενας αἰγλήεντας
ἐσσυμένως προτέρωσ' ἐλάσῃ καλλίτριχας ἵππους 10
ἑσπερίη διχόμηνος· ὅ τε πλήθει μέγας ὄγμος,
λαμπρόταταί τ' αὐγαὶ τότ' ἀεξομένης τελέθουσιν
οὐρανόθεν· τέκμωρ δὲ βροτοῖς καὶ σῆμα τέτυκται.
τῇ ῥά ποτε Κρονίδης ἐμίγη φιλότητι καὶ εὐνῇ·
ἡ δ' ὑποκυσαμένη Πανδείην γείνατο κούρην 15
ἐκπρεπὲς εἶδος ἔχουσαν ἐν ἀθανάτοισι θεοῖσι.

Χαῖρε ἄνασσα θεὰ λευκώλενε δῖα Σελήνη
πρόφρον ἐϋπλόκαμος· σέο δ' ἀρχόμενος κλέα φωτῶν
ᾄσομαι ἡμιθέων ὧν κλείουσ' ἔργματ' ἀοιδοὶ
Μουσάων θεράποντες ἀπὸ στομάτων ἐροέντων. 20

XXXIII. Εἰς Διοσκούρους

Ἀμφὶ Διὸς κούρους ἑλικώπιδες ἔσπετε Μοῦσαι
Τυνδαρίδας Λήδης καλλισφύρου ἀγλαὰ τέκνα,
Κάστορά θ' ἱππόδαμον καὶ ἀμώμητον Πολυδεύκεα,
τοὺς ὑπὸ Ταϋγέτου κορυφῇ ὄρεος μεγάλοιο
μιχθεῖσ' ἐν φιλότητι κελαινεφέϊ Κρονίωνι 5
σωτῆρας τέκε παῖδας ἐπιχθονίων ἀνθρώπων
ὠκυπόρων τε νεῶν, ὅτε τε σπέρχωσιν ἄελλαι
χειμέριαι κατὰ πόντον ἀμείλιχον· οἱ δ' ἀπὸ νηῶν
εὐχόμενοι καλέουσι Διὸς κούρους μεγάλοιο
ἄρνεσσιν λευκοῖσιν ἐπ' ἀκρωτήρια βάντες 10
πρύμνης· τὴν δ' ἄνεμός τε μέγας καὶ κῦμα θαλάσσης
θῆκαν ὑποβρυχίην, οἱ δ' ἐξαπίνης ἐφάνησαν
ξουθῇσι πτερύγεσσι δι' αἰθέρος ἀΐξαντες,
αὐτίκα δ' ἀργαλέων ἀνέμων κατέπαυσαν ἀέλλας,
κύματα δ' ἐστόρεσαν λευκῆς ἁλὸς ἐν πελάγεσσι, 15

11 πλήθῃ ρ praeter B C V¹   12 τελέθωσιν libri corr. Baumeister
17 λευκώλενος T (corr. in ε): λευκώλενες E
XXXIII. Τιτλυς: εἰς διοσκούρους x D ed. pr.: εἰς κάστορα καὶ
πολυδεύκην ρ   1 ἔσπετε D N T V¹ ed. pr.   9 διϝος κωροιν μεγαλοιο
I. G. III. i. 649 (s. vi a. C. n.)   11 ἄνεμός τε καὶ (ss. με) E : με
καὶ Π Τ   14 ἀέλλας C Π: ἀνέμους, marg. γρ. ἀέλλας E T: ἀέλλαι cet.

ναύταις σήματα καλὰ πόνου σφίσιν· οἱ δὲ ἰδόντες
νήθησαν, παύσαντο δ' ὀϊζυροῖο πόνοιο.
Χαίρετε Τυνδαρίδαι ταχέων ἐπιβήτορες ἵππων·
αὐτὰρ ἐγὼν ὑμέων καὶ ἄλλης μνήσομ' ἀοιδῆς.

Εἰς Ξένους

Αἰδεῖσθε ξενίων κεχρημένον ἠδὲ δόμοιο
οἳ πόλιν αἰπεινὴν νύμφης ἐρατώπιδος Ἥρης
ναίετε, Σαιδήνης πόδα νείατον ὑψικόμοιο,
ἀμβρόσιον πίνοντες ὕδωρ ξανθοῦ ποταμοῖο
Ἕρμου καλὰ ῥέοντος ὃν ἀθάνατος τέκετο Ζεύς.   5

16 σφίσιν] κρίσιν Baumeister: λύσιν Abel : σβέσιν nos : πόνου
ἀπονόσφισιν Bury om. ναύταις ad calcem δευρὶ πέλας λάχε τῶν ἐς
δαίμονας ὕμνων ὁμήρου p praeter V¹
Poemation εἰς ξένους habent C D E Π T ed. pr. : exstat et in vita
Herodotea c. ix a ita codd., κύμην ἐριώπιδα κούρην Herod.
3 ναίετ' ἐς ᾅδην ἧς πόδα codd.: σαρδήνης Herod. : Σαιδηνή, ὄρος Κύμης
Steph. Byz.   4 θείου Herod.   5 ἴβρου codd. : ἔρμου Herod. :
Ἑρμοῦ πεδίον, τόπος πλησίον Κύμης, Ἔφορος\ὀκτωκαιδεκάτῃ ⟨fr. 131⟩
Steph. Byz.   διήεντος Herod.   τέλος τῶν ὕμνων ὁμήρου E T : τέλος
τῶν ὁμήρου ὕμνων Π

II. CYCLVS

Cycli fragmenta collegerunt post Barnesium (t. iii. 98 sqq.) C. Gul.
Müller *de Cyclo Graecorum Epico et poetis cyclicis* 1829, Fr. Dübner
in ed. Homeri Didotiana a. 1833, Düntzer *Die Fragmente der epischen
Poesie der Griechen bis zur Zeit Alexanders des Grossen* 1840, 1841,
Welcker *Der epische Cyclus* ii. 495 sqq. a. 1849, G. Kinkel *Epicorum
Graecorum Fragmenta* 1877. huiusce syllogae pauca accesserunt
e libris papyraceis Herculanei semiustilatis, ubi fortasse et plura
latent. invidit hucusque Aegyptus.

PROCVLI CHRESTOMATHIAE QVAE AD HOMERVM PERTINENT

Chrestomathiam Proculi multo ante saeculum x in
artius redactam omissis praecipue quae non ad bellum
Troianum spectarent praefationi inservisse poematum
Homericorum diu cognitum est : talem syllogen ad caput
habuit cod. Venetus 454 vitam Homeri, Cypriorum,
Aethiopidis, Parvae Iliados, Iliu persidos, Nostorum, Tele-
goniae enarrationes complexam : liber Scorialensis non ita
multo post Venetum scriptus tantum vitam et Cypriorum
paraphrasin habet, eadem codex Neapolitanus Taccone
saeculi ut videtur xii, eadem etiam quattuor libri saec. xv
qui et textum unum eundemque Iliadis praebent : scilicet
B 766 φηρίη Ψ 244 βλείωμαι habent, quod de Monacensi
affirmavit mihi vir humanissimus de Schoor : vitam solam
plurimi continent. quo quidem fato evenerit ut inde a
decimo saeculo e prolegomenis istis solae vita et Cypriorum
enarratio propagatae sint maxime obscurum est, et alias erit
inquirendum : interea Proculea quanta exstant duximus
coniungenda esse.

subsidia

vita Proculi Suidea : Πρόκλος ὁ Λύκιος, μαθητὴς Συ-
ριανοῦ, ἀκουστὴς δὲ καὶ Πλουτάρχου τοῦ Νεστορίου, τοῦ

φιλοσόφου, καὶ αὐτὸς φιλόσοφος Πλατωνικός, οὗτος προέστη
τῆς ἐν Ἀθήναις φιλοσόφου σχολῆς· καὶ αὐτοῦ μαθητὴς
καὶ διάδοχος χρηματίζει Μαρῖνος ὁ Νεαπολίτης. ἔγραψε
πάνυ πολλά, φιλόσοφα καὶ γραμματικά. ὑπόμνημα εἰς
5 ὅλον τὸν Ὅμηρον· ὑπόμνημα εἰς τὰ Ἡσιόδου Ἔργα καὶ
Ἡμέρας· περὶ χρηστομαθίας βιβλία γʹ· περὶ ἀγωγῆς βʹ·
εἰς τὴν πολιτείαν Πλάτωνος βιβλία δʹ· εἰς τὴν Ὀρφέως
θεολογίαν· συμφωνίαν Ὀρφέως Πυθαγόρου καὶ Πλάτωνος·
περὶ τὰ λόγια βιβλία δʹ· περὶ τῶν παρ᾽ Ὁμήρῳ θεῶν·
10 ἐπιχειρήματα κατὰ Χριστιανῶν ιηʹ. οὗτός ἐστι Πρόκλος ὁ
δεύτερος μετὰ Πορφύριον κατὰ Χριστιανῶν τὴν μιαρὰν καὶ
ἐφύβριστον αὐτοῦ γλῶσσαν κινήσας· πρὸς ὃν ἔγραψεν
Ἰωάννης ὁ ἐπικληθεὶς φιλόπονος, πάνυ θαυμασίως ὑπαντή-
σας κατὰ τῶν ιηʹ ἐπιχειρημάτων αὐτοῦ, καὶ δείξας αὐτὸν
15 κἂν τοῖς Ἑλληνικοῖς, ἐφ᾽ οἷς μέγα ἐφρόνει, ἀμαθῆ καὶ
ἀνόητον. ἔγραψε Πρόκλος Μητρῳακὴν βίβλον, ἣν εἴ τις
μετὰ χεῖρας λάβοι ὄψεται ὡς οὐκ ἄνευ θείας κατακωχῆς τὴν
θεολογίαν τὴν περὶ τὴν θεὸν ἐξέφηνεν ἅπασαν· ὥστε μηκέτι
θράττεσθαι τὴν ἀκοὴν ἐκ τῶν ἀπεμφαινόντων θρήνων.

16–20 cf. Marini v. Procul. c. 33. obiit Proculus τῷ δʹ καὶ
κʹ καὶ ρʹ ἔτει ἀπὸ τῆς Ἰουλιανοῦ βασιλείας, ἄρχοντος Ἀθήνησι
Νικαγόρου τοῦ νεωτέρου, μηνὸς κατὰ μὲν Ἀθηναίους Μου-
νυχιῶνος ιζʹ, κατὰ δὲ Ῥωμαίους Ἀπριλίου ιζʹ. [sc. a. D.
485] Marini vita c. 36.

Proculi opus ipsum cum perierit, ad nos per plures epitomas
et ampliores et breviores pervenerit, visum est primum
Photium advocare testem, tum alios scriptores qui opus
citaverunt, denique codices.

et bibliothecam quidem Photii nemo post Bekkerum
adhuc edidit.[1] is codices contulit Ven. 450 s. x–xi, Pariss.
1226, 1227, 1266, mutuatus est a Gaisfordio in ed. Hephae-

---

[1] haec cum scriberem nondum vidi opus Edgari Martini *Text-geschichte der Bibliotheke des Patriarchen Photios von Konstantinopel.
I. Die Handschriften, Ausgaben und Uebertragungen.* 1910.

stionis a. 1810 cum Harl. 5591, 5592, 5593 bibliothecam manu Henrici Stephani scriptam continentes (sunt autem apographa codicis Veneti) tum Reg. 16 C XIII, qui est epitome quaedam epitomae Photianae seorsim edita atque in capitula distincta, cuius fratres videntur esse Ottobon. 163 Vat. graec. 1408 (et hic quidem teste Immisch op. citando). vitam autem ampliore quam apud Photium forma conceptam primus edidit Leo Allatius e quonam codice Vaticano sumptam dubium: habent Vat. graec. 30, Ottobonianus 58 f. 23, sed hic utique serius in aedes Vaticanas venit quam ut eo Allatius uti posset. codicem Venetum vulgavit Villoison, Scorialensem Tychssen, Monacensem Thiersch, Parmensem Keil, Neapolitanum Stark, quibus praeter Neapolitanum et Parmensem denuo collatis adiecimus A², Bm³, H, P⁷, P¹³, Pe, Uᵇ.[1] Cypriorum enarratio paucioribus adhibetur libris: Scorialensi, Neapolitano, Monacensi, Parmensi addidimus Bm³, H, Pe, denuo collatis Scorialensi Monacensi: abrupto ut videtur quaternionis filo amisit U¹: ceterum turbatum iam archetypon illius fuisse testantur lacunae verborum hic illic obviae. reliquorum Cycli poematum enarrationem solus continet U¹: textum ad imaginem Dominici Comparetti edidimus, ipso codice identidem collato.

A

PHOTII PATRIARCHAE ECLOGARVM PROCVLI
EPITOME

[Photii bibliotheca e recensione Immanuelis Bekkeri 1824 cod. 239 f. 318 b.]

ἀνεγνώσθησαν ἐκ τῆς Πρόκλου χρηστομαθίας γραμμα-
τικῆς ἐκλογαί. ἔστι δὲ τὸ βιβλίον εἰς δ' διῃρημένον

---

[1] codicum descriptiones vide f. 187.

1 ἀνεγνώσθησαν ἐκ τῆς] ἀνεγνώσθη ἐκ τοῦ ἐπιγραφομένου βιβλίου Ven. Harl. ἐκ τῆς φωτίου βιβλιοθήκης· ἀνεγνώσθη ἐκ τῆς πρόκλου χρηστο-μαθίας γραμματικῆς ἐκλογαί rubrica pro titulo Reg.   2 ἔστι ... διῃρημένον] τὸ παρὸν βιβλίον διαιρεῖται εἰς δ' praeter Ven. Harl. codd.

λόγους. καὶ ἐν μὲν τῷ α´ λέγει ὡς αἱ αὐταί εἰσιν ἀρεταὶ
τοῦ λόγου καὶ ποιήματος, παραλλάσσουσι δὲ ἐν τῷ μᾶλλον
καὶ ἧττον. καὶ ὅτι τοῦ πλάσματος τὸ μέν ἐστιν ἰσχνόν,
τὸ δὲ ἁδρόν, τὸ δὲ μέσον. καὶ τὸ μὲν ἁδρὸν ἐκπληκτι-
5 κώτατόν ἐστι καὶ κατεσκευασμένον μάλιστα, καὶ ποιητικὸν
ἐπιφαῖνον κάλλος· τὸ δὲ ἰσχνὸν τὴν τροπικὴν μὲν καὶ
φιλοκατάσκευον σύνθεσιν μεταδιώκει, ἐξ ἀνειμένων δὲ μᾶλλον
συνήρτηται, ὅθεν ὡς ἐπίπαν τοῖς γοεροῖς ἄριστά πως ἐφαρ-
μόττει· τὸ δὲ μέσον καὶ τοὔνομα μὲν δηλοῖ ὅτι μέσον ἐστὶν
10 ἀμφοῖν. ἀνθηρὸν δὲ κατ᾽ ἰδίαν οὐκ ἔστι πλάσμα, ἀλλὰ
συνεκφέρεται καὶ συμμέμικται τοῖς εἰρημένοις, ἁρμόζει δὲ
τοπογραφίαις καὶ λειμώνων ἢ ἀλσῶν ἐκφράσεσιν. οἱ δὲ
τῶν εἰρημένων ἀποσφαλέντες ἰδεῶν ἀπὸ μὲν τοῦ ἁδροῦ εἰς
τὸ σκληρὸν καὶ ἐπηρμένον ἐτράπησαν, ἀπὸ δὲ τοῦ ἰσχνοῦ εἰς
15 τὸ ταπεινόν, ἀπὸ δὲ τοῦ μέσου εἰς τὸ ἀργὸν καὶ ἐκλελυμένον.
διαλαμβάνει δὲ καὶ περὶ κρίσεως ποιήματος, ἐν ᾧ παρα-
δίδωσι τίς ἤθους καὶ πάθους διαφορά. καὶ ὅτι τῆς ποιήσεως
τὸ μέν ἐστι διηγηματικὸν τὸ δὲ μιμητικόν, καὶ τὸ μὲν διηγη-
ματικὸν ἐκφέρεται δι᾽ ἔπους ἰάμβου τε καὶ ἐλεγείου καὶ
20 μέλους, τὸ δὲ μιμητικὸν διὰ τραγῳδίας σατύρων τε καὶ
κωμῳδίας. καὶ ὅτι τὸ ἔπος πρῶτον μὲν ἐφεῦρε Φημονόη ἡ
Ἀπόλλωνος προφῆτις, ἑξαμέτροις χρησμοῖς χρησαμένη·
καὶ ἐπειδὴ τοῖς χρησμοῖς τὰ πράγματα εἵπετο καὶ σύμφωνα
ἦν ἔπος τὸ ἐκ μέτρων κληθῆναι. οἱ δέ φασιν ὅτι διὰ τὴν
25 κατασκευὴν καὶ τὴν ἄγαν ὑπεροχην την ἐν τοῖς ἑξαμέτροις
θεωρουμένην τὸ κοινὸν ὄνομα παντὸς τοῦ λόγου τὸ ἑξάμε-
τρον ἰδιώσατο καὶ ἐκλήθη ἔπος, καθάπερ καὶ ὁ Ὅμηρος τὸν
ποιητὴν καὶ ὁ Δημοσθένης τὸν ῥήτορα ᾠκειώσατο, ἐπεὶ καὶ
τὰ τρίμετρα ἔπη προσηγόρευον. γεγόνασι δὲ τοῦ ἔπους
30 ποιηταὶ κράτιστοι μὲν Ὅμηρος, Ἡσίοδος, Πείσανδρος,
Πανύασις, Ἀντίμαχος. διέρχεται δὲ τούτων ὡς οἷόν τε καὶ
γένος καὶ πατρίδας καί τινας ἐπὶ μέρους πράξεις. διαλαμ-
βάνει δὲ καὶ περὶ τοῦ λεγομένου ἐπικοῦ κύκλου, ὃς ἄρχεται

μὲν ἐκ τῆς Οὐρανοῦ καὶ Γῆς μυθολογουμένης μίξεως, ἐξ
ἧς αὐτῷ καὶ τρεῖς παῖδας ἑκατοντάχειρας καὶ τρεῖς γεννῶσι
Κύκλωπας, διαπορεύεται δὲ τά τε ἄλλως περὶ θεῶν τοῖς
Ἕλλησι μυθολογούμενα, καὶ εἴ πού τι καὶ πρὸς ἱστορίαν
ἐξαληθίζεται. καὶ περατοῦται ὁ ἐπικὸς κύκλος ἐκ διαφό- 5
ρων ποιητῶν συμπληρούμενος μέχρι τῆς ἀποβάσεως Ὀδυσ-
σέως τῆς εἰς Ἰθάκην, ἐν ᾗ καὶ ὑπὸ τοῦ παιδὸς Τηλεγόνου
ἀγνοοῦντος κτείνεται. λέγει δὲ ὡς τοῦ ἐπικοῦ κύκλου τὰ
ποιήματα διασῴζεται καὶ σπουδάζεται τοῖς πολλοῖς οὐχ
οὕτω διὰ τὴν ἀρετὴν ὡς διὰ τὴν ἀκολουθίαν τῶν ἐν αὐτῷ 10
πραγμάτων. λέγει δὲ καὶ τὰ ὀνόματα καὶ τὰς πατρίδας
τῶν πραγματευσαμένων τὸν ἐπικὸν κύκλον. λέγει δὲ καὶ
περί τινων Κυπρίων ποιημάτων, καὶ ὡς οἱ μὲν ταῦτα εἰς
Στασῖνον ἀναφέρουσι Κύπριον, οἱ δὲ Ἡγησῖνον τὸν Σαλα-
μίνιον αὐτοῖς ἐπιγράφουσιν, οἱ δὲ Ὅμηρον· δοῦναι δὲ ὑπὲρ 15
τῆς θυγατρὸς Στασίνῳ, καὶ διὰ τὴν αὐτοῦ πατρίδα Κύπρια
τὸν πόνον ἐπικληθῆναι. ἀλλ᾽ οὐ ⟨προσ⟩τίθεται ὁ συγγρα-
φεὺς ταύτῃ τῇ αἰτίᾳ, μηδὲ γὰρ Κύπρια προπαροξυτόνως
ἐπιγράφεσθαι τὰ ποιήματα. sequitur de ceteris poesis
generibus disserens : finem facit 322 a. 39 Bekk. verbis οἱ μὲν 20
δ᾽ λόγοι τῆς Πρόκλου γραμματικῆς χρηστομαθίας ἐν τούτοις.

scholia in S. Gregor. Nazianz. oratt. (Patrologia ed. Migne
xxxvi. 914 C) φασὶ δὲ καὶ ἰδικῶς ἐγκύκλιον τὴν ποιητικήν,
περὶ ἧς καὶ Πρόκλος ὁ Πλατωνικὸς ἐν μονοβίβλῳ περὶ
κύκλου ἐπιγεγραμμένῃ τὰς τῶν ποιητῶν διέξεισι ἀρετὰς 25
καὶ τὰ ἴδια.

monobiblos eadem videtur esse atque epitome Photiana
seorsum edita velut in codd. Reg. 16 Ott. 163 Vat. 1408.

2 γεννῶσι Ven. Harl. : ἑτέρους ἀποτίκτουσι cet.   3 διαπορεύεται
κτλ. ita Ven. Harl. E. M. δ᾽εξέρχεται δὲ περὶ θεῶν τά τε ἄλλα cet.
8 ἀγνοοῦντος Ven. Harl. : ἀγνοούμενος ὡς πατὴρ εἴη cet.   14 ἡγήσιον
codd. praeter Ven. Harl.   15 δοῦναι] γράψαι Ven. : γράψαι δοῦναι
Par. 1266   18 κύπρία Ven., marg. Harl.   21 δ᾽] δύο codd.,
correximus C. Q. 1908. 65 n. 2. de ratione divisionis huius operis dis-
putant O. Immisch Festschrift Th. Gomperz dargebracht 1902. 237 sqq.,
Stein de Procli Chrest. gram. quaest. sel. Bonnae 1907

PROCVLI

scholia cod. Par. 451 in Euseb. praef. evang. 39 D
(Dindorf, Eus. ed. 1867 praef. p. v) τοὺς περὶ τὸν ἐπικὸν
καλούμενον κύκλον ποιητὰς λέγει. οὗτος ὁ ἐπικὸς καλού-
μενος κύκλος ἄρχεται μὲν ἐκ τῆς οὐρανοῦ καὶ γῆς μίξεως
μυθολογουμένης, καὶ περατοῦται συμπληρούμενος ἐκ δια-
φόρων ποιητῶν μέχρι τῆς εἰς Ἰθάκην ἀποβάσεως Ὀδυσσέως,
ἐν ᾗ καὶ ὑπὸ τοῦ παιδὸς Τηλεγόνου ἀγνοούμενος ὡς πατὴρ
εἴη κτείνεται. cf. ί. 97. 5 sqq. codex cum a. 914 scriptus
sit Photianis usum esse Aretham acerrimum scholiorum
collectorem vix veri simile videtur.
    epitomen Photianam in brevius redactam habet E. M.
327. 39. ἔλεγος] ἐκ τοῦ περὶ χρηστομαθίας Πρόκλου. ὁ
μέντοι ἐπικὸς κύκλος ἄρχεται μὲν ἐκ τῆς μυθολογουμένης
οὐρανοῦ καὶ γῆς μίξεως, ἀφ' ἧς ἑκατόγχειρες γίνονται· καὶ
ἑξῆς. διαπορεύεται δὲ τά τε ἄλλως περὶ θεῶν τοῖς Ἕλλησι
μυθολογούμενα, καὶ εἴπου τι καὶ πρὸς ἱστορίαν ἐξαληθίζεται.
περατοῦται δὲ ἐκ διαφόρων ποιητῶν συμπληρούμενος μέχρι
Ὀδυσσέως. ὧν καὶ ὀνόματα καὶ πατρίδας φησὶν ὁ αὐτός.
σπουδάζεσθαι δὲ τὰ ἐπικοῦ κύκλου ποιήματα οὐχ οὕτω διὰ
τὴν ἀρετὴν ὡς διὰ τὴν ἀκολουθίαν τῶν ἐν αὐτῷ πραγμάτων.
τὴν δὲ ἐλεγείαν κτλ.
    nonnulla et epistolographus quem edidit e cod. Barocc.
131 Cramerus tradidit (est autem Michael Italicus secundum
Treu Byz. Zeitschr. iv. 1. sq.) in An. Ox. iii. 189. 18
καὶ εἰ. μή τισι μειρακιενόμενος ἔδοξα, τὰ Φημονόης ἄν σοι
διεξῆλθον καὶ Δημοῦς τῆς γραμματικῆς, τῆς μὲν ἔπος
εὐρούσης, τῆς δὲ τέχνας συγγραψαμένης· εἶπον ἂν καὶ
τίνες μὲν τοῦ ἔπους γεγόνασι κράτιστοι ποιηταί, ὧν ὁ
Πανίασις γνωριμώτατος μετὰ Ὅμηρον· τίς δὲ ὁ ἐπικὸς
κύκλος· τίνα δὲ Στασίνῳ τὰ Κύπρια· τίς δὲ ἡ μελικὴ
ποίησις κτλ.

98

CHRESTOMATHIA
B
PROCVLI CHRESTOMATHIAE ECLOGAE

Πρόκλου χρηστομαθείας γραμματικῆς τῶν εἰς
δ΄ διῃρημένων τὸ α΄

Ὁμήρου χρόνοι, βίος, χαρακτήρ, ἀναγραφὴ ποιημάτων.

Ἐπῶν ποιηταὶ γεγόνασι πολλοί· τούτων δ᾽ εἰσὶ κράτι-
στοι Ὅμηρος Ἡσίοδος Πείσανδρος Πανύασσις Ἀντίμαχος. 5
Ὅμηρος μὲν οὖν τίνων γονέων ἢ ποίας ἐγένετο πατρίδος, οὐ
ῥᾴδιον ἀποφήνασθαι· οὔτε γὰρ αὐτός τι λελάληκεν, ἀλλ᾽
οὐδὲ οἱ περὶ αὐτοῦ εἰπόντες συμπεφωνήκασιν, ἀλλ᾽ ἐκ τοῦ
μηδὲν ῥητῶς ἐμφαίνειν περὶ τούτων τὴν ποίησιν αὐτοῦ
μετὰ πολλῆς ἀδείας ἕκαστος οἷς ἠβούλετο ἐχαρίσατο. καὶ 10
διὰ τοῦτο οἱ μὲν Κολοφώνιον αὐτὸν ἀνηγόρευσαν, οἱ δὲ
Χῖον, οἱ δὲ Σμυρναῖον, οἱ δὲ Ἰήτην, ἄλλοι δὲ Κυμαῖον·
καὶ καθόλου πᾶσα πόλις ἀντιποιεῖται τἀνδρός, ὅθεν εἰκότως
ἂν κοσμοπολίτης λέγοιτο. οἱ μὲν οὖν Σμυρναῖον αὐτὸν
ἀποφαινόμενοι Μαίονος μὲν πατρὸς λέγουσιν εἶναι, γεννη- 15
θῆναι δὲ ἐπὶ Μέλητος τοῦ ποταμοῦ, ὅθεν καὶ Μελησιγενῆ
ὀνομασθῆναι· δοθέντα δὲ Χίοις εἰς ὁμηρείαν Ὅμηρον κλη-
θῆναι. οἱ δὲ ἀπὸ τῆς τῶν ὀμμάτων πηρώσεως τούτου
τυχεῖν αὐτόν φασι τοῦ ὀνόματος· τοὺς γὰρ τυφλοὺς ὑπὸ
Αἰολέων ὁμήρους καλεῖσθαι. Ἑλλάνικος (fr. 6) δὲ καὶ 20
Δαμάστης ⟨F.H.G. ii. 66⟩ καὶ Φερεκύδης ⟨F.H.G. iv.639⟩ εἰς

1—p. 102, l. 6 vita Proculea (III West.) codices: A²Bm³E²HM¹NP⁷
P¹⁴PaPeU¹f. 1, U⁶. non collati Pa Re neque praeter titulum N. Tιτν-
Lvs: quem dedimus exhibet U¹: πρόκλου περὶ ὁμήρου A²Bm³E²HN:
γένος ὁμήρου P¹⁴ om. P⁷ + ἐν τοῖς χρόνοις ῥοβοὰμ ἦν ὅμηρος καὶ ἡσίοδος +
κατὰ τοὺς χρόνους σαμουὴλ τοῦ προφήτου ἐγένετο ὁ πόλεμος ὁ ἰλιακός·
ἐν ἔτεσι δέκα· καὶ τὸ ἴλιον ἧλω P⁷ in marg.   4, 5 ἐπῶν . . . ἀντίμαχος
om. P⁷ P¹⁴   4 ποιητικῶν A²   5 πανυάσσης A²Bm³M¹   6 ὅμηρος
ὁ ποιητής τινων μὲν γονέων P⁷P¹⁴   ἐγένετο om. Bm³E²HM¹   9 τούτου
M¹   12 οἱ δὲ κυμαῖον P¹⁴   13 ἀντιποιῆσαι τοῦ ἀνδρὸς Bm³M¹
15 μαίωνος Bm³E²HM¹ (corr. ex -ονος): μάρενος A², cf. 19 vit. iv. 1
16 μελησιγενῆ HP¹³U¹: -γεννῆ Bm³: -ένη cet.: μελησ- corr. ex ἴσ
vel ἴσσ E²: μελήσιος γώνη (ss. γωνῆ, νης) M¹   17 ὀνομασθῆναι M¹
20 ἑλλάνικος—6 pag. inf. ἀνάγει om. P⁷P¹⁴   21 δάμαστος A²:
δαμάσθης (ss. στ) H   εἰς om. A²E²M¹

Ὀρφέα τὸ γένος ἀνάγουσιν αὐτοῦ· Μαίονα γάρ φασι τὸν
Ὁμήρου πατέρα καὶ Δῖον τὸν Ἡσιόδου γενέσθαι Ἀπέλλιδος
τοῦ Μελανώπου τοῦ Ἐπιφράδεος τοῦ Χαριφήμου τοῦ
Φιλοτέρπεος τοῦ Ἰδμονίδα τοῦ Εὐκλέους τοῦ Δωρίωνος τοῦ
5 Ὀρφέως. Γοργίας δὲ ὁ Λεοντῖνος (fr. 25 Diels) εἰς Μου-
σαῖον αὐτὸν ἀνάγει. περὶ δὲ τῆς τελευτῆς αὐτοῦ λόγος τις
φέρεται τοιοῦτος. ἀνελεῖν φασὶν αὐτῷ τὸν θεὸν χρωμένῳ
περὶ ἀσφαλείας τάδε·

ἔστιν Ἴος νῆσος μητρὸς πατρὶς ἥ σε θανόντα
10 δέξεται· ἀλλὰ νέων ἀνδρῶν αἴνιγμα φύλαξαι.

λέγουσιν οὖν αὐτὸν εἰς Ἴον πλεύσαντα διατρῖψαι μὲν
παρὰ Κρεωφύλῳ, γράψαντα δὲ Οἰχαλίας ἅλωσιν τούτῳ
χαρίσασθαι, ἥτις νῦν ὡς Κρεωφύλου περιφέρεται. καθεζό-
μενον δὲ ἐπί τινος ἀκτῆς, θεασάμενον ἁλιεῖς προσειπεῖν
15 αὐτοὺς καὶ ἀνακρῖναι τοῖσδε τοῖς ἔπεσιν·

ἄνδρες ἀπ' Ἀρκαδίης θηρήτορες, ἆρ' ἔχομέν τι;
ὑποτυχόντα δὲ αὐτῶν ἕνα εἰπεῖν
οὓς ἕλομεν λιπόμεσθ', οὓς δ' οὐχ ἕλομεν φερόμεσθα.

οὐκ ἐπιβάλλοντος δ' αὐτοῦ διελέσθαι τὸ αἴνιγμα, ὅτι ἐπὶ
20 ἰχθυΐαν καταβάντες ἀφήμαρτον, φθειρισάμενοι δὲ ὅσους μὲν
ἔλαβον τῶν φθειρῶν ἀποκτείναντες ἀπολείπουσιν, ὅσοι δὲ
αὐτοὺς διέφυγον, τούτους ἀποκομίζουσιν, οὕτω δ' ἐκεῖνον
ἀθυμήσαντα σύννουν ἀπιέναι τοῦ χρησμοῦ ἔννοιαν λαμβά-
νοντα, καὶ οὕτως ὀλισθέντα περιπταῖσαι λίθῳ καὶ τριταῖον

1 παράγουσιν Bm³ E² H M¹   μαίωνα Bm³ E² H M¹ : μάρωνα A²   φησι
A²   2 ἀπὸ ἔλλιδος E² M¹ : ἀπὸ ἔλλιδος H : ἀπὸ ελλιδος Bm³ :
ἀπέλλιασσ A²   3 μελανωπού U¹   ἐπιφραδέως E²   4 φιλο-
τελπέος A²   Ἰδμονίδου A²   εὐκλεοῦσ Bm³ E²   6, 7 τοιοῦτος
τις φέρεται λόγος Bm³ E² H M¹ (ἐφέρετο)   7 αὐτὸν Bm³ M¹
9, 10 = Anth. Pal. xiv. 65, v. ad vit. Plut. 48   9 ἐστιν ἴηος P¹⁴ :
ἴηος tantum P⁷   10 φυλάξω Bm³ M¹   12 παρὰ] περὶ A² E² H
M¹   12 κρεοφ- Bm³ E² H M¹ U¹ : κρεοφίλω A² : κλεοφύλω P¹⁴
13 κρεοφ- Bm³ H M¹ U¹ : κρεοφίλου A² : κλεοφ- P¹⁴   15 ἀνακῖναι
A²   16 ἆρ']ἦρ' E² H M¹ P⁷P¹⁴U⁶   17 ὑποτυχόντες A²Bm³E²H M¹
αὐτῶ A² E² H M   ἐναν Bm³   18 v. ad Certam. 328   ὅσσ'
. . . ὅσσ' οὐχ U⁶   20 ἰχθύαν M¹ : -ίαν Bm³   v. ad vit. Her. 500
23 ἐπιέναι A²   24 ὀλισθόντα E² H   περιπτέσθαι A² : περιπέσαι
(ss. αι) Bm³

τελευτῆσαι.   ἀλλὰ δὴ ταῦτα μὲν πολλῆς ἔχεται ζητήσεως·
ἵνα δὲ μηδὲ τούτων ἄπειρος ὑπάρχῃς, διὰ τοῦτο εἰς ταῦτα
κατεχώρισα.   τυφλὸν δὲ ὅσοι τοῦτον ἀπεφήναντο, αὐτοί
μοι δοκοῦσι τὴν διάνοιαν πεπηρῶσθαι· τοσαῦτα γὰρ κατεῖδεν
ἄνθρωπος ὅσα οὐδεὶς πώποτε.   εἰσὶ δὲ οἵτινες ἀνεψιὸν αὐτὸν 5
Ἡσιόδου παρέδοσαν ἀτριβεῖς ὄντες ποιήσεως· τοσοῦτον
γὰρ ἀπέχουσι τοῦ γένει προσήκειν ὅσον ἡ ποίησις διέστηκεν
αὐτῶν.   ἄλλως δὲ οὐδὲ τοῖς χρόνοις συνεπέβαλον ἀλλήλοις.
ἄθλιοι δὲ οἱ τὸ αἴνιγμα πλάσαντες τοῦτο
      Ἡσίοδος Μούσαις Ἑλικωνίσι τόνδ' ἀνέθηκεν,   10
      ὕμνῳ νικήσας ἐν Χαλκίδι δῖον Ὅμηρον.
ἀλλὰ γὰρ ἐπλανήθησαν ἐκ τῶν Ἡσιοδείων Ἡμερῶν·
ἕτερον γάρ τι σημαίνει.   τοῖς δὲ χρόνοις αὐτὸν οἱ μὲν
περὶ τὸν Ἀρίσταρχόν φασι γενέσθαι κατὰ τὴν τῆς Ἰωνίας
ἀποικίαν, ἥτις ὑστερεῖ τῆς Ἡρακλειδῶν καθόδου ἔτεσιν 15
ἑξήκοντα, τὸ δὲ περὶ τοὺς Ἡρακλείδας λείπεται τῶν
Τρωϊκῶν ἔτεσιν ὀγδοήκοντα· οἱ δὲ περὶ Κράτητα ⟨fr. ed.
Wachs. p. 40⟩ ἀνάγουσιν αὐτὸν εἰς τοὺς Τρωϊκοὺς χρόνους.
φαίνεται δὲ γηραιὸς ἐκλελοιπὼς τὸν βίον· ἡ γὰρ ἀνυπέρ-
βλητος ἀκρίβεια τῶν πραγμάτων προβεβηκυῖαν ἡλικίαν 20
παρίστησιν.   πολλὰ δὲ ἐπεληλυθὼς μέρη τῆς οἰκουμένης
ἐκ τῆς πολυπειρίας τῶν τόπων εὑρίσκεται.   τούτῳ δὲ
προσυπονοητέον καὶ πλούτου πολλὴν περιουσίαν γενέσθαι·
αἱ γὰρ μακραὶ ἀποδημίαι πολλῶν ἀναλωμάτων δέονται, καὶ
ταῦτα κατ' ἐκείνους τοὺς χρόνους οὔτε πάντων πλεομένων 25

1-3 ἀλλὰ . . . κατεχώρισα om. P⁷ P¹⁴   3 κεχώρηκα A² H M¹ :
κατεχώρησα cet. corr. Dindorf.   4 κατοῖδεν A² Bm³ M¹   5 ὅσα
οὐδεὶς ἄνος πώποτε A² Bm³ E² H M¹   τινες P¹⁴   7 τῷ E² Bm³   ἡ
om. Bm³ E² H M¹   8 ἄλλος Bm³ H M¹   συνεπέβαλον P¹⁴
9-18 ἄθλιοι . . . χρόνους om. P⁷ P¹⁴   10-12 v. ad Certam. 213
11 ὕμνον M¹, fort. E² m. rec.   16, 17 τὸ δὲ περὶ . . . ἔτεσιν π' om.
A² E² H M¹   19 ἐκλελοιπὼς τὸν βίον om. A² relicto spatio
20 προβεβηκυῖαν] τέλειαν Bm³ E² H M¹   21 ἐπεληλυθὼς om. relicto
spatio A²   22 τοῦτο P⁷ P¹⁴   23 πλού . . . γενέσθαι A²   πολλοῦ
Bm³ M¹   24 ἐπιδημίαι A²   δέονται ἀναλωμάτων A² Bm³ H M¹
25 τοὺς   πάντων A²

ἀκινδύνως οὔτε ἐπιμισγομένων ἀλλήλοις πω τῶν ἀνθρώπων
ῥᾳδίως. γέγραφε δὲ ποιήσεις δύο, Ἰλιάδα καὶ Ὀδύσσειαν,
ἣν Ξένων καὶ Ἑλλάνικος ἀφαιροῦνται αὐτοῦ. οἱ μέντοι γε
ἀρχαῖοι καὶ τὸν κύκλον ἀναφέρουσιν εἰς αὐτόν. προστι-
5 θέασι δὲ αὐτῷ καὶ παίγνιά τινα, Μαργίτην, βατραχομαχίαν
ἢ μυομαχίαν· ἑπτάπεκτον αἶγα, Κέρκωπας κενούς.

Τοῦ αὐτοῦ περὶ τῶν Κυπρίων λεγομένων ποιημάτων

Ἐπιβάλλει τούτοις τὰ λεγόμενα Κύπρια ἐν βιβλίοις
10 φερόμενα ἕνδεκα, ὧν περὶ τῆς γραφῆς ὕστεοον ἐροῦμεν, ἵνα
μὴ τὸν ἐξῆς λόγον νῦν ἐμποδίζωμεν. τα δὲ περιέχοντά
ἐστι ταῦτα.

Ζεὺς βουλεύεται μετὰ τῆς Θέμιδος περὶ τοῦ Τρωϊκοῦ
πολέμου· παραγενομένη δὲ Ἔρις εὐωχουμένων τῶν θεῶν ἐν
15 τοῖς Πηλέως γάμοις νεῖκος περὶ κάλλους ἐνίστησιν Ἀθηνᾷ,
Ἥρᾳ καὶ Ἀφροδίτῃ, αἳ πρὸς Ἀλέξανδρον ἐν Ἴδῃ κατὰ
Διὸς προσταγὴν ὑφ᾽ Ἑρμοῦ πρὸς τὴν κρίσιν ἄγονται· καὶ
προκρίνει τὴν Ἀφροδίτην ἐπαρθεὶς τοῖς Ἑλένης γάμοις
Ἀλέξανδρος. ἔπειτα δὲ Ἀφροδίτης ὑποθεμένης ναυπηγεῖ-
20 ται, καὶ Ἕλενος περὶ τῶν μελλόντων αὐτῷ προθεσπίζει.

1 μισγομένων U⁵   πῶ U¹ : πως M¹ : πῶς A²Bm³E²HP⁷P¹⁴
2 γεγράφθαι Bm³E²HM¹P⁷P¹⁴ : γεγραφθ' (ss. a)   δύο A²   3-4 ἣν
. . . αὐτοῦ om. P⁷P¹⁴ : ἣν om. A²Bm³E²HM¹   4 καὶ
ἀναφέρουσιν A²   4, 5 προστιθέασι δὲ τινὲς αὐτῷ P⁷P¹⁴   5 μαργί-
την καὶ Bm³E²HM¹, post μαργίτην add U¹ marg. οἱ δὲ λέγουσι τήγρη-
τος τοῦ καρός   βατραχομαχίαν ἢ μυομαχίαν E²P⁷P¹⁴U¹ : βατρα-
χομυνομαχίαν cet.   6 ἔν τε πακτίον A²Bm³ (ἔν τε) E²HP⁷P¹⁴ (ἔν τε)
ἐντεπάκτιον cet. : ἑπταπακτικὴν vit. Herod. 333 : ἠθιέπακτος ἤτοι ἴαμβοι
Suid. 45 : ἑπταπάκτιον Suid. 103 (ἑπτάκιον cod. vit. Herod. Ma) ἑπταε-
πάκτιον Tzetzes proem. alleg. Hom. 33 : forte ἑπταπέκτιον Allatius :
ἑπτάπεκτον Dindorf ut vid., cf. ἑπτάπεκτος· ἢ τὴν βαθείαν ἔχουσα κόμην·
ἢ δυναμένη ἑπτάκις τμηθῆναι E. M. et Suid. : ἑπταπέκτιος· ἢ βαθείας τρίχας
ἔχουσα Hesych.   κενούς sc. vacuos non viatores sed latrones : καινούς
Dindorf   7–p. 105. 18 Cypriorum enarratio.   codices : Bm³E²H
M¹NPaPe : om. U¹   13 βούλεται codd. praeter N   θέτιδος codd.
corr. Heyne   15 ἀνίστησιν N   18 τοῖς/τῆς Bm³HM¹NPe
19 ἔπειτα καὶ Bm³HM¹Pa (om. ἐπαρθεὶς . . . Ἀλέξανδρος) Pe   20 αὐτῷ
Heyne pro αὐτοῖς (αὐτῆς M¹)

καὶ ἡ Ἀφροδίτη Αἰνείαν συμπλεῖν αὐτῷ κελεύει. καὶ Κασσάνδρα περὶ τῶν μελλόντων προδηλοῖ. ἐπιβὰς δὲ τῇ Λακεδαιμονίᾳ Ἀλέξανδρος ξενίζεται παρὰ τοῖς Τυνδαρίδαις, καὶ μετὰ ταῦτα ἐν τῇ Σπάρτῃ παρὰ Μενελάῳ· καὶ Ἑλένῃ παρὰ τὴν εὐωχίαν δίδωσι δῶρα ὁ Ἀλέξανδρος. καὶ μετὰ 5 ταῦτα Μενέλαος εἰς Κρήτην ἐκπλεῖ, κελεύσας τὴν Ἑλένην τοῖς ξένοις τὰ ἐπιτήδεια παρέχειν, ἕως ἂν ἀπαλλαγῶσιν. ἐν τούτῳ δὲ Ἀφροδίτη συνάγει τὴν Ἑλένην τῷ Ἀλεξάνδρῳ. καὶ μετὰ τὴν μίξιν τὰ πλεῖστα κτήματα ἐνθέμενοι νυκτὸς ἀποπλέουσι. χειμῶνα δὲ αὐτοῖς ἐφίστησιν Ἥρα. καὶ 10 προσενεχθεὶς Σιδῶνι ὁ Ἀλέξανδρος αἱρεῖ τὴν πόλιν. καὶ ἀποπλεύσας εἰς Ἴλιον γάμους τῆς Ἑλένης ἐπετέλεσεν.

Ἐν τούτῳ δὲ Κάστωρ μετὰ Πολυδεύκους τὰς Ἴδα καὶ Λυγκέως βοῦς ὑφαιρούμενοι ἐφωράθησαν. καὶ Κάστωρ μὲν ὑπὸ τοῦ Ἴδα ἀναιρεῖται, Λυγκεὺς δὲ καὶ Ἴδας ὑπὸ 15 Πολυδεύκους· καὶ Ζεὺς αὐτοῖς ἑτερήμερον νέμει τὴν ἀθανασίαν. καὶ μετὰ ταῦτα Ἴρις ἀναγγέλλει τῷ Μενελάῳ τὰ γεγονότα κατὰ τὸν οἶκον. ὁ δὲ παραγενόμενος περὶ τῆς ἐπ' Ἴλιον στρατείας βουλεύεται μετὰ τοῦ ἀδελφοῦ, καὶ πρὸς Νέστορα παραγίνεται Μενέλαος. Νέστωρ δὲ ἐν 20 παρεκβάσει διηγεῖται αὐτῷ ὡς Ἐπωπεὺς φθείρας τὴν Λύκου θυγατέρα ἐξεπορθήθη, καὶ τὰ περὶ Οἰδίπουν καὶ τὴν Ἡρακλέους μανίαν καὶ τὰ περὶ Θησέα καὶ Ἀριάδνην. ἔπειτα τοὺς ἡγεμόνας ἀθροίζουσιν ἐπελθόντες τὴν Ἑλλάδα. καὶ μαίνεσθαι προσποιησάμενον τὸν Ὀδυσσέα ἐπὶ τῷ μὴ 25 θέλειν συστρατεύεσθαι ἐφώρασαν, Παλαμήδους ὑποθεμένου τὸν υἱὸν Τηλέμαχον ἐπὶ κόλασιν ἐξαρπάσαντες.

2 κάσανδρα Bm³ E² H M¹ Pa Pe   3 παρά] περὶ Bm³ M¹ Pe
9 μετὰ] μὲ M¹   11 αἵρει Bm³ E² H Pa Pe   12 ἀπετέλεσεν
Bm³ H Pa Pe   13 ἴδας M   14 λυγκέως Bm³ H Pa Pe   βάς
Pa : βᾶς Bm³   ὑφαιρόμενοι Bm³ H M¹ N Pa   ἐφοράθησαν E²
15 λυγεὺς Bm³ Pa Pe   17 ἀγγέλει Bm³ E² H N Pa Pe   22 λύκου
Heyne: λυκούργου codd.   οἰδίπουν Bm³ Pa Pe   23 ἡρακλέος
Pa Pe   26 ἐφόρασαν Bm³ M¹ Pa Pe : ἐφόρεσαν H   παλλαμίδους
Pa Pe (-λ-)

PROCVLI

Καὶ μετὰ ταῦτα συνελθόντες εἰς Αὐλίδα θύουσι· καὶ τὰ περὶ τὸν δράκοντα καὶ τοὺς στρουθοὺς γενόμενα δείκνυται, καὶ Κάλχας περὶ τῶν ἀποβησομένων προλέγει αὐτοῖς. ἔπειτα ἀναχθέντες Τευθρανίᾳ προσίσχουσι καὶ ταύτην ὡς Ἴλιον ἐπόρθουν. Τήλεφος δὲ ἐκβοηθήσας Θερσανδρόν τε τὸν Πολυνείκους κτείνει καὶ αὐτὸς ὑπὸ Ἀχιλλέως τιτρώσκεται. ἀποπλέουσι δὲ αὐτοῖς ἐκ τῆς Μυσίας χειμὼν ἐπιπίπτει καὶ διασκεδάννυνται. Ἀχιλλεὺς δὲ Σκύρῳ προσσχὼν γαμεῖ τὴν Λυκομήδους θυγατέρα Δηιδάμειαν. ἔπειτα Τή-λεφον κατὰ μαντείαν παραγενόμενον εἰς Ἄργος ἰᾶται Ἀχιλλεὺς ὡς ἡγεμόνα γενησόμενον τοῦ ἐπ' Ἴλιον πλοῦ.

Καὶ τὸ δεύτερον ἠθροισμένου τοῦ στόλου ἐν Αὐλίδι Ἀγαμέμνων ἐπὶ θήρας βαλὼν ἔλαφον ὑπερβάλλειν ἔφησε καὶ τὴν Ἄρτεμιν. μηνίσασα δὲ ἡ θεὸς ἐπέσχεν αὐτοὺς τοῦ πλοῦ χειμῶνας ἐπιπέμπουσα. Κάλχαντος δὲ εἰπόντος τὴν τῆς θεοῦ μῆνιν καὶ Ἰφιγένειαν κελεύσαντος θύειν τῇ Ἀρτέ-μιδι, ὡς ἐπὶ γάμον αὐτὴν Ἀχιλλεῖ μεταπεμψάμενοι θύειν ἐπιχειροῦσιν. Ἄρτεμις δὲ αὐτὴν ἐξαρπάσασα εἰς Ταύρους μετακομίζει καὶ ἀθάνατον ποιεῖ, ἔλαφον δὲ ἀντὶ τῆς κόρης παρίστησι τῷ βωμῷ.

Ἔπειτα καταπλέουσιν εἰς Τένεδον. καὶ εὐωχουμένων αὐτῶν Φιλοκτήτης ὑφ' ὕδρου πληγεὶς διὰ τὴν δυσοσμίαν ἐν Λήμνῳ κατελείφθη, καὶ Ἀχιλλεὺς ὕστερον κληθεὶς διαφέρεται πρὸς Ἀγαμέμνονα. ἔπειτα ἀποβαίνοντας αὐτοὺς εἰς Ἴλιον

2 γένημ (ss. a) Pa Pe : γεννημα Bm³   3 quod ait Bachmann ad I.yc. 202 (ed. 1830), cf. 233, litteram ε in margine cod. Neap. hic appositam esse unde indicatum fuerit quintum Cypriorum librum ab ἔπειτα incipere cum a libro Gargiulli sumptum sit nulla fide nititur (cf. Welcker l. c. p. 505)   4 προσέσχουσι Bm³ M¹ Pa Pe   5 ἐκβοη-θήσας] ἐκ βοηθείας codd. (ἐκβοηθειαν M¹ : ἐκβοηθεῖ N) em. Heyne   8 διασκεδάννυται Pe   προσχὼν Bm³ E² H M¹ Pe   11 τοῦτ' ἐπ' Bm³ M¹ (om. ἐπ') Pa Pe   13 θήραν codd. (θῆραν Bm³ H) em. Bekker   14 μηνύσασα Bm³ M¹ Pa   15 χειμώνας Bm³ Pa Pe 16 τοῦ M¹ Pa   θύει Bm³ Pa Pe   17 αὐτν E² : αὐτῇ Bm³ H M¹ N Pa Pe   23 κατεβλήθη (marg. man. al. κ λήφθη ss. τ) Pe : κατε-λήθη (ss. β) M¹ : κατελήφθη H Pa (marg. κατεβλήθη) : κατεβλήθη Bm³ ὕστερος Bm³ N Pe : ὕστερ (ss. o) E²

εἴργουσιν οἱ Τρῶες, καὶ θνήσκει Πρωτεσίλαος ὑφ' Ἕκτορος.
ἔπειτα Ἀχιλλεὺς αὐτοὺς τρέπεται ἀνελὼν Κύκνον τὸν
Ποσειδῶνος. καὶ τοὺς νεκροὺς ἀναιροῦνται, καὶ διαπρε-
σβεύονται πρὸς τοὺς Τρῶας, τὴν Ἑλένην καὶ τὰ κτήματα
ἀπαιτοῦντες. ὡς δὲ οὐχ ὑπήκουσαν ἐκεῖνοι, ἐνταῦθα δὴ 5
τειχομαχοῦσιν. ἔπειτα τὴν χώραν ἐπεξελθόντες πορθοῦσι
καὶ τὰς περιοίκους πόλεις. καὶ μετὰ ταῦτα Ἀχιλλεὺς
Ἑλένην ἐπιθυμεῖ θεάσασθαι, καὶ συνήγαγεν αὐτοὺς εἰς τὸ
αὐτὸ Ἀφροδίτη καὶ Θέτις. εἶτα ἀπονοστεῖν ὡρμημένους
τοὺς Ἀχαιοὺς Ἀχιλλεὺς κατέχει. κἄπειτα ἀπελαύνει τὰς 10
Αἰνείου βόας, καὶ Λυρνησὸν καὶ Πήδασον πορθεῖ καὶ
συχνὰς τῶν περιοικίδων πόλεων, καὶ Τρωΐλον φονεύει.
Λυκάονά τε Πάτροκλος εἰς Λῆμνον ἀγαγὼν ἀπεμπολᾷ, καὶ
ἐκ τῶν λαφύρων Ἀχιλλεὺς μὲν Βρισηΐδα γέρας λαμβάνει,
Χρυσηΐδα δὲ Ἀγαμέμνων. ἔπειτά ἐστι Παλαμήδους θάνα- 15
τος, καὶ Διὸς βουλὴ ὅπως ἐπικουφίσῃ τοὺς Τρῶας Ἀχιλλέα
τῆς συμμαχίας τῆς Ἑλληνικῆς ἀποστήσας, καὶ κατάλογος
τῶν τοῖς Τρωσὶ συμμαχησάντων.

Πρόκλου χρηστομαθείας γραμματικῆς τὸ δεύτερον

Ἐπιβάλλει δὲ τοῖς προειρημένοις ἐν τῇ πρὸ ταύτης βίβλῳ 20
Ἰλιὰς Ὁμήρου· μεθ' ἥν ἐστιν Αἰθιόπιδος βιβλία ε̄ Ἀρκτίνου
Μιλησίου, περιέχοντα τάδε. Ἀμαζὼν Πενθεσίλεια παραγίνεται
Τρωσὶ συμμαχήσουσα, Ἄρεως μὲν θυγάτηρ, Θρᾷσσα δὲ τὸ
γένος· καὶ κτείνει αὐτὴν ἀριστεύουσαν Ἀχιλλεύς, οἱ δὲ Τρῶες
αὐτὴν θάπτουσι. καὶ Ἀχιλλεὺς Θερσίτην ἀναιρεῖ, λοιδορη- 25
θεὶς πρὸς αὐτοῦ καὶ ὀνειδισθεὶς τὸν ἐπὶ τῇ Πενθεσιλείᾳ
λεγόμενον ἔρωτα· καὶ ἐκ τούτου στάσις γίνεται τοῖς
Ἀχαιοῖς περὶ τοῦ Θερσίτου φόνου. μετὰ δὲ ταῦτα Ἀχιλ-
λεὺς εἰς Λέσβον πλεῖ, καὶ θύσας Ἀπόλλωνι καὶ Ἀρτέμιδι

2 κύκνου Pa   5 ἐνταῦθα δὴ om. N   8-10 Ἑλένην . . . Ἀχιλ-
λεὺς om. Bm³ M¹ Pa Pe   8 συνήγαγον N   11 ποθεῖ Bm³ H Pe
12 περιοικίδεων Pa   14 τὴν βρισ. N   15 παλαμίδους Bm³ Pa Pe
16 βουλῇ M¹   ἐπικουφήσῃ M¹: -ίσει N   21-p. 106. 17 Aethio-
pidis enarratio.   codex: U¹ f. 6 r. folia in U¹ discussa ordinavit Heyne

PROCVLI

καὶ Λητοῖ καθαίρεται τοῦ φόνου ὑπ' 'Οδυσσέως. Μέμνων
δὲ ὁ 'Ηοῦς υἱὸς ἔχων ἡφαιστότευκτον πανοπλίαν παραγί-
νεται τοῖς Τρωσὶ βοηθήσων· καὶ Θέτις τῷ παιδὶ τὰ κατὰ
τὸν Μέμνονα προλέγει. καὶ συμβολῆς γενομένης 'Αντί-
5 λοχος ὑπὸ Μέμνονος ἀναιρεῖται, ἔπειτα 'Αχιλλεὺς Μέμνονα
κτείνει· καὶ τούτῳ μὲν 'Ηὼς παρὰ Διὸς αἰτησαμένη ἀθα-
νασίαν δίδωσι. τρεψάμενος δ' 'Αχιλλεὺς τοὺς Τρῶας καὶ
εἰς τὴν πόλιν συνεισπεσὼν ὑπὸ Πάριδος ἀναιρεῖται καὶ
'Απόλλωνος· καὶ περὶ τοῦ πτώματος γενομένης ἰσχυρᾶς
10 μάχης Αἴας ἀνελόμενος ἐπὶ τὰς ναῦς κομίζει, 'Οδυσσέως
ἀπομαχομένου τοῖς Τρωσίν. ἔπειτα 'Αντίλοχόν τε θά-
πτουσι καὶ τὸν νεκρὸν τοῦ 'Αχιλλέως προτίθενται· καὶ Θέτις
ἀφικομένη σὺν Μούσαις καὶ ταῖς ἀδελφαῖς θρηνεῖ τὸν παῖδα·
καὶ μετὰ ταῦτα ἐκ τῆς πυρᾶς ἡ Θέτις ἀναρπάσασα τὸν
15 παῖδα εἰς τὴν Λευκὴν νῆσον διακομίζει. οἱ δὲ 'Αχαιοὶ τὸν
τάφον χώσαντες ἀγῶνα τιθέασι, καὶ περὶ τῶν 'Αχιλλέως
ὅπλων 'Οδυσσεῖ καὶ Αἴαντι στάσις ἐμπίπτει.

'Ιλιάδος μικρᾶς Δ̄ Λέσχεω

'Εξῆς δ' ἐστὶν 'Ιλιάδος μικρᾶς βιβλία τέσσαρα Λέσχεω
20 Μιτυληναίου περιέχοντα τάδε. 'Η τῶν ὅπλων κρίσις
γίνεται καὶ 'Οδυσσεὺς κατὰ βούλησιν 'Αθηνᾶς λαμβάνει,
Αἴας δ' ἐμμανὴς γενόμενος τήν τε λείαν τῶν 'Αχαιῶν
λυμαίνεται καὶ ἑαυτὸν ἀναιρεῖ. μετὰ ταῦτα 'Οδυσσεὺς
λοχήσας "Ελενον λαμβάνει, καὶ χρήσαντος περὶ τῆς ἁλώ-
25 σεως τούτου Διομήδης ἐκ Λήμνου Φιλοκτήτην ἀνάγει.
ἰαθεὶς δὲ οὗτος ὑπὸ Μαχάονος καὶ μονομαχήσας 'Αλεξάνδρῳ
κτείνει· καὶ τὸν νεκρὸν ὑπὸ Μενελάου κατακισθέντα ἀνελό-
μενοι θάπτουσιν οἱ Τρῶες. μετὰ δὲ ταῦτα Δηίφοβος
'Ελένην γαμεῖ. καὶ Νεοπτόλεμον 'Οδυσσεὺς ἐκ Σκύρου
30 ἀγαγὼν τὰ ὅπλα δίδωσι τὰ τοῦ πατρός· καὶ 'Αχιλλεὺς
αὐτῷ φαντάζεται. Εὐρύπυλος δὲ ὁ Τηλέφου ἐπίκουρος

18–p. 107. 14 Iliados parvae enarratio. *codex*: U¹ f. 6ʳ.

τοῖς Τρωσὶ παραγίνεται, καὶ ἀριστεύοντα αὐτὸν ἀποκτείνει
Νεοπτόλεμος. καὶ οἱ Τρῶες πολιορκοῦνται· καὶ Ἐπειὸς
κατ᾽ Ἀθηνᾶς προαίρεσιν τὸν δούρειον ἵππον κατασκευάζει·
Ὀδυσσεύς τε αἰκισάμενος ἑαυτὸν κατάσκοπος εἰς Ἴλιον
παραγίνεται, καὶ ἀναγνωρισθεὶς ὑφ᾽ Ἑλένης περὶ τῆς 5
ἁλώσεως τῆς πόλεως συντίθεται, κτείνας τέ τινας τῶν
Τρώων ἐπὶ τὰς ναῦς ἀφικνεῖται. καὶ μετὰ ταῦτα σὺν
Διομήδει τὸ παλλάδιον ἐκκομίζει ἐκ τῆς Ἰλίου. ἔπειτα
εἰς τὸν δούρειον ἵππον τοὺς ἀρίστους ἐμβιβάσαντες τάς τε
σκηνὰς καταφλέξαντες οἱ λοιποὶ τῶν Ἑλλήνων εἰς Τένεδον 10
ἀνάγονται· οἱ δὲ Τρῶες τῶν κακῶν ὑπολαβόντες ἀπηλλά-
χθαι τόν τε δούρειον ἵππον εἰς τὴν πόλιν εἰσδέχονται,
διελόντες μέρος τι τοῦ τείχους, καὶ εὐωχοῦνται ὡς νενικη-
κότες τοὺς Ἕλληνας.

Ἰλίου περσίδος β̄ Ἀρκτίνου   15

Ἕπεται δὲ τούτοις Ἰλίου πέρσιδος βιβλία β̄ Ἀρκτίνου
Μιλησίου, περιέχοντα τάδε. ὡς τὰ περὶ τὸν ἵππον οἱ
Τρῶες ὑπόπτως ἔχοντες περιστάντες βουλεύονται, ὅ,τι χρὴ
ποιεῖν· καὶ τοῖς μὲν δοκεῖ κατακρημνίσαι αὐτόν, τοῖς δὲ
καταφλέγειν, οἱ δὲ ἱερὸν αὐτὸν ἔφασαν δεῖν τῇ Ἀθηνᾷ 20
ἀνατεθῆναι· καὶ τέλος νικᾷ ἡ τούτων γνώμη. τραπέντες
δὲ εἰς εὐφροσύνην εὐωχοῦνται ὡς ἀπηλλαγμένοι τοῦ πολέ-
μου. ἐν αὐτῷ δὲ τούτῳ δύο δράκοντες ἐπιφανέντες τόν τε
Λαοκόωντα καὶ τὸν ἕτερον τῶν παίδων διαφθείρουσιν· ἐπὶ
δὲ τῷ τέρατι δυσφορήσαντες οἱ περὶ τὸν Αἰνείαν ὑπεξῆλθον 25
εἰς τὴν Ἴδην· καὶ Σίνων τοὺς πυρσοὺς ἀνίσχει τοῖς Ἀχαιοῖς,
πρότερον εἰσεληλυθὼς προσποίητος. οἱ δὲ ἐκ Τενέδου
προσπλεύσαντες καὶ οἱ ἐκ τοῦ δουρείου ἵππου ἐπιπίπτουσι
τοῖς πολεμίοις, καὶ πολλοὺς ἀνελόντες τὴν πόλιν κατὰ
κράτος λαμβάνουσι. καὶ Νεοπτόλεμος μὲν ἀποκτείνει 30
Πρίαμον ἐπὶ τὸν τοῦ Διὸς τοῦ ἑρκείου βωμὸν καταφυγόντα.

15-p. 108. 13 Iliu persidos enarratio. *codex*: U¹ f. 6 v.

Μενέλαος δὲ ἀνευρὼν Ἑλένην ἐπὶ τὰς ναῦς κατάγει, Δηί-
φοβον φονεύσας. Κασσάνδραν δὲ Αἴας ὁ Ἰλέως πρὸς
βίαν ἀποσπῶν συνεφέλκεται τὸ τῆς Ἀθηνᾶς ξόανον· ἐφ'
ᾧ παροξυνθέντες οἱ Ἕλληνες καταλεῦσαι βουλεύονται τὸν
5 Αἴαντα, ὁ δὲ ἐπὶ τὸν τῆς Ἀθηνᾶς βωμὸν καταφεύγει καὶ
διασῴζεται ἐκ τοῦ ἐπικειμένου κινδύνου. ἔπειτα ἐμπρή-
σαντες τὴν πόλιν Πολυξένην σφαγιάζουσιν ἐπὶ τὸν τοῦ
Ἀχιλλέως τάφον. καὶ Ὀδυσσέως Ἀστυάνακτα ἀνελόντος
Νεοπτόλεμος Ἀνδρομάχην γέρας λαμβάνει. καὶ τὰ λοιπὰ
10 λάφυρα διανέμονται· Δημοφῶν δὲ καὶ Ἀκάμας Αἴθραν
εὑρόντες ἄγουσι μεθ' ἑαυτῶν. ἔπειτα ἀποπλέουσιν οἱ
Ἕλληνες, καὶ φθορὰν αὐτοῖς ἡ Ἀθηνᾶ κατὰ τὸ πέλαγος
μηχανᾶται.

Νόστων ε̄ Ἀγίου

15 Συνάπτει δὲ τούτοις τὰ τῶν Νόστων βιβλία ε' Ἀγίου
Τροιζηνίου, περιέχοντα τάδε. Ἀθηνᾶ Ἀγαμέμνονα καὶ
Μενέλαον εἰς ἔριν καθίστησι περὶ τοῦ ἔκπλου. Ἀγαμέμνων
μὲν οὖν τὸν τῆς Ἀθηνᾶς ἐξιλασόμενος χόλον ἐπιμένει,
Διομήδης δὲ καὶ Νέστωρ ἀναχθέντες εἰς τὴν οἰκείαν διασῴ-
20 ζονται· μεθ' οὓς ἐκπλεύσας ὁ Μενέλαος μετὰ πέντε νεῶν
εἰς Αἴγυπτον παραγίνεται, τῶν λοιπῶν διαφθαρεισῶν νεῶν
ἐν τῷ πελάγει. οἱ δὲ περὶ Κάλχαντα καὶ Λεοντέα καὶ
Πολυποίτην πεζῇ πορευθέντες εἰς Κολοφῶνα Τειρεσίαν
ἐνταῦθα τελευτήσαντα θάπτουσι. τῶν δὲ περὶ τὸν Ἀγαμέ-
25 μνονα ἀποπλεόντων Ἀχιλλέως εἴδωλον ἐπιφανὲν πειρᾶται
διακωλύειν προλέγον τὰ συμβησόμενα. εἶθ' ὁ περὶ τὰς
Καφηρίδας πέτρας δηλοῦται χειμὼν καὶ ἡ Αἴαντος φθορὰ
τοῦ Λοκροῦ. Νεοπτόλεμος δὲ Θέτιδος ὑποθεμένης πεζῇ
ποιεῖται τὴν πορείαν· καὶ παραγενόμενος εἰς Θρᾴκην
30 Ὀδυσσέα καταλαμβάνει ἐν τῇ Μαρωνείᾳ, καὶ τὸ λοιπὸν
ἀνύει τῆς ὁδοῦ, καὶ τελευτήσαντα Φοίνικα θάπτει· αὐτὸς δὲ

εἰς Μολοσσοὺς ἀφικόμενος ἀναγνωρίζεται Πηλεῖ. ἔπειτα. Ἀγαμέμνονος ὑπὸ Αἰγίσθου καὶ Κλυταιμνήστρας ἀναιρεθέντος ὑπ’ Ὀρέστου καὶ Πυλάδου τιμωρία, καὶ Μενελάου εἰς τὴν οἰκείαν ἀνακομιδή.

Τηλεγονίας β Εὐγάμμωνος

Μετὰ ταῦτά ἐστιν Ὁμήρου Ὀδύσσεια· ἔπειτα Τηλεγονίας βιβλία δύο Εὐγάμμωνος Κυρηναίου, περιέχοντα τάδε. οἱ μνήστορες ὑπὸ τῶν προσηκόντων θάπτονται· καὶ Ὀδυσσεὺς θύσας Νύμφαις εἰς Ἦλιν ἀποπλεῖ ἐπισκεψόμενος τὰ βουκόλια, καὶ ξενίζεται παρὰ Πολυξένῳ δῶρόν τε λαμβάνει 10 κρατῆρα, καὶ ἐπὶ τούτῳ τὰ περὶ Τροφώνιον καὶ Ἀγαμήδην καὶ Αὐγέαν. ἔπειτα εἰς Ἰθάκην καταπλεύσας τὰς ὑπὸ Τειρεσίου ῥηθείσας τελεῖ θυσίας. καὶ μετὰ ταῦτα εἰς Θεσπρωτοὺς ἀφικνεῖται καὶ γαμεῖ Καλλιδίκην βασιλίδα τῶν Θεσπρωτῶν. ἔπειτα πόλεμος συνίσταται τοῖς Θεσπρω- 15 τοῖς πρὸς Βρύγους, Ὀδυσσέως ἡγουμένου· ἐνταῦθα Ἄρης τοὺς περὶ τὸν Ὀδυσσέα τρέπεται, καὶ αὐτῷ εἰς μάχην Ἀθηνᾶ καθίσταται· τούτους μὲν Ἀπόλλων διαλύει. μετὰ δὲ τὴν Καλλιδίκης τελευτὴν τὴν μὲν βασιλείαν διαδέχεται Πολυποίτης Ὀδυσσέως υἱός, αὐτὸς δ’ εἰς Ἰθάκην ἀφικνεῖται· 20 κἂν τούτῳ Τηλέγονος ἐπὶ ζήτησιν τοῦ πατρὸς πλέων, ἀποβὰς εἰς τὴν Ἰθάκην τέμνει τὴν νῆσον· ἐκβοηθήσας δ’ Ὀδυσσεὺς ὑπὸ τοῦ παιδὸς ἀναιρεῖται κατ’ ἄγνοιαν. Τηλέγονος δ’ ἐπιγνοὺς τὴν ἁμαρτίαν τό τε τοῦ πατρὸς σῶμα καὶ τὸν Τηλέμαχον καὶ τὴν Πηνελόπην πρὸς τὴν μητέρα μεθίστη- 25 σιν· ἡ δὲ αὐτοὺς ἀθανάτους ποιεῖ, καὶ συνοικεῖ τῇ μὲν Πηνελόπῃ Τηλέγονος, Κίρκῃ δὲ Τηλέμαχος.

5–27 Telegoniae enarratio.   codex : U¹ f. 4 r. v.

CYCLI POEMATVM FRAGMENTA

Τιτανομαχία

Testimonia

C. I. G. Ital. et Sicil. 1292 ii. 9 τιτανο]μαχιας ουχ ην
τελεσις ο μηθυμναιος υ[πεθηκε. Philo Byblius fr. 2. 28
(F. H. G. iii. 570) ἔνθεν Ἡσίοδος οἵτε κυκλικοὶ περιη-
χημένοι θεογονίας καὶ γιγαντομαχίας καὶ τιτανομαχίας
ἔπλασαν ἰδίας καὶ ἐκτομάς, οἷς συμπεριφερόμενοι ἐνίκησαν
τὴν ἀλήθειαν. Eumelo adscribunt scholiasta Ap. Rhod. i. 1195 (v. fr. 2),
Hyginus ut vid. (fr. 3), Eumelo vel Arctino Athen. 22 C
277 D (v. frr. IV, V).

I. Philodem. de piet. col. 137. 10 = p. 61 Gomperz
ο δε την τι|τανο] μαχιαν γρα|ψας εξ] αιθερος φησ|ιω] . . .
Epimerism. Hom. in Ἄκμονα (Anec. Oxon. ed. Cramer i. 75.
13) Αἰθέρος δ᾽ υἱὸς Οὐρανός, ὡς ὁ τὴν Τιτανομαχίαν γράψας.

II. scholiasta in Ap. Rhod. i. 1165 Εὔμηλος δὲ ἐν τῇ
Τιτανομαχίᾳ τὸν Αἰγαίωνα Γῆς καὶ Πόντου φησὶ παῖδα, κατοι-
κοῦντα δὲ ἐν τῇ θαλάσσῃ τοῖς Τιτᾶσι συμμαχεῖν. inde
Eudocia 29. 4, 91. 20.

III. scholiasta Townleianus in Ψ 295 καὶ ὁ τὴν
Τιτανομαχίαν δὲ γράψας δύο ἄρρενάς φησιν Ἡλίου καὶ
δύο θηλείας. Hyginus Fab. 183 hi funales sunt mares:
foeminae iugariae Bronte, quae nos tonitrua appellamus,
Sterope, quae fulgitrua. huic rei auctor est Eumelus Corinthius.

e libro II

IV. Athenaeus 277 D. Zoilus οἶδα inquit ὅτι ὁ τὴν
Τιτανομαχίαν ποιήσας, εἶτ᾽ Εὔμηλός ἐστιν ὁ Κορίνθιος

TITANOMAXIA

ἢ Ἀρκτῖνος ἢ ὅστις δήποτε χαίρει ὀνομαζόμενος, ἐν τῷ
δευτέρῳ οὕτως εἴρηκεν·

   ἐν δ᾽ αὐτῇ πλωτοὶ χρυσώπιδες ἰχθύες ἐλλοὶ
   νήχοντες παίζουσι δι᾽ ὕδατος ἀμβροσίοιο.

V. Athenaeus 22 C Εὔμηλος δὲ ὁ Κορίνθιος ἢ Ἀρκτῖνος
τὸν Δία ὀρχούμενόν που παράγει λέγων

   μέσσοισιν δ᾽ ὠρχεῖτο πατὴρ ἀνδρῶν τε θεῶν τε.

VI. Clemens Alex. Strom. i. c. 15 § 3 Stählin ὁ δὲ
Βηρύτιος Ἕρμιππος Χείρωνα τὸν Κένταυρον σοφὸν καλεῖ, ἐφ᾽
οὗ καὶ ὁ τὴν Τιτανομαχίαν γράψας φησὶν ὡς πρῶτος οὗτος

   εἴς τε δικαιοσύνην θνητῶν γένος ἤγαγε δείξας
   ὅρκους καὶ θυσίας ἱλαρὰς καὶ σχήματ᾽ Ὀλύμπου.

VII. Athenaeus 470 B Θεόλυτος δ᾽ ἐν δευτέρῳ Ὡρων
(F. H. G. iv. 515) ἐπὶ λέβητός φησιν αὐτὸν διαπλεῦσαι,
τοῦτο πρώτου εἰπόντος τοῦ τὴν Τιτανομαχίαν ποιήσαντος.

VIII. Philodemus de pietat. col. 92. 24–31 = p. 43 Gom-
perz τας αρπυιας τα μη[λα φ]υλαττειν Ακο[υσιλ]αος, Επι-
μενιδης δε και τουτο και τας αυτας ειναι ταις Εριννυσιν· ο δε
την Τι[τα]νομαχιαν [τα] μεν μηλα φυλατ[τειν . . . . .

locum e Gigantomachia a scholiasta Apollonii Rhod. i.
554 citatum ὁ δὲ τὴν Γιγαντομαχίαν ποιήσας φησὶν ὅτι
Κρόνος μεταμορφωθεὶς εἰς ἵππον ἐμίγη Φιλύρᾳ τῇ Ὠκεανοῦ,
διόπερ καὶ ἱπποκένταυρος ἐγεννήθη ὁ Χείρων· τούτου δὲ
γυνὴ Χαρικλώ huc rettulerunt editores.

Οἰδιπόδεια

Testimonium

C. I. G. Ital. et Sicil. 1292 ii. 11 τ]ην οιδιποδειαν την
υπο κιναιθωνος του| . . . τες επων ουσαν ϛχ
Cinaethoni et Iliadem parvam ascripsit Hellanicus (p. 128).

I. Paus. ix. 5. 10 παῖδας δὲ ἐξ αὐτῆς [sc. τῆς Ἰοκάστης]

OEDIPODEA

οὐ δοκῶ οἱ γενέσθαι, μάρτυρι Ὁμήρῳ χρώμενος ὃς ἐποίησεν
ἐν Ὀδυσσείᾳ (λ 271–4)

μητέρα τ' Οἰδιπόδαο ἴδον καλὴν Ἐπικάστην,
ἣ μέγα ἔργον ἔρεξεν ἀιδρείῃσι νόοιο
γημαμένη ᾧ υἱεῖ· ὁ δ' ὃν πατέρ' ἐξεναρίξας
γῆμεν· ἄφαρ δ' ἀνάπυστα θεοὶ θέσαν ἀνθρώποισιν.

πῶς οὖν ἐποίησαν ἀνάπυστα ἄφαρ εἰ δὴ τέσσαρες ἐκ τῆς
Ἐπικάστης ἐγένοντο παῖδες τῷ Οἰδίποδι; ἐξ Εὐρυγανείας
δὲ τῆς Ὑπέρφαντος ἐγεγόνεσαν· δηλοῖ δὲ καὶ ὁ τὰ ἔπη
ποιήσας ἃ Οἰδιπόδια ὀνομάζουσι.

II. schol. cod. Mon. 560 in Eur. Phoen. 1760 Schwartz :
οἱ τὴν Οἰδιποδίαν γράφοντες, ⟨ἄλλος δ'⟩ οὐδεὶς οὕτω φησί,
περὶ τῆς Σφιγγός

ἀλλ' ἔτι κάλλιστόν τε καὶ ἱμεροέστατον ἄλλων
παῖδα φίλον Κρείοντος ἀμύμονος Αἵμονα δῖον . . .
excidit Sphinx.

Θηβαΐς

Testimonia

Certamen Hom. et Hes. v. 265 ὁ δὲ Ὅμηρος ἀποτυχὼν
τῆς νίκης περιερχόμενος ἔλεγε τὰ ποιήματα, πρῶτον μὲν
τὴν Θηβαΐδα, ἔπη ͵ζ (ζ cod.), ἧς ἡ ἀρχὴ

Ἄργος ἄειδε θεὰ πολυδίψιον ἔνθεν ἄνακτες,
εἶτα Ἐπιγόνους, ἔπη ͵ζ (ζ cod.) ὧν ἡ ἀρχὴ

νῦν αὖθ' ὁπλοτέρων ἀνδρῶν ἀρχώμεθα Μοῦσαι.
φασὶ γάρ τινες καὶ ταῦτα Ὁμήρου εἶναι.

C. I. G. Ital. et Sicil. 1292. 12 . . τες επων ουσαν ϛχ
υποθησομεν θηβαιδα |

· · · ν τον μιλησιον λεγουσιν επων οντα θφ|

Paus. ix. 9. 5 ἐποιήθη δὲ καὶ ἐς τὸν πόλεμον τοῦτον καὶ
ἔπη Θηβαΐς· τὰ δὲ ἔπη ταῦτα Καλλῖνος ⟨fr. 6⟩ ἀφικόμενος
αὐτῶν ἐς μνήμην ἔφησεν Ὅμηρον τὸν ποιήσαντα εἶναι.
Καλλίνῳ δὲ πολλοί τε καὶ ἄξιοι λόγου κατὰ ταὐτὰ ἔγνωσαν·

ΘΗΒΑΙΣ

ἐγὼ δὲ τὴν ποίησιν ταύτην μετά γε Ἰλιάδα καὶ τὰ ἔπη τὰ
ἐς Ὀδυσσέα ἐπαινῶ μάλιστα.

I. Ἄργος ἄειδε θεὰ πολυδίψιον ἔνθεν ἄνακτες
poematis principium ; v. Certamen 265 iam laudatum.

II. Athen. 465 E ὁ δὲ Οἰδίπους δι' ἐκπώματα τοῖς
υἱοῖς κατηράσατο, ὡς ὁ τὴν κυκλικὴν Θηβαίδα πεποιηκώς
φησιν, ὅτι αὐτῷ παρέθηκαν ἔκπωμα ὁ ἀπηγορεύκει, λέγων
οὕτως

αὐτὰρ ὁ διογενὴς ἥρως ξανθὸς Πολυνείκης
πρῶτα μὲν Οἰδιπόδῃ καλὴν παρέθηκε τράπεζαν
ἀργυρέην Κάδμοιο θεόφρονος· αὐτὰρ ἔπειτα
χρύσεον ἔμπλησεν καλὸν δέπας ἡδέος οἴνου.
αὐτὰρ ὅ γ' ὡς φράσθη παρακείμενα πατρὸς ἑοῖο   5
τιμήεντα γέρα, μέγα οἱ κακὸν ἔμπεσε θυμῷ,
αἶψα δὲ παισὶν ἑοῖσι μετ' ἀμφοτέροισιν ἐπαρὰς
ἀργαλέας ἠρᾶτο· θεῶν δ' οὐ λάνθαν' ἐρινύν·
ὡς οὔ οἱ πατρώϊ' ἐν ἠθείῃ φιλότητι
δάσσαιντ', ἀμφοτέροισι δ' αἰεὶ πόλεμοί τε μάχαι τε ...   10
Athenaeum exscr. Eust. 1684. 7.

III. schol. Laur. in Soph. O. C. 1375 Papp. τοῦτο
ἅπαξ ἅπαντες οἱ πρὸ ἡμῶν παραλελοίπασιν, ἔχει δὲ τὰ
ἀπὸ τῆς ἱστορίας οὕτως· οἱ περὶ Ἐτεοκλέα καὶ Πολυνείκην
δι' ἔθους ἔχοντες τῷ πατρὶ Οἰδίποδι πέμπειν ἐξ ἑκάστου
ἱερείου μοῖραν τὸν ὦμον, ἐκλαθόμενοί ποτε εἴτε κατὰ
ῥᾳστώνην εἴτε ἐξ ὁτουοῦν ἰσχίον αὐτῷ ἔπεμψαν, ὁ δὲ
μικροψύχως καὶ τελέως ἀγενῶς ὅμως γοῦν ἀρὰς ἔθετο κατ'
αὐτῶν δόξας κατολιγωρεῖσθαι· ταῦτα ὁ τὴν κυκλικὴν Θη-
βαίδα ποιήσας ἱστορεῖ οὕτως·

II. 1 αὐτὰρ ὁ διογενὴς πολυνείκης cit. schol. A Π 57   8 θεὸν codd.
corr. Meineke   9 πατρωιαν εἴη φιλότητι cod. A Athen. corr.
Meineke : ἐνηέι ἐν Ribbeck, possis et ἑταιρείῃ cl. h. Merc. 58   10 δά-
σαντο cod. corr. Hermann

ἰσχίον ὡς ἐνόησε χαμαὶ βάλε εἶπέ τε μῦθον·
ὤμοι ἐγώ, παῖδες μὲν ὀνειδείοντες ἔπεμψαν . . . . .
εὖκτο Διὶ βασιλῆι καὶ ἄλλοις ἀθανάτοισι
χερσὶν ὑπ' ἀλλήλων καταβήμεναι Ἄιδος εἴσω.   4

IV. Paus. viii. 25. 8 ἐπάγονται δὲ ἐξ Ἰλιάδος ἔπη καὶ
ἐκ Θηβαΐδος μαρτύριά σφισιν εἶναι τῷ λόγῳ, ἐν μὲν
Ἰλιάδι ἐς αὐτὸν Ἀρείονα πεποιῆσθαι [Ψ 346], ἐν δὲ τῇ
Θηβαΐδι ὡς Ἄδραστος ἔφευγεν ἐκ Θηβῶν
    εἵματα λυγρὰ φέρων σὺν Ἀρείονι κυανοχαίτῃ.
αἰνίσσεσθαι οὖν ἐθέλουσι τὰ ἔπη Ποσειδῶνα Ἀρείονι εἶναι
πατέρα.   schol. A B Ψ 346 ἡ ἱστορία παρὰ τοῖς κυκλικοῖς.

V. Pindarus Ol. vi. 15
    ἑπτὰ δ' ἔπειτα πυρᾶν νεκρῶν τελεσθέντων Ταλαιονίδας
    εἶπεν ἐν Θήβαισι τοιοῦτόν τι ἔπος· ποθέω στρατιᾶς
        ὀφθαλμὸν ἐμᾶς
    ἀμφότερον μάντιν τ' ἀγαθὸν καὶ δουρὶ μάρνασθαι.
schol. cod. Ambros. C 222 inf. ὁ Ἀσκληπιάδης (cf. F. H. G.
iii. 299, Susemihl *Gesch. Alex. Litt.* ii. 19 n. 100) φησὶ ταῦτα
εἰληφέναι ἐκ τῆς κυκλικῆς Θηβαΐδος.

VI. Apoll. Biblioth. i. 74 Ἀλθαίας δὲ ἀποθανούσης
ἔγημεν Οἰνεὺς Περίβοιαν τὴν Ἱππονόου. ταύτην δὲ ὁ μὲν
γράψας τὴν Θηβαΐδα πολεμηθείσης Ὠλένου λέγει λαβεῖν
Οἰνέα γέρας, Ἡσίοδος δὲ κτλ. (fr. 73 R).

VII. Paus. ix. 18. 6 πρὸς δὲ τῇ πηγῇ τάφος ἐστὶν
Ἀσφοδίκου· καὶ ὁ Ἀσφόδικος οὗτος ἀπέκτεινεν ἐν τῇ μάχῃ τῇ
πρὸς Ἀργείους Παρθενοπαῖον τὸν Ταλαοῦ, καθὰ οἱ Θηβαῖοι
λέγουσιν, ἐπεὶ τά γε ἐν Θηβαΐδι ἔπη τὰ ἐς τὴν Παρθενοπαίου
τελευτὴν Περικλύμενον τὸν ἀνελόντα φησὶν εἶναι.

III. ad v. 2 signum solitum, quod idem ac ζήτει valet, apposuit scriba,
fortasse ob ὀνειδείοντες ; lacunam statuit Hermann   3 βασιλεῖ cod.
corr. Triclinius   4 καταβῆναι cod. corr. Lascaris

EPIGONI

Ἐπίγονοι

Testimonium

Certamen Hom. et Hes. 265 ὁ δὲ Ὅμηρος ἀποτυχὼν
τῆς νίκης περιερχόμενος ἔλεγε τὰ ποιήματα, πρῶτον μὲν
τὴν Θηβαΐδα . . . εἶτα Ἐπιγόνους [ἐπειγομένου cod. em.
Barnes], ἔπη ͵ζ (ζ cod.) ἧς ἡ ἀρχὴ
        νῦν αὖθ' ὁπλοτέρων ἀνδρῶν ἀρχώμεθα Μοῦσαι.
φασὶ γάρ τινες καὶ ταῦτα Ὁμήρου εἶναι.   Herodoti testi-
monium vide ad fr. 3.   Antimacho poema adscribit schol.
Ar. Pac. 1270, v. fr. 1.   Teiumne voluit ? (quem floruisse
ol. vi. 3 tradit Plut. vit. Romul. 12, fr. 2 K).

I. νῦν αὖθ' ὁπλοτέρων ἀνδρῶν ἀρχώμεθα Μοῦσαι.
operis principium : v. Certamen iam laudatum.   parodia
exstat ap. Aristophanem Pac. 1270

ΠΑ. Λ. νῦν αὖθ' ὁπλοτέρων ἀνδρῶν ἀρχώμεθα ΤΡΥ.
        παῦσαι
        ὁπλοτέρους ᾄδων.
ibi schol. ἀρχὴ δὲ τῶν Ἐπιγόνων Ἀντιμάχου.

II. Photius Lex. et Suidas in v. Τευμησία· περὶ τῆς
Τευμησίας ἀλώπεκος οἱ τὰ Θηβαϊκὰ γεγραφηκότες (γεγρα-
φότες Suid.) ἱκανῶς ἱστορήκασι, καθάπερ Ἀριστόδημος (F.H.
G. iii. 309)· ἐπιπεμφθῆναι μὲν γὰρ ὑπὸ θεῶν τὸ θηρίον
τοῦτο τοῖς Καδμείοις· διὸ τῆς βασιλείας ἐξέκλειον τοὺς ἀπὸ
Κάδμου γεγονότας.   Κέφαλον δὲ φασὶ τὸν Δηιόνος Ἀθη-
ναῖον ὄντα καὶ κύνα κεκτημένον ὃν οὐδὲν διέφυγεν τῶν
θηρίων, ὡς ἀπέκτεινεν ἄκων τὴν ἑαυτοῦ γυναῖκα Πρόκριν
(Πρόκνην Suid.), καθηράντων αὐτὸν τῶν Καδμείων, διώκειν
τὴν ἀλώπεκα μετὰ τοῦ κυνός· καταλαμβανομένους δὲ περὶ τὸν
Τευμησσὸν λίθους γενέσθαι τόν τε κύνα καὶ τὴν ἀλώπεκα.
εἰλήφασι δ' οὗτοι τὸν μῦθον ἐκ τοῦ ἐπικοῦ (ἐνικοῦ Phot.)
κύκλου.

III. Herod. iv. 32 ἀλλ' Ἡσιόδῳ (fr. 209 R) μέν ἐστι

115

EPIGONI

περὶ Ὑπερβορέων εἰρημένα, ἔστι δὲ καὶ Ὁμήρῳ ἐν Ἐπιγόνοισι, εἰ δὴ τῷ ἐόντι γε Ὅμηρος ταῦτα τὰ ἔπεα ἐποίησε.

IV. schol. Ap. Rhod. i. 308 οἱ δὲ τὴν Θηβαΐδα γεγραφότες φασὶν ὅτι ὑπὸ τῶν Ἐπιγόνων ἀκροθίνιον ἀνετέθη Μαντὼ ἡ Τειρεσίου θυγάτηρ εἰς Δελφοὺς πεμφθεῖσα, καὶ κατὰ χρησμὸν Ἀπόλλωνος ἐξερχομένη περιέπεσε Ῥακίῳ τῷ Λέβητος υἱῷ Μυκηναίῳ τὸ γένος. καὶ γημαμένη αὐτῷ· τοῦτο γὰρ περιεῖχε τὸ λόγιον, γαμεῖσθαι ᾧ ἂν συναντήσῃ· ἐλθοῦσα εἰς Κολοφῶνα καὶ ἐκεῖ δυσθυμήσασα ἐδάκρυσε διὰ τὴν τῆς πατρίδος πόρθησιν.

fortasse ex Epigonis sumpsit Aristophanes et quos post fr. 1 citat versus :

Pac.1282 ΠΑ. Λ. ὡς οἱ μὲν δαίνυντο βοῶν κρέα καυχένας
                                                          ἵππων
                    ἔκλυον ἱδρώοντας ἐπεὶ πολέμου ἐκόρεσθεν.
1286   θωρήσσοντ᾿ ἄρ᾿ ἔπειτα πεπαυμένοι ΤΡΥ.
                    ἄσμενοι οἶμαι.
         ΠΑ. Λ. πύργων δ᾿ ἐξεχέοντο βοὴ δ᾿ ἄσβεστος
                    ὀρώρει.

de quibus tacet quidem scholiasta, sed idem Certaminis auctor ita 1282, 1283 adhibet (107, 108) ut 1282 Hesiodo adscribat, lecto tamen δεῖπνον ἔπειθ᾿ εἵλοντο in initio.

CYPRIA

Testimonia

Herodoti ii. 117 v. fr. viii, Athenaei 35 C, 334 B, 682 C v. frr. iv, vi, x, Clementis Alex. Protr. ii. 30. 5 v. fr. v, Strom. vi. 2. 19. 1 v. fr. xxii, Pausaniae iv. 2. 7 v. fr. xiv, x. 26. 1 v. fr. xix, 26. 4 v. fr. xi, 31. 2 v. fr. xviii.

Aelianus Var. Hist. ix. 15 λέγεται δὲ κἀκεῖνο πρὸς τούτοις, ὅτι ἄρα ἀπορῶν [ὁ Ὅμηρος] ἐκδοῦναι τὴν θυγατέρα ἔδωκεν αὐτῇ προῖκα ἔχειν τὰ ἔπη τὰ Κύπρια· καὶ ὁμολογεῖ τοῦτο Πίνδαρος ⟨fr. 265⟩.

116

CYPRIA

Aristoteles Poet. c. 23. 1459 A 30 οἱ δ' ἄλλοι [sc. praeter Homerum] περὶ ἕνα ποιοῦσι καὶ περὶ ἕνα χρόνον, οἷον ὁ τὰ Κύπρια ποιήσας καὶ τὴν μικρὰν Ἰλιάδα. τοιγαροῦν ἐκ μὲν Ἰλιάδος καὶ Ὀδυσσείας μία τραγῳδία ποιεῖται ἑκατέρας ἢ δύο μόναι, ἐκ δὲ Κυπρίων πολλαί. Lucius Tarrhaeus ut vid. in cod. Mus. Brit. add. 5118 ap. Cramer. An. Ox. iv. 315–38 ἕκτον κρίσις ποιημάτων, πολλὰ γὰρ νοθευόμενά ἐστιν—ὁμοίως τὰ Κυπριακὰ καὶ ὁ Μαργίτης. schol. Clem. Alex. Protrept. 26 Pott ix. 782 Migne Κύπρια ποιήματά εἰσι τὰ τοῦ κύκλου· περιέχει δὲ ἁρπαγὴν Ἑλένης· ὁ δὲ ποιητὴς αὐτῶν ἄδηλος· εἷς γάρ ἐστι τῶν κυκλικῶν. κυκλικοὶ δὲ καλοῦνται ποιηταὶ οἱ τὰ κύκλῳ τῆς Ἰλιάδος ἢ τὰ πρῶτα ἢ τὰ μεταγενέστερα ἐξ αὐτῶν τῶν Ὁμηρικῶν συγγράψαντες. Suidas in Ὅμηρος 29 γήμας δ' ἐν Χίῳ Ἀρησιφόνην τὴν Γνώτορος υἱοῦ Κυμαίου θυγατέρα ἔσχεν υἱεῖς δύο καὶ θυγατέρα, ἣν ἔγημεν Στασῖνος ὁ Κύπριος. 37 ἀναφέρεται δ' εἰς αὐτὸν καὶ ἄλλα τινὰ ποιήματα . . . κύκλος, ὕμνοι, Κύπρια.

Tzetzes Chil. xiii. 636

    Σερίφων καὶ Θεόλαος υἱοὶ δὲ τοῦ Ὁμήρου,
    θυγάτηρ Ἀρσιφόνη δέ, ἣν ἔγημε Στασῖνος,
    Στασῖνος ὁ τὰ Κύπρια συγγράμματα ποιήσας
    ἅπερ οἱ πλείους λέγουσιν Ὁμήρου πεφυκέναι,
    εἰς προῖκα δὲ σὺν χρήμασι δοθῆναι τῷ Στασίνῳ.   5

I. scholl. A, Vind. 61, minn. in A 5 Διὸς βουλήν] οἱ μὲν τὴν εἱμαρμένην ἀπέδοσαν, ἄλλοι δὲ ἐξεδέξαντο δρῦν ἱερὰν μαντικὴν τοῦ Διὸς ἐν Δωδωναίῳ ὄρει τῆς Θεοπρωτίας, ὡς αὐτὸς Ὅμηρος λέγει ἐν Ὀδυσσείᾳ . . . [ξ 327]. ἄλλοι δ' ἀπὸ ἱστορίας τινὸς εἶπον εἰρηκέναι τὸν Ὅμηρον. φασὶ γὰρ τὴν γῆν βαρουμένην ὑπ' ἀνθρώπων πολυπληθίας, μηδεμιᾶς ἀνθρώπων οὔσης εὐσεβείας, αἰτῆσαι τὸν Δία κουφισθῆναι τοῦ ἄχθους· τὸν δὲ Δία πρῶτον μὲν εὐθὺς ποιῆσαι Θηβαικὸν πόλεμον, δι' οὗ πολλοὺς πάνυ ἀπώλεσεν· ὕστερον

δὲ πάλιν συμβούλῳ τῷ Μώμῳ χρησάμενος, ἦν Διὸς βουλὴν
Ὅμηρός φησιν, ἐπειδὴ οἷός τε ἦν κεραυνοῖς ἢ κατακλυσμοῖς
πάντας διαφθείρειν. ὅπερ τοῦ Μώμου κωλύσαντος, ὑποθε-
μένου δὲ αὐτῷ τὴν Θέτιδος θνητογαμίαν καὶ θυγατέρος
καλῆς γένναν, ἐξ ὧν ἀμφοτέρων πόλεμος Ἕλλησι τε καὶ
βαρβάροις ἐγένετο, ἀφ' οὗ χρόνου συνέβη κουφισθῆναι τὴν
γῆν, πολλῶν ἀναιρεθέντων. ἡ δὲ ἱστορία παρὰ Στασίνῳ
(ταρσίνῳ Vind. 61) τῷ τὰ Κύπρια πεποιηκότι, εἰπόντι οὕτως

        ἦν ὅτε μυρία φῦλα κατὰ χθόνα πλαζόμεν' ἀνδρῶν
. . . . βαθυστέρνου πλάτος αἴης.
        Ζεὺς δὲ ἰδὼν ἐλέησε καὶ ἐν πυκιναῖς πραπίδεσσι
        σύνθετο κουφίσαι ἀνθρώπων παμβώτορα γαῖαν,
        ῥιπίσσας πολέμου μεγάλην ἔριν Ἰλιακοῖο,   5
        ὄφρα κενώσειεν θανάτου βάρος· οἱ δ' ἐνὶ Τροίῃ
        ἥρωες κτείνοντο· Διὸς δ' ἐτελείετο βουλή.

II. voll. Hercul. coll. alt. viii. 105 [ὁ δὲ τ]ὰ Κύπ[ρια
ποιήσας Ἥ]ραι χαρ[ιζομένη]ν φεύγειν αὐ[τοῦ τὸ]ν γάμον,
Δ[ία δὲ ὀμ]όσαι χολω[θέντ]α διότι θνη[τῶι συ]νοικίσει. κα[ὶ
παρ' Ἡ]σιόδωι ⟨fr. 80⟩ δὲ κε[ῖται τ]ὸ παραπλήσ[ιον.

attulit Reitzenstein *Hermes* xxxv. 73 sq., coll. Apollodor. iii.
168 sq., Apoll. Rhod. iv. 790 sq.

III. schol. A et minn. in Π 140 προκατεσκεύακε μόνον
αὐτῷ τὸ δόρυ σῴζεσθαι διὰ τὸ ξύλα μὴ ἐργάζεσθαι τὸν
Ἥφαιστον. κατὰ γὰρ τὸν Πηλέως καὶ Θέτιδος γάμον οἱ

I. Cf. et schol. Eur. Orest. 1641 ἱστορεῖται ὅτι ἡ γῆ βαρυνομένη τῷ
πλήθει τῶν ἀνθρώπων ἠξίωσε τὸν Δία ἐλαφρῦναι αὐτῆς τὸ βάρος : sim.
schol. cod. Barocc. 162 in A 5 (An. Ox. iv. 405)   1 πλαζόμενα
codd. corr. Barnes : λανήμενα πλαζόμενα J. Nic. Loensis in Gruteri
Lampas sive Fax Artium Liberalium Francofort. 1605 vi. 401, sc.
e glossa codicis alicuius πλαζόμενα (ss. λανήμενα)   2 ἐκπάγλως
Schneidewin, ἐβάρυνε Boissonade in lacuna   βαρυστέρνου codd. :
βαθυ- scholl. min. ed. 1517   3 ἄλγησε Vind. 61   4 κουφίσαι
παμβώτορα γαίης ἀνῶν A : παμβότειραν γαίην ἀνθρώπων Vind. 61
5 ῥιπίσαι τε A : ῥιπίσαι Vind. 61 (om. πολέμου)   ἰλιακοῦ Vind. 61
6 θανάτῳ scholl. min.   οἱ δὲ ἐν τροίᾳ Vind. 61   scholium codicis
Vind. 61 protulit S. in censura operis Duentzerani *Allgemeine Litera-
tur-Zeitung*, Halle u. Leipzig, 1840, p. 516.
III. 2 αὐτὸ codd. em. Cobet   3 γὰρ om. scholl. min.

θεοὶ συναχθέντες εἰς τὸ Πήλιον ἐπ᾽ εὐωχίᾳ ἐκόμιζον Πηλεῖ
δῶρα, Χείρων δὲ μελίαν εὐθαλῆ τεμὼν εἰς δόρυ παρέσχεν. 5
φασὶ μὲν Ἀθηνᾶν ξέσαι αὐτό, Ἥφαιστον δὲ κατασκευάσαι.
τούτῳ δὲ τῷ δόρατι καὶ Πηλεὺς ἐν ταῖς μάχαις ἠρίστευσε
καὶ μετὰ ταῦτα Ἀχιλλεύς.   ἡ ἱστορία παρὰ τῷ τὰ Κύπρια
ποιήσαντι.

IV.   *e libro primo*
Athen. 682 D ἀνθῶν δὲ στεφανωτικῶν μέμνηται ὁ μὲν
τὰ Κύπρια ἔπη πεποιηκὼς Ἡγησίας ἢ Στασῖνος· Δημοδάμας
γὰρ ὁ Ἁλικαρνασσεὺς ἢ Μιλήσιος ἐν τῷ περὶ Ἁλικαρνασσοῦ
⟨F. H. G. ii. 444⟩ Κύπρια Ἁλικαρνασσέως δὲ αὐτὰ εἶναί φησι
ποιήματα· λέγει δ᾽ οὖν ὅστις ἐστὶν ὁ ποιήσας αὐτὰ ἐν τῷ α΄
οὑτωσί·

εἵματα μὲν χροῒ ἔστο τά οἱ Χάριτές τε καὶ Ὧραι
ποίησαν καὶ ἔβαψαν ἐν ἄνθεσιν εἰαρινοῖσι,
οἷα φοροῦσ᾽ Ὧραι, ἔν τε κρόκῳ ἔν θ᾽ ὑακίνθῳ
ἔν τε ἴῳ θαλέθοντι ῥόδου τ᾽ ἐνὶ ἄνθεϊ καλῷ
ἡδέϊ νεκταρέῳ, ἔν τ᾽ ἀμβροσίαις καλύκεσσι   5
ἄνθεσι ναρκίσσου καλλιρρόου·
                       δ᾽ οἷ᾽ Ἀφροδίτη
ὥραις παντοίαις τεθυωμένα εἵματα ἔστο.

V. pergit Athenaeus 682 F οὗτος ὁ ποιητὴς καὶ τὴν τῶν
στεφάνων χρῆσιν εἰδὼς φαίνεται δι᾽ ὧν λέγει
ἡ δὲ σὺν ἀμφιπόλοισι φιλομειδὴς Ἀφροδίτη . . .
πλεξάμεναι στεφάνους εὐώδεας, ἄνθεα γαίης,
ἂν κεφαλαῖσιν ἔθεντο θεαὶ λιπαροκρήδεμνοι,

III. 6 μὲν] δὲ scholl. min.   Ἀθηνᾶν μὲν scholl. min.   7 ἀρίστευε
scholl. min.   9 πεποιηκότι scholl. min.
IV. impugnavit Demodamas eos qui e Cypriorum titulo poetam
comprobabant Cyprium, velut e Naupactiis carminibus Naupactium alii
(Paus. x. 38. 11). Κυπρία ante Ἁλ. scripsit Hecker : ad sensum quidem
μὲν post Κύπρια suppleas   1 ἱμάτια cod. em. Canter   χροιᾶς
τότε οἱ cod. em. Meineke   6 ἄνθεσι et καλλιρρόου dubia : καὶ λειρίου
Meineke   7 δ᾽ οια cod. : τοῖ᾽ Meineke : δῖ᾽ Casaubon   lac. stat.
Köchly
V. lacunam post v. 1 pos. Meineke

CYPRIA

Νύμφαι καὶ Χάριτες, ἅμα δὲ χρυσῆ 'Αφροδίτη,
καλὸν ἀείδουσαι κατ' ὄρος πολυπιδάκου Ἴδης.   5

VI. Clemens Alex. Protrept. ii. 30. 5 Stählin προσίτω
δὲ καὶ ὁ τὰ Κυπριακὰ ποιήματα γράψας
Κάστωρ μὲν θνητός, θανάτου δέ οἱ αἶσα πέπρωται,
αὐτὰρ ὅ γ' ἀθάνατος Πολυδεύκης, ὄζος Ἄρηος.

VII. Athen. 334 B οὐ λανθάνει δέ με . . . καὶ ὅτι ὁ τὰ
Κύπρια ποιήσας ἔπη, εἴτε Κύπριός τις ἐστιν ἢ Στασῖνος ἢ
ὅστις δήποτε χαίρει ὀνομαζόμενος, τὴν Νέμεσιν ποιεῖ διωκο-
μένην ὑπὸ Διὸς καὶ εἰς ἰχθὺν μεταμορφουμένην διὰ τούτων·
τοὺς δὲ μέτα τριτάτην Ἑλένην τέκε θαῦμα βροτοῖσι . . .
τήν ποτε καλλίκομος Νέμεσις φιλότητι μιγεῖσα
Ζηνὶ θεῶν βασιλῆϊ τέκε κρατερῆς ὑπ' ἀνάγκης·
φεῦγε γάρ, οὐδ' ἔθελεν μιχθήμεναι ἐν φιλότητι
πατρὶ Διὶ Κρονίωνι· ἐτείρετο γὰρ φρένας αἰδοῖ   5
καὶ νεμέσει· κατὰ γῆν δὲ καὶ ἀτρύγετον μέλαν ὕδωρ
φεῦγε, Ζεὺς δ' ἐδίωκε· λαβεῖν δ' ἐλιλαίετο θυμῷ·
ἄλλοτε μὲν κατὰ κῦμα πολυφλοίσβοιο θαλάσσης
ἰχθύϊ εἰδομένη πόντον πολὺν ἐξορόθυνεν,
ἄλλοτ' ἀν' ὠκεανὸν ποταμὸν καὶ πείρατα γαίης,   10
ἄλλοτ' ἀν' ἤπειρον πολυβώλακα· γίγνετο δ' αἰεὶ
θηρί', ὅσσ' ἤπειρος αἰνὰ τρέφει, ὄφρα φύγοι νιν.

VIII. Paus. iii. 16. 1 πλησίον δὲ Ἱλαείρας καὶ Φοίβης
ἐστὶν ἱερόν· ὁ δὲ ποιήσας τὰ ἔπη τὰ Κύπρια θυγατέρας
αὐτὰς 'Απόλλωνός φησιν εἶναι.

cf. Steph. in Ar. Rhet. ii. 23 (p. 306 Rabe) Τυνδάρεως καὶ
'Αφαρεὺς καὶ Λεύκιππος ἀδελφοί.   ὁ δὲ Λεύκιππος εἶχε
θυγατέρας δύο, Φοίβην καὶ Ἱλάειραν, ἃς οἱ Διόσκουροι
ἔτι παρθένους οὔσας ἐξήρπασαν· εἰ γοῦν μὴ οἱ Τυνδαρίδαι
πρῶτοι περὶ τὰς ἐξαδέλφας αὐτῶν ἐμάνησαν οὐδ' ἂν
'Αλέξανδρος περὶ τὴν αὐτῶν ἀδελφήν.   οὕτως ἐν τῷ

VII. 1 τοῖς cod. em. Meineke.   lacunam stat. Welcker

γάμμα ⟨sc. ad Iliadis Γ⟩ τὸ λεξικὸν τὸ Ὁμηρικὸν λέγει,
εἰ καὶ ὁ Λυκόφρων ⟨546 sqq.⟩ ἄλλως λέγει περί τε τούτων
καὶ περὶ τῶν τοῦ Ἀφαρέως υἱῶν Ἴδα καὶ Λυγκέως.

cf. scholl. in Γ 243.

IX. Schol. Eur. Andr. 898 Λυσίμαχος ⟨fr. 18 F. H. G.
iii. 340⟩ καὶ ἄλλοι τινὲς ἱστοροῦσιν γενέσθαι ἐξ Ἑλένης
καὶ Νικόστρατον. ὁ δὲ τὰς Κυπριακὰς ἱστορίας συντάξας
Πλεισθένην φησί, μεθ' οὗ εἰς Κύπρον ἀφῖχθαι καὶ τὸν
ἐξ αὐτῆς τεχθέντα Ἀλεξάνδρῳ Ἄγανον.

X. scholl. A minn. ad Γ 242 Ἑλένη ἁρπασθεῖσα
ὑπὸ Ἀλεξάνδρου ἀγνοοῦσα τὸ συμβεβηκὸς μεταξὺ τοῖς
ἀδελφοῖς Διοσκούροις κακόν, ὑπολαμβάνει δι' αἰσχύνης
αὐτῆς μὴ πεπορεῦσθαι τούτους εἰς Ἴλιον, ἐπειδὴ προτέρως
ὑπὸ Θησέως ἡρπάσθη, καθὼς προείρηται· διὰ γὰρ τὴν τότε
γενομένην ἁρπαγὴν Ἄφιδνα πόλις Ἀττικῆς πορθεῖται, καὶ
τιτρώσκεται Κάστωρ ὑπὸ Ἀφίδνου τοῦ τότε βασιλέως κατὰ
τὸν δεξιὸν μηρόν. οἱ δὲ Διόσκουροι Θησέως μὴ τυχόντες
λαφυραγωγοῦσι τὰς Ἀθήνας (ἀφίδνας sch. min.). ἡ ἱστορία
παρὰ τοῖς Πολεμωνίοις ⟨fr. 10 F. H. G. iii. 118⟩ ἢ τοῖς
[ἤτοι sch. minn.] κυκλικοῖς, καὶ ἀπὸ μέρους παρὰ Ἀλκμᾶνι
τῷ λυρικῷ ⟨deest apud P. L. G. iii⟩.

ἡ ἱστορία παρὰ κυκλικοῖς sola habet cod. Leidensis Voss. 64 teste
Valckenaerio, τελαμωνίοις pro πολεμωνίοις cod. Vat. 915 auctore
Baumeistero Philol. xi. 1856. 168.

XI. schol. Pind. Nem. x. 114 ὁ μὲν Ἀρίσταρχος ἀξιοῖ
γράφειν ἤμενον, ἀκολούθως τῇ ἐν τοῖς Κυπρίοις λεγομένῃ
ἱστορίᾳ. ὁ γὰρ τὰ Κύπρια συγγράψας φησὶ τὸν Κάστορα
ἐν τῇ δρυὶ κρυφθέντα ὀφθῆναι ὑπὸ Λυγκέως· τῇ δὲ αὐτῇ
γραφῇ καὶ Ἀπολλόδωρος ⟨Bibl. iii. 136⟩ κατηκολούθησε.
πρὸς οὕς φησι Δίδυμος ἀμφοτέρων ὑπὸ τῇ δρυὶ λοχώντων τοῦ
Κάστορος καὶ τοῦ Πολυδεύκους μόνον ὁ Λυγκεὺς τὸν Κά-
στορα εἶδε. μηποτε οὖν δεῖ φησὶν ἀναγινώσκειν τὴν
παραλήγουσαν· συλλαβὴν ὀξυτόνως ἡμένος ἢ διὰ τοῦ ῶς
ἡμένως, ἵνα κατ' ἀμφοῖν ἀκούηται. ὁ δὲ Λυγκεὺς δρυὸς ἐν

στελέχει ἡμένος ἀντὶ τοῦ ἡμένους δηλονότι τοὺς Διοσκούρους,
ὡς ἀελλόπος καὶ τρίπος, οὐχ ἕδος ἐστι γεραιέ, ἀντὶ τοῦ
οὐχ ἕδους ⟨Λ 648⟩.   παρατίθενται δὲ καὶ τὸν τὰ Κύπρια
γράψαντα οὕτω λέγοντα·
        αἶψα δὲ Λυγκεὺς
Ταΰγετον προσέβαινε ποσὶν ταχέεσσι πεποιθώς.
ἀκρότατον δ' ἀναβὰς διεδέρκετο νῆσον ἅπασαν
Τανταλίδου Πέλοπος, τάχα δ' εἴσιδε κύδιμος ἥρως
δεινοῖς ὀφθαλμοῖσιν ἔσω δρυὸς ἄμφω κοίλης   5
Κάστορά θ' ἱππόδαμον καὶ ἀεθλοφόρον Πολυδεύκεα·
νύξε δ' ἄρ' [ἄγχι στὰς . . .

XII. Herod. ii. 117 κατὰ ταῦτα δὲ τὰ ἔπεα καὶ τοῦτο
τὸ χωρίον [Ζ 289 sqq. δ 227 sqq. 351 sq.] οὐκ ἥκιστα ἀλλὰ
μάλιστα δηλοῖ ὅτι οὐκ Ὁμήρου τὰ Κύπρια ἔπεά ἐστι ἀλλ'
ἄλλου τινός.   ἐν μὲν γὰρ τοῖσι Κυπρίοισι εἴρηται ὡς
τριταῖος ἐκ Σπάρτης Ἀλέξανδρος ἀπίκετο ἐς τὸ Ἴλιον ἄγων
Ἑλένην, εὐαέι τε πνεύματι χρησάμενος καὶ θαλάσσῃ λείῃ·
ἐν δὲ Ἰλιάδι [Ζ l.c.] λέγει ὡς ἐπλάζετο ἄγων αὐτήν.   vide
Eust. 643. 1–5.

XIII. Athen. 35 C
οἶνόν τοι Μενέλαε θεοὶ ποίησαν ἄριστον
θνητοῖς ἀνθρώποισιν ἀποσκεδάσαι μελεδῶνας
ὁ τῶν Κυπρίων τοῦτό φησι ποιητής, ὅστις ἂν εἴη.   eadem
Suidas in Οἶνος (ὁ δὲ Κύπριός φησι ποιητής), Eust.
1623. 44.   Theognis 883 τοῦ πίνων ἀπὸ μὲν χαλεπὰς
σκεδάσεις μελεδῶνας.

XIV. Paus. x. 26. 4 τοῦ δὲ Ἀχιλλέως τῷ παιδὶ Ὅμηρος

XI. vv. 1–6 hab. et Tzetzes in Lycophr. 511 (τὴν δ' ἱστορίαν τῶν
Διοσκούρων καὶ Στασῖνος ὁ τὰ Κύπρια πεποιηκὼς γράφει), Chiliad.
ii. 711   4 ὄμβριμος pro κύδιμος Tzetz. Chil.   5 δεινοῖς om. schol.
Pind. (εἰν ed. scholl. Romana 1515)   7 νύξε δ' ἄρ' om. Tzetzes.
ἄγχι στὰς ex ἀγχίστωρ, quod pro vulgato ὁ κάστωρ in scholio quod
insequitur dat ed. Romana, Heyne.   cf. et Philodem. de piet. col.
34 C κασто|ρα δ]ε υπο ειδα του | αφαρ]εω κατηκ|οντισθαι γεγρα[φεν . . .
. . . .

CYPRIA

μὲν Νεοπτόλεμον ὄνομα ἐν ἁπάσῃ οἱ τίθεται τῇ ποιήσει·
τὰ δὲ Κύπρια ἔπη φησὶν . . . . ὑπὸ Φοίνικος αὐτῷ τεθῆναι,
ὅτι Ἀχιλλεὺς ἡλικίᾳ ἔτι νέος πολεμεῖν ἤρξατο.

XV. schol. Laur. in Soph. El. 157 ἢ Ὁμήρῳ ἀκολουθεῖ
εἰρηκότι τὰς τρεῖς θυγατέρας τοῦ Ἀγαμέμνονος, ἢ ὡς ὁ τὰ
Κύπρια δ' φησίν, Ἰφιγένειαν καὶ Ἰφιάνασσαν.

εἰρηκότι ζῆν Laur. 2725 | τρεῖς τὰς Lascaris | δ'' διαφόρους perperam
Elmsley : tres Homerus, quattuor filias Agamemnoni imputat Stasinus,
scilicet et Iphigeniam et Iphianassam.

XVI. *Les Papyrus Grecs du Musée du Louvre*, Paris 1866,
papyrus II. col. 11. v. 27 εἰ Ἀγαμέμνων οὕτως ἔφασκεν

οὐκ ἐφάμην Ἀχιλῆι χολωσέμεν ἄλκιμον ἦτορ
ὧδε μάλ' ἐκπάγλως, ἐπειὴ μάλα μοι φίλος ἦεν (ηην pap.)
ἀξίωμα ἐστίν.

Cypriis versus attribuit Letronne (*Journal des Savants*, 1838,
p. 322), fortasse recte, opus rhetoricum Chrysippo Bergk.

XVII. Paus. iv. 2. 7 Λυγκέως μὲν δὴ παῖδα οὐκ ἴσμεν
γενόμενον, Ἴδα δὲ Κλεοπάτραν θυγατέρα ἐκ Μαρπήσσης ἡ
Μελεάγρῳ συνῴκησεν. ὁ δὲ τὰ ἔπη ποιήσας τὰ Κύπρια
Πρωτεσιλάου φησίν, ὃς ὅτε κατὰ τὴν Τρῳάδα ἔσχον
Ἕλληνες ἀποβῆναι πρῶτος ἐτόλμησε, Πρωτεσιλάου τούτου
τὴν γυναῖκα Πολυδώραν μὲν τὸ ὄνομα, θυγατέρα δὲ Μελεάγρου
φησὶν εἶναι τοῦ Οἰνέως.

XVIII. schol. T in Π 57 πόλιν εὐτείχεα πέρσας Achilles
unde Briseida cepit] τὴν Πήδασον οἱ τῶν Κυπρίων ποιηταί,
αὐτὸς δὲ Λυρνησσόν ⟨Β 690⟩.

XIX. Eust. 119. 4 in A 366 ἱστοροῦσι δέ τινες ὅτι ἐκ
τῶν Ὑποπλακίων Θηβῶν ἡ Χρυσηὶς ἐλήφθη, οὔτε καταφυ-
γοῦσα ἐκεῖ, οὔτ' ἐπὶ θυσίαν Ἀρτέμιδος ἐλθοῦσα, ὡς ὁ
τὰ Κύπρια γράψας ἔφη, ἀλλὰ πολῖτις ἤτοι συμπολῖτις
Ἀνδρομάχης οὖσα. unde Cypriorum nomen Eustathius
traxerit ignotum. schol. A minn. in v. ἔνιοι δέ φασιν ὅτι

καὶ ἡ Χρυσηὶς ἐκ Θηβῶν ἐλήφθη. τῆς γὰρ Χρύσης φασὶν
οὔσης πολιχνίου ἀτειχίστου καὶ εὐτελοῦς, ὡς ἐν ἀσφαλεστέρᾳ
καὶ μείζονι τῇ Θήβῃ οἱ ἀπ' αὐτῆς προσερρυηκότες ἦσαν διὰ
τὸν πόλεμον.

XX. schol. Lycophr. 570 Scheer Σταφύλου τοῦ υἱοῦ
Διονύσου θυγάτηρ γίνεται ῾Ροιώ. ταύτῃ ἐμίγη Ἀπόλ-
λων. αἰσθόμενος δὲ ὁ Στάφυλος ἔβαλεν αὐτὴν εἰς λάρνακα
καὶ ἀφῆκε κατὰ τὴν θάλασσαν. ἡ δὲ προσεπελάσθη τῇ
Εὐβοίᾳ καὶ ἐγέννησεν αὐτόθι περί τι ἄντρον παῖδα, ὃν
Ἄνιον ἐκάλεσε διὰ τὸ ἀνιαθῆναι αὐτὴν δι' αὐτόν· τοῦτον δὲ
Ἀπόλλων ἤνεγκεν εἰς Δῆλον, ὃς γήμας Δωρίππην ἐγέννησε
τὰς Οἰνοτρόπους Οἰνώ, Σπερμώ, Ἐλαίδα αἷς ὁ Διόνυσος
ἐχαρίσατο ὁπότε βούλονται σπέρμα λαμβάνειν. Φερεκύδης
⟨F. H. G. i. 94⟩ δέ φησιν ὅτι Ἄνιος ἔπεισε τοὺς Ἕλληνας
παραγενομένους πρὸς αὐτὸν αὐτοῦ μένειν τὰ θ' ἔτη· δεδόσθαι
δὲ αὐτοῖς παρὰ τῶν θεῶν τῷ δεκάτῳ ἔτει πορθῆσαι τὴν Ἴλιον.
ὑπέσχετο δὲ αὐτοῖς ὑπὸ τῶν θυγατέρων αὐτοῦ τραφήσεσθαι.
ἔστι δὲ τοῦτο καὶ παρὰ τῷ τὰ Κύπρια πεποιηκότι.

XXI. Paus. x. 31. 2 Παλαμήδην δὲ ἀποπνιγῆναι προελ-
θόντα ἐπὶ ἰχθύων θήραν, Διομήδην δὲ τὸν ἀποκτείναντα εἶναι
καὶ Ὀδυσσέα ἐπιλεξάμενος ἐν ἔπεσιν οἶδα τοῖς Κυπρίοις.

XXII. Paus. x. 26. 1 Λέσχεως ⟨fr. 19⟩ δὲ καὶ ἔπη τὰ
Κύπρια διδόασιν Εὐρυδίκην γυναῖκα Αἰνείᾳ.

XXIII. Plato Euthyphr. 12 A λέγω γὰρ δὴ τὸ ἐναν-
τίον ἢ ὁ ποιητὴς ἐποίησεν ὁ ποιήσας

Ζῆνα δὲ τόν θ' ἔρξαντα καὶ ὃς τάδε πάντ' ἐφύτευσεν
οὐκ ἐθέλεις εἰπεῖν· ἵνα γὰρ δέος ἔνθα καὶ αἰδώς.   2

ἐγὼ οὖν τούτῳ διαφέρομαι τῷ ποιητῇ. scholiasta ἐπὶ τῶν
κατὰ φόβον ἐπιεικῶν. εἴρηται δὲ ἐκ τῶν Στασίνου Κυπρίων.
schol. Soph. Aj. 1074 καὶ Ἐπίχαρμός φησιν ⟨fr. 58 Lor.
221 Kaibel⟩

ἔνθα δέος ἐνταῦθα καὶ αἰδώς.

XXIII. 1 τὸν ῥέξαντα Stob. Apost., marg. cod. Plat. Ven. 184

AETHIOPIS

sine auctoris nomine *ἵνα — αἰδώς* adferunt Plut. Cleom. 9, schol.
B 7 Ω 435, Apostolius ix. 6, x. 50, Diogen. v. 30 (om. *γάρ*). Platonem
exscripsit Stob. Flor. 31. 18.

XXIV. Herodianus περὶ μονήρους λέξεως c. 9 Lehrs, ii.
914. 15 Lentz καὶ ἡ νῆσος ἰδίως ἐν 'Ωκεανῷ Γοργόνων
οἰκητήριον οὖσα, ὡς ὁ τὰ Κύπρια φησί

τῷ δ' ὑποκυσαμένη τέκε Γοργόνας αἰνὰ πέλωρα,
αἳ Σαρπηδόνα ναῖον ἐπ' ὠκεανῷ βαθυδίνῃ,
νῆσον πετρήεσσαν.   3

XXV. Clem. Alex. Strom. VI. ii. 19. 1 πάλιν Στασίνου
εἰπόντος

νήπιος ὃς πατέρα κτείνων παῖδας καταλείπει.

ut *παροιμίαν* versum citat Ar. Rhet. i. 15 ii. 21 ; cit. et Polybius xxiii.
10. 10 Hultsch, Suidas in Νήπιος, Φίλιππος ὁ Μακεδών, Arsenius Viol. v.
366 qui omnes κτείνας pro κτείνων. | παῖδας] υἱοὺς Polyb. Suid. ἀπολείπει
Suid. altero loco.   Arctino versum adscribebant Müller et Welcker.

XXVI. schol. Eur. Hec. 41 τύμβῳ φίλον πρόσφαγμα]
ὑπὸ Νεοπτολέμου φασὶν αὐτὴν σφαγιασθῆναι Εὐριπίδης καὶ
Ἴβυκος ⟨fr. 36⟩· ὁ δὲ τὰ Κυπριακὰ ποιήσας φησὶν ὑπὸ
'Οδυσσέως καὶ Διομήδους ἐν τῇ τῆς πόλεως ἁλώσει τραυμα-
τισθεῖσαν, ταφῆναι δὲ ὑπὸ Νεοπτολέμου, ὡς Γλαῦκος γράφει.

de Polyxena agitur cuius fatum cantasse Cypriorum poetam evincit
Förster *Hermes* xviii. 475.   Γλαῦκος ἐν τῇ προηγήσει citatur in alio in
eundem versum scholio : per eum videtur scholiasta Cypria cognosse :
qui idemne ac Glaucus Rheginus ⟨F. H. G. ii. 23⟩ sit necne nescimus.

AETHIOPIS ARCTINI
Testimonia

Suidas : 'Αρκτῖνος Τήλεω τοῦ Ναύτεω ἀπογόνου, Μιλή-
σιος, ἐποποιός, μαθητὴς 'Ομήρου, ὡς λέγει ὁ Κλαζομένιος
'Αρτέμων ἐν τῷ περὶ 'Ομήρου ⟨F. H. G. iv. 314⟩, γεγονὼς
κατὰ τὴν θ' 'Ολυμπιάδα μετὰ τετρακόσια ἔτη τῶν Τρωικῶν.

Eusebius, Chronicon : Ol. i 'Αρκτῖνος Μιλήσιος ἐπὶ
πολὺ ἤκμαζεν.

XXIV. 1 δεινὰ cod. corr. Dindorf   2 καὶ cod. : αἳ Heinrichsen

AETHIOPIS

Dion. Hal. ant. rom. i. 68. 2 παλαιότατος δὲ ὧν ἡμεῖς
ἴσμεν ποιητὴς 'Αρκτῖνος (cf. p. 137).

C. I. Ital. et Sicil. 1284 αι[θ]ιοπις κατα αρκτινον τον
μιλησιον

inter personarum nomina ποδαρ]κης πενθεσιλεια αχιλλευς
αχιλλευς θερσιτης αχιλλευς μεμνων αντιλοχος αχιλλευς
αιας οδυσσευς ἁχιλλεως σωμα μουσα θετις αχιλλ̣   ] αιας
[μανι]ωδης.

ib. 1285 *argumentum* πενθεσιληα αμαζων παραγινεται
αχιλλευς πενθεσιληαν αποκτεινει μεμνων αντιλοχον απο-
κτεινει αχιλλευς μεμνονα αποκτεινει εν ταις σκαιαις πυλαις
αχιλλευς υπο [. . . . . .

et Arctino et Eumelo adscribit Titanomachiam (fr. 4)
Athenaeus 277 D.

I. schol. T Ω 804 τινὲς γράφουσιν
   ὣς οἵ γ' ἀμφίεπον τάφον Ἕκτορος· ἦλθε δ' 'Αμαζὼν
   Ἄρηος θυγάτηρ μεγαλήτορος ἀνδροφόνοιο.
his versibus incepisse Aethiopidem ut veri simile sit ita
incertum est. Cf. Hesiodeae Theogoniae finem.

II. schol. Pind. Isthm. iii. 53 ἴστε μὰν Αἴαντος ἀλκάν]
. . τὸ δὲ ὀψίᾳ ἐν νυκτὶ τριχῶς νοεῖται· ἢ γὰρ τὴν ὀψίαν
τῆς ἡμέρας . . ., ἢ κατὰ τὸ ὀψὲ τῆς νυκτὸς . . ., ἢ τὸ πρὸς
ἕω . . ., τοῖς δὲ τὸν ὄρθρον ἀκούουσι καὶ τὰ ἀπὸ τῆς ἱστορίας
συνᾴδει· ὁ γὰρ τὴν Αἰθιοπίδα γράφων περὶ τὸν ὄρθρον
φησὶ τὸν Αἴαντα ἑαυτὸν ἀνελεῖν.

Propertius ii. 13. 45
   nam quo tam dubiae servetur spiritus horae?
      Nestoris est visus post tria saecla cinis.
   cui tamen si longae minuisset fata senectae
      Gallicus Iliacis miles in aggeribus,
   non ille Antilochi vidisset corpus humari
      diceret aut o mors, cur mihi sera venis?

ILIAS PARVA

Iuvenalis Sat. x. 246

rex Pylius magno si quidquam credis Homero
exemplum vitae fuit a cornice secundae.
felix nimirum qui tot per saecula mortem
distulit atque suos iam dextra computat annos
quique novum totiens mustum bibit. oro parumper
attendas quantum de legibus ipse queratur
fatorum et nimio de stamine cum videt acris
Antilochi barbam ardentem, cum quaerit ab omni
quisquis adest socius cur haec in tempora duret,
quod facinus dignum tam longo admiserit aevo.

haec ex Arctino, seu recta seu obliqua via, videntur provenisse.

ILIAS PARVA
Testimonia

Aristoteles Poet. c. 23. 1459 A 37 οἱ δ' ἄλλοι [sc. praeter
Homerum] περὶ ἕνα ποιοῦσι καὶ περὶ ἕνα χρόνον καὶ μίαν
πρᾶξιν πολυμερῆ, οἷον ὁ τὰ Κύπρια ποιήσας καὶ τὴν μικρὰν
Ἰλιάδα. τοιγαροῦν ἐκ μὲν Ἰλιάδος καὶ Ὀδυσσείας μία
τραγῳδία ποιεῖται ἑκατέρας ἢ δύο μόναι, ἐκ δὲ Κυπρίων
πολλαὶ καὶ τῆς μικρᾶς Ἰλιάδος πλέον ὀκτώ, οἷον ὅπλων
κρίσις, Φιλοκτήτης, Νεοπτόλεμος, Εὐρύπυλος, πτωχεία,
Λάκαιναι, Ἰλίου πέρσις καὶ ἀπόπλους καὶ Σίνων καὶ Τρῳάδες.

Κύπρια pro κυπρικὰ Reiz.

C. I. G. Ital. et Sicil. 1284 (Tabula Iliaca)

ιλιας η μικρα λεγομενη κατα λεσχην πυρραιον
argumentum :

. . . ευρυπυλος νεοπτολεμος οδυσσευς διομηδης παλ[λ]
ας δουρηος ιππος τρωιαδες και φρυγες αναγουσι τον
ιππον πριαμος σινων κασσανδρα σκαια πυλη.

Clemens Alex. Strom. i. c. 21. 131. 6 ναὶ μὴν καὶ
Τέρπανδρον ἀρχαίζουσί τινες. Ἑλλάνικος ⟨F. H. G. i. 61⟩
γοῦν ἱστορεῖ τοῦτον κατὰ Μίδαν γεγονέναι, Φανίας ⟨F. H. G.
ii. 299⟩ δὲ πρὸ Τερπάνδρου τιθεὶς Λέσχην τὸν Λέσβιον

127

ILIAS PARVA

Ἀρχιλόχου νεώτερον φέρει τὸν Τέρπανδρον, διημιλλῆσθαι δὲ τὸν Λέσχην Ἀρκτίνῳ καὶ νενικηκέναι. Ξάνθος δὲ ὁ Λυδὸς ⟨F. H. G. i. 43⟩ περὶ τὴν ὀκτωκαιδεκάτην Ὀλυμπιάδα. schol. Eur. Troad. 822 τὸν Γανυμήδην καθ᾿ Ὅμηρον Τρωὸς ὄντα παῖδα Λαομέδοντος νῦν εἶπεν ἀκολουθήσας τῷ τὴν μικρὰν Ἰλιάδα πεποιηκότι, ὃν οἱ μὲν Θεστορίδην Φωκαιέα φασίν, οἱ δὲ Κιναίθωνα Λακεδαιμόνιον ὡς Ἑλλάνικος ⟨omissum F. H. G. i. 61⟩, οἱ δὲ Διόδωρον Ἐρυθραῖον. Ἑλλάνικος G. Hermann, cod. μελάνικος.

hinc Tzetzes Exeg. in Iliad. ed. Hermann 1812, p. 45 Ἰλιὰς ἡ παροῦσα ποίησις ἐπιγέγραπται—Ὁμήρου δὲ πρὸς ἀντιδιαστολὴν τῶν μικρῶν Ἰλιάδων. καὶ γὰρ Λέσχης Πυρραῖος, Κιναίθων τέ τις Λακεδαιμόνιος καὶ ὁ Ἐρυθραῖος Διόδωρος, Τρυφιόδωρός τε καὶ Κόιντος ὁ Σμυρναῖος καὶ ἕτεροι Ἰλιάδας συγγεγραφήκεσαν.

vit. Hom. Herodotea c. 15 ἐν δὲ τῇ Φωκαίῃ τοῦτον τὸν χρόνον Θεστορίδης τις ἦν γράμματα διδάσκων τοὺς παῖδας, ἀνὴρ οὐ κρήγυος. κατανοήσας δε τοῦ Ὁμήρου τὴν ποίησιν λόγους τοιούσδ᾿ αὐτῷ προσήνεγκε, φὰς ἕτοιμος εἶναι θεραπεύειν καὶ τρέφειν αὐτὸν ἀναλαβὼν εἰ θέλοι ἅ γε πεποιημένα εἴη αὐτῷ τῶν ἐπέων ἀναγράψαι καὶ ἄλλα ποιῶν πρὸς ἑωυτὸν ἀναφέρειν αἰεί. τῷ δ᾿ Ὁμήρῳ ἀκούσαντι ἔδοξε ποιητέα εἶναι ταῦτα· ἐνδεὴς γὰρ ἦν τῶν ἀναγκαίων καὶ θεραπείης. διατρίβων δὲ παρὰ τῷ Θεστορίδῃ ποιεῖ Ἰλιάδα τὴν ἐλάσσω ἧς ἡ ἀρχὴ

Ἴλιον ἀείδω καὶ Δαρδανίην εὔπωλον

ἧς πέρι πολλὰ πάθον Δαναοὶ θεράποντες Ἄρηος (fr. 1) καὶ τὴν καλουμένην Φωκαΐδα, ἥν φασιν οἱ Φωκαεῖς Ὅμηρον παρ᾿ αὐτοῖσι ποιῆσαι. ἐπεὶ δὲ τήν τε Φωκαΐδα καὶ τἆλλα πάντα παρὰ τοῦ Ὁμήρου ὁ Θεστορίδης ἐγράψατο, διενοήθη ἐκ τῆς Φωκαίης ἀπαλλάσσεσθαι, τὴν ποίησιν θέλων τοῦ Ὁμήρου ἐξιδιώσασθαι, καὶ οὐκ ἔτι ὁμοίως ἐν ἐπιμελείᾳ εἶχε τὸν Ὅμηρον. ὁ δὲ λέγει αὐτῷ τὰ ἔπεα τάδε·

Θεστορίδη θνητοῖσιν ἀνωίστων πολέων περ
οὐδὲν ἀφραστότερον πέλεται νόου ἀνθρώποισιν.

ὁ μὲν δὴ Θεστορίδης ἐκ τῆς Φωκαίης ἀπηλλάγη ἐς τὴν Χίον
καὶ διδασκαλίην κατεσκευάσατο καὶ τὰ ἔπεα ἐπιδεικνύμενος
ὡς ἐωυτοῦ ἐόντα ἔπαινόν τε πολλὸν εἶχε καὶ ὠφελεῖτο.
Leschae poema adscribunt schol. Pind. Nem. vi. 85 (fr. v),
schol. Lycophr. 344 (fr. xii) 1268 (fr. xix), schol. Ar. Lysistr.
155 (fr. xvii) constanter Pausanias (frr. xiii, xiv, xv, xvi, xviii,
xix, xx): Thestoridae, Diodoro alii, Cinaethoni Hellanicus
(v. supra): patriam oppidum Pyrrham perhibent Pausanias,
Tabula Iliaca, schol. Ar.   frustulum illud adicimus ἤρετο
πρῶτον τὸν Λεσχίδην τὸν ποιητὴν μεταξὺ κρηπιδούμενος
auctoris ignoti ap. Suidam in κρηπιδούμενος.

I. vit. Hom. Herodotea c. 16 (v. supra) διατρίβων δὲ
παρὰ τῷ Θεστορίδῃ ποιεῖ Ἰλιάδα τὴν ἐλάσσω ἧς ἡ ἀρχὴ

Ἴλιον ἀείδω καὶ Δαρδανίην εὔπωλον
ἧς πέρι πολλὰ πάθον Δαναοὶ θεράποντες Ἄρηος.

II. schol. Aristophanis Eq. 1056:
ἡ ἱστορία τοῦτον τὸν τρόπον ἔχει.   ὅτι διεφέροντο περὶ
τῶν ἀριστείων ὅ τε Αἴας καὶ ὁ Ὀδυσσεύς, ὥς φησιν ὁ τὴν
μικρὰν Ἰλιάδα πεποιηκώς.   τὸν Νέστορα δὲ συμβουλεῦσαι
τοῖς Ἕλλησι πέμψαι τινὰς ἐξ αὐτῶν ὑπὸ τὰ τείχη τῶν
Τρώων, ὠτακουστήσοντας περὶ τῆς ἀνδρείας τῶν προειρη-
μένων ἡρώων.   τοὺς δὲ πεμφθέντας ἀκοῦσαι παρθένων
διαφερομένων πρὸς ἀλλήλας, ὧν τὴν μὲν λέγειν ὡς ὁ Αἴας
πολὺ κρείττων ἐστὶ τοῦ Ὀδυσσέως, διερχομένην οὕτως

Αἴας μὲν γὰρ ἄειρε καὶ ἔκφερε δηιοτῆτος
ἥρω Πηλείδην οὐδ' ἤθελε δῖος Ὀδυσσεύς,
τὴν δ' ἑτέραν ἀντειπεῖν Ἀθηνᾶς προνοίᾳ
πῶς ἐπεφώνησω; πῶς οὐ κατὰ κόσμον ἔειπες
ψεῦδος;
τοῦτο δὲ ἵνα δείξῃ ὡς Δημοσθένους οὐ τοῦ Κλέωνος τὸ
κατόρθωμα. Ἄλλως· τοῦτο ἐκ κύκλου ἀφείλκυσται. λέ-

γεται δὲ ἀπὸ τῶν Ἰρῳάδων κρινουσῶν τὸν Αἴαντα καὶ τὸν Ὀδυσσέα. λέγεται δὲ ὅτι οὐ τὸ τοῦ Αἴαντος ἔργον ἀλλὰ τὸ τοῦ Ὀδυσσέως.

Aristophanis locus quem e cyclo detractum testatur scholiasta alter hic est :

Eq. 1056

καί κε γυνὴ φέροι ἄχθος ἐπεί κεν ἀνὴρ ἀναθείη·
ἀλλ᾽ οὐκ ἂν μαχέσαιτο· χέσαιτο γὰρ εἰ μαχέσαιτο.

versum priorem citat Plut. de Alex. magn. fort. ii. c. 5 = 337 E.

III. Porphyrius ap. Eust. 285. 34 (ἱστορεῖ δὲ ὁ Πορφύριος) καὶ ὅτι ὁ τὴν μικρὰν Ἰλιάδα γράψας ἱστορεῖ μηδὲ καυθῆναι συνήθως τὸν Αἴαντα, τεθῆναι δὲ οὕτως ἐν σορῷ διὰ τὴν ὀργὴν τοῦ βασιλέως. haec e Porphyrii Paralipomenis derivasse demonstravit Schrader *Hermes* xiv. 231 sqq.

IV. schol. T Eust. T 326 τινὲς μὲν ἐκεῖ ἐκτεθῆναι αὐτὸν ὑπὸ Θέτιδος, ὁ δὲ τὴν μικρὰν Ἰλιάδα (γράψας add. Eust.)ἀναζευγνύντα αὐτὸν ἀπὸ Τηλέφου προσορμισθῆναι ἐκεῖ·

Πηλείδην δ᾽ Ἀχιλῆα φέρε Σκῦρόνδε θύελλα,
ἔνθα γ᾽ ἐς ἀργαλέον λιμέν᾽ ἵκετο νυκτὸς ἐκείνης.   2

V. schol. T Π 142 οἱ δὲ πλάττονται λέγοντες ὡς Πηλεὺς μὲν παρὰ Χείρωνος ἔμαθε τὴν χρῆσιν αὐτῆς [sc. τῆς μελίης], Ἀχιλλεὺς δὲ παρὰ Πηλέως, ὁ δὲ οὐδένα ἐδίδαξεν. καὶ ὁ τῆς μικρᾶς Ἰλιάδος ποιητὴς

ἀμφὶ δὲ πόρκης
χρύσεος ἀστράπτει καὶ ἐπ᾽ αὐτῷ δίκροος αἰχμή.   2

schol. Pind. Nem. vi. 85 μετάγουσι δὲ τὴν ἱστορίαν ἀπὸ τῆς Λέσχου μικρᾶς Ἰλιάδος λέγοντος οὕτως· [eadem].

IV. v. 1 solum habent schol. B et cod. Par. 2679 in An. Par. iii. 26
1 οὐρωνδε T pro σκῦρόνδε
V. 1 πόρκις schol. Pind.   2 αὐτῶν T : αὐτὸ schol. Pind.   δίκρος
αἰχμῆς T : δίκροος δίη schol. Pind. corr. Heyne : ἄρθις Scaliger

ILIAS PARVA

VI. schol. Eur. Troad. 822 Τρωὸς ὄντα παῖδα Λαομέ-
δοντος νῦν εἶπεν ἀκολουθήσας τῷ τὴν μικρὰν Ἰλιάδα πεποιη-
κότι . . . [v. supra]· φησὶ δὲ οὕτως·

ἄμπελον ἣν Κρονίδης ἔπορεν οὗ παιδὸς ἄποινα
χρυσείοις φύλλοισιν ἀγανοῖσιν κομόωσαν
βότρυσί θ᾽ οὓς Ἥφαιστος ἐπασκήσας Διὶ πατρὶ
δῶχ᾽, ὁ δὲ Λαομέδοντι πόρεν Γανυμήδεος ἀντί.   4

schol. Eur. Orest. 1391 τινὲς δὲ οὐχ ἵππους ἀλλὰ χρυσῆν
ἄμπελόν φασι δεδόσθαι ὑπὲρ Γανυμήδους, καθάπερ ἐν
κύκλῳ λέγεται· [eadem].

VII. Paus. iii. 26. 9 Μαχάονα δὲ ὑπὸ Εὐρυπύλου τοῦ
Τηλέφου τελευτῆσαί φησιν ὁ τὰ ἔπη ποιήσας τὴν μικρὰν
Ἰλιάδα.

VIII. schol. Lycophr. Alex. 780 ὁ τὴν μικρὰν Ἰλιάδα
γράψας φησὶ τρωθῆναι τὸν Ὀδυσσέα ὑπὸ Θόαντος ὅτε εἰς
Τροίαν ἀνήρχοντο.

IX. Hesychius Διομήδειος ἀνάγκη· παροιμία. Κλέαρχος
⟨F. H. G. ii. 320⟩ μέν φησι Διομήδους θυγατέρας γενέσθαι
πάνυ μοχθηράς, αἷς ἀναγκάζειν πλησιάζειν τινὰς καὶ εὐθὺς
αὐτοὺς φονεύειν· ὁ δὲ τὴν μικρὰν Ἰλιάδα φησὶν ἐπὶ τῆς
τοῦ Παλλαδίου κλοπῆς γενέσθαι.   narrant rem schol. Plat.
Rep. 493 D, Eust. 822. 18, Zenob. prov. iii. 8, Conon
ap. Phot. Bibl. 228.

X. Homerus δ 285

ἔνθ᾽ ἄλλοι μὲν πάντες ἀκὴν ἔσαν υἷες Ἀχαιῶν,
Ἄντικλος δὲ σέ γ᾽ οἶος ἀμείψασθαι ἐπέεσσιν
ἤθελεν· ἀλλ᾽ Ὀδυσεὺς ἐπὶ μάστακα χερσὶ πίεζε
νωλεμέως κρατερῇσι, σάωσε δὲ πάντας Ἀχαιούς,
τόφρα δ᾽ ἔχ᾽ ὄφρα σε νόσφιν ἀπήγαγε Παλλὰς Ἀθήνη.   5

VI. 2 χρυσείην schol. Or.   ἀγανοῖσι nondum sanatum   3 Διὶ
πατρὶ δῶχ᾽ ὁ δὲ] πατρὶ δῶκεν αὐτὰρ ὁ schol. Or.   de re cf. schol. λ 521
Ptol. Heph. 152 b 8, Dict. Cret. iv. 14, schol. Iuvenalis vi. 655

ILIAS PARVA

schol. H³ et partim M⁴ ad loc. Ἀρίσταρχος τοὺς ε (δύο
H³ M⁴ corr. Porson) ἀθετεῖ, ἐπεὶ ἐν Ἰλιάδι οὐ μνημονεύει
Ἀντίκλου ὁ ποιητής—ὁ Ἄντικλος ἐκ τοῦ κύκλου. οὐκ
ἐφέροντο δὲ σχεδὸν ἐν πάσαις. huc rettulit Welcker,
Arctino adscripsit Müller.

XI. Homerus δ 247
ἄλλῳ δ᾽ αὐτὸν φωτὶ κατακρύπτων ἤισκε
δέκτῃ, ὃς οὐδὲν τοῖος ἔην ἐπὶ νηυσὶν Ἀχαιῶν.

scholl. ὁ κυκλικὸς τὸ δέκτῃ ὀνοματικῶς ἀκούει, παρ᾽ οὗ
φησι τὸν Ὀδυσσέα τὰ ῥάκη λαβόντα μετημφιάσθαι, ὃς οὐκ
ἦν ἐν ταῖς νηυσὶ τοιοῦτος οἷος Ὀδυσσεὺς ἀχρεῖος. Ἀρί-
σταρχος δὲ δέκτῃ μὲν ἐπαίτῃ.

cf. et familias codicum Od. f p vocem ut propriam notantes.   collato
fr. x cyclicum pro Lesche habeas.

XII. schol. Eur. Hec. 910 Καλλισθένης ἐν β᾽ τῶν
Ἑλληνικῶν (Scrr. rerum Alex. magn. fr. 15 Müller) οὕτως
γράφει· ἑάλω μὲν ἡ Τροία Θαργηλιῶνος μηνός, ὡς μέν
τινες τῶν ἱστορικῶν, ιβ᾽ ἱσταμένου, ὡς δὲ ὁ τὴν μικρὰν
Ἰλιάδα, η᾽ φθίνοντος. διορίζει γὰρ αὐτὸς τὴν ἅλωσιν
φάσκων συμβῆναι τότε τὴν κατάληψιν ἡνίκα
νὺξ μὲν ἔην μέσση, λαμπρὰ δ᾽ ἐπέτελλε σελήνη.
μεσονύκτιος δὲ μόνον τῇ ὀγδόῃ φθίνοντος ἀνατέλλει, ἐν
ἄλλῃ δ᾽ οὔ. cf. Plut. Camill. 19.

Clem. Alex. i. 21. 104. 1 κατὰ δὲ τὸ ὀκτωκαιδέκατον
ἔτος τῆς Ἀγαμέμνονος βασιλείας Ἴλιον ἑάλω . . . Θαργη-
λιῶνος μηνὸς δευτέρᾳ ἐπὶ δέκα, ὥς φησι Διονύσιος ὁ
Ἀργεῖος (F. H. G. iii. 26), Ἀγίας (ib. iv. 292) δὲ καὶ
Δερκύλος ἐν τῇ τρίτῃ (ib. iv. 387) μηνὸς Πανήμου ὀγδόῃ
φθίνοντος. Ἑλλάνικος γὰρ δωδεκάτῃ Θαργηλιῶνος μηνός
(F. H. G. i. 65), καί τινες τῶν τὰ Ἀττικὰ συγγραψαμένων
ὀγδόῃ φθίνοντος, βασιλεύοντος τὸ τελευταῖον ἔτος Μενε-
σθέως πληθυούσης σελήνης·

132

ILIAS PARVA

νὺξ μὲν ἔην
φησὶν ὁ τὴν μικρὰν Ἰλιάδα πεποιηκὼς
μεσάτα, λαμπρὰ δ᾽ ἐπέτελλε σελάνο.
ἕτεροι δὲ Σκιροφοριῶνος τῇ αὐτῇ ἡμέρᾳ.
unde Euseb. Praep. Evan. x. 12. v. 498 B 6.
schol. Lycophr. 344 Eudocia 38 Fl. ὁ Σίνων ὡς ἦν αὐτῷ
συντεθειμένον, φρυκτὸν ὑποδείξας τοῖς Ἕλλησιν ὡς ὁ
Λέσχης φησὶν ἡνίκα [eadem quae schol. Eur. sed λαμπρή].
versum in suos recipit Tzetzes Posthom. 720, 773 (δ᾽ ἄρ᾽ ἔην
μέσση λαμπρὴ—σελήνη).

XIII. Paus. x. 25. 5 πλησίον δὲ τοῦ Ἐλέrου Μέγης
ἐστί· τέτρωται δὲ τὸν βραχίονα ὁ Μέγης, καθὰ δὴ καὶ
Λέσχεως ὁ Αἰσχυλίνου Πυρραῖος ἐν Ἰλίου πέρσιδι ἐποίησε·
τρωθῆναι δὲ ὑπὸ τὴν μάχην τοῦτον ἣν ἐν τῇ νυκτὶ ἐμαχέ-
σαντο οἱ Τρῶες ὑπὸ Ἀδμήτου φησὶ τοῦ Αὐγείου. γέγραπται 5
δὲ καὶ Λυκομήδης παρὰ τὸν Μέγητα ὁ Κρέοντος, ἔχων
τραῦμα ἐπὶ τῷ καρπῷ· Λέσχεως δ᾽ οὕτω φησὶν αὐτὸν
ὑπὸ Ἀγήνορος τρωθῆναι. δῆλα οὖν ὡς ἄλλως γε οὐκ ἂν ὁ
Πολύγνωτος ἔγραψεν οὕτω τὰ ἕλκη σφίσιν εἰ μὴ ἐπελέξατο
τὴν ποίησιν τοῦ Λέσχεω. 10

XIV. Paus. x. 26. 7 Ὅμηρος μέν γε ἐδήλωσεν ἐν
Ἰλιάδι Μενελάου καὶ Ὀδυσσέως ξενίαν παρὰ Ἀντήνορι, καὶ
ὡς Ἑλικάονι ἡ Λαοδίκη συνοικοίη τῷ Ἀντήνορος· Λέσχεως
δὲ τετρωμένον τὸν Ἑλικάονα ἐν τῇ νυκτομαχίᾳ γνωρισθῆναί
τε ὑπὸ· Ὀδυσσέως καὶ ἐξαχθῆναι ζῶντα ἐκ τῆς μάχης
φησίν.

XV. Paus. x. 26. 4 οὗτος μὲν δὴ [sc. ὁ Ἔλασος] ὀλίγον
ἐμπνέοντι ἔτι εἴκασται. Ἀστύνοον δέ, οὗ δὴ ἐποιήσατο
καὶ Λέσχεως μνήμην, πεπτωκότα ἐς γόνυ ὁ Νεοπτόλεμος
ξίφει παίει.

XIII. 3 λέσχεως] λέσχης ʽP¹ y ʽ (Spiro)   αἰσχυλίνου corr. Dind.
ex αἰσχυλήνου   10 λέσχεω] λέσχεως ʽP¹ y²ʼ

XVI. Paus. x. 27. ι νεκροὶ δὲ ὁ μὲν γυμνὸς Πῆλις
ὄνομα ἐπὶ τὸν νῶτόν ἐστιν ἐρριμμένος, ὑπὸ δὲ τὸν Πῆλιν
Ἡιονεύς τε κεῖται καὶ Ἄδμητος ἐνδεδυκότες ἔτι τοὺς
θώρακας· καὶ αὐτῶν Λέσχεως Ἡιονέα ὑπὸ Νεοπτολέμου,
τὸν δὲ ὑπὸ Φιλοκτήτου φησὶν ἀποθανεῖν τὸν Ἄδμητον . . .
ἀφίκετο μὲν δὴ ἐπὶ τὸν Κασσάνδρας ὁ Κόροιβος γάμον,
ἀπέθανε δέ, ὡς μὲν ὁ πλείων λόγος, ὑπὸ Νεοπτολέμου,
Λέσχεως δὲ ὑπὸ Διομήδους ἐποίησεν . . . Πρίαμον δὲ οὐκ
ἀποθανεῖν ἔφη Λέσχεως ἐπὶ τῇ ἐσχάρᾳ τοῦ Ἑρκείου, ἀλλὰ
ἀποσπασθέντα ἀπὸ τοῦ βωμοῦ πάρεργον τῷ Νεοπτολέμῳ
πρὸς ταῖς τῆς οἰκίας γενέσθαι θύραις. ἐς δὲ Ἑκάβην
Στησίχορος ἐν Ἰλίου πέρσιδι ⟨fr. 19⟩ ἐποίησεν ἐς Λυκίαν
ὑπὸ Ἀπόλλωνος αὐτὴν κομισθῆναι· Ἀξίονα δὲ παῖδα εἶναι
Πριάμου Λέσχεως καὶ ἀποθανεῖν αὐτὸν ὑπὸ Εὐρυπύλου τοῦ
Εὐαίμονός φησι. τοῦ Ἀγήνορος δὲ κατὰ τὸν αὐτὸν ποιητὴν
Νεοπτόλεμος αὐτόχειρ ἐστί.

Coroebum a Diomede interfectum esse docet et papyrus Rylands
xxii. 5.

XVII. Aristoph. Lys. 155

ΛΑΜ. ὁ γῶν Μενέλαος τᾶς Ἑλένας τὰ μᾶλά πα
γυμνᾶς παραυιδὼν ἐξέβαλ᾽ οἰῶ τὸ ξίφος.

schol. ἡ ἱστορία παρὰ Ἰβύκῳ ⟨fr. 35⟩· τὰ δ᾽ αὐτὰ καὶ
Λέσχης ὁ Πυρραῖος ἐν τῇ μικρᾷ Ἰλιάδι· καὶ Εὐριπίδης
⟨Androm. 628⟩. schol. Vesp. 714 Leschen omittit.

XVIII. Paus. x. 25. 8 Λέσχεως δὲ εἰς τὴν Αἴθραν
ἐποίησεν ἡνίκα ἡλίσκετο Ἴλιον ὑπεξελθοῦσαν ἐς τὸ στρατό-
πεδον αὐτὴν ἀφικέσθαι τὸ Ἑλλήνων καὶ ὑπὸ τῶν παίδων·
γνωρισθῆναι τῶν Θησέως, καὶ ὡς παρ᾽ Ἀγαμέμνονος αἰτῆσαι
Δημοφῶν αὐτήν. ὁ δ᾽ ἐκείνῳ μὲν ἐθέλειν χαρίζεσθαι,
ποιήσειν δὲ οὐ πρότερον ἔφη πρὶν Ἑλένην πεῖσαι· ἀποστεί-
λαντι δὲ αὐτῷ κήρυκα ἔδωκεν Ἑλένη τὴν χάριν.

XIX. schol. Lycophr. Alex. 1268 Λέσχης δ᾽ ὁ τὴν μικρὰν
Ἰλιάδα πεποιηκὼς Ἀνδρομάχην καὶ Αἰνείαν αἰχμαλώτους

ILIAS PARVA

φησὶ δοθῆναι τῷ Ἀχιλλέως υἱῷ Νεοπτολέμῳ καὶ ἀπαχθῆναι
σὺν αὐτῷ εἰς Φαρσαλίαν τὴν Ἀχιλλέως πατρίδα· φησὶ δὲ
οὕτω·

αὐτὰρ Ἀχιλλῆος μεγαθύμου φαίδιμος υἱὸς
Ἑκτορέην ἄλοχον κάταγεν κοίλας ἐπὶ νῆας.
παῖδα δ' ἑλὼν ἐκ κόλπου ἐυπλοκάμοιο τιθήνης
ῥίψε ποδὸς τεταγὼν ἀπὸ πύργου, τὸν δὲ πεσόντα
ἔλλαβε πορφύρεος θάνατος καὶ μοῖρα κραταιή.   5
ἐκ δ' ἕλεν Ἀνδρομάχην, ἠύζωνον παράκοιτιν
Ἑκτορος, ἥν τε οἱ αὐτῷ ἀριστῆες Παναχαιῶν
δῶκαν ἔχειν ἐπίηρον ἀμειβόμεναι γέρας ἀνδρί,
αὐτόν τ' Ἀγχίσαο κλυτὸν γόνον ἱπποδάμοιο
Αἰνείαν ἐν νηυσὶν ἐβήσατο ποντοπόροισιν   10
ἐκ πάντων Δαναῶν ἀγέμεν γέρας ἔξοχον ἄλλων.

Paus. x. 25. 9 γέγραπται μὲν Ἀνδρομάχη καὶ ὁ παῖς οἱ
προσέστηκεν ἑλόμενος τοῦ μαστοῦ· τούτῳ Λέσχεως ῥιφθέντι
ἀπὸ τοῦ πύργου συμβῆναι λέγει τὴν τελευτήν, οὐ μὴν ὑπὸ
δόγματός γε Ἑλλήνων, ἀλλ' ἰδίᾳ Νεοπτόλεμον αὐτόχειρα
ἐθελῆσαι γενέσθαι.

XX. Paus. x. 26. 1 ἐπὶ δὲ τῇ Κρεούσῃ λέγουσιν ὡς ἡ
θεῶν μήτηρ καὶ Ἀφροδίτη δουλείας ἀπὸ Ἑλλήνων αὐτὴν
ἐρρύσαντο, εἶναι γὰρ δὴ καὶ Αἰνείου τὴν Κρέουσαν γυναῖκα·
Λέσχεως δὲ καὶ ἔπη τὰ Κύπρια ⟨fr. 19⟩ διδόασιν Εὐρυδίκην
γυναῖκα Αἰνείᾳ. γεγραμμέναι δὲ ἐπὶ κλίνης ὑπὲρ ταύτας
Δηινόμη τε καὶ Μητιόχη καὶ Πεῖσίς ἐστι καὶ Κλεοδίκη.
τούτων ἐν Ἰλιάδι καλουμένῃ μικρᾷ μόνης ἐστὶ τὸ ὄνομα
τῆς Δηινόμης.

XXI. schol. Lycophr. Alex. 1232 ὕστερον δὲ τῆς Τροίας
πορθουμένης ἐλευθερωθεὶς ὑφ' Ἑλλήνων ὁ αὐτὸς Αἰνείας,
ἢ αἰχμάλωτος ἀχθεὶς ὑπὸ Νεοπτολέμου, ὥς φησιν ὁ τὴν
μικρὰν Ἰλιάδα πεποιηκώς, καὶ μετὰ τὴν ὑπὸ Ὀρέστου ἐν

XIX. 6–11 Simmiae ἐν τῇ Γοργόνι tribuit schol. Eur. Andr. 14. cf.
Susemihl Gesch. Alex. Litt. i. 179. 180 n. 34

ILIAS PARVA

Δελφοῖς τοῦ Νεοπτολέμου ἀναίρεσιν ἐλευθερωθεὶς οἰκεῖ πρῶτον τὰς περὶ 'Ραίκηλον καὶ 'Αλμωνίαν πόλεις Μακεδονικὰς πλησίον Κισσίου ὄρους κειμένας, τὸ δὲ 'Ραίκηλον ἀπὸ τούτου Αἶνος ἐκλήθη.

et haec fortasse Simmiae communia erant : cf. ad fr. 19.

XXII. Apollodor. epit. 5. 14 Wagner ὕστερον δὲ ἐπινοεῖ δουρείου ἵππου κατασκευὴν καὶ ὑποτίθεται 'Επειῷ ὃς ἦν ἀρχιτέκτων. οὗτος ἐπὶ τῶν ''Ιδης ξύλα τεμὼν ἵππον κατασκευάζει κοῖλον, ἔνδοθεν δὲ εἰς τὰς πλευρὰς ἀνεῳγμένον. εἰς τοῦτο 'Οδυσσεὺς εἰσελθεῖν πείθει πεντήκοντα τοὺς ἀρίστους, ὡς δὲ ὁ τὴν μικρὰν γράψας 'Ιλιάδα φησὶ τρισχιλίους.

XXIII. Plutarchus conv. sept. sap. c. 10 = 153 F ἀκούομεν γὰρ ὅτι καὶ πρὸς τὰς 'Αμφιδάμαντος ταφὰς εἰς Χαλκίδα τῶν τότε σοφῶν οἱ δοκιμώτατοι ποιηταὶ συνῆλθον· ἦν δὲ ὁ 'Αμφιδάμας ἀνὴρ πολεμικὸς καὶ πολλὰ πράγματα παρασχὼν 'Ερετριεῦσιν ἐν ταῖς περὶ Ληλάντου μάχαις ἔπεσεν, ἐπεὶ δὲ τὰ παρεσκευασμένα τοῖς ποιηταῖς ἔπη χαλεπὴν καὶ δύσκολον ἐποίει τὴν κρίσιν διὰ τὸ ἐφάμιλλον, ἥ τε δόξα τῶν ἀγωνιστῶν 'Ομήρου καὶ 'Ησιόδου πολλὴν ἀπορίαν μετ' αἰδοῦς τοῖς κρίνουσι παρεῖχεν, ἐτράποντο πρὸς τοιαύτας ἐρωτήσεις καὶ προὔβαλ' ὁ μέν, ὥς φησι Λέσχης,

μοῦσά μοι ἔννεπε κεῖνα τὰ μήτ' ἐγένοντο πάροιθε
μήτ' ἔσται μετόπισθεν,

ἀπεκρίνατο δ' 'Ησίοδος ἐκ τοῦ παρατυχόντος
ἀλλ' ὅταν ἀμφὶ Διὸς τύμβῳ καναχήποδες ἵπποι
ἅρματα συντρίψωσιν ἐπειγόμενοι περὶ νίκης.
καὶ διὰ τοῦτο λέγεται μάλιστα θαυμασθεὶς τοῦ τρίποδος τυχεῖν.

non est cur cum Goettlingio Welckero ceteris alterum fingamus Leschen, siquidem Cynaethus se versibus venditat hymn. Apoll. 166 sqq., Theogoniae auctor Hesiodum nominat v. 22, Hesiodus de se ipso verba facit Opp. 633, 650 sqq., victoriam cantat fr. 265.

Ἰλίου πέρσις

Testimonia

C. I. Ital. et Sicil. 1285. ii. in pag. altera (p. 336):

νεοπτολεμος α]π[οκ]τεινει πριαμον και αγηνορα πολυ-
ποιτης

εχειον θρασ[υ]μηδης νι[κ]αινετον φιλοκτητης διοπιθην
διο . . .

argumentum certe Iliu persidos, sed utrum Arctini an Stesi-
chori fuerit disputatur.

scripsit et Sacadas Argivus Iliu persida, P. L. G. iii. 203.
huiusce poematis auctorem Arctinum perhibent praeter Pro-
culum scholiasta homericus diserte, minus certe Dionysius
et Diomedes.

I. Dion. Hal. ant. rom. i. 68. 2

πολλὰ δὲ καὶ ἄλλα ἐν ἱεροῖς ἀρχαίοις εἴδωλα τῶν θεῶν
τούτων ἐθεασάμεθα, καὶ ἐν ἅπασι νεανίσκοι δύο στρατιωτικὰ
σχήματα ἔχοντες φαίνονται. ὁρᾶν μὲν δὴ ταῦτα ἔξεστιν,
ἀκούειν δὲ καὶ γράφειν ὑπὲρ αὐτῶν ἃ Καλλίστρατός τε
ὁ περὶ Σαμοθράκης συνταξάμενος ἱστορεῖ ⟨F. H. G. iv.
355⟩ καὶ Σάτυρος ὁ τοὺς ἀρχαίους μύθους συναγαγὼν
⟨ib. iii. 165⟩ καὶ ἄλλοι συχνοί, παλαιότατος δὲ ὧν ἡμεῖς
ἴσμεν ποιητὴς Ἀρκτῖνος. λέγουσι γοῦν ὧδε· Χρύσην
τὴν Πάλλαντος θυγατέρα γημαμένην Δαρδάνῳ τά τε
Παλλάδια καὶ τὰ ἱερὰ τῶν μεγάλων θεῶν διδαχθεῖσαν
αὐτῶν τὰς τελετάς. ἐπειδὴ δὲ τὴν ἐπομβρίαν φεύγοντες
Ἀρκάδες Πελοπόννησον μὲν ἐξέλιπον, ἐν δὲ τῇ Θρᾳκίᾳ
νήσῳ τοὺς βίους ἱδρύσαντο, κατασκευάσαι τὸν Δάρδανον
ἐνταῦθα τῶν θεῶν τούτων ἱερὸν ἀρρήτους τοῖς ἄλλοις
ποιοῦντα τὰς ἰδίους αὐτῶν ὀνομασίας καὶ τὰς τελετὰς
αὐτοῖς τὰς καὶ εἰς τόδε χρόνου γινομένας ὑπὸ Σαμοθράκων
ἐπιτελεῖν. ὡς δὲ μετῆγε τοῦ λεὼ τὴν πλείω μοῖραν εἰς
τὴν Ἀσίαν, τὰ μὲν ἱερὰ τῶν θεῶν καὶ τὰς τελετὰς τοῖς
ὑπομείνασιν ἐν τῇ νήσῳ καταλιπεῖν· τὰ δὲ Παλλάδια
καὶ τὰς τῶν θεῶν εἰκόνας κατασκευασάμενον ἀγαγέσθαι

137

μετ' αὐτοῦ. διαμαντευόμενον δὲ περὶ τῆς οἰκήσεως τά τε
ἄλλα μαθεῖν καὶ περὶ τῶν ἱερῶν τῆς φυλακῆς τόνδε τὸν
χρησμὸν λαβεῖν·

εἰς πόλιν ἣν κτίζῃσθα θεοῖς σέβας ἄφθιτον αἰεὶ
θεῖναι καὶ φυλακαῖς τε σέβειν θυσίαις τε χοροῖς τε.
ἔστ' ἂν γὰρ τάδε σεμνὰ καθ' ὑμετέρην χθόνα μίμνῃ
δῶρα Διὸς κούρης ἀλόχῳ σέθεν ἡ δὲ πόλις σοι
ἔσται ἀπόρθητος τὸν ἀεὶ χρόνον ἥματα πάντα.

69. Δάρδανον μὲν ἐν τῇ κτισθείσῃ τε ὑφ' ἑαυτοῦ καὶ
ὀνομασίας ὁμοίας τυχούσῃ πόλει τὰ ἔδη καταλιπεῖν, Ἰλίου
δ' ἐν ὑστέρῳ χρόνῳ συνοικισθέντος ἐκεῖσε μετενεχθῆναι
πρὸς τῶν ἐγγόνων αὐτοῦ τὰ ἱερά. ποιήσασθαι δὲ τοὺς
Ἰλιεῖς νεών τε καὶ ἄδυτον αὐτοῖς ἐπὶ τῆς ἄκρας καὶ φυλάτ-
τειν δι' ἐπιμελείας ὅσης ἐδύναντο πλείστης θεόπεμπτά
τε ἡγουμένους εἶναι καὶ σωτηρίας κύρια τῇ πόλει. ἁλισκο-
μένης δὲ τῆς κάτω πόλεως τὸν Αἰνείαν καρτερὸν τῆς ὥρας
γενόμενον ἄραντα ἐκ τῶν ἀδύτων τά τε ἱερὰ τῶν μεγάλων
θεῶν καὶ ὅπερ ἔτι περιῆν Παλλάδιον (θάτερον γὰρ Ὀδυσσέα
καὶ Διομήδην νυκτός φασιν εἰς Ἴλιον ἀφικομένους κλοπῇ
λαβεῖν) οἴχεσθαί τε κομίσαντα ἐκ τῆς πόλεως καὶ ἐλθεῖν
ἄγοντα εἰς Ἰταλίαν. Ἀρκτῖνος δέ φησιν ὑπὸ Διὸς
δοθῆναι Δαρδάνῳ παλλάδιον ἓν καὶ εἶναι τοῦτο ἐν Ἰλίῳ
τέως ἡ πόλις ἡλίσκετο κεκρυμμένον ἐν ἀβάτῳ, εἰκόνα δ'
ἐκείνου κατεσκευασμένην ὡς μηδὲν τῆς ἀρχετύπου διαφέρειν
ἀπάτης τῶν ἐπιβουλευόντων ἕνεκα ἐν φανερῷ τεθῆναι, καὶ
αὐτὴν Ἀχαιοὺς ἐπιβουλεύσαντας λαβεῖν.

II. Lysanias ⟨F. H. G. iii. 342⟩ ut videtur ap. schol. Eur.
Andr. 10 Στησίχορον μὲν γὰρ ἱστορεῖν ὅτι τεθνήκοι [ὁ
Ἀστυάναξ], καὶ τὸν τὴν πέρσιδα συντεταχότα κυκλικὸν
ποιητὴν ὅτι καὶ ἀπὸ τοῦ τείχους ῥιφθείη. ᾧ ἠκολουθηκέναι
Εὐριπίδην. scholium confusum est : στησίχορος et ἱστορεῖ
codd., corr. Cobet.

III. Lysimachus ⟨F. H. G. iii. 310⟩ fr. 19 ap. schol.

Eur. Troad. 31 ἔνιοι ταῦτά φασι πρὸς χάριν εἰρῆσθαι.
μηδὲν γὰρ εἰληφέναι τοὺς περὶ Ἀκάμαντα καὶ Δημοφῶντα
ἐκ τῶν λαφύρων ἀλλὰ μόνην τὴν Αἴθραν, δι' ἣν καὶ ἀφί-
κοντο εἰς Ἴλιον, Μενεσθέως ἡγουμένου. Λυσίμαχος δὲ τὸν
τὴν πέρσιδα πεποιηκότα φησὶ γράφειν οὕτως·

Θησείδαις δ' ἔπορεν δῶρα κρείων Ἀγαμέμνων·
ἠδὲ Μενεσθῆι μεγαλήτορι ποιμένι λαῶν.

πέρσιδα corr. ex περιτηίδα Cobet.

IV. Demosthenes Epitaph. 29 ἐμέμνηντ' Ἀκαμαντίδαι
τῶν ἐπῶν ἐν οἷς Ὅμηρος εἵνεκα τῆς μητρός φησιν Αἴθρας
Ἀκάμαντ' εἰς Τροίαν στεῖλαι.

Acamantidas Arctinum pro Homero habuisse in re tali satis veri
simile videtur.

V. schol. B T Eust. Λ 515 ἔνιοι δέ φασιν ὡς οὐδὲ ἐπὶ
πάντας τοὺς ἰατροὺς ὁ ἔπαινος οὗτός ἐστι κοινός, ἀλλὰ ἐπὶ
τὸν Μαχάονα, ὃν μόνον χειρουργεῖν τινες λέγουσι· τὸν γὰρ
Ποδαλείριον διαιτᾶσθαι νόσους· καὶ τεκμήριον τούτου
Ἀγαμέμνων (Δ 193) τρωθέντος Μενελάου οὐκ ἄμφω ἐπὶ τὴν
θεραπείαν καλεῖ, ἀλλὰ τὸν Μαχάονα. τοῦτο ἔοικε καὶ
Ἀρκτῖνος ἐν Ἰλίου πορθήσει νομίζειν ἐν οἷς φησι

αὐτὸς γάρ σφιν ἔδωκε πατὴρ κλυτὸς Ἐννοσίγαιος
ἀμφοτέροις, ἕτερον δ' ἑτέρου κυδίον' ἔθηκε·
τῷ μὲν κουφοτέρας χεῖρας πόρεν ἔκ τε βέλεμνα
σαρκὸς ἑλεῖν τμῆξαί τε καὶ ἕλκεα πάντ' ἀκέσασθαι,
τῷ δ' ἄρ' ἀκριβέα πάντα ἐνὶ στήθεσσιν ἔθηκεν   5
ἄσκοπά τε γνῶναι καὶ ἀναλθέα ἰήσασθαι·
ὅς ῥα καὶ Αἴαντος πρῶτος μάθε χωομένοιο
ὄμματά τ' ἀστράπτοντα βαρυνόμενόν τε νόημα.

VI. Diomedes in Gramm. Lat. i. 477 ed. Keil. auctor
huius vibrationis Arctinus Graecus his versibus perhibetur:

IV. Cf. Eur. I. A. 247 Hec. 123 Troad. 31 Hellanicus fr. 75 Plut.
Thes. 35 Dionysius cyclographus F. H. G. iv. 653 A Eust. 284. 29
  V. 1 κλυτὸς add. Heyne   ἐννοσίγαιος πεσεῖν B T : hoc pro παισὶν
habuit Heyne e Podalirii quadam aristia ut videtur deprompti versus
iam mortuo Machaone (Il. parv. 7)   7 μάθε pluris quam perfecti vim habet

NOSTI

ὁ Ἴαμβος

ἐξ ὀλίγου διαβὰς προφόρῳ ποδὶ ὄφρ' οἱ γυῖα
τεινόμενα ῥώοιτο καὶ εὐσθενὲς εἶδος ἔχῃσι.

Νόστοι

Nostos conscripserunt etiam Eumelus ut creditur (Kinkel E. G. F. p. 187) : prosa oratione Lysimachus (F. H. G. iii. 337 sqq.), Anticlides (Script. rer. Alex. magni ff. 148, 9). Diomedis reditum tractat Mimnermus fr. 22. Herodotusne iii. 91, vii. 91 hoc poemate usus est?

I. Apollod. ii. c. 23 ἔγημε δὲ [ὁ Ναύπλιος] ὡς μὲν οἱ τραγικοὶ λέγουσιν Κλυμένην τὴν Κατρέως, ὡς δὲ ὁ τοὺς νόστους γράψας, Φιλύραν, ὡς δὲ Κέρκωψ ⟨poeta Pythagoreus, Diels Vorsokr. 32 ?⟩, Ἡσιόνην, καὶ ἐγέννησε Παλαμήδην Οἴακα Ναυσιμέδοντα.

II. Homerus δ 10 de Menelao
    υἱέι δὲ Σπάρτηθεν Ἀλέκτορος ἤγετο κούρην,
    ὅς οἱ τηλύγετος γένετο κρατερὸς Μεγαπένθης
    ἐκ δούλης·
scholl. αὕτη ὡς μὲν Ἀλεξίων Τειρίς, ὡς δ' ἔνιοι Τηρίς, θυγάτηρ Ζευξίππης, ὡς δὲ ὁ τῶν νόστων ποιητής, Γέτις. τινὲς δὲ τὸ δούλης κύριόν φασι. aliter οἱ μὲν κύριον τὸ δούλης, οἱ δὲ Τηριδάης. Τηριδάη γὰρ τὸ κύριον αὐτῆς ὄνομα. Apoll. iii. 133 Μενέλαος μὲν οὖν ἐξ Ἑλένης Ἑρμιόνην ἐγέννησε καὶ κατά τινας Νικόστρατον· ἐκ δούλης Πιερίδος, γένος Αἰτωλίδος, ἢ καθάπερ Ἀκουσίλαός φησι ⟨fr. 28⟩ Τηρηΐδος, Μεγαπένθη. ἐκ Κνωσσίας δὲ νύμφης κατὰ Εὔμηλον ⟨fr. 7 sed potius in Νόστῳ suo⟩.

III. Paus. x. 28. 7 ἡ δὲ Ὁμήρου ποίησις ἐς Ὀδυσσέα καὶ ἡ Μινυάς τε καλουμένη καὶ οἱ Νόστοι· μνήμη γὰρ δὴ ἐν ταύταις καὶ Ἅιδου καὶ τῶν ἐκεῖ δειμάτων ἐστίν· ἴσασιν οὐδένα Εὐρύνομον δαίμονα.

IV. Paus. x. 29. 6 ἔστι δὲ πεποιημένα ἐν Νόστοις Μινύου

VI. 2 podio frao igyati seu igriati codd. corr. Scaliger alii ὄφρ οἱ genuinum videtur

μὲν τὴν Κλυμένην θυγατέρα εἶναι, γῆμασθαι δὲ αὐτὴν
Κεφάλῳ τῷ Δηίονος καὶ γενέσθαι σφίσιν Ἴφικλον παῖδα.

V. Paus. x. 30. 5 ὑπὲρ τούτους Μαῖρά ἐστιν ἐπὶ πέτρᾳ
καθεζομένη. περὶ δὲ αὐτῆς πεποιημένα ἐστὶν ἐν Νόστοις
ἀπελθεῖν μὲν παρθένον ἔτι ἐξ ἀνθρώπων, θυγατέρα δὲ
αὐτὴν εἶναι Προίτου τοῦ Θερσάνδρου, τὸν δὲ εἶναι Σισύφου.

VI. Arg. Eur. Medeae . . . περὶ δὲ τοῦ πατρὸς αὐτοῦ
Αἴσονος ὁ τοὺς Νόστους ποιήσας φησὶν οὕτως·

αὐτίκα δ' Αἴσονα θῆκε φίλον κόρον ἡβώοντα
γῆρας ἀποξύσασα ἰδυίῃσι πραπίδεσσι,
φάρμακα πόλλ' ἕψουσ' ἐπὶ χρυσείοισι λέβησιν. 3

schol. Ar. Eq. 1321 ὥσπερ ἡ Μήδεια λέγεται, ὡς μὲν
Αἰσχύλος ἱστορεῖ, τὰς τροφοὺς τοῦ Διονύσου ἀφεψήσασα
ἀνανεάσαι ποιῆσαι μετὰ τῶν ἀνδρῶν αὐτῶν, ὡς δ' ὁ τοὺς
Νόστους ποιήσας καὶ τὸν Αἴσονα, λέγων οὕτως [eadem].

VII. Paus. i. 2. 1 ἐσελθόντων δὲ ἐς τὴν πόλιν ἐστὶν
Ἀντιόπης μνῆμα Ἀμαζόνος. ταύτην τὴν Ἀντιόπην Πίνδαρος
μέν ⟨fr. 175⟩ φησιν ὑπὸ Πειρίθου καὶ Θησέως ἀρπασθῆναι,
Τροιζηνίῳ δὲ Ἡγίᾳ τοιάδε ἐς αὐτὴν πεποίηται· Ἡρακλέα
Θεμίσκυραν πολιορκοῦντα τὴν ἐπὶ Θερμώδοντι ἐλεῖν μὴ
δύνασθαι, Θησέως δὲ ἐρασθεῖσαν Ἀντιόπην· στρατεῦσαι
γὰρ ἅμα Ἡρακλεῖ καὶ Θησέα· παραδοῦναι τὸ χωρίον.
τάδε μὲν Ἡγίας πεποίηκεν.

Hegian Troezenium eundem esse atque Troezenium Agiam veri
simile videtur. Nostorum poetam non alibi nominat Pausanias.

VIII. Clem. Alex. Strom. vi. 2. 12. 8 Αὐγίας ἐποίησε
δῶρα γὰρ ἀνθρώπων νοῦν ἤπαφεν ἠδὲ καὶ ἔργα
αὐγίας ex αὐγείας Laur. v. 3 ; pro nostro Augian habuit Thiersch.

IX. Eustathius 1796. 45 ἐκ Κίρκης υἱοὶ καθ' Ἡσίοδον
Ὀδυσσεῖ Ἄγριος καὶ Λατῖνος· ἐκ δὲ Καλυψοῦς Ναυσίθοος
καὶ Ναυσίνοος. Ὁ δὲ τὴν Τηλεγονείαν γράψας Κυρηναῖος
⟨fr. 1⟩ ἐκ μὲν Καλυψοῦς Τηλέγονον υἱὸν Ὀδυσσεῖ ἀναγρά-

VI. 2 ἰδυίῃσι cod. Paris. 2713 : εἰδ- cet.

φει καὶ Τηλέδαμον, ἐκ δὲ Πηνελόπης Τηλέμαχον καὶ
Ἀρκεσίλαον. κατὰ δὲ Λυσίμαχον ⟨F. H. G. iii. 339⟩ υἱὸς
αὐτῷ ἐξ Εὐίππης Θεσπρωτίδος Λεοντόφρων, ὃν ἄλλοι
Δόρυκλόν φασι. Σοφοκλῆς δὲ ἐκ τῆς αὐτῆς Εὐρύαλον
ἱστορεῖ, ὃν ἀπέκτεινε Τηλέμαχος. ὁ δὲ τοὺς νόστους ποιή-
σας Κολοφώνιος Τηλέμαχον μέν φησι τὴν Κίρκην ὕστερον
γῆμαι, Τηλέγονον δὲ τὸν ἐκ Κίρκης ἀντιγῆμαι Πηνελόπην.

e Lysimacho περὶ νόστων (cf. Il. pers. iii) traxisse sua Eustathium
veri simile est : cur autem hominem Troezenium Colophonium
tamquam Antimachum vocaverit dubium.

X. Athen. 281 B φιλήδονον δ᾽ οἱ ποιηταὶ καὶ τὸν
ἀρχαῖόν φασι γενέσθαι Τάνταλον. ὁ γοῦν τὴν τῶν Ἀτρειδῶν
ποιήσας κάθοδον ἀφικόμενον αὐτὸν λέγει πρὸς τοὺς θεοὺς
καὶ συνδιατρίβοντα ἐξουσίας τυχεῖν παρὰ τοῦ Διὸς αἰτήσα-
σθαι ὅτου ἐπιθυμεῖ. τὸν δὲ πρὸς τὰς ἀπολαύσεις ἀπλήστως
διακείμενον ὑπὲρ αὐτῶν τε τούτων μνείαν ποιήσασθαι καὶ
τοῦ ζῆν τὸν αὐτὸν τρόπον τοῖς θεοῖς· ἐφ᾽ οἷς ἀγανακτή-
σαντα τὸν Δία τὴν μὲν εὐχὴν ἀποτελέσαι διὰ τὴν ὑπόσχε-
σιν, ὅπως δὲ μηδὲν ἀπολαύῃ τῶν παρακειμένων ἀλλὰ
διατελῇ ταραττόμενος, ὑπὲρ τῆς κεφαλῆς ἐξήρτησεν αὐτῷ
πέτρον, δι᾽ ὃν οὐ δύναται τῶν παρακειμένων τυχεῖν οὐδενός.

aut de Agia aut de Eumelo cogitavit Athenaeus.

XI. Etym. Magn. 600. 8, Gud. 405. 1, Angelicum
e cod. A. 3. 24 (Ritschl Opusc. i. 689) παρὰ μὲν τοῖς
κυκλικοῖς αἱ ψυχαὶ νεκάδες λέγονται·

ἦ τέ κε δηρὸν
αὐτοῦ πήματ᾽ ἔπασχον ἐν αἰνῇσι νεκάδεσσιν
Ἰλιάδος ε᾽ [885, 6].

Ἰλιάδος ε᾽ om. Gud. quae dicunt Etymologi si vera sunt possunt ad
Νόστους referri, ubi (fr. 3) fuit Necyia. Cf. Düntzer Nachtrag 19.

XII. schol. Hom. β 120 Τυρὼ] Σαλμωνέως θυγάτηρ·
ἔσχε δὲ παῖδας ἐκ Ποσειδῶνος Νηλέα καὶ Πελίαν. Ἀλκ-
μήνη Ἠλεκτρύωνος θυγάτηρ. Μυκήνη Ἰνάχου θυγάτηρ

TELEGONIA

καὶ Μελίας τῆς Ὠκεανοῦ, ἧς καὶ Ἀρέστορος (ἀριστερός
codd. em. Buttmann) Ἄργος, ὡς ἐν τῷ κύκλῳ φέρεται.
simili licet incerta ratione heroinas in Necyiam reposuimus, cf.
frr. 3, 4, 5.

Τηλεγονία

Testimonium

Clemens Alex. Strom. VI. ii. 25. 1 ἤδη δὲ οὐ τὰς διανοίας
μόνον καὶ λέξεις ὑφελόμενοι καὶ παραφράσαντες ἐφωρά-
θησαν, ὡς ἐδείχθη, ἀλλὰ γὰρ καὶ τὰ φώρια ἄντικρυς ὁλό-
κληρα ἔχοντες διελεγχθήσονται· αὐτοτελῶς γὰρ τὰ ἑτέρων
ὑφελόμενοι ὡς ἴδια ἐξήνεγκαν, καθάπερ Εὐγάμμων ὁ Κυρη- 5
ναῖος ἐκ Μουσαίου ⟨fr. 6 Diels Vorsokrat. p. 49⟩ τὸ περὶ
Θεσπρωτῶν βιβλίον ὁλόκληρον καὶ Πείσανδρος ὁ Καμιρεὺς
Πεισίνου τοῦ Λινδίου τὴν Ἡράκλειαν, Πανύασις τε ὁ
Ἁλικαρνασσεὺς παρὰ Κρεωφύλου τοῦ Σαμίου τὴν Οἰχαλίας
ἅλωσιν. 10

I. Eust. 1796. 35 ἰστέον δὲ ὅτι γενεαλογοῦσι Διὸς μὲν
καὶ Εὐρυοδίας Ἀρκείσιον, αὐτοῦ δὲ καὶ Χαλκομεδούσης
Λαέρτην· τοῦ δὲ καὶ Ἀντικλείας Ὀδυσσέα· οὗ καὶ Πηνε-
λόπης Τηλέμαχον· αὐτοῦ δὲ καὶ Πολυκάστης τῆς Νέστορος
Περσέπτολιν, ὡς Ἡσίοδος ⟨fr. 17. 3⟩. Ἀριστοτέλης δὲ ἐν
Ἰθακησίων πολιτείᾳ ⟨fr. 463⟩ καὶ Ἑλλάνικος ⟨fr. 141⟩ δὲ
Τηλέμαχόν φασι Ναυσικάαν γῆμαι τὴν Ἀλκινόου καὶ
γεννῆσαι τὸν Περσέπτολιν. τινὲς δὲ καὶ τοιούτοις λόγοις
ἐνευκαιροῦσιν. ἐκ Κίρκης υἱοὶ καθ' Ἡσίοδον ⟨Theog.
1011⟩ Ὀδυσσεῖ Ἄγριος καὶ Λατῖνος, ἐκ δὲ Καλυψοῦς
Ναυσίθοος καὶ Ναυσίνοος. ὁ δὲ τὴν Τηλεγονείαν γράψας
Κυρηναῖος ἐκ μὲν Καλυψοῦς Τηλέγονον υἱὸν Ὀδυσσεῖ
ἀναγράφει ἢ Τηλέδαμον, ἐκ δὲ Πηνελόπης Τηλέμαχον καὶ

5 εὐγάμμων] εὐγάμων cod. Laur. v. 3: εὐγράμμων Eus. Praep. ev. x.
2. 7

colonia deducta est Cyrenam annis A. c. 640-631. Telegoniam
scripsit et Cinaethon Laco teste Euseb. Chron. ad Ol. iv. 2 [A. c. 762]
E. G. F. p. 196

TELEGONIA

Ἀρκεσίλαον. κατὰ δὲ Λυσίμαχον ⟨F. H. G. iii. 339⟩ υἱὸς αὐτῷ ἐξ Εὐίππης Θεσπρωτίδος Λεοντόφρων, ὃν ἄλλοι Δόρυκλόν φασι. Σοφοκλῆς δὲ ⟨in dramate Ὀδυσσεὺς ἀκανθόπληξ ut vid.⟩ ἐκ τῆς αὐτῆς Εὐρύαλον ἱστορεῖ ὃν ἀπέκτεινε Τηλέμαχος. ὁ δὲ τοὺς νόστους ποιήσας Κολοφώνιος ⟨Nostoi fr. ix⟩ Τηλέμαχον μέν φησι τὴν Κίρκην ὕστερον γῆμαι, Τηλέγονον δὲ τὸν ἐκ Κίρκης ἀντιγῆμαι Πηνελόπην. περιττὰ ταῦτα καὶ κενὴ μοχθηρία. εἰ δ᾽ οὖν στενῶς φράζοιντο, μικρὸν τὸ βλάβος. inde Eudocia 77. 11. pauca tantum schol. M⁴. cf. et scholl. Lycophr. 818 ad finem.

quae de Telegonia aeque ac quae de Nostis dicit videtur Eust. e Lysimacho sumpsisse. quae narrat Plutarchus quaest. graec. 14 (Aristotel. fr. 464) fortasse e Telegonia fluxerunt.

CARMINA EPICA CYCLO NON COMPREHENSA

I
AMPHIARAI EXELASIS

Vit. Herod. c. 9 Homerus cum Neontichos advenisset κατήμενος ἐν τῷ σκυτείῳ παρεόντων καὶ ἄλλων τήν τε ποίησιν αὐτοῖς ἐπεδείκνυτο Ἀμφιάρεώ τε τὴν ἐξελασίαν τὴν ἐς Θήβας καὶ τοὺς ὕμνους τοὺς ἐς θεοὺς πεποιημένους αὐτῷ.

Suidas in Homero 37 ἀναφέρεται δὲ εἰς αὐτὸν καὶ ἄλλα τινὰ ποιήματα . . . Ἀμφιαράου ἐξέλασις . . .

II
OECHALIAE HALOSIS

Suid. in Homero 37 ἀναφέρεται δὲ εἰς αὐτὸν καὶ ἄλλα τινὰ ποιήματα . . . Ἀμφιαράου ἐξέλασις, παίγνια, Σικελίας (Οἰχαλίας Pearson) ἅλωσις . . .

Strabo 438 τὴν δ᾽ Οἰχαλίαν πόλιν Εὐρύτου λεγομένην

OECHALIAE HALOSIS

ἔν τε τοῖς τόποις τούτοις ἱστοροῦσι καὶ ἐν Εὐβοίᾳ καὶ ἐν Ἀρκαδίᾳ, καὶ μετονομάζουσιν ἄλλοι ἄλλως, ὃ καὶ ἐν τοῖς Πελοποννησιακοῖς εἴρηται ⟨338⟩. περὶ δὲ τούτων ζητοῦσι καὶ μάλιστα τίς ἦν ἡ ὑπὸ Ἡρακλέους ἁλοῦσα, καὶ περὶ τίνος συνέγραψεν ὁ ποιήσας τὴν Οἰχαλίας ἅλωσιν.

638 Σάμιος δ' ἦν καὶ Κρεώφυλος, ὅν φασι δεξάμενο· ξενίᾳ ποτὲ Ὅμηρον λαβεῖν δῶρον τὴν ἐπιγραφὴν τοῦ ποιήματος ὃ καλοῦσιν Οἰχαλίας ἅλωσιν. Καλλίμαχος δὲ τοὐναντίον ἐμφαίνει δι' ἐπιγραμματός τινος (vi. W.) ὡς ἐκείνου μὲν ποιήσαντος λεγομένου δ' Ὁμήρου διὰ τὴν λεγομένην ξενίαν·

τοῦ Σαμίου πόνος εἰμί, δόμῳ ποτὲ θεῖον Ὅμηρον
δεξαμένου· κλείω δ' Εὔρυτον ὅσσ' ἔπαθεν
καὶ ξανθὴν Ἰόλειαν, Ὁμήρειον δὲ καλεῦμαι
γράμμα· Κρεωφύλῳ Ζεῦ φίλε τοῦτο μέγα.

τινὲς δὲ διδάσκαλον Ὁμήρου τοῦτόν φασιν, οἱ δ' οὐ τοῦτον ἀλλ' Ἀριστέαν τὸν Προκοννήσιον.

epigramma habet et Sext. Emp. adv. Math. i. 47 = 226 lecto Κρεωφύλου pro τοῦ Σαμίου v. 1.

cf. Paus. iv. 2. 3 (fr. 2).

Plat. rep. 600 B ὁ γὰρ Κρεώφυλος, ὦ Σώκρατες, ἴσως, ὁ τοῦ Ὁμήρου ἑταῖρος τοῦ ὀνόματος ἂν γελοιότερος ἔτι πρὸς παιδείαν φανείη, εἰ τὰ λεγόμενα περὶ Ὁμήρου ἀληθῆ. λέγεται γὰρ ὡς πολλή τις ἀμέλεια περὶ αὐτὸν ἦν ἐπ' αὐτοῦ ἐκείνου ὅτε ἔζη. schol. in loc. Κρεώφυλος Χῖος, ἐποποιός. τινὲς δὲ αὐτὸν ἱστορήκασι γαμβρὸν Ὁμήρου ἐπὶ θυγατρί, καὶ ὅτι ὑποδεξάμενος Ὅμηρον ἔλαβε παρ' αὐτοῦ τὸ ποίημα τῆς Ἰλιάδος.

Suidas Κρεώφυλος. Ἀστυκλέους. Χῖος ἢ Σάμιος, ἐποποιός· τινὲς δὲ αὐτὸν ἱστόρησαν Ὁμήρου γαμβρὸν ἐπὶ θυγατρί. οἱ δὲ φίλον μόνον γεγονέναι αὐτὸν Ὁμήρου λέγουσι, καὶ ὑποδεξάμενον Ὅμηρον λαβεῖν παρ' αὐτοῦ τὸ ποίημα τὴν τῆς Οἰχαλίας ἅλωσιν.

Eust. 330. 41 περὶ δὲ Οἰχαλίας ἐν τῷ τῶν Πυλίων

OECHALIAE HALOSIS

καταλόγῳ ⟨298. 16⟩ ἱκανῶς ἐρρέθη· τῆς Θεσσαλικῆς δὲ νῦν
Ὅμηρος μέμνηται. εἴρηται δὲ καὶ περὶ Εὐρύτου ἐκεῖ καὶ
τῆς αὐτοῦ θυγατρὸς Ἰόλης δι' ἣν ἐπόρθησεν Ἡρακλῆς τὴν
Οἰχαλίαν. εἰς ἣν δοκεῖ γράψαι καὶ Ὅμηρος, ὡς δηλοῖ ὁ
ἱστορήσας ὅτι Κρεώφυλος ὁ Σάμιος ξενίᾳ ποτὲ δεξάμενος
τὸν Ὅμηρον ἔλαβε δῶρον ἐξ αὐτοῦ τὴν ἐπιγραφὴν τοῦ ποιή-
ματος ὃ καλοῦσιν Οἰχαλίας ἅλωσιν, τουτέστιν ἔσχεν εἰς
ἀντίδοσιν ἐξ Ὁμήρου τὸ μὴ ἐπιγράψαι τὸ βιβλίον ἑαυτῷ
ἀλλὰ τῷ φίλῳ Κρεωφύλῳ, οἷον ὅτι Κρεωφύλου Σαμίου
Οἰχαλίας ἅλωσις. τινὲς δὲ ἀνάπαλίν φασι Κρεώφυλον μὲν
γράψαι Ὁμήρῳ δὲ ἐπιγραφῆναι τὸ βιβλίον διὰ τὴν ξενίαν.
διὸ καὶ Καλλίμαχος [ut supra]· τινὲς δὲ καὶ διδάσκαλον
Ὁμήρου τὸν Κρεώφυλον εἶπον, ἕτεροι δὲ Ἀρισταῖον τὸν
Προκοννήσιον, ὡς καὶ ταῦτα ὁ γεωγράφος ἱστορεῖ ⟨638 supra⟩.
similia traduntur de Stasino et Cypriis, p. 117.

I. Epimerism. Hom. Cram. An. Ox. i. 327
ἔνθεν λύσομεν καὶ τὸ ἐν Ὀδυσσείᾳ προτεινόμενον
ῥωγαλέα τὰ καὶ αὐτὸς ἐν ὀφθαλμοῖσιν ὅρηαι ⟨ξ 343⟩
τοῦτο δὲ εὑρήσομεν καὶ ἐν τῇ Οἰχαλίας ἁλώσει, ἣ εἰς
Ὅμηρον ἀναφέρεται, ἔστι δὲ Κρεώφυλος ὁ ποιήσας.
5 Ἡρακλῆς δ' ἐστὶν ὁ λέγων πρὸς Ἰόλην
ὦ γύναι αὐτὴ ταῦτα τ' ἐν ὀφθαλμοῖσιν ὅρηαι.

II. Paus. iv. 2. 3 Θεσσαλοὶ δὲ καὶ Εὐβοεῖς, ἥκει γὰρ δὴ
ἐς ἀμφισβήτησιν τῶν ἐν τῇ Ἑλλάδι τὰ πλείω, λέγουσιν οἱ
μὲν ὡς τὸ Εὐρύτιον· χωρίον δ' ἔρημον ἐφ' ἡμῶν ἐστι τὸ
Εὐρύτιον· πόλις τὸ ἀρχαῖον ἦν καὶ ἐκαλεῖτο Οἰχαλία, τῷ
δὲ Εὐβοέων λόγῳ Κρεώφυλος ἐν Ἡρακλείᾳ πεποίηκεν ὁμο-
λογοῦντα, Ἑκαταῖος δὲ ὁ Μιλήσιος ⟨fr. 106⟩ ἐν Σκίῳ μοίρᾳ
τῆς Ἐρετρικῆς ἔγραψεν εἶναι Οἰχαλίαν.

III. schol. Soph. Trach. 266 διαφωνεῖται δὲ ὁ τῶν
Εὐρυτιδῶν ἀριθμός· Ἡσίοδος μὲν γὰρ δ' φησιν ἐξ Εὐρύτου

I. 3 Οἰχαλίας] Χαλίας cod.   6 αὐτὴ add. Köchly
146

PHOCAIS

καὶ Ἀντιόχης παῖδας οὕτως ⟨fr. 110⟩, Κρεώφυλος δὲ β΄, Ἀριστοκράτης ⟨F. H. G. iv. 333⟩ δὲ γ΄.

IV. schol. Eur. Med. 264 Δίδυμος δὲ ἐναντιοῦται τούτῳ [τῷ Παρμενίσκῳ] καὶ παρατίθεται τὰ Κρεωφύλου ἔχοντα οὕτως· τὴν γὰρ Μήδειαν λέγεται διατρίβουσαν ἐν Κορίνθῳ τὸν ἄρχοντα τότε τῆς πόλεως Κρέοντα ἀποκτεῖναι φαρμάκοις. δείσασαν δὲ τοὺς φίλους καὶ τοὺς συγγενεῖς αὐτοῦ φυγεῖν εἰς Ἀθήνας, τοὺς δὲ υἱούς, ἐπεὶ νεώτεροι ὄντες οὐκ ἠδύναντο ἀκολουθεῖν, ἐπὶ τὸν βωμὸν τῆς Ἀκραίας Ἥρας καθίσαι νομίσασαν τὸν πατέρα αὐτῶν φροντιεῖν τῆς σωτηρίας αὐτῶν. τοὺς δὲ Κρέοντος οἰκείους ἀποκτείναντας αὐτοὺς διαδοῦναι λόγον ὅτι ἡ Μήδεια οὐ μόνον τὸν Κρέοντα, ἀλλὰ καὶ τοὺς ἑαυτῆς παῖδας ἀπέκτεινε.

III. PHOCAIS

Herod. vit. c. 16 διατρίβων δὲ παρὰ τῷ Θεστορίδη ποιεῖ Ἰλιάδα τὴν ἐλάσσω ἧς ἡ ἀρχή ⟨fr. 1⟩, καὶ τὴν καλουμένην Φωκαίδα, ἥν φασιν οἱ Φωκαεῖς Ὅμηρον παρ' αὐτοῖσι ποιῆσαι. ἐπεὶ δὲ τήν τε Φωκαίδα (φωκίδα Ma¹ Ma²) καὶ τἄλλα πάντα παρὰ τοῦ Ὁμήρου ὁ Θεστορίδης ἐγράψατο, διενοήθη ἐκ τῆς Φωκαίης ἀπαλλάσσεσθαι, τὴν ποίησιν θέλων τοῦ Ὁμήρου ἐξιδιώσασθαι.

Versus heroici Homero adscripti qui neque in Iliade Odyssea Hymnis neque in Cycli fragmentis inveniuntur.

I, II.

Hippocrates περὶ ἄρθρων ἐμβολῆς 8.

καλῶς γὰρ Ὅμηρος καταμεμάθηκε ὅτι πάντων τῶν προβάτων βόες μάλιστα ἀτονέουσι ταύτην τὴν ὥρην, καὶ βοῶν οἱ ἀρόται, ὅτι τὸν χειμῶνα ἐργάζονται. τούτοισι τοίνυν καὶ ἐκπίπτει μάλιστα· οὗτοι γὰρ μάλιστα λεπτύνονται. . . . διὰ τοῦτο οὖν ἐποίησεν τάδε τὰ ἔπη·   5

VERSVS HEROICI

ὡς δ' ὁπότ' ἀσπάσιον ἔαρ ἤλυθε βουσὶν ἔλιξιν
ὅτι ἀσμενωτάτη αὐτοῖσιν ἡ βαθεῖα ποίη φαίνεται.
Mochlicon 5 ὦμος δὲ ἐκπίπτει κάτω· . . . οἷον καὶ
βουσὶ χειμῶνος φαίνεται διὰ λεπτότητα . . . τό τε Ὁμή-
10 ρειον καὶ διότι λεπτότατοι βόες τηνικαῦτα.

III. Plat. Gorg. 516 C οὐκοῦν οἵ γε δίκαιοι ἥμεροι, ὡς
ἔφη Ὅμηρος.

IV. Xen. Sympos. viii. 30
καὶ ἐγὼ δέ φημι καὶ Γανυμήδην οὐ σώματος ἀλλὰ ψυχῆς
ἕνεκα ὑπὸ Διὸς εἰς Ὄλυμπον ἀνενεχθῆναι.   μαρτυρεῖ δὲ
τοὔνομα αὐτοῦ· ἔστι μὲν γὰρ δήπου καὶ Ὁμήρῳ
        γάνυται δέ τ' ἀκούων·
τοῦτο δὲ φράζει ὅτι ἥδεται δέ τ' ἀκούων.   ἔστι δὲ καὶ
ἄλλοθί που
        πυκινὰ φρεσὶ μήδεα εἰδώς·
τοῦτο δ' αὖ λέγει σοφὰ φρεσὶ βουλεύματα εἰδώς.
auctor seu cyclici carminis seu hymni figura ludit etymologica.

V. Plato Phaedr. 252 B λέγουσι δέ, οἷμαι, τινὲς Ὁμηρι-
δῶν ἐκ τῶν ἀποθέτων ἐπῶν δύο ἔπη εἰς τὸν Ἔρωτα, ὧν τὸ
ἕτερον ὑβριστικὸν πάνυ καὶ οὐ σφόδρα τι ἔμμετρον· ὑμ-
νοῦσι δὲ ὧδε·
        τὸν δ' ἤτοι θνητοὶ μὲν Ἔρωτα καλοῦσι ποτηνόν,
        ἀθάνατοι δὲ Πτέρωτα διὰ πτερόφοιτον ἀνάγκην.
unde hos versus traxerit Plato incertum : hymnum sapere nobis
visi sunt C. Q. 1907. 136.

VI. Aeschines i. § 128 καὶ οὕτως ἐναργές ἐστι καὶ οὐ
πεπλασμένον ὃ λέγω ὥσθ' εὑρήσετε καὶ τοὺς προγόνους
φήμης ὡς θεοῦ μεγίστης βωμὸν ἱδρυμένους, καὶ τὸν Ὅμη-
ρον πολλάκις ἐν τῇ Ἰλιάδι λέγοντα πρὸ τοῦ τι τῶν
5 μελλόντων γενέσθαι
        φήμη δ' ἐς στρατὸν ἦλθε.
Dem. Epitaph. 29 v. Iliu pers. IV ; Aristoph. Pac. 1282, 1283, 1286, 1287
v. p. 116.

I, II. 6 Cf. ψ 233 ὡς δ' ὅτ' ἂν ἀσπάσιος γῇ νηχομένοισι φανήῃ. Hes.
O. D. 585 sqq.
VI. 6 ἦλθε] ἧκε cod. Par. 3002

VERSVS HEROICI

VII. schol. Τ Ω 420 ἀδύνατον νεκρῶν τραύματα μύειν,
ὥς φησιν Ἀριστοτέλης ⟨fr. 159 Rose⟩ εἰρηκέναι Ὅμηρον
μῦσεν δὲ περὶ βροτόεσσ' ὠτειλή.
τοῦτο δὲ τὸ ἡμιστίχιον οὐ φέρεται.
verissime scholiasta.

VIII. Ar. de An. I. c. 2. 404 A 25 ὁμοίως δὲ καὶ Ἀναξ-
αγόρας ψυχὴν εἶναι λέγει τὴν κινοῦσαν, καὶ εἴ τις ἄλλος
εἴρηκεν ὡς τὸ πᾶν ἐκίνησε νοῦς, οὐ μὴ παντελῶς γ' ὥσπερ
Δημόκριτος ⟨§ 100 Diels⟩. ἐκεῖνος μὲν γὰρ ἁπλῶς ταὐτὸν
ψυχὴν καὶ νοῦν· τὸ γὰρ ἀληθὲς εἶναι τὸ φαινόμενον·
διὸ καλῶς ποιῆσαι τὸν Ὅμηρον ὡς
Ἕκτωρ κεῖτ' ἀλλοφρονέων.

IX, X, XI. Ar. Eth. Nic. iii. 8. 1116 B 26 ἰητικώτατον
γὰρ ὁ θυμὸς πρὸς τοὺς κινδύνους, ὅθεν καὶ Ὅμηρος
σθένος ἔμβαλε θυμῷ
καὶ   μένος καὶ θυμὸν ἔγειρε
καὶ   δριμὺ δ' ἀνὰ ῥῖνας μένος ⟨ω 318, 319 ordine turbato⟩ 5
καὶ   ἔζεσεν αἷμα.

XII. Chrysippus ap. Galen. de plac. Hipp. et Plat. iii. 115
πρῆσεν ἐνὶ στήθεσφιν ἐρισθενέος Διὸς ἀλκὴν
γνωμέναι.

XIII. idem ib.
τότε δὴ στηθέων θ' ἅμα φρένας ἐξέλετο Ζεύς
emendatio incerta.   cf. P 470 Z 234 T 137.

XIV. idem ib.
ἄλλο δ' ἐνὶ στήθεσσι νόος καὶ μῆτις ἀμύμων.

XV. Plutarchus vit. Hom. ii. 23 ἔστι δὲ καὶ ἄλλος
τρόπος ἡ μετωνυμία . . . οἷόν ἐστι παρ' αὐτῷ
ἦμος ὅτ' αἰζηοὶ Δημήτερα κωλοτομεῦσι

VIII. eadem Alex. Aphr., Themist., Syrian., Asclep., Simpl.,
Philop., Elias. cf. Λ 356 quem notavit Ar., Ξ 420 saepe omissum.
    IX. 3 Cf. Λ 11 Ξ 151 σθένος ἔμβαλ' ἑκάστῳ Π 529 μένος δέ οἱ ἔμβαλε
θυμῷ   4 Cf. Ε 510 Τρωσὶν θυμὸν ἐγεῖραι Ο 232 οἱ ἔγειρε μένος
μέγα 594 ὅ σφισιν αἰὲν ἔγειρε μένος μέγα   6 ῥέε, ἔρρεεν de sanguine
sollemnia

149

VERSVS HEROICI

idem de Iside et Osiride 66, 377 D

ποιητὴς δέ τις ἐπὶ τῶν θεριζόντων
τῆμος ὅτ' αἰζηοὶ Δημήτερα κωλοτομεῦσιν.

XVI. Plut. vit. Hom. ii. 20

εἰσὶ δὲ παρ' αὐτῷ μεταφοραὶ ποικίλαι, αἱ μὲν ἀπὸ ἐμψύ-
χων ἐπὶ ἔμψυχα, οἷον
φθέγξατο δ' ἡνίοχος νηὸς κυανοπρῴροιο.

anonymus in anecd. graec. Boissonadii iii. 286 ἔτι τῶν
μεταφορῶν αἱ μὲν ἀντιστρέφουσιν, αἱ δ' οὔ. καὶ ἀντιστρέ-
φουσι μὲν αἱ τοιαῦται [eadem] καὶ
ἵππων κυβερνητῆρες ⟨cf. Oppian. i. 96⟩.

XVII. idem ii. 55 τὸ ἐνεργητικὸν ἀντὶ τοῦ παθητικοῦ
δωρήσω τρίποδα χρυσούατον
ἀντὶ τοῦ δωρήσομαι.

XVIII. schol. in Lycophr. 86 λεύσσω θέοντα γρυνόν] . . .
γρυνὸν δὲ εἶπε τὸν Ἀλέξανδρον κατὰ μετωνυμίαν καλέσας·
γρυνὸς γάρ ἐστιν ὁ κορμός· καὶ Ὅμηρος
γρυνοὶ μὲν δαίοντο μέγας δ' Ἥφαιστος ἀνέστη
eundem versum Etym. magn. 241. 45 sed γρουννοί.

XIX. Ammonius περὶ διαφορᾶς ὀνομάτων in v. οὗτος
οὗτος τοι Διομήδης.

XX. id. in v. λητουργεῖν
λήιτον ἀμφεπένοντο.

XXI. Galenus in Hippocr. περὶ ἀγμῶν ii. 70
καὶ μέσον μὲν γὰρ ὁ ποιητὴς ἐνικῶς εἶπεν αὐτό·
περὶ ζώνην
βάλλεται ἰξύην ἑκατὸν θυσάνοις ἀραρυῖαν.

cf. Ξ 181. corrupta fortasse varia lectio versuum ε 231 κ 544 sc.
περὶ δὲ ζώνην βάλετ' ἰξυῖ
καλὴν χρυσείην ἑκατὸν θυσάνοις ἀραρυῖαν.

XXII. Ammonius in Porph. isag. prooem. 4 r. 30 (ed.
Busse, p. 9) καὶ ὁ ποιητὴς
ἐπεὶ σοφὸς ἤραρε τέκτων.

150

VERSVS HEROICI

Clem. Alex. strom. i. 4. 1 Ὅμηρος δὲ καὶ τέκτονα σοφὸν καλεῖ.

eadem Nicomach. isag. init. Elias proleg. philosoph. c. 9 David id.
c. 15, Eust. 1023. 14. cf. Ψ 712 τούς τε κλυτὸς ἤραρε τέκτων. Bywater
J. Ph. vii. 66.

XXIII. Servius in Verg. Aen. xii. 691 striduntque hasti-
libus aurae] *Homerus*

συρίζουσα MAKEΛON ICITITATE λόγχῃ

conicias μακεδνόν (auctori idem quod μακρόν) et ἵστατο vel ἵπτατο.

XXIV. Probus in Verg. Georg. ii. 506
Tyron enim Sarram appellatam Homerus docuit.

XXV. Suidas θωύσσοντες· ὑλακτοῦντες. Ὅμηρος
βαρύβρομα θωύσσοντες.

His versibus, quorum hi pro variis lectionibus Homericis habendi
videntur esse, hi e cyclo vel hymnis orti, illi adiciendi sunt quos
scriptor vitae Herodoteae nescio unde decerpsit.

96–100	αἰδεῖσθε ξενίων
120, 1	αἶψα πόδες
164	οἴη μ᾽ αἴσῃ δῶκε
203, 4	Θεστορίδη
225–32	κλῦθι Ποσειδάων
239–41	πότνια γῆ
251–4	ναῦται ποντοπόροι
270–3	ἄλλη τίς σου πεύκη
292–5	Γλαῦκε βοτῶν
401–4	κλῦθί μοι εὐχομένῳ κουροτρόφε
409–13	ἀνδρὸς μὲν στέφανος παῖδες
487, 8	τοίων γὰρ πατέρων

versus hexametricos anonymos quotquot exstant colligere non
huius loci est : licet tamen adferre initium versus in vase inscriptum
apud Kretschmerum *Vaseninschriften* p. 90 n. 64

ωδε ποτ εν τιρυνθι

quattuor pedes ab Hephaestione Ench. 1. 3. servatos

Τίρυνς οὐδέ τι τεῖχος ἐπήρκεσε.

praebuit papyrus nonnullos qui supra Alexandrinam aetatem videntur
ascendere, sed fragmenta tantum : cf. *Greek Papyri, Series II*, 1897,
p. 13, *Hibeh Papyri* i. 1906, p. 41, *Oxyrhynchus Papyri* iii. n. 422 sqq.,
vi. n. 859, 864, *Berliner Klassikertexte* ii, p. 145 sqq., Pap. Mus. Brit.
121 in *Greek Papyri in the British Museum* 1893 f. 83 sqq. in hac cf.
v. 42 τω νυν μηδε συ [τα]υτα τεη ειπησθα γυναικι.

III. LVSVS SIVE PAEGNIA

MARGITES

Testimonia

Plato Alcib. ii. 147 C (v. fr. 3).

Hyperides pro Lycophr. col. vi. 21 καὶ ταῦ[τα δο]κεῖ ἂν ὑμῖν ἢ ['Ορέστης] ἐκεῖνος ὁ μαινόμενος ποιῆσαι ἢ Μαργίτης ὁ πάντων ἀβελτερώτατος; Aeschines in Ctes. § 160 (v. Harpocrationem infra cit).

Aristoteles Poet. c. 4. 1448 B 24 διεσπάσθη δὲ κατὰ τὰ οἰκεῖα ἤθη ἡ ποίησις· οἱ μὲν γὰρ σεμνότεροι τὰς καλὰς ἐμιμοῦντο πράξεις καὶ τὰς τῶν τοιούτων, οἱ δὲ εὐτελέστεροι τὰς τῶν φαύλων, πρῶτον ψόγους ποιοῦντες ὥσπερ ἕτεροι ὕμνους καὶ ἐγκώμια. τῶν μὲν οὖν πρὸ Ὁμήρου οὐδενὸς ἔχομεν εἰπεῖν τοιοῦτον ποίημα, ἀπὸ δὲ Ὁμήρου ἀρξαμένοις ἔστιν, οἷον ἐκείνου ὁ Μαργίτης καὶ τὰ τοιαῦτα. ἐν οἷς κατὰ τὸ ἁρμόττον ἰαμβεῖον ἦλθε μέτρον, διὸ καὶ ἰαμβεῖον καλεῖται νῦν, ὅτι ἐν τῷ μέτρῳ τούτῳ ἰάμβιζον ἀλλήλους· καὶ ἐγένοντο τῶν παλαιῶν οἱ μὲν ἡρωικῶν οἱ δὲ ἰάμβων ποιηταί. ὥσπερ δὲ καὶ τὰ σπουδαῖα μάλιστα ποιητὴς Ὅμηρος ἦν, μόνος γὰρ οὐχ ὅτι εὖ ἀλλ' ὅτι καὶ μιμήσεις δραματικὰς ἐποίησεν, οὕτως καὶ τὰ τῆς κωμῳδίας σχήματα πρῶτος ὑπέδειξεν οὐ ψόγον ἀλλὰ τὸ γελοῖον δραματοποιήσας· ὁ γὰρ Μαργίτης ἀνάλογον ἔχει ὥσπερ Ἰλιὰς καὶ ἡ Ὀδύσσεια πρὸς τὰς τραγῳδίας, οὕτω καὶ οὗτος πρὸς τὰς κωμῳδίας.

Polybius xii. 4 a ἢ γὰρ δεῖ τὸν Ἔφορον ὑπερβεβηκέναι τῇ μωρίᾳ καὶ τὸν Κόροιβον καὶ τὸν Μαργίτην, εἰ μὴ δυνατὸς ἦν συλλογίσασθαι διότι τὰ τετταράκοντα καὶ δύο ποοτεθέντα τοῖς εἴκοσι καὶ τρισὶν ἑξήκοντα γίνεται καὶ πέντε· ἢ . . . φανερὸν ὅτι τὸ μὲν ἁμάρτημά ἐστι τοῦ γραφέως.

Polybius xii. 25 ταῦτα γὰρ οὐχ οἷον Τίμαιον εἰρηκέναι τις ἂν πιστεύσειεν, ἀλλ᾽ οὐδὲ τὸν λεγόμενον Μαργίτην ἐκεῖνον.

Harpocration in v. Αἰσχίνης ἐν τῷ κατὰ Κτησιφῶντος ⟨160⟩· ἐπωνυμίαν δὲ ᾽Αλεξάνδρῳ Μαργίτην ἔθετο (sc. ὁ Δημοσθένης) καὶ Μαρσύας ἐν ε´ τῶν περὶ ᾽Αλεξάνδρου ⟨scr. rer. Alex. Magn. p. 43 fr. 8⟩ ἱστορεῖ λέγων Μαργίτην ὑπὸ Δημοσθένους καλεῖσθαι τὸν ᾽Αλέξανδρον· ἐκάλουν δὲ τοὺς ἀνοήτους οὕτω διὰ τὸν εἰς ῞Ομηρον ἀναφερόμενον Μαργίτην, ὅπερ ποίημα Καλλίμαχος ⟨74 a Schn.⟩ θαυμάζειν ἔοικεν.

Plutarch. Demosth. 23 καὶ τὸ βῆμα κατεῖχεν ὁ Δημοσθένης, καὶ πρὸς τοὺς ἐν ᾽Ασίᾳ στρατηγοὺς τοῦ βασιλέως ἔγραφε τὸν ἐκεῖθεν ἐπεγείρων πόλεμον ᾽Αλεξάνδρῳ, παῖδα καὶ Μαργίτην ἀποκαλῶν αὐτόν.

Lucianus Hermot. 17 ὁρᾷς ὅπως αὖθις ἐξαπατᾷς με καὶ οὐ λέγεις τἀληθές, ἀλλ᾽ οἴει Μαργίτῃ διαλέγεσθαί τινι; Philopseud. 3 ὃς δ᾽ ἂν οὖν ταῦτα καταγέλαστα ὄντα μὴ οἴηται ἀληθῆ εἶναι, ἀλλ᾽ ἐμφρόνως ἂν ἐξετάζων ταῦτα Κοροίβου τινὸς ἢ Μαργίτου νομίζοι τὸ πείθεσθαι ἢ Τριπτόλεμον ἐλάσαι διὰ τοῦ ἀέρος ἐπὶ δρακόντων ὑποπτέρων ἢ Πᾶνα ἥκειν ἐξ ᾽Αρκαδίας σύμμαχον ἐς Μαραθῶνα ἢ ᾽Ωρείθυιαν ὑπὸ τοῦ Βορέου ἀναρπασθῆναι, ἀσεβὴς οὗτός γε καὶ ἀνόητος αὐτοῖς ἔδοξεν οὕτω προδήλοις καὶ ἀληθέσι πράγμασιν ἀπιστῶν.

Hephaest. Encheir. c. 17, p. 63 Westphal. μετρικὰ δὲ ἄτακτα ὅσα ἐκ μέτρων μὲν ὁμολογουμένων συνέστηκε, τάξιν δὲ καὶ ἀνακύκλησιν οὐκ ἔχει, οὔτε κατὰ στίχον οὔτε κατὰ συστήματα, οἷός ἐστιν ὁ Μαργίτης ὁ εἰς ῞Ομηρον ἀναφερόμενος, ἐν ᾧ παρέσπαρται τοῖς ἔπεσιν ἰαμβικά, καὶ ταῦτα οὐ κατ᾽ ἴσον σύστημα. τοιοῦτόν ἐστι καὶ τὸ Σιμωνίδειον ἐπίγραμμα [188]

MARGITES

Ἴσθμια δίς, Νεμέᾳ δίς, Ὀλυμπίᾳ ἐστεφανώθην
οὐ πλάτεϊ νικῶν σώματος ἀλλὰ τέχνᾳ.
Ἀριστόδαμος Θράσιδος Ἀλεῖος πάλᾳ.

eiusdem περὶ ποιήματος c. 3, p. 66 Westphal. μετρικὰ
δὲ ἄτακτά ἐστιν ἅπερ μέτρῳ μὲν γέγραπταί τινι, οὔτε δὲ
ὁμοιότητα ἔχει πρὸς ἄλληλα οὔτε ἀνακύκλησιν, οἷόν ἐστι τὸ
τοῦ Σιμωνίδου ἐπίγραμμα [188]· τοιοῦτός ἐστι καὶ ὁ Μαργί-
της Ὁμήρου· οὐ γὰρ τεταγμένῳ ἀριθμῷ ἐπῶν τὸ ἰαμβικὸν
ἐπιφέρεται. schol. ad loc. (p. 218 West.) μετὰ γὰρ δέκα
στίχους ἐπιφέρει ἴαμβον, καὶ πάλιν μετὰ πέντε καὶ ὀκτώ.

Dio Prusaensis 53. 4 γέγραφε δὲ καὶ Ζήνων ὁ φιλόσοφος
⟨fr. 274 Arn.⟩ εἴς τε τὴν Ἰλιάδα καὶ τὴν Ὀδύσσειαν καὶ
περὶ τοῦ Μαργίτου δέ· δοκεῖ γὰρ καὶ τοῦτο τὸ ποίημα ὑπὸ
Ὁμήρου γεγονέναι νεωτέρου καὶ ἀποπειρωμένου τῆς αὑτοῦ
φύσεως πρὸς ποίησιν.

Lucius Tarrhaeus ut vid. in cod. Mus. Brit. add. 5118
(ap. Cramer. An. Ox. iv. 315 f. 38) ἕκτον κρίσις ποιημά-
των· πολλὰ γὰρ νοθευόμενά ἐστιν, ὡς ἡ Σοφοκλέους
Ἀντιγόνη· λέγεται γὰρ εἶναι Ἀντιφῶντος (sc. Ἰοφῶν-
τος) τοῦ Σοφοκλέους υἱοῦ. ὁμοίως τὰ Κυπριακὰ καὶ ὁ
Μαργίτης, Ἀράτου τὰ θυτικὰ καὶ τὰ περὶ ὀρνέων, Ἡσιόδου
Ἀσπίς.

schol. in Aeschin. l. c. Μαργίτην φησὶν ἄνθρωπον γεγο-
νέναι, ὃς ἐτῶν πολλῶν γενόμενος οὐκ ᾔδη ὅστις αὐτὸν
ἔτεκεν, πότερον ὁ πατὴρ ἢ ἡ μήτηρ, τῇ δὲ γαμετῇ οὐκ
ἐχρῆτο. δεδιέναι γὰρ ἔλεγε μὴ διαβάλλοι αὐτὸν πρὸς τὴν
μητέρα. cf. fr. 4.

Suidas Πίγρης· Κὰρ ἀπὸ Ἁλικαρνασσοῦ, ἀδελφὸς Ἀρτε-
μισίας τῆς ἐν τοῖς πολέμοις διαφανοῦς, Μαυσώλου γυναικός·
ὃς τῇ Ἰλιάδι παρενέβαλε κατὰ στίχον ἐλεγειῶν, οὕτω
γράψας·
    μῆνιν ἄειδε θεὰ Πηληιάδεω Ἀχιλῆος
    Μοῦσα, σὺ γὰρ πάσης πείρατ' ἔχεις σοφίης.

MARGITES

ἔγραψε καὶ τὸν εἰς Ὅμηρον ἀναφερόμενον Μαργίτην καὶ
Βατραχομυομαχίαν.[1]

unde Eudocia 358.

Tzetzes Exeges. in Iliad. p. 37 βίβλους δὲ ταύτας ἐξε-
πονήσατο [ὁ Ὅμηρος], τήν τε Μυοβατραχομαχίαν, ἥν τινες
Τίγρητος εἶναί φασι τοῦ Καρός, καὶ τὸν Μαργίτην, ᾧ
ποιήματι οὐκ ἐνέτυχον.

saeculo igitur duodecimo p. Chr. n. non amplius exstitit.

Marius Victorinus artis grammaticae libri IIII. i. 68 Keil
*nam cum superiorem versum plerumque chorius, sequentem iambus
terminet, non absurde choriambicam clausulam idem adfectasse in
eius modi modulatione dicitur, ea videlicet contemplatione qua
viderit Homerum fontem atque originem metricae disciplinae non
tantum in duobus corpusculis Iliados et Odysseae his versibus
teliambis frequenter usum, sed et in eo carmine cui Margitae
nomen est eundem herois hexametris trimetros iambicos tamquam
pares numero miscuisse viderit, qua ratione id in opere suo Livius.*

id. ii. p. 79 Keil

*hexametro dactylico trimeter iambicus comparatur, quem
latine senarium nominamus, veluti hexametron: sex enim pedes
iambus habet, ut ille dactylos, cum uterque purus ex se figuratur
(trimetra autem appellatur a Graecis quia tribus percussionibus
per dipodias caeditur): ideoque dicitur et Homerus in Mar-
gite suo miscuisse hos versus tamquam pares.*

id. iii. p. 133 K. *hoc genere versuum ut supra diximus
primus usus est Homerus in Margite suo, nec tamen totum
carmen ita digestum perfecit.   nam duobus pluribusve hexa-
metris antepositis istum subiciens copulavit, quod postea Archi-
lochus limatius interpolando composuit.*

Eustratius in Aristot. Eth. Nic. vi. 7. 1141 A 12 ed.
Heylbut p. 320 παράγει δ᾽ εἰς μαρτυρίαν τοῦ εἶναι τὸν ὅλως
σοφὸν ἕτερον παρὰ τόν τινα σοφὸν καί τινα ποίησιν
Μαργίτην ὀνομαζομένην Ὁμήρου.   μνημονεύει δ᾽ αὐτῆς οὐ

[1] Cf. et vit. Herod. c. 24, Plut. i. 5. Procul. p. 102. 5, v. 23, Suid. 45.

MARGITES

5 μόνον αὐτὸς Ἀριστοτέλης ἐν τῷ πρώτῳ περὶ ποιητικῆς
⟨c. 4⟩ ἀλλὰ καὶ Ἀρχιλόχος ⟨fr. 153⟩ καὶ Κρατῖνος ⟨fr. 332⟩
καὶ Καλλίμαχος ⟨fr. 74 a⟩ ἐν τῷ ἐπιγράμματι, καὶ μαρτυροῦσιν
εἶναι Ὁμήρου τὸ ποίημα . . . ὁ δὲ Ὅμηρος λέγων ἐν τῷ
Μαργίτῃ [eadem quae in fr. ii] περὶ σοφοῦ λέγει ὅλως ὄντος
10 καὶ κυρίως σοφοῦ, καὶ οὐ κατά τι σοφοῦ.

I. Atilius Fortunatianus p. 286 Keil (Gram. Lat. vol. vi)
*sequitur ut de iambico dicere debeamus, cuius auctorem alii
Archilochum alii Hipponactem volunt. sed primus Homerus
hoc usus est in Margite.*

> ἦλθέ τις εἰς Κολοφῶνα γέρων καὶ θεῖος ἀοιδός,
> Μουσάων θεράπων καὶ ἑκηβόλου Ἀπόλλωνος,
> φίλην ἔχων ἐν χερσὶν εὔφθογγον λύραν.   3

frag. cod. Berol. 66 ib. p. 633
*ideoque dicitur Homerus in Margite suo miscuisse hos versus
tamquam pares* [eadem] *quod exemplum posuissem si in animo
esset latinum librum graecis complere versibus, cum hoc cogno-
scere volentibus liceat Homeri legere Margiten.*

hoc saeculo igitur iam exstabat.

schol. Ar. Av. 913 θεράποντες ὀτρηροί] ἐπειδὴ ὀτρηροὶ
ἐπὶ τῶν θεραπόντων λέγεται. ἐπεπίστευτο δὲ καὶ ὁ Μαρ-
γίτης τοῦ Ὁμήρου εἶναι. ἐν ᾧ εἴρηται [v. 2].

II. Aristoteles Eth. Nic. vi. 7. 1141 A 12 εἶναι δέ τινας
σοφοὺς οἰόμεθα ὅλως οὐ κατὰ μέρος οὐδ᾽ ἄλλο τι σοφούς,
ὥσπερ Ὅμηρός φησιν ἐν τῷ Μαργίτῃ

> τὸν δ᾽ οὔτ᾽ ἄρ᾽ σκαπτῆρα θεοὶ θέσαν οὔτ᾽ ἀροτῆρα
> οὔτ᾽ ἄλλως τι σοφόν. πάσης δ᾽ ἡμάρτανε τέχνης.   2

eadem in eundem loc. Eustratius p. 320, Heliodorus p. 121 Heylbut.

6 Ἀριστοφάνης Ruhnken : Ἀρχιλόχοις Κρατῖνος Bergk, quo
dramate commemorantur et Cercopes fr. 12. vulgatum tuetur Crusius
Philol. 1895. 711.
I. v. 3 φίλης frag. Berol.
II. 2 πάσης . . . τέχνης om. Aristoteles, Eustratius, Heliodorus,
add. Clemens.

MARGITES

Clemens Alex. Strom. i. 4. 1 Ὅμηρος δὲ καὶ τέκτονα
σοφὸν ⟨cf. f. 150⟩ καλεῖ καὶ περὶ τοῦ Μαργίτου εἰ δὴ αὐτοῦ
ὧδέ πως γράφει· [eadem].

III. Plato Alcib. ii. 147 B ΣΩ. . . . ὥστε ξυμβαίνειν μοι
δοκεῖ καὶ ἐνταῦθα τὸ τοῦ ποιητοῦ, ὃ λέγει κατηγορῶν πού
τινος, ὡς ἄρα πολλὰ μὲν ἠπίστατο ἔργα, κακῶς δέ φησιν
ἠπίστατο πάντα. ΑΛ. καὶ τί δή ποτε ξυμβαίνει τὸ τοῦ
ποιητοῦ, ὦ Σώκρατες; ἐμοὶ μὲν γὰρ οὐδ' ὁτιοῦν δοκεῖ πρὸς
λόγον εἰρηκέναι. ΣΩ. καὶ μάλα γε πρὸς λόγον· ἀλλ'
αἰνίττεται ὦ βέλτιστε καὶ οὗτος καὶ οἱ ἄλλοι δὲ ποιηταὶ
σχεδόν τι πάντες. . . . . οὐ γὰρ δήπου Ὅμηρόν γε τὸν θειό-
τατόν τε καὶ σοφώτατον ποιητὴν ἀγνοεῖν δοκεῖς ὡς οὐχ οἷόν
τε ἦν ἐπίστασθαι κακῶς. ἐκεῖνος γάρ ἐστιν ὁ λέγων τὸν
Μαργίτην πολλὰ μὲν ἐπίστασθαι, κακῶς δέ φησι πάντα
ἠπίστατο. ἀλλ' αἰνίττεται οἶμαι παράγων τὸ κακῶς μὲν
ἀντὶ τοῦ κακοῦ, τὸ δὲ ἠπίστατο ἀντὶ τοῦ ἐπίστασθαι.
γίγνεται οὖν συντεθὲν ἔξω μὲν τοῦ μέτρου, ἔστι δὲ ὅ γε
βούλεται, ὡς πολλὰ μὲν ἠπίστατο ἔργα, κακὸν δὲ ἦν ἐπί-
στασθαι αὐτῷ πάντα ταῦτα.

IV. Tzetzes Chiliad. iv. 867
ἔχεις μοι καὶ τὸν Κόροιβον, ἄκουε τὸν Μαργίτην,
εἰς ὃν ὁ γέρων Ὅμηρος ἡρωιάμβους γράφει·
οὗτος ὢν γέρων νουνεχής, αὐτόχρημα νοῦς, φρένες,
ἐξανηρώτα τίς αὐτὸν ἐγκυμονήσας βρέφος
ἐκ τῆς γαστρὸς ἐγέννησεν, ἆρ' ὁ πατὴρ ἢ μήτηρ.
vi. 592
ἐν τῷ δευτέρῳ πίνακι τετάρτην ἱστορίαν
τὸ νῦν Μαργίτην εὕρῃς μοι· ἐπιγραφὴν δὲ φέρει
τοῦ Μελιτίδου πέρι τε καὶ μωραινόντων ἄλλων.
οὗτος πανφρονιμώτατος ὢν γέρων ὁ Μαργίτης
ἐξανηρώτα τίς αὐτὸν ἐγκυμονήσας βρέφος
ἐκ τῆς γαστρὸς ἐγέννησεν, ἆρ' ὁ πατὴρ ἢ μήτηρ.
Ὅμηρος βίβλον ἔγραψεν εἰς τοῦτον τὸν Μαργίτην.

157

MARGITES

Nicephorus Blemmides ὁποῖον δεῖ εἶναι τὸν βασιλέα
c. xi (Mai Scriptt. vett. nova collectio ii. 641) . . . μὴ
παραπλησίους δὲ **Κοροίβῳ, Μαργίτῃ** τε καὶ τῷ **Μελιτίδῃ.**
ὦν ὁ μὲν . . . ὁ δὲ διαπορῶν ἠρώτα ὁπότερος τῶν γονέων
αὐτὸν ἐγέννησεν· ὁ δ' ἕτερος οὐκ ἠθέλησε συμμιγῆναι τῇ
αὐτοῦ γυναικί, οὐ παρθενίαν τιμῶν οὐδὲ ἀγνεύειν βουλό-
μενος ἀλλὰ λέγων φοβεῖσθαι μή ποτε κόλασιν εὕρη παρὰ
τῆς πενθερᾶς αὐτοῦ χάριν τῆς συνουσίας.

Dio Prus. 67. 4 εἰ οὖν τις εἴη τοιοῦτος ἄνθρωπος
οἷος ζῆν πρὸς τὴν αὐτοῦ σκιὰν . . . πολύ γε ἂν εἴη τοῦ
Μαργίτου σοφώτερος ἀγνοοῦντος ὅτι χρὴ γήμαντα χρῆσθαι
τῇ γυναικί.

Suidas in v. **Μαργίτης·** ἀνὴρ ἐπὶ μωρίᾳ κωμῳδούμενος,
ὅν φασιν ἀριθμῆσαι μὲν μὴ πλείω τῶν ε' δυνηθῆναι·
νύμφην δὲ ἀγόμενον μὴ ἅψασθαι αὐτῆς ἀλλὰ φοβεῖσθαι,
λέγοντα μὴ τῇ μητρὶ αὐτὸν διαβάλῃ· ἀγνοεῖν δὲ νεανίαν
ἤδη γεγενημένον καὶ πυνθάνεσθαι τῆς μητρὸς εἴ γε ἀπὸ τοῦ
αὐτοῦ πατρὸς ἐτέχθη.

Hesychius, **Μαργε[ί]της·** μωρός τις, ἢ μὴ εἰδὼς μίξιν
γυναικός, κἂν γυνὴ προτρέπηται αὐτόν. adde et **Μαργίτης·**
μωρός τις, μαινόμενος, et **Μαργίτου·** ἄφρονος μωροῦ.

Eustathius 1669. 41 σημειῶσαι δὲ ὅτι ὡς καὶ ἐν Ἰλιάδι
ἐδηλώθη ἐπὶ Θερσίτου, καὶ ἀφελῆ τινα πρόσωπα καὶ οὐ
πάνυ σπουδαῖα εἰς Τροίαν ἐστρατεύσατο. οἷος δή τις καὶ ὁ
Ἐλπήνωρ ἐνταῦθα ⟨κ 552⟩ . . . πολυμαθείας δὲ χάριν οἱ
παλαιοὶ καὶ τοιαῦτα παρενείρουσιν οἷς γράφουσιν ἵνα καὶ
τοιούτων εὐπορία τις γένοιτο τοῖς ἱστορεῖν ἐθέλουσιν. . . .
οὕτως ἔγνωμεν καὶ τὸν ἄφρονα **Μαργίτην** τὸν ἀπὸ τοῦ
μαργαίνειν ὅ ἐστι μωραίνειν, ὃν ὁ ποιήσας τὸν ἐπιγραφό-
μενον Ὁμήρου **Μαργίτην** ὑποτίθεται εὐπόρων μὲν εἰς
ὑπερβολὴν γονέων φῦναι, γήμαντα δὲ μὴ συμπεσεῖν τῇ
νύμφῃ ἕως ἀναπεισθεῖσα ἐκείνη (ὑπὸ τῆς μητρὸς Knaack
Rh. Mus. 1904. 315) τετραυματίσθαι τὰ κάτω ἐσκήψατο,

CERCOPES

φάρμακόν τε μηδὲν ὠφελήσειν ἔφη πλὴν εἰ τὸ ἀνδρεῖον
αἰδοῖον ἐκεῖ ἐφαρμοσθείη. καὶ οὕτω θεραπείας χάριν
ἐκεῖνος ἐπλησίασεν.

V. Zenobius v. 68 (Leutsch Paroem. gr. i. 147)

πόλλ' οἶδ' ἀλώπηξ ἀλλ' ἐχῖνος ἓν μέγα

μέμνηται ταύτης Ἀρχίλοχος ἐν ἐπωδῇ ⟨fr. 118⟩· γράφει δὲ
καὶ Ὅμηρος τὸν στίχον.   huc rettulit Bergk.

Plut. de soll. anim. 16 τῶν δὲ χερσαίων ἐχίνων ἡ μὲν
ὑπὲρ αὐτῶν ἄμυνα καὶ φυλακὴ παροιμίαν πεποίηκε [eadem].

versus exstat et apud Photium lex., Suid. in Πόλλ', schol. Ar. Eq.
1068.

VI. Theodorus Metochita, Miscellanea, ed. Müller-
Kiessling 1821 f. 510 c. 76 καὶ ξυμβαίνει πολλάκις δυσπρα-
γήματα, καὶ βιωτέον ἂν εἴη εἰ καὶ ὅλως εἴη κατὰ τὸν
Ὁμήρου Μαργίτην μηδὲν πονοῦντα μηδενὸς ἐπαΐοντα.

CERCOPES

Testimonium

vit. Suid. 90.

I. Harpocration Κέρκωψ· Αἰσχίνης ἐν τῷ περὶ τῆς
πρεσβείας ⟨40⟩.   ἐν τοῖς εἰς Ὅμηρον ἀναφερομένοις
Κέρκωψιν δηλοῦται ὡς ἐξαπατητῆρές τε ἦσαν καὶ ψεῦσται
οἱ Κέρκωπες. Ξεναγόρας δὲ ⟨F. H. G. iv. 528⟩ εἰς πιθή-
κους αὐτοὺς μεταβαλεῖν φησί, καὶ τὰς Πιθηκούσσας νήσους
ἀπ' αὐτῶν κληθῆναι. Αἰσχίνης δὲ ὁ Σαρδιανὸς ἐν τοῖς
ἰάμβοις ⟨P. L. G. ii. 517 Αἰσχρίων Maussac⟩ καὶ τὰ ὀνό-
ματα αὐτῶν ἀναγράφει, Ἀνδοῦλον (Κάνδουλος Suid.) καὶ
Ἄτλαντον ("Ατλος Suid.).   vide Phot. in vv.

Suidas Κέρκωπες· δύο ἀδελφοὶ ἦσαν ἐπὶ γῆς, πᾶσαν
ἀδικίαν ἐπιδεικνύμενοι, καὶ ἐλέγοντο Κέρκωπες, ἐκ τῆς τῶν
ἔργων δεινότητος οὕτως ἐπονομαζόμενοι.   ὁ μὲν γὰρ αὐτῶν

EPICICHLIDES

Πάσσαλος ἐλέγετο, ὁ δὲ Ἄκμων, ἡ δὲ μήτηρ Μεμνονὶς ταῦτα ὁρῶσα ἔλεγε μὴ περιτυχεῖν μελαμπύγῳ τουτέστι τῷ Ἡρακλεῖ. [cetera ex Harpocr.] οὗτοι οἱ Κέρκωπες Θείας καὶ Ὠκεανοῦ. οὕς φασιν ἀπολιθωθῆναι διὰ τὸ ἐγχειρεῖν ἀπατῆσαι τὸν Δία. ἡ δὲ παροιμία κερκωπίζειν, ἣν ὁ Χρύσ-ιππος ⟨fr. 8 p. 202 Arn.⟩ ἀπὸ τῶν σαινόντων τῇ κέρκῳ ζῴων φησὶ μετενηνέχθαι.

Κέρκωπες· πανοῦργοι, δόλιοι, ἀπατεῶνες, κόλακες οἱ καθάπερ ἡ ἀλώπηξ τοὺς θηρατικοὺς κύνας ἀπατᾷ τοὺς ἁπλουστέρους φενακίζουσι τῇ κέρκῳ τῶν λόγων. φασὶ δὲ τοὺς Κέρκωπας γενέσθαι

ψεύστας, ἠπεροπῆας, ἀμήχανά τ᾽ ἔργ᾽ ἐάσαντας
ἐξαπατητῆρας· πολλὴν δ᾽ ἐπὶ γαῖαν ἰόντες
ἀνθρώπους ἀπάτασκον, ἀλώμενοι ἤματα πάντα.   3

cf. Diotimus 2 (E. G. F. p. 213)

Κέρκωπες τοὶ πολλὰ κατὰ τρίποδας πατέοντες
Βοιωτῶν σίνοντο· γένος δ᾽ ἔσαν Οἰχαλιῆες
Ὤλός τ᾽ Εὐρύβατός τε δύω βαρυδαίμονες ἄνδρες.

EPICICHLIDES

Athen. epit. 65 A ὅτι τὸ εἰς Ὅμηρον ἀναφερόμενον ἐπύλλιον, ἐπιγραφόμενον δὲ Ἐπικιχλίδες, ἔτυχε ταύτης τῆς προσηγορίας διὰ τὸ τὸν Ὅμηρον ᾄδοντα αὐτὸ τοῖς παισὶ κίχλας δῶρον λαμβάνειν. ἱστορεῖ Μέναιχμος ἐν τῷ περὶ τεχνιτῶν ⟨scrr. rer. Alex. magn. 146 fr. 8⟩.

ib. 639 A Κλέαρχος δὲ ἐν δευτέρῳ Ἐρωτικῶν ⟨F. H. G. ii. 316⟩ τὰ ἐρωτικά φησιν ᾄσματα καὶ τὰ Λοκρικὰ καλού-μενα οὐδὲν τῶν Σαπφοῦς καὶ Ἀνακρέοντος διαφέρειν. ἔτι δὲ τὰ Ἀρχιλόχου καὶ τῶν Ὁμήρου Ἐπικιχλίδων τὰ πολλὰ διὰ τῆς ἐμμέτρου ποιήσεως τούτων ἔχεταί τινος τῶν παθῶν, ἀλλὰ καὶ τὰ Ἀσωποδώρου περὶ τὸν Ἔρωτα καὶ πᾶν τὸ τῶν

I. 1 ἐάσαντας difficile
160

BATRACHOMYOMACHIA

ἐρωτικῶν ἐπιστολῶν γένος ἐρωτικῆς τινος διὰ λόγου ποιή-
σεως ἐστίν.[1]

BATRACHOMYOMACHIA

Murium ranarumque proelium qui edit pendeat necesse est
ab Arthuri Ludwich curis egregiis,[2] quas nescio an magis
mireris ob codicum ingens agmen familiis tamquam Mene-
stheos arte dispositum, an ob doctrinae puteos unde pusillum
poemation inrigaverit vir doctissimus. mihi ut qui in arto
laborem illud maxime agendum erat ut copias illas amplis-
simas pro huiusce libelli modulo contraherem. plurima
utique praeterii. ex quibus dubito tamen num omnia quae
utilia sint receperim, nam nunquam ita miserum poema tanta
lectionum multitudine obrutum est. copias ergo Ludwichia-
nas licet cum pudore expilavi ; si autem notationem qua
familias codicesque insigniverat Ludwichius commutavi,
veniam eo confidentius spero virum egregium concessurum
esse quod ipse quodam modo viam ostentavit ;[3] monendum
autem est quotiens familiam per characterem citaverim ubi
non omnes istius codices consentirent illud significatum esse
addito deminutionis signo (–).

Augere supellectilem Ludwichianam non sum conatus, cum
existimarem si non omnino rem magna ex parte ad finem per-
ductam esse. attamen data occasione denuo contuli munici-
pem meum Baroccianum 50, neque Scorialensem vetustiorem

---

[1] vixit Menaechmus Diadochorum aetate teste Suida in v., Clearchus
Aristotelis fuit discipulus. cf. vit. Herod. c. 24, Suid. 45, 103.
[2] *Die Homerische Batrachomachie des karers Pigres nebst Scholien
und Paraphrase*, 1896.
[3] Praef. p. 40 'einen Augenblick ging ich sogar mit dem kühnen
Gedanken um, überhaupt auf eine neue und durchgreifende rationel-
lere Bezeichnung der Codices Bedacht zu nehmen : aber die Gefahren,
die aus einem solchen Umschreiben der Siglen für die Zuverlässigkeit
der recht zahlreichen Collationen erwuchsen, schreckten mich wieder
ab, um so mehr als der schliesslich zu erhoffende Nutzen gewiss in
keinem richtigen Verhältnisse zur Grösse der Arbeit gestanden hätte'.

non perlegi : Holkhamicos duo abhinc ducentis annis a Michaele Maittaire adhibitos adnuente qua est humanitate Comite de Leicester examinavi : porro ne omnino nihil novi conferam manu duco unicum agnellum meum Scorialensem iuniorem (S¹), qui cuinam ovili sit adnumerandus dubito, adeo ambiguus est ; a stirpe tamen $c\,f$ proxime videtur abesse. v. p. 166.

Hucusque editoris Batrachomyomachiae munus ut taedii plenum est ita diligentiam in primis postulat : qui vero formam poematis pristinam conatur eruere, vel qui id solum sibi proponit ut versus Graece scriptos typographis tradat, is ungues oportet diu demordeat. equidem perlectis Ludwichii prolegomenis, quibus in universum adsentio, satis duxi in re prosodica niti : etenim ubi de Homeri imitatione agitur et comica et puerili, paene omnis aetatis Graeci vocabula epica eligere et componere calluerunt : neque quod sciam superest recentioris poesis epicae vel seriae vel parodicae satis ut sermonem stilumve Panyasis vel Pigretis a recentioribus antiquis secernamus. Constantinopolitani autem ludorum magistri ut sciverint vocabula Homerica usurpare ita se produnt quotiens in numeros veterum ea cogant : exemplo sunt viri illi docti qui periochas sive metrica argumenta singularum Homeri rhapsodiarum dictitaverunt. periochis simillimi exstant in omnibus Batrachomyomachiae codicibus versus. hos ut a Musa Byzantina profectos seclusi, Ludwichium non hic secutus, qui magnis viribus haec monstra pluriens perpolit atque dedolat. satius ego duxi grammatistarum fetibus leporem patrium relinquere. familias ipsas optime distinguit Ludwich, neque meum foret insectari eius iudicium qui membranas pulcherrimas Bodleianas tam impense extulerit : tamen nonnumquam auxilium petii ab illo tam despecto Laurentiano xxxii. 3, cum ut ipse Ludwich dicit traditio omnis Batrachomyomachiae pessima sit.

BATRACHOMYOMACHIA

Testimonia

1. Plutarchus de Herodoti malignitate :

c. 43. 873 F τέλος δέ, καθημένους ἐν Πλαταιαῖς ἀγνοῆ-
σαι [φησι] μέχρι τέλους τὸν ἀγῶνα τοὺς Ἕλληνας, ὥσπερ
βατραχομυομαχίας γινομένης, ἣν Πίγρης ὁ Ἀρτεμισίας ἐν
ἔπεσι παίζων καὶ φλυαρῶν ἔγραψε, σιωπῇ διαγωνίσασθαι
συνθεμένων, ἵνα λάθωσι τοὺς ἄλλους.   5

2. idem vit. Agesilai 15. 604 ὅπου γὰρ Ἀννίβας ἤδη
κακῶς πράττων καὶ περιωθούμενος ἐκ τῆς Ἰταλίας μάλα
μόλις ὑπήκουσε τοῖς ἐπὶ τὸν οἴκοι πόλεμον καλοῦσιν, Ἀλέ-
ξανδρος δὲ καὶ προσέσκωψε πυθόμενος τὴν πρὸς Ἄγιν
Ἀντιπάτρου μάχην εἰπὼν ἔοικεν, ὦ ἄνδρες, ὅτε Δαρεῖον
ἡμεῖς ἐνικῶμεν ἐνταῦθα ἐκεῖ τις ἐν Ἀρκαδίᾳ γεγονέναι
μυομαχία, πῶς οὐκ ἦν ἄξιον τὴν Σπάρτην μακαρίσαι τῆς
Ἀγησιλάου τιμῆς πρὸς ταύτην καὶ πρὸς τοὺς νόμους τῆς
εὐλαβείας;

3. Suidas : Πίγρης, Κὰρ ἀπὸ Ἁλικαρνασοῦ, ἀδελφὸς
Ἀρτεμισίας τῆς ἐν τοῖς πολέμοις διαφανοῦς, Μαυσώλου
γυναικός· ὃς τῇ Ἰλιάδι παρενέβαλε κατὰ στίχον ἐλεγεῖον,
οὕτω γράψας·

μῆνιν ἀειδὲ θεὰ Πηληιάδεω Ἀχιλῆος   5
Μοῦσα σὺ γὰρ πάσης πείρατ᾽ ἔχεις σοφίης.

ἔγραψε καὶ τὸν εἰς Ὅμηρον ἀναφερόμενον Μαργίτην καὶ
Βατραχομυομαχίαν.

4. Martialis xiv. 183 *Homeri Batrachomachia*

Perlege Maeonio cantatas carmine ranas
et frontem nugis solvere disce meis.

5. Statius Silv. i *ad Stellam : . . . sed et Culicem legimus
et Batrachomachiam etiam agnoscimus nec quisquam est*

1. 3 ἐν ἔπεσι] ἐνέπαισε ‘E’ : ἐνέπεσε ‘B’
3. 5 οὐλομένην add. ‘A B Med.’   7 μαργαρίτην codd. ‘B Y E’
de nomine Πίγρης consulendus Kretschmer *Einleitung in die Geschichte
der griechischen Sprache*, p. 295 sq.

BATRACHOMYOMACHIA

illustrium poetarum qui non aliquid operibus suis stilo remissiore praeluserit.

6. Fulgentius Mythologiarum lib. 1

   quod cecinit pastorali

   Maro silva Mantuae,

   quod Maeonius ranarum

   cacchinavit proelio.

Homero Batrachomyomachiam adscribi testantur vit. Herod. 24, Plut. i. 96. Proculus 62, vit. v. 20, 21, Tzetzes Exeg. Il. 37. 2, Suid. 39, 91. abiudicat Plutarchus vit. 93 ἔγραψε δὲ ποιήματα δύο, Ἰλιάδα καὶ Ὀδύσσειαν· ὡς δέ τινες οὐκ ἀληθῶς λέγοντες γυμνασίας καὶ παιδιᾶς ἕνεκα καὶ Βατραχομυομαχίας καὶ Μαργίτην. In Homeri Apotheosi, marmore celeberrimo hodie in Museo Britannico adservato, ad pedes Homeri diu creditum est et murem et ranam adspici, alterum ad alteram libelli finem : cf. A. H. Smith, *Catalogue of Sculpture in the British Museum*, iii. 244 sqq., Hiller von Gaertringen, *Priene*, inscr. n. 573 al. hodie ut mus quodam modo appareat ita ranam omnino evanuisse affirmavit nobis G. F. Hill. inscriptiones vide C. Ital. et Sicil. 1295. saeculo et Philopatoris et imperii romani prioris adscribunt viri docti. codicum descriptiones dedimus Ludwichio plerumque auctore, supplentibus nonnulla recentioribus catalogis. Ludwichianam notam reddunt characteres italici.

Codices

1. A¹ (*Mᵐ*) Ambros. 89 B 39 sup. chart. s. xv, mm. 207 × 148. ff. 207. miscell. in quibus f. 3 catalogus navium, 13 v. Batrach. vv. 1-263, 139-182 Iliadis A B Γ. [nobis in Iliade M².]

2. A² (*Mᵍ*) Ambr. 92 B 52 sup. chart. mm. 205 × 145, ff. 116, s. xvi. misc. 46 v. Batr., 58 v. Musaei Hero et Leander, 72 v. Euripidis Hecuba,

3. A³ (*Mᵖ*) Ambr. 120 B 98 sup. membr. mm. 251 × 178, ff. 227, s. xv. f. 1-126 Apoll. Rhod. Argonautica, 127-132 r. Batr., 145 Orphei Argonautica, 178 v. Hymni Homerici, 209 Hymni Callimachei. [nobis in Hymnis D.]

4. A⁴ (*B*) Ambr. 295 E 81 sup. chart. mm. 220 × 142, ff. 318, s. xiv-xv. miscell. grammatica et rhetorica : f. 252 v. Batr.

5. A⁵ (*Mʳ*) Ambr. 337 F 40 sup. chart. mm. 205 × 145, ff. 208, s. xvi. f. 3 Batr., f. 19 Aristoph. comoed. IV.

6. A⁶ (*U*) Ambr. 426 H 22 sup. chart. mm. 212 × 148, ff. 370, s. xv. misc. f. 52 Theocriti idyll. nonnulla, 84 Hesiodi Scutum, 96 Apollonii Arg. I, II, 148 Batr., 163 v. Iliados A B Γ, 227 v. epigrammata.

7. A⁷ (*J*) Ambr. 450 I 4 sup. chart. mm. 175 × 122, ff. 232, a. 1276. Homeri Ilias : 227 v. Batr. [nobis in Iliade M⁷.]

8. A⁸ (*Mˢ*) Ambr. 486 L 73 sup. chart. mm. 260 × 170, ff. 268, s. xiii. Homeri Ilias : 264 v. Batr. 1-255. [nobis in Iliade M¹⁰.]

9. A⁹ (*Mᶜ*) Ambr. 844 C 7 inf. membr. mm. 239 × 172, ff. 40, s. xv. f. 1 Hesiodi Opera et Dies, 21 v. Batr., 29 v. Theocriti idyll. nonnulla.

BATRACHOMYOMACHIA

10. B[1] (*f*) Vratislaviensis 29. membr. mm. 350 × 255, ff. 177, s. xv.
f. 3 Batr., 6 Homeri Iliados A–Z 356, 51 Odyssea. [nobis in Iliade W⁵.]
   11. B² (*B*⁹) Vratislaviensis 30. chart. mm. 213 × 145, ff. 241, s. xiv–
xv. f. 17 Batr., 26 Euripidis Hecuba Orestes Phoen., 160 Pindari Ol.,
211 Hesiodi Opera.
   12. Bm¹ (Λ*ᵃ*) Harleianus 5601. chart. mm. 328 × 210, ff. 281, s. xv.
Homeri Ilias : f. 1–6 v. Batr. [nobis in Iliade Bm⁷.]
   13. Bm² (Λ*ᵇ*) Harleianus 5664. chart. mm. 222 × 165, ff. 14, s. xv.
   14. Bm³ (Λ*ᶜ*) Harleianus 5693. chart. mm. 303 × 215. ff. 303, s. xiv–xv.
Homeri Ilias : ff. 13–18 Batr. [nobis in Iliade Bm².]
   15. Bm⁴ (Λ*ᵉ*, Harleianus 6301. chart. mm. 215 × 157, ff. 17, s. xv.
   16 Bm⁵ _Λ*ᵈ*) Burneianus 276. chart. mm. 197 × 147, ff. 4, s. xv.
Batr. 35–152.
   17. C (*K*) Casanatensis 306 G iv. 16. chart. mm. 204 × 142, ff. 238,
a. 1413. f. 9 Hesiodi Opera. 65 Oppianus, 185 Theocritus, 228 Batr.
   18. E (*E*ᵐ) Estensis 63 iii B 11. chart. mm. 213 × 145, ff. 234,
s. xv–xvi. misc. f. 3 Dionys. perieg., Hes. Opera, Theognidis 1–1220,
213 Batr.
   19. H¹ (*y*) Holkhamicus 263. membr. mm. 285 × 195, ff. 469, s. xv.
cf. p. 188. f. 2–10 Batr., 16 r. Ilias.
   20. H² (*b*) Holkhamicus 264. chart. mm. 215 × 145, ff. 188, s. xiv.
ff. 1–8 prolegomena, 9 r. Iliados A–M, 182–188 Batr. f. 181 r. μηνι
μαίω ιθ ἐν ἔτει ͞ ͞ ω ν̓ δ̓ Ν̄ ιδ κατέπεσε | ὁ θεῖος καὶ ὀυνιοσ ναδσ τῆς ἁγίασ καὶ
μεγάλης | τοῦ θ̄ῡ ἐκκλησίας (ss. καθολικῆς) τῆς ἐπονομαζομένης τοῦ | θ̄ῡ
σοφίας, τὸ καύχημα πάσης τῆς οἰκουμένης : ⌐ sub quibus μηνι ἀπρι (ss.
λλ') δευτέρα. f. 181 v. ποῦ ἦ (in ει corr.) ἄνε ὁ γράψας ταύτην τὴν βίβλον
vidit hunc codicem Bernardus de Montfaucon Romae in aedibus Leonis
Strozzi, *Diar. Ital.* 248. f. 1 r. inscriptio litterarum uncialium sedulo
erasa : ad finem in schedula *Bernardi Canisiani Alberti filii* καὶ τῶν
φίλων *n⁰* 42.
   21. J (*o*) Jenensis. chart. s. xv.
   22. L¹ (*N*) Laurentianus xxxi. 20. chart. m. 4, ff. 65, s. xv. Hesiodi
Theog. Scut., Phocyl., Theogn., f. 57 v. Batr.
   23. L² (*O*) Laur. xxxii. 1. chart. mm. 380 × 265, ff. 630, s. xv.
Homeri Ilias: ff. 1–13 Batr. [nobis in Iliade L².]
   24. L³ (*L*) Laur. xxxii. 3. membr. mm. 292 × 240, ff. 424, s. xi.
Homeri Ilias: f. 419–424 Batr. [nobis in Iliade C.]
   25. L⁴ (*F*ʰ) Laur. xxxii. 4. chart. mm. 405 × 227, ff. 476, s. xv.
Homeri Ilias et Odyssea: ff. 446 Batr., 450 v. Hymni. [nobis in
Iliade L³.]
   26. L⁵ *F*ʳ) Laur. xxxii. 6. membr. mm. 327 × 202, ff. 402, a. 1465.
Homeri Ilias et Odyssea: ff. 397 Batr.
   27. L⁶ (*P*) Laur. xxxii. 22. chart. mm. 302 × 227, ff. 238, a. 1459.
Homeri Ilias: f. 234 Batr. [nobis in Iliade L¹⁰.]
   28. L⁷ (*F*ⁱ) Laur. xxxii. 50. membr. in 12, ff. 17, s. xvi. f. 1 Batr.,
11 Pyth. carm. aurea, 13 epigrammata.
   29. L⁸ (*Q*) Laur. lix. 2. membr. in fol. maximo, ff. 203, s. xiv.
Eustathii in Iliadis A–I, f. 202 v. Batr.
   30. L⁹ (*F*ˢ) Laur. Appendix 5 (Redianus 15). chart. mm. 211 × 155.
ff. 205, s. xv. miscell. f. 181 Batr. cf. *Stud. Ital.* i, p. 219.
   31. Li (*g*) Lipsiensis 1275. v. p. 188.

BATRACHOMYOMACHIA

32. M¹ (*l*) Monacensis 111. chart. mm. 340 × 235, s. xv. f. 1–5 v.
Batr., 11 v. Ilias. v. p. 188.

33 M² (*s*) Monacensis 519 B. bomb. mm. 245 × 160, ff. 253, s. xiv.
f. 1 Odyssea, 250–253 Batr. 1–161. [nobis in Odyssea Mon.¹

34. N (*D*) Neapolitanus iii E 37. membr. mm. 272 × 190, ff. 165,
s. xiii. Iliadis N–Ω : f. 162 v. Batr. [nobis in Iliade N¹.]

35. O¹ (*Oᵃ*) Baroccianus 46. chart. mm. 202 × 155, ff. 217, s. xv.
Pind., Hes., f. 180 Batr.

36. O² (*Z*) Baroccianus 50. membr. mm. 202 × 148, s. x–xi. misc.
f. 358 Batr.

37. O³ (*Oᵉ*) Baroccianus 64. chart. mm. 208 × 150, ff. 99, s. xv.
misc. f. 1 Batr.

38. P¹ (Πᵃ) Parisiensis 1310. chart. in oct., ff. 344. miscell.
f. 392 Batr.

39. P² (Πⁱʰ) Parisiensis 2008. chart. in oct., ff. 168, s. xvi. miscell.
f. 5 Phocylides, 15 Theognis, 91 Batr.

40. P³ (Πᵃ) Parisiensis 2571. chart. in oct., ff. 172, s. xv. miscell.
f. 128 Batr.

41. P⁴ (Πᵘ) Parisiensis 2707. bomb. in oct., ff. 112, a. 1301. Hesiodi
Opera, f. 37 Batr., 39 Tzetzes allegoriae hom.

42. P⁵ (*t*) Parisiensis 2723. membr. in fol., ff. 245, a. 1282. Lycophr.
Cassandra, f. 77 Batr., 79 Oppianus, 98 Dionys. periegesis. al.
philosophica.

43. P⁶ (Πᵇ) Parisiensis 2802. bomb. in oct., ff. 164. s. xv–xvi.
Euripidis Hecuba Orestes Phoenissae, Theocriti idyllia xiv, f. 156 Batr.

44. P⁷ (Πᵒ) Parisiensis 2853. chart. in fol., ff. 138, s. xvi. Dionysii
perieg., f. 66 Batr.

45. P⁸ (Πᵠ) Parisiensis suppl. 663. membr. in oct., ff. 77, s. xi.
f. 1 Batr., f. 5 sqq. Iliadis epitomes et Hesiodi Theog. et Scut. fragmenta.

46. P⁹ (Π) Parisiensis suppl. 690. membr. in oct., ff. 258, s. xii.
miscell. Byzantina, f. 245 Batr.

47. P¹⁰ (Πᵛ) Parisiensis suppl. 1095. chart. mm 330 × 225, ff. 280.
s. xv. f. 25 Homeri Ilias, 225 hymni. 245 Callimachi hymni, 258
Orphei hymni, 274 Procli hymni. 276 v. Batr. [nobis in Iliade P²¹.

48. Pal. (*Y*) Palatinus (Heidelberg.) 45. membr. mm. 222 × 160.
ff. 234, a. 1201, 1202. f. 1–224 Odyssea, 225–9 Batr. [nobis in
Odyssea Pal.]

49. Pe (*p*) Perusinus E 48. chart. mm. 290 × 202, ff. 359. f. 1–7
Batr., 15 Ilias. [nobis in Iliade Pe.]

50. R¹ (*R*) Riccardianus 213. membr. mm. 180 × 140, ff. 64, s. xv.
f. 1–54 v. Plutarchi regum apophthegmata, 57–64 v. Batr.

51. R² (*S*) Riccardianus 3020 (3195). chart. mm. 198 × 140, ff. 85,
a. 1491. f. 1 Batr., 6 v. Homeri hymni ix, xii, xiii, 7 misc. gramm.

52. S¹ Scorialensis 471 Ψ iv. 1. chart. mm. 195 × 145, ff. 444, s. xvi.
miscell. : ff. 346–358 Batr. (s. xv).¹

¹ Locos ubi cum familia unaquaque consentit S¹ haec indicat tabella :
a 8 b 16 c 28 d 12 e 16 f 31 h 3 i 4 j 4 k 7 l 5. cum singulis codicibus
haec communia habet : A² εὑρόντες 116, A⁷ ἔπλασσ' 74, P⁸ π'ἀρ 154, P¹⁰
ἀθήνην 173, Uᵇ titulum, ed. pr. (Leonici) om. 120, om. ἐγὼ 178, δὴ
πήτης 184 : corrector codicis Uᵇ usus est S¹ 12, 173, 174, 232, 277.

BATRACHOMYOMACHIA

53. S² (Ω) Scorialensis 509 Ω i. 12.   membr. mm. 350 × 250, ff. 216, s. xi.   Ilias : f. 5 r.–6 v. Batr.

54. U¹ (N^h) Ven. 456.   membr. mm. 380 × 252, ff. 541, s. xv. Ilias, Quint. Smyrn., Odyssea, Hymni : f. 534 r.–538 r. Batr. [nobis in Iliade U³, in Odyssea U¹.]

55. U² (M) Ven. 613. bomb. mm. 270 × 185, ff. 296, s. xiii.   f. 4–7 Batr., 9 sqq. Odyssea. [nobis in Odyssea U⁵.]

56. U³ (N^x) Ven. ix. 14.   s. xiv.   ff. 151–158 Batr. 1–187.

57. U⁴ (N^t) Ven. xi. 16.   s. xv.   ff. 83–92 v. Batr.

58. U⁵ (N³) Ven. xi. 32.   s. xvi–xvii.

59. V¹ (C) Vaticanus 41. bomb., s. xiii.   Batr. 1–31.

60. V² (P^t) Vaticanus 43. chart., s. xv. ff. 105 r.–114 v. Batr. 1–251.

61. V³ (F) Vaticanus 915.   bomb. mm. 260 × 165, ff. 258, s. xiii. miscell. f. 47 v. Ilias, 142 r. Odyssea, 217 et 249 Batr. [nobis in Iliade V¹¹.]

62. V⁴ (V) Vaticanus 1314. chart., a. 1449. Batr. miscell. philosoph.

63. V⁵ (E) Vaticanus 1363. chart., s. xv.

64. V⁶ (P³) Vaticanus 2222.   s. xiv–xv.   ff. 12 r.–21 v. Batr.

65. V⁷ (P°) Ottobonianus 150. chart. mm. 226 × 167, ff. 174, s. xvi. misc. Byzantina : f. 110 Batr.

66. V⁸ (P^p) Palatinus 7.   chart. mm. 275 × 195, ff. 200, a. 1436. f. 1 Batr., 4 Odyssea. [nobis in Odyssea R⁸.]

67. V⁹ (P^n) Palatinus 150.¹   chart. in 8, ff. 186, s. xvi.   f. 1 Batr., 9 Iliadis A–Z 1–357. [nobis in Iliade V²¹.]

68. V¹⁰ (P^u) Palatinus 151. chart. in 8, ff. 322, s. xv.   f. 1 Euripidis Hecuba Orestes Phoenissae, Sophoclis Ajax Electra, Hesiodi Opera. Aeschyli Persae, f. 314 Batr.

69. V¹¹ (P^x) Palatinus 181.   membr. mm. 270 × 175, ff. 207, s. xv. Odyssea : f. 202 Batr. [nobis in Odyssea R⁹.]

70. V¹² (P^q) Palatinus 363. chart., ff. 414, s. xv. miscell., f. 310 Batr.

71. Vi¹ (V^e) Vindobonensis 241.   chart. in 4°, ff. 286, a. 1446 Oppianus, Iliados A–Δ : ff. 83–95 Batr.

72. Vi² (V^n) Vindobonensis 289. chart. in 4°, ff. 166, s. xvi. Aristophanes, &c., ff. 179–185 Batr.

73. Vi³ (V^a) Vindobonensis 293. chart. in 4°, ff. 44, s. xv.

Familiae

a = A² O² P⁵ P⁸ P⁹ Pal. (*Oxf.*)
b = A¹ A³ A⁴ A⁶ P⁸ (*Par.²*)
c = A⁷ B² Bm⁵ P⁵ P¹⁰ U⁴ V⁴ V⁶ V¹⁰ (*Röm.*)
d = H² R¹ (*Holkh.*)
e = L⁹ Li V⁵ V⁹ V¹² Vi¹ (*Leipz.*)
f = A⁵ E L⁵ L⁶ P² U³ (*Ven.²*)
g = A¹⁰ B¹ Bm² Bm⁴ O¹ O³ P⁷ V² Vi³ (*Mail.*)
h = A⁹ C M² N U² V¹ V⁸ (*Ven.¹*)
i = J L¹ L⁷ P¹ P⁴ V¹⁰ (*Par.¹*)
j = R² U⁵ V⁷ (*Vulg.*)
k = Bm¹ Bm³ H¹ L² L⁸ M¹ Pe S² U¹ Vi² (*Span.*)
l = A⁸ L³ L⁴ V³ V¹¹ (*Flor.*)

¹ 49 Ludwichius errore ut videtur.

167

ΒΑΤΡΑΧΟΜΥΟΜΑΧΙΑ

Ἀρχόμενος πρώτης σελίδος χορὸν ἐξ Ἑλικῶνος
ἐλθεῖν εἰς ἐμὸν ἦτορ ἐπεύχομαι εἵνεκ' ἀοιδῆς,
ἣν νέον ἐν δέλτοισιν ἐμοῖς ἐπὶ γούνασι θῆκα,
δῆριν ἀπειρεσίην, πολεμόκλονον ἔργον Ἄρηος,
εὐχόμενος μερόπεσσιν ἐς οὔατα πᾶσι βαλέσθαι   5
πῶς μύες ἐν βατράχοισιν ἀριστεύσαντες ἔβησαν,
γηγενέων ἀνδρῶν μιμούμενοι ἔργα Γιγάντων,
ὡς λόγος ἐν θνητοῖσιν ἔην· τοίην δ' ἔχεν ἀρχήν.
  Μῦς ποτε διψαλέος γαλέης κίνδυνον ἀλύξας,
πλησίον ἐν λίμνῃ λίχνον προσέθηκε γένειον,   10
ὕδατι τερπόμενος μελιηδέϊ· τὸν δὲ κατεῖδε
λιμνόχαρις πολύφημος, ἔπος δ' ἐφθέγξατο τοῖον·
  Ξεῖνε τίς εἶ; πόθεν ἦλθες ἐπ' ἠϊόνας; τίς ὁ φύσας;
πάντα δ' ἀλήθευσον, μὴ ψευδόμενόν σε νοήσω.
εἰ γάρ σε γνοίην φίλον ἄξιον ἐς δόμον ἄξω·   15
δῶρα δέ τοι δώσω ξεινήϊα πολλὰ καὶ ἐσθλά.
εἰμὶ δ' ἐγὼ βασιλεὺς Φυσίγναθος, ὃς κατὰ λίμνην
τιμῶμαι βατράχων ἡγούμενος ἤματα πάντα·

Titulus: Ὁμήρου βατραχομυομαχία vulg. : μυοβατραχομαχία P⁹: βατρα-
χομαχία O² : ἀρχὴ τῆς μυοβατραχομαχίας· αὕτη δέ ἐστι τίγρητος τοῦ καρός
U² V¹ : ὁμήρου βατραχομυομαχία, ἐν δέ τισι τίγρητος τοῦ καρός S¹ U³
V¹² (γρητὸς) 1-8 litt. uncialibus scr. O²   1 πρώτης σελίδος O² :
πρῶτον μουσῶν cet. (πρώτως k : πρῶτος P⁸, S² ss.)   5 πάντα O²
6 ἀριστήσαντες A¹⁰ B¹ : ἀριστεύσοντες A⁸ P¹ P⁴ V³ : -εύοντες k-   ἔτευξαν
P⁸, γρ. P³   8 λόγος] ἔπος fg   ἔχον 1 B¹ L² R¹   ἀρχή P⁹
10 λίχνον O² : πίνων 1- L¹ L² L⁸ S² : ἁπαλὸν cet.   παρέθηκε 1 L² L⁸ O² S² :
προσέθηκε cet.   12 πολύφωνος 1 A¹⁰ B¹ L¹ P⁴ U³   τ' ἔφατ'
ἔκ τ' ὀνόμαζε b c t al.   13 ἠιόνας 1 L⁸ O² (ἠῶνας ex l-) S² : ἠόνα
vulg. τίς ὁ φ. Λ⁸ O² : τίς δὲ vel τίς δέ σ' cet.   18 ἐν βατράχοις
k l (ἐν βατράχων L³ L⁴)

καί με πατὴρ Πηλεὺς ἀνεθρέψατο, Ὑδρομεδούσῃ
μιχθεὶς ἐν φιλότητι παρ' ὄχθας Ἠριδανοῖο.   20
καὶ σὲ δ' ὁρῶ καλόν τε καὶ ἄλκιμον ἔξοχον ἄλλων,
σκηπτοῦχον βασιλῆα καὶ ἐν πολέμοισι μαχητὴν
ἔμμεναι· ἀλλ' ἄγε θᾶσσον ἐὴν γενεὴν ἀγόρευε.
 Τὸν δ' αὖ Ψιχάρπαξ ἀπαμείβετο φώνησέν τε·
τίπτε γένος τοὐμὸν ζητεῖς; δῆλον δ' ἐν ἅπασιν 25
ἀνθρώποις τε θεοῖς τε καὶ οὐρανίοις πετεηνοῖς.
Ψιχάρπαξ μὲν ἐγὼ κικλήσκομαι· εἰμὶ δὲ κοῦρος
Τρωξάρταο πατρὸς μεγαλήτορος· ἡ δέ νυ μήτηρ
Λειχομύλη, θυγάτηρ Πτερνοτρώκτου βασιλῆος.
γείνατο δ' ἐν καλύβῃ με καὶ ἐξεθρέψατο βρωτοῖς, 30
σύκοις καὶ καρύοις καὶ ἐδέσμασι παντοδαποῖσιν.
πῶς δὲ φίλον ποιῇ με, τὸν ἐς φύσιν οὐδὲν ὁμοῖον;
σοὶ μὲν γὰρ βίος ἐστὶν ἐν ὕδασιν· αὐτὰρ ἔμοιγε
ὅσσα παρ' ἀνθρώποις τρώγειν ἔθος· οὐδέ με λήθει
ἄρτος τρισκοπάνιστος ἀπ' εὐκύκλου κανέοιο, 35
οὐδὲ πλακοῦς τανύπεπλος ἔχων πολὺ σησαμότυρον,
οὐ τόμος ἐκ πτέρνης, οὐχ ἥπατα λευκοχίτωνα,
οὐ τυρὸς νεόπηκτος ἀπὸ γλυκεροῖο γάλακτος,
οὐ χρηστὸν μελίτωμα, τὸ καὶ μάκαρες ποθέουσιν,
οὐδ' ὅσα πρὸς θοίνας μερόπων τεύχουσι μάγειροι, 40
κοσμοῦντες χύτρας ἀρτύμασι παντοδαποῖσιν.

19 ποτ' ἐγείνατο j L¹ L⁷ 20 ὄχθαις g h A² L¹ L⁷ O² V⁸ V¹¹ : ὄχθας
(ss. ι) S² ὠκεανοῖο L¹ L⁷ L⁸ S², cf. Π 151 21 δ' ὁρῶ] βλέπω a - c d A⁴ L⁵
L⁸ P¹ P⁴ V⁷ Vi¹ ἔξοχον ἄλκιμον a b - c d f L¹ L⁹ P¹ P⁴ Vi¹ 22, 23 om.
a b c 23 ἐὴν sc. ἴωμεν ut Hes. Opp. 381 24 ἠμείβετο h j k 1 1 - Li V⁵ V⁶
: δῆλον δ' ἐν ἅπασιν vulg. : δῆλόν τ' ἐν a - A¹ L⁶ P¹ P⁴ Vi¹ : γ' ἐν Li :
φίλε δῆλον ἅπασιν h j k 1 - 1 - : τὸ δ' ἄσημον O² 26 om. a b c L³ L⁴ R¹ V¹⁰
τε alterum om. f g h A² J Li P¹ P⁴ V⁴ ὀλυμπίοις pro οὐρανίοις g A² A⁵ L⁹ P²
27 μὲν om. A² S¹ U³ ἐγὼ om. L⁸ S² 28 ἡ δέ μοι h - 1 - A¹⁰ J L¹ L⁸
P¹ S² V⁵ 29 λειχιμύλη c d f b - A¹⁰ L⁹ Li P¹ S¹ Vi¹ 30 ἔρριψε
νέμεσθαι O² δόμοις P⁸ 32 ποιεῖς 1 A² B¹ J O² P¹ 34 οὔτι
h 1 - O² V⁵ 35 ita h j k 1 J L⁷ O² V⁵ δυσ(διο)κοπάνιστος cet.
36 τανύπλεκτος h - J V³ V⁵ πολλὴν σισ(σησ)αμίδα g h i j k 1 L⁶ O² S¹ U⁸
37 εἵματα pro ἥπατα g h e A² J 38 ante 37 hab. O² 40 θοίνην
h j 1 B¹ J L¹ L² L⁷ L⁸ S² V⁵

ΒΑΤΡΑΧΟΜΥΟΜΑΧΙΑ

οὐ τρώγω ῥαφάνους, οὐ κράμβας, οὐ κολοκύντας,
οὐ σεύτλοις χλωροῖς ἐπιβόσκομαι, οὐδὲ σελίνοις·
ταῦτα γὰρ ὑμέτερ' ἐστὶν ἐδέσματα τῶν κατὰ λίμνην.   55
Πρὸς τάδε μειδήσας Φυσίγναθος ἀντίον ηὔδα·
ξεῖνε λίην αὐχεῖς ἐπὶ γαστέρι· ἔστι καὶ ἡμῖν
πολλὰ μάλ' ἐν λίμνῃ καὶ ἐπὶ χθονὶ θαύματ' ἰδέσθαι.
ἀμφίβιον γὰρ ἔδωκε νομὴν βατράχοισι Κρονίων,
σκιρτῆσαι κατὰ γαῖαν, ἐν ὕδασι σῶμα καλύψαι,   60
στοιχείοις διττοῖς μεμερισμένα δώματα ναίειν.
εἰ δ' ἐθέλεις καὶ ταῦτα δαήμεναι εὐχερές ἐστι·
βαῖνέ μοι ἐν νώτοισι, κράτει δέ με μήποτ' ὀλίσθῃς,

ουδέποτε πτολέμοιο κακὴν ἀπέφυγον ἀϋτήν,
ἀλλ' εὐθὺς μετὰ μῶλον ἰὼν προμάχοισιν ἐμίχθην.
ἄνθρωπον οὐ δέδια καί περ μέγα σῶμα φοροῦντα,
ἀλλ' ἐπὶ λέκτρον ἰὼν ἄκρον δάκτυλον δάκνω,   45
καὶ πτέρνης λαβόμην, καὶ οὐ πόνος ἵκανεν ἄνδρα,
νήδυμος οὐκ ἀπέφυγεν ὕπνος δάκνοντος ἐμεῖο.
ἀλλὰ δύω μάλα πάντα τὰ δείδια πᾶσαν ἐπ' αἶαν,
κίρκον καὶ γαλέην, οἵ μοι μέγα πένθος ἄγουσιν,
καὶ παγίδα στονόεσσαν, ὅπου δολόεις πέλε πότμος·   50
πλεῖστον δὴ γαλέην περιδείδια, ἥ τις ἀρίστη,
ἣ καὶ τρωγλοδύνοντα κατὰ τρώγλην ἐρεείνει.

42-52 om. **a b c d** : prosodia Byzantina   42 *ποτ' ἐκ πολέμοιο*
codd. praeter 1 A¹⁰ B¹ L⁶ P¹ P⁴   *ἐξέφυγον* A¹⁰ L⁶ P¹ P⁴   44 *δείδια*
f g- L⁹ : *οὐ δέδι' ἄνθρωπον* U⁵ edd. pr.   *σῶμα μέγα* **k h**- A¹⁰ J Li R¹ V⁵
45 *καταδάκνω* **f** L⁷ ss. ed. pr.   47 *ἀπέφευγεν* L⁵   48 *τρία* A⁸   *πάν-*
τα τὰ **z** om. **f**- A⁸ A¹⁰ B¹ J L⁹ Li S¹ : *πάντων* **g**- L⁵ P¹   50 *πέλει*
g- Bm⁴ J V⁵ : *πέλετο* Vi¹   52 *τρωγλοδίτην* Vi¹   *τρωγλῶν* L⁶ P¹
53 *ῥαφάνους* **a h k**-1 A⁸ A⁷ A¹⁰ J L¹ M² P² V⁵ : -*ας* cet.   *κράμβας*
h k-V⁵   *κολοκύνθας* **a** (-O²) A¹ A⁵ A⁸ A¹⁰ B¹ Bm³ J L⁴ L⁹ Li P³ P⁴   54 *οὐ*
j 1 **i**- A¹ A² A¹⁰ L⁸ P⁹ Pal. S² V³ V⁵ : *οὐδὲ* cet.   *σεύτλοις* L⁸ S² : *τεύτλοις*
j 1 L¹ L⁷ V³ : *πράσ(σ)οις* cet.   *πράσων χλωρῶν . . . σελίνων* O²
55 *ὑμῶν* **j** 1 L¹ L⁷ L⁸ S² V⁵   56 *τάδε*] *ταῦτα* **c** A⁵ L⁶ L⁹ Li O² P⁴ R¹ Vi¹
ταῦτα δὲ μειδήσας Vi³ marg.   *μειδιάσας* Li P³ U⁵   *ὁ φυσίγναθος*
g f-Li Vi¹   57 *δέχ' ἡμῖν* O²   58 *μάλ'*] *καὶ* **h k** 1 L¹ O² V⁵
γὰρ A¹ A² P⁸ Pal. R¹ : *μὲν* P³   *ἐπὶ*] *ἐν* 1 L¹ L⁷ L⁶ S²   59 *νομήν*]
ζωὴν **b a** (-O²) A¹⁰ B¹ B² L⁶ P³ P⁴ V⁶   60 *γῆν* **j** H² : *γᾶν* A¹⁰   *καὶ*
ἐφ' codd. praeter **k**- A³ A⁴ H² L¹ L⁷ O² V⁵   *ἐν* **a h k** A¹ L¹ L⁶ P¹ R¹ V⁵
ὕδατι J H² P⁵ P⁸ S¹ U³ V⁶   61 om. 1 **j**- A⁶ L¹ L⁷ O² S²   *διττοῖς*]
δυσὶν Bm⁴ L⁵ Li O¹ S¹ Vi³   *σώματα* L⁸ P⁸ V⁵   63 *βαῖνέ μοι*] *αἴρω σ'*
j A¹ A² P⁹ Pal.   *ὅληαι* codd. praeter **1**

170

ὅππως γηθόσυνος τὸν ἐμὸν δόμον εἰσαφίκηαι.

Ὣς ἄρ' ἔφη καὶ νῶτ' ἐδίδου· ὁ δ' ἔβαινε τάχιστα   65
χείρας ἔχων τρυφεροῖο κατ' αὐχένος ἄμματι κούφῳ.
καὶ τὸ πρῶτον ἔχαιρεν ὅτ' ἔβλεπε γείτονας ὅρμους,
νήξει τερπόμενος Φυσιγνάθου· ἀλλ' ὅτε δή ῥα
κύμασι πορφυρέοισιν ἐκλύζετο πολλὰ δακρύων
ἄχρηστον μετάνοιαν ἐμέμφετο, τίλλε δὲ χαίτας,   70
καὶ πόδας ἔσφιγγεν κατὰ γαστέρος, ἐν δέ οἱ ἦτορ
πάλλετ' ἀηθείῃ καὶ ἐπὶ χθόνα βούλεθ' ἱκέσθαι·
δεινὰ δ' ὑπεστενάχιζε φόβου κρυόεντος ἀνάγκῃ.
οὐρὴν μὲν πρῶτ' ἔπλασ' ἐφ' ὕδασιν ἠΰτε κώπην
σύρων, εὐχόμενος δὲ θεοῖς ἐπὶ γαῖαν ἱκέσθαι   75
ὕδατι πορφυρέοισιν ἐκλύζετο, πολλὰ δ' ἐβώστρει·
καὶ τοῖον φάτο μῦθον ἀπὸ στόματός τ' ἀγόρευσεν·

Οὐχ οὕτω νώτοισιν ἐβάστασε φόρτον ἔρωτος
ταῦρος ὅτ' Εὐρώπην διὰ κύματος ἦγ' ἐπὶ Κρήτην
ὡς μῦν ἁπλώσας ἐπινώτιον ἦγεν ἐς οἶκον   80
βάτραχος ὑψώσας ὠχρὸν δέμας ὕδατι λευκῷ.

Ὕδρος δ' ἐξαίφνης ἀνεφαίνετο, πικρὸν ὅραμα

64 γηθοσύνως c– Λ⁵ A¹⁰ L⁵ L⁷ P¹ P⁷ U³   τὸν ἐμὸν vulg. : πρὸς ἐμὸν
a– A¹ A² H² : εἰς (ἐς) ἐμὸν A³ A⁴ A⁷ B² Bm⁵ P³ P⁸ P¹⁰ V⁴ V⁶ : ἀμὸν (ἀμὸν)
sinc praep. c–f– P¹ V⁴ : ἐμὸν o b– e– A⁵ J L² L⁵ P² P⁴ : οἶκον k V⁵
66 ἀπαλοῖο a j A¹ A¹⁰ J P⁴ R² : τρυφεροῖο cet.   δι' A² A¹⁰ B³¹ J P⁴ P⁹ Pal.
ἄμματι a–l– L⁸ P⁴ S² V⁵ : ἄλματι cet.   καλῶ l– L⁷ L⁸ S² V⁵   67 πρῶ-
τον μὲν j k l O² : τὸ πρῶτον cet.   ὅρμους] λίμνας h   68 ὡς δέ
μιν ἤδη l.   69 πορφυρέοις ἐπεκλύζετο j l L¹ L¹ L⁷ O²   πολλὰ δ' ἐβώ-
στρει O², cf. 76 : δάκρυα λείβων P¹ P⁴   72 om. l   ἰδέσθαι j A¹ L⁸
P⁴ P⁸ Pal. S² V⁵ V¹⁰, cf. a 21 β 152 ε 408 p 448   74–81 post 90 hab.
c f l g–   74 πρώτιστον l– L¹ L² L⁷ L⁸ S² V⁵ : πρῶτον P⁸ P⁹   ἔπλασ'
f g j c– H² L⁹ Li O² P⁴ P⁵ : ἔπλησσεν A¹ Pal. : ἤπλωσεν h A² Bm¹ Bm³ H¹
L³ P³ P⁸ U¹ V⁸ Vi², cf. 10, 81, 106 : ἤπλωσ' Bm⁵ J : ἤπλασ' A³ A⁴   ἐν
k l L¹ L⁷ R¹ V⁵   ὕδατι c f A³ L⁹ O¹ S¹ V⁸   76 κύμασι k l J L¹ L⁷ V⁵
–οις ἐπεκλύζετο O²   δ' ἐβώστρα A¹⁰ B¹ : δ' ἐβώστρει γρ. P⁹ : δ' ἐβόα
c f j g– A¹ A² A³ A⁴ Bm² H² L⁹ Li² P⁴ P⁹ Pal. S¹ Vi¹ : δακρύων cet.   77 om.
l L⁷   γ' ἐκ στόματος O²   80 μῦν l O² P⁸ : νῦν, νῦν μ', νῦν ἐμ', ἔμ'
cet.   ἁπλώσας a k l A¹ A⁹ A¹⁰ C N R¹ V⁵ V⁸ : ἐπιπλώσας cet.
81 ὑψώσας j k l J L¹ L¹ L⁷ V⁵ : ἀπλώσας h a (–O²) A¹ P¹ P⁴ : ἀμπετάσας
cet.   82 ὕλλος O²   ἐξαπίνης l A⁸ L¹ L⁷ O² R² U⁸ : ἐξαίφνης cet.
πικρὸν l L¹ L⁷ : δεινὸν cet.

ἀμφοτέροις· ὀρθὸν δ' ὑπὲρ ὕδατος εἶχε τράχηλον.
τοῦτον ἰδὼν κατέδυ Φυσίγναθος, οὔ τι νοήσας
οἷον ἑταῖρον ἔμελλεν ἀπολλύμενον καταλείπειν.   85
δῦ δὲ βάθος λίμνης καὶ ἀλεύατο κῆρα μέλαιναν.
κεῖνος δ' ὡς ἀφέθη, πέσεν ὕπτιος εὐθὺς ἐφ' ὕδωρ,
καὶ χεῖρας ἔσφιγγε καὶ ὀλλύμενος κατέτριζε.
πολλάκι μὲν κατέδυνεν ὑφ' ὕδατι, πολλάκι δ' αὖτε
λακτίζων ἀνέδυνε· μόρον δ' οὐκ ἦν ὑπαλύξαι.   90
δευόμεναι δὲ τρίχες πλεῖον βάρος εἶλκον ἐπ' αὐτῷ·
ὕδασι δ' ὀλλύμενος τοίους ἐφθέγξατο μύθους·
Οὐ λήσεις δολίως Φυσίγναθε ταῦτα ποιήσας,
ναυηγὸν ῥίψας ἀπὸ σώματος ὡς ἀπὸ πέτρης.
οὐκ ἄν μου κατὰ γαῖαν ἀμείνων ἦσθα κάκιστε   95
παγκρατίῳ τε πάλῃ τε καὶ εἰς δρόμον· ἀλλὰ πλανήσας
εἰς ὕδωρ μ' ἔρριψας. ἔχει θεὸς ἔκδικον ὄμμα.
Ὡς εἰπὼν ἀπέπνευσεν ἐν ὕδασι· τὸν δὲ κατεῖδεν
Λειχοπίναξ ὄχθησιν ἐφεζόμενος μαλακῇσιν·   100

ποινὴν ἀντέκτισίν τ' ὀρθὴν ὅς κ' ἀποδώσει   97 a
ποινὴν σὺ τίσεις μυῶν στρατῷ οὐδ' ὑπαλύξεις   98
καί ῥα κραιπνότατος μοίρας μυσὶν ἄγγελος ἦλθεν   100 a

83 ἀμφοτέροις j k 1 L¹ L⁷ : πᾶσιν ὁμῶς cet. (ἁπλῶς O²)   84 οὐχὶ
1 L¹ L⁷ O²   85 ἀπολλυμέναι h j : ἀπολλῦναι 1 L¹ L⁷ V³   κατὰ
λίμνην h j 1 L¹ L⁷   86 ἀλεύατο] ἔκφυγε 1 A⁸ L¹ L² L⁷ L⁸ P⁵ S² V⁵
87 ἐς j 1 L¹ L⁷ S²   88 χεῖρας h L⁵ V⁶ : χεῖρας δ' j k 1 L¹ L⁷ L⁸ Vᵗ
ἀπολλυμένους j k 1 H¹ L¹ L⁷ O² R² V⁵   91 πλεῖον 1 L¹ L⁷ O² : πλεί-
στον cet.   εἶλκον j A¹ O² Pal. : ἔσχον h A² P¹ P⁴ P⁹ : φέρον 1- : ἤγαγον
A⁸ L¹ L⁷ : ἦσων vulg. (ἦεν L² L⁸ P⁸ R¹ S²)   αὐτὸν a h k A¹ R¹ V⁵ : αὐτῶν
A² J   92 ὕδασι j k 1 Bm⁵ L¹ L⁷ O² V⁵ : ὕδατι cet.   μύθους . . . τοίους
1 L¹ L⁷ O²   93 δολίως] γε θεοὺς j k 1 A¹⁰ B¹ L¹ L⁷ P⁴ V⁵   94 ναυη-
γὸν] ἐς λίμνην με 1i- L² L⁸ S² V³ V⁵   ὥστ' c f A³ A⁴ A⁵ B¹ H² L⁹ Li P⁶
S¹ Vi¹   95 ἄν] γάρ k P¹ R¹ V⁵   μοι h- V³   96 ἀλλ' ἀπατήσας
k 1 A¹⁰ L⁷ O² V⁵ Vi¹   97 a, 98 ut Byzantini sint ita inde satis pro-
babiliter eruit versum Bernhardy
ποινὴν θην τίσεις σὺ μυῶν στρατῷ οὐδ' ὑπαλύξεις
97 a om. j 1 L⁷   τ' om. h H¹ J P¹ U⁴ V⁵ V⁶   ἀποτίσει J P¹   98 ποινὴν
σὺ τίσεις j 1 L⁷ O² P¹ : τοῖς τίσουσί σε (με, γε, τε) cet. (τοῖς δὴ τίσουσι
A⁷ Bm⁴ L⁵ L⁸ P¹⁰ S¹ U³ V⁴)   στρατῷ j k 1 A¹⁰ L⁷ Li M² N P³ P⁷ P⁸ U² V⁸ :
στρατὸν A² J : στρατὸς cet.   99 ὡς] ταῦτ' j 1 L⁷ O²   ἐν j 1 L⁷ O² :
ἐφ' cet.   ὕδασι j 1 L⁷ O² : ὕδατι cet.   100 a hab. codd. praeter
h j 1 L² L⁸ O² P⁵ P⁸ S² V⁵

δεινὸν δ' ἐξολόλυξε, δραμὼν δ' ἤγγειλε μύεσσιν.
ὡς δ' ἔμαθον τὴν μοῖραν ἔδυ χόλος αἰνὸς ἅπαντας.
καὶ τότε κηρύκεσσιν ἑοῖς ἐκέλευσαν ὑπ' ὄρθρον
κηρύσσειν ἀγορήνδ' ἐς δώματα Τρωξάρταο,
πατρὸς δυστήνου Ψιχάρπαγος, ὃς κατὰ λίμνην   105
ὕπτιος ἐξήπλωτο νεκρὸν δέμας, οὐδὲ παρ' ὄχθαις
ἦν ἤδη τλήμων, μέσσῳ δ' ἐπενήχετο πόντῳ.
ὡς δ' ἦλθον σπεύδοντες ἅμ' ἠοῖ, πρῶτος ἀνέστη
Τρωξάρτης ἐπὶ παιδὶ χολούμενος, εἶπέ τε μῦθον·
 ῍Ω φίλοι εἰ καὶ μοῦνος ἐγὼ κακὰ πολλὰ πέπονθα   110
ἐκ βατράχων, ἡ πεῖρα κακὴ πάντεσσι τέτυκται.
εἰμὶ δ' ἐγὼ δύστηνος ἐπεὶ τρεῖς παῖδας ὄλεσσα.
καὶ τὸν μὲν πρῶτόν γε κατέκτανεν ἁρπάξατα
ἔχθιστος γαλέη, τρώγλης ἔκτοσθεν ἐλοῦσα.
τὸν δ' ἄλλον πάλιν ἄνδρες ἀπηνέες ἐς μόρον εἶλξαν   115
καινοτέραις τέχναις ξύλινον δόλον ἐξευρόντες,
ὃ τρίτος ἦν ἀγαπητὸς ἐμοὶ καὶ μητέρι κεδνῇ,
τοῦτον ἀπέπνιξεν Φυσίγναθος ἐς βυθὸν ἄξας.
ἀλλ' ἄγεθ' ὁπλίζεσθε καὶ ἐξέλθωμεν ἐπ' αὐτοὺς   120
σώματα κοσμήσαντες ἐν ἔντεσι δαιδαλέοισιν.

ἦν παγίδα καλέουσι, μυῶν ὀλέτειραν ἐοῦσαν.   117

101 om. O²   103 ἐκέλευον 1 O² S² V⁵   ἐπ' H¹ J P¹ V³
104 ἀγορὴν a h k 1 1- A¹ A¹⁰ B¹ Li P¹⁰ U⁴ V⁵   106 νεκρὸς c f A⁶ Bm⁵
H² L⁹ Li P⁵ P⁷ S¹ Vi¹   ὄχθαις g- 1- A² Bm² Bm⁴ L⁷ O¹ O² O³ P⁷ U² Vi² :
ὄχθας cet.   107 ὑπενήχετο b o d f h g- 1- A² Bm⁴ L⁹ Li P⁹ Pal. S¹
110 πέπονθα a h j 1 1- A¹⁰ L² L⁷ L⁸ P¹ P⁴ R¹ S² V⁵ V⁶ Vi¹ : -ειν cet.   111 ἡ
a g j c- H² P⁵ : ἀλλ' ἡ cet.   πῆρα o- L⁵ L⁶ L⁹ P² : μοῖρα h i j k 1 A² A¹⁰
V⁵   κακὴ om. codd. praeter g j 1 1- B¹ U³ V⁵   112 δ' ἐγὼ δύστηνος
h j k 1 L¹ L⁷ O² : δὲ νῦν ἐλεεινὸς cet.   113 γε om. praeter A⁸ L³ L⁴ L⁷
R² codd.   114 ἐχθίστῃ j k 1 1-   ἔντοσθεν A⁸ L⁷ Li P⁹ P¹⁰ U⁴ V⁷
λαβοῦσα 1 L² L⁷ S²   pro 113, 114 υἱέα μοι πρῶτον μυοφόρβος δορπή-
σατο | θὴρ μεγάλη κλονέοντα πτέρναν σιδάλοιο τυχοῦσα O² quae Byzantium
sapiunt   115 εἶλξαν k A⁸ L⁸ P¹ V³ : ἦξαν j L¹ L³ L⁴ L⁷ : ἔκταν cet.
116 δόλον j k A⁸ J L¹ P¹ V³ : μόρον cet.   117 παγίδα damnat. e v. 50
sumptum   118 δ om. k P⁵ P⁸ P⁹ R¹   δ' ἦν k 1- L⁷ P¹ P⁶ R¹ V⁵
ἐπεὶ μοῦνος ἐλέλειπτο 1 L⁷   119 ἀπέκτεινε 1   βάτραχος κακὸς k 1
ἄγξας h- : ἔξοχος ἄλλων 1   120 ὁπλίζεσθε h k 1 L⁷ O² : ὁπλισόμεσθα
sim. cet. (καθοπλισώμεθα Bm⁴ O¹ O³ Vi³)   121 om. a b c d e f
A⁸ S¹ V¹⁰

ΒΑΤΡΑΧΟΜΥΟΜΑΧΊΑ

Ταῦτ' εἰπὼν ἀνέπεισε καθοπλίζεσθαι ἅπαντας.
καὶ τοὺς μέν ῥ' ἐκόρυσσεν Ἄρης πολέμοιο μεμηλώς·
κνημῖδας μὲν πρῶτον ἐφήρμοσαν εἰς δύο μηρούς,
ῥήξαντες κυάμους χλωρούς, εὖ δ' ἀσκήσαντες,   125
οὓς αὐτοὶ διὰ νυκτὸς ἐπιστάντες κατέτρωξαν.
θώρηκας δ' εἶχον καλαμοστεφέων ἀπὸ βυρσῶν,
οὓς γαλέην δείραντες ἐπισταμένως ἐποίησαν.
ἀσπὶς δ' ἦν λύχνου τὸ μεσόμφαλον· ἡ δέ νυ λόγχη
εὐμήκης βελόνη, παγχάλκεον ἔργον Ἄρηος·   130
ἡ δὲ κόρυς τὸ λέπυρον ἐπὶ κροτάφοις ἐρεβίνθου.

Οὕτω μὲν μύες ἦσαν ἔνοπλοι· ὡς δ' ἐνόησαν
βάτραχοι ἐξανέδυσαν ἀφ' ὕδατος, ἐς δ' ἕνα χῶρον
ἐλθόντες βουλὴν ξύναγον πολέμοιο κακοῖο.
σκεπτομένων δ' αὐτῶν πόθεν ἡ στάσις ἢ τίς ὁ θρύλλος,
κῆρυξ ἐγγύθεν ἦλθε φέρων ῥάβδον μετὰ χερσίν,   136
Τυρογλύφου υἱὸς μεγαλήτορος Ἐμβασίχυτρος,
ἀγγέλλων πολέμοιο κακὴν φάτιν, εἶπέ τε τοῖα·
Ὦ βάτραχοι, μύες ὕμμιν ἀπειλήσαντες ἔπεμψαν
εἰπεῖν ὁπλίζεσθαι ἐπὶ πτόλεμόν τε μάχην τε.   140
εἶδον γὰρ καθ' ὕδωρ Ψιχάρπαγα ὅν περ ἔπεφνεν
ὑμέτερος βασιλεὺς Φυσίγναθος. ἀλλὰ μάχεσθε

122 om. V² Pal. A¹⁰   καθοπλισθῆναι l   123 om. **a b c d e f g**
J P⁴ S¹ V¹⁰   β'] τ' Bm³ H¹ L⁸ S² corr. U¹ Vi²: om. Bm¹ M¹ S² V³
124 πρῶτα j A⁵ A⁴ B¹ Bm⁵ J L¹ L⁵ P³ P⁴ P⁵ P⁹ Pal. V⁶ Vi³   ἐφήρμοσαν
ἐς δύο μηρούς **k** l O²   περὶ κνήμησιν ἔθηκαν cet. (ἔθεντο **a** A⁹ A¹⁰ C M²
N P¹ P⁴ R¹ U² V⁵ V⁸)   μοίρας conj. Barnes cl. 265   125 εὖ δ' ἀσκή-
σαντες j l L¹ L² L⁷ L⁸ S²: κνήμας ἐκάλυπτον cet. (καὶ κνήμας **h** P¹ P⁵ P⁸
R¹ V⁵): περὶ κνήμησιν ἔθεντο O² ex 124: καὶ κνήκιας ἐκάλυπτον S²
ss. m. r.   127, 128 post 131 hab. codd. praeter j l L¹ L⁷ O²
127 καλαμοστεφέων] καλῶν εὐτραφέων sim. **k** i-1- A¹⁰ B¹: καλαμοστεμ-
φέων **h**- A²   128 ἐφόρησαν l O²   129 αὐτοῖς λύχνου **a h** l L² L⁸
P¹ R¹ S² V⁵   130 εὐμήκεις βελόναι codd. praeter O² P¹ P³
131 κροτάφοισι καρύου j **k** l L⁷: καρύων A⁸ L¹   132 μὲν om. l- A²
ἔστησαν P¹ P⁵ P⁸ R¹ V⁵ V⁸: ἔσταν M² corr.   εὔσπλοι **h**-: ἐνόπλοις et
ἐνόπλιοι Barnes, cf. 153   133 ἐφ' A² A⁹ B¹ H² L⁸ P² P⁹ V³ Vi¹
135 θρύλλος **h** j **k** l i- Bm³ O² V⁵: μῦθος cet.   136 σκῆπτρον **h** j **k** l L⁷
137 τυροφάγοι A²C   138 ἔριν l   τοῖα] μῦθον **h** j **k** l L⁷   140 εἶπονθ'
A¹⁰ B¹: εἶπον **a** (-O²)   141 κατέπεφνεν j l L⁷ O²

οἵ τινες ἐν βατράχοισιν ἀριστῆες γεγάατε.

Ὣς εἰπὼν ἀπέφηνε· λόγος δ' εἰς οὔατα πάντων
εἰσελθὼν ἐτάραξε φρένας βατράχων ἀγερώχων·   145
μεμφομένων δ' αὐτῶν Φυσίγναθος εἶπεν ἀναστάς·

Ὦ φίλοι οὐκ ἔκτεινον ἐγὼ μῦν, οὐδὲ κατεῖδον
ὀλλύμενον· πάντως δ' ἐπνίγη παίζων παρὰ λίμνην,
νήξεις τὰς βατράχων μιμούμενος· οἱ δὲ κάκιστοι
νῦν ἐμὲ μέμφονται τὸν ἀναίτιον· ἀλλ' ἄγε βουλὴν   150
ζητήσωμεν ὅπως δολίους μύας ἐξολέσωμεν.
τοιγὰρ ἐγὼν ἐρέω ὥς μοι δοκεῖ εἶναι ἄριστα.
σώματα κοσμήσαντες ἐν ὅπλοις στῶμεν ἅπαντες
ἄκροις πὰρ χείλεσσιν, ὅπου κατάκρημνος ὁ χῶρος·
ἡνίκα δ' ὁρμηθέντες ἐφ' ἡμέας ἐξέλθωσι,   155
δραξάμενοι κορύθων, ὅς τις σχεδὸν ἀντίος ἔλθῃ,
ἐς λίμνην αὐτοὺς σὺν ἐκείναις εὐθὺ βάλωμεν.
οὕτω γὰρ πνίξαντες ἐν ὕδασι τοὺς ἀκολύμβους
στήσομεν εὐθύμως τὸ μυοκτόνον ὧδε τρόπαιον.

Ὣς εἰπὼν ἀνέπεισε καθοπλίζεσθαι ἅπαντας.   160
φύλλοις μὲν μαλαχῶν κνήμας ἑὰς ἀμφεκάλυψαν,
θώρηκας δ' εἶχον καλῶν χλοερῶν ἀπὸ σεύτλων,
φύλλα δὲ τῶν κραμβῶν εἰς ἀσπίδας εὖ ἤσκησαν,
ἔγχος δ' ὀξύσχοινος ἑκάστῳ μακρὸς ἀρήρει,

143 εἴ τινες a (– O²) A¹⁰ B¹ P¹ P⁴ R¹ V⁵ V⁶ : οἵ cet.   γεγόνατε g– :
–ειτε A¹⁰ V⁸   144 οὔατα μυῶν codd. praeter k 1 : μυῶν glossema est
vocis πάντων quae sollemnis in re tali est, e. gr. H 92   146 αὐτὸν
B¹ Bm¹ Bm² Bm⁴ C H¹ Li M¹ O¹ P⁵ P¹⁰ U¹ V⁶ V⁸ Vi¹   148 περὶ f h c–
L⁸ L⁹ Li P⁴ Vi¹ : κατὰ A²   149 τῶν h k P¹ P²   152 νῦν γὰρ
k 1a– P¹ R¹   153 ἔνοπλοι k 1 h–1– A² A¹⁰ L⁶ O² P⁵ R¹ R²   154 τείχεσ–
σιν f– d g– c– J L⁹ O² P⁴ P⁵ P⁸ S¹   156 ὅς τις] ὅππως a (– O²) : ὁπότε J
ἀντίος ἔλθῃ] ἦλθον ἐφ' ἡμᾶς b c d g f– a (– O²) J L⁹ P⁴ S¹ V⁵   157 ἐκεί–
νοις A¹⁰ Bm² P⁴ V⁵ : ἐκείνῳ a k C N R¹ U² : ἔντεσιν (gloss.) j 1 i–
158 ἐν ὕδασι] ἐν ἔντεσι F : ἐκείνους a b c d e f g J P⁴ S¹   160 συνέπεισε
a P¹ P⁴   ὡς ἄρα φωνήσας ὅπλοις κατέδησεν k 1 (–δυσεν A⁸ L¹ L⁷ V³) :
ἐνέδυσεν j   161 μολόχων M¹ ss.   ἑὰς om. a h 1 L² L⁷ L⁸ R¹ S²
ἀμφὶ δὲ κνήμας ἐκάλυψαν A⁸ (τε) A¹⁰ (τὰς) L¹. et pluralem (Hes. Opp.
378, h. Ven. 267, Pind. Pyth. iv. 187) et synizesin Pigreti permisimus
162 χλωρῶν πλατέων h k l L¹ (χλυερῶν j)   τεύτλων j 1 S²   164 μακρὸν
O² P⁵ Vi¹

καί ῥα κέρα κοχλιῶν λεπτῶν ἐκάλυπτε κάρηνα.　165
φραξάμενοι δ' ἔστησαν ἐπ' ὄχθαις ὑψηλαῖσι
σείοντες λόγχας, θυμοῦ δ' ἔμπλητο ἕκαστος.

Ζεὺς δὲ θεοὺς καλέσας εἰς οὐρανὸν ἀστερόεντα,
καὶ πολέμου πληθὺν δείξας κρατερούς τε μαχητάς,
πολλοὺς καὶ μεγάλους ἠδ' ἔγχεα μακρὰ φέροντας,　170
οἷος Κενταύρων στρατὸς ἔρχεται ἠὲ Γιγάντων,
ἡδὺ γελῶν ἐρέεινε· τίνες βατράχοισιν ἀρωγοὶ
ἢ μυσὶν ἀθανάτων; καὶ 'Αθηναίην προσέειπεν·

'Ω θύγατερ μυσὶν ἦ ῥα βοηθήσουσα πορεύσῃ;
καὶ γὰρ σοῦ κατὰ νηὸν ἀεὶ σκιρτῶσιν ἅπαντες　175
κνίσῃ τερπόμενοι καὶ ἐδέσμασι παντοδαποῖσιν.

'Ως ἄρ' ἔφη Κρονίδης· τὸν δὲ προσέειπεν 'Αθήνη·
ὦ πάτερ οὐκ ἄν πώ ποτ' ἐγὼ μυσὶ τειρομένοισιν
ἐλθοίμην ἐπαρωγός, ἐπεὶ κακὰ πολλὰ μ' ἔοργαν
στέμματα βλάπτοντες καὶ λύχνους εἵνεκ' ἐλαίου.　180
τοῦτο δέ μοι λίην ἔδακε φρένας οἷον ἔρεξαν.
πέπλον μου κατέτρωξαν ὃν ἐξύφηνα καμοῦσα
ἐκ ῥοδάνης λεπτῆς καὶ στήμονα μακρὸν ἔνησα,

ὡς βατράχων στρατὸς ἔβρεμεν εὖτε γιγάντων　170 a
καὶ μύες κενταύρων μεγαλαύχων ἦσαν ὁμοῖοι　170 b

165 καὶ κέρα b c e f g B¹ Bm¹ Bm³ H¹ H² J M¹ S¹ U¹ Vi² : καί ῥα a C
L⁸ N Pal. R¹ S² U² V⁸. coniunxit Stadtmüller: καὶ κόρυθες j l L¹ L⁷ P⁴
κοχλίαι κάρην ἀμφεκάλυπτον l L¹ L⁷　κράατ' ἀμφεκάλυπτον l　167 ἔμ-
πλητο L² P¹, cf. Φ607 : ἔμπλησ το O² : ἔπλητο j l L¹ L⁷ L⁸ S² : ἔπλησ το
k-O² : ἐπέπλητο sim. cet.　170 a b hab. g h k l i- (170 a tantum
P¹ S²), post 171 Bm⁴ O¹ O³ : prosodia Byzantina. cf. h. Merc. 224 οὗτε
τι κενταύρου λασιαύχενος ἔστιν ὁμοῖα　170 b μῦς k-　173 ἀθανά-
των j k l L¹ L⁷ : τειρομένοισ(ι) cet. ex 178 (τερπόμενοι O²)　καί γε
h　προσέειπεν ἀθήνη b c d e f g h J P⁵ P⁸ : ἀθήνην P¹⁰ S¹　suspecta
174 ἐπαλεξήσουσα l L¹ L⁷ R² U⁶ : ἐπαρρήξουσα k (-S²)　175 τὸν
νηὸν g- H² Li Vi¹　ἀεὶ om. b c e f g A⁸ S¹　176 ἐδέσμασιν ἐκ θυσιάδων
j : θυσιάων ἐδέσμασιν h k l L¹ L⁴ L⁷ P¹　179 ἔλθοιμι P⁵ R¹ : -μη P⁸.
cf. ἐθέλοιτο h. Cer. 328, φροντιούμεθα Eur. I. T. 343　ἀρ(ρ)ωγὸς
l L⁴ L⁷ L⁸ S²　180, 181 om. A² V⁵ V⁶ (ex homoeotel.)　181 μοι
h k l- L¹ L⁷ P⁵ R¹ : μου cet.　οἷον j l- A⁵ L¹ L⁷ O² S² Vi³ : οἷά μ' cet.
ἔρεξαν j k l L¹ L⁷ O² : ἔοργαν cet.　183 μακρὸν O² : λεπτὸν cet.
ἔοργα l L¹ L⁷

ΒΑΤΡΑΧΟΜΥΟΜΑΧΙΑ

τρώγλας τ' ἐμποίησαν· ὁ δ' ἠπητής μοι ἐπέστη
καὶ πράσσει με τόκον· τὸ δὲ ῥίγιον ἀθανάτοισιν.   185
χρησαμένη γὰρ ἔνησα καὶ οὐκ ἔχω ἀνταποδοῦναι.
ἀλλ' οὐδ' ὡς βατράχοισιν ἀρηγέμεναι βουλήσω.
εἰσὶ γὰρ οὐδ' αὐτοὶ φρένας ἔμπεδοι, ἀλλά με πρῴην
ἐκ πολέμου ἀνιοῦσαν ἐπεὶ λίην ἐκοπώθην,
ὕπνου δευομένην οὐκ εἴασαν θορυβοῦντες   190
οὐδ' ὀλίγον καταμῦσαι· ἐγὼ δ' ἄϋπνος κατεκείμην·
τὴν κεφαλὴν ἀλγοῦσαν, ἕως ἐβόησεν ἀλέκτωρ.
ἀλλ' ἄγε παυσώμεσθα θεοὶ τούτοισιν ἀρήγειν,
μή κέ τις ὑμείων τρωθῇ βέλει ὀξυόεντι·
εἰσὶ γὰρ ἀγχέμαχοι, εἰ καὶ θεὸς ἀντίον ἔλθοι·   195
πάντες δ' οὐρανόθεν τερπώμεθα δῆριν ὁρῶντες.

Ὡς ἄρ' ἔφη· καὶ τῇ γε θεοὶ ἐπεπείθοντ' ἄλλοι,
πάντες δ' αὖτ' εἰσῆλθον ἀολλέες εἰς ἕνα χῶρον.
καὶ τότε κώνωπες μεγάλας σάλπιγγας ἔχοντες
δεινὸν ἐσάλπιγξαν πολέμου κτύπον· οὐρανόθεν δὲ   200
Ζεὺς Κρονίδης βρόντησε, τέρας πολέμοιο κακοῖο.

184 ita j 1 L¹ L⁷ Thomas mag. 2. 16: καὶ τρώγλας ἐτέλεσσαν vulg. :
ἐτέλεσ(σ)α h- : καὶ τρώγλας ἐνέδησα φίλον δέ μου ἦτορ ἰάνθη Ο²
184a καὶ πολύ με πράσσει· τούτου χάριν ἐξώργισμαι hab. codd. praeter
i j 1 A¹⁰ B¹ L⁸ Ο² (πράσσειν a- k U² V⁸)   185 post 186 hab. codd.
praeter j Ο²   πράσσειν H¹ P⁹ Pal.   τόκους j L¹ L⁷: τόκοις 1 A¹⁰ B¹
P¹ P⁴ : τόκος J   τὸ δὲ ῥίγιον] τό γε ῥῖπον Vi² : γ' ἔριπον A² P⁵: γ'
ἐρίπονsim. c d g h a (-Ο²) al.   τούτου χάριν ἐξώργισμαι j (ex 184 a)
186 ὕφηνα N P⁵ P⁹ Pal. U⁴ U⁵ V⁴ : ὕφανα Li P⁷ Vi³   187 ἀρηγέμεναι
A⁸ (-ω-) V⁶ : -μεν Bm² : ἀρηγέμεν cet.   βουλήσω L²: βουλήσομαι
1 L¹ L⁷ L⁸ S² : οὐκ ἐθελήσω cet., cf. Λ319 : praeter καὶ ὡς et βουλήσω
nulla electio   188 πρῶτον j 1- L¹ L⁷ Ο² P²   191 καμ(μ)ῦσαι
k Ο² V³   192 ἀλγοῦσαν Bm² Bm³ H² J P⁵ P⁶ Pal. : ἀλγοῦσα cet.
φώνησεν A⁹ : ἐφώνησεν 1 L¹ L⁶ L⁷ P²   193 ἀλλ' ἄγε νῦν c- g- b- H²
L⁵ I.⁹ Li P⁸ Vi¹ : δὴ L⁶ P²   θεοὶ om. h P⁵ P⁸ R¹   συναρήγειν h
194 om. Ο²   194a μή τις καὶ λόγχη τυπῇ δέμας ἠὲ μαχαίρῃ hik 1 Ο²
(μή κέ τις τρωθῇ λόγχῃ) quae Byzantium spirant   195 ἐγχέ-
μαχοι k-1-   καὶ εἰ j 1 L¹ L¹ L⁷   εἰσὶ γὰρ ἀγέρωχοι ἄλκιμοι ἀγχιμαχηταί
Ο²   197 ita Ο²: τῇ δ' αὖτ' ἐπεπείθοντο θεοὶ ἄλλοι cet. (οἱ θεοὶ P⁵)
198 δ' αὖτ' Ο²: ὅμως δ' j g- S¹ : δ' ὅμως cet. (δ' ὅμοῦ J P¹)   εἰσῆλ-
θον ἀολλέες g B¹ J Ο² : ἀολλέες ἦλθον A⁸ L⁶ L⁹ P² : ἦλθον j L¹ L⁷ :
ἦλθετον 1-   198a κὰδ δ' ἦλθον κήρυκες τέρας πολέμοιο φέροντες
j k 1 L¹ L⁷   κήρυκε j A⁸ Bm³ L² L⁸ U¹ : om. cet.

ΒΑΤΡΑΧΟΜΥΟΜΑΧΙΑ

Πρῶτος δ' Ὑψιβόας Λειχήνορα οὔτασε δουρὶ
ἑσταότ' ἐν προμάχοις κατὰ γαστέρα ἐς μέσον ἦπαρ·
κὰδ δ' ἔπεσεν πρηνής, ἁπαλὰς δ' ἐκόνισεν ἐθείρας.
δούπησεν δὲ πεσών, ἀράβησε δὲ τεύχε' ἐπ' αὐτῷ.   205
Τρωγλοδύτης δὲ μετ' αὐτὸν ἀκόντισε Πηλείωνος,
πῆξεν δ' ἐν στέρνῳ στιβαρὸν δόρυ· τὸν δὲ πεσόντα
εἷλε μέλας θάνατος, ψυχὴ δ' ἐκ σώματος ἔπτη.
Σευτλαῖον δ' ἄρ ἔπεφνε βαλὼν κέαρ Ἐμβασίχυτρος,   209

Ἀρτοφάγος δὲ Πολύφωνον κατὰ γαστέρα τύψε·   210
ἤριπε δὲ πρηνής, ψυχὴ δὲ μελέων ἐξέπτη.
Λιμνόχαρις δ' ὡς εἶδεν ἀπολλύμενον Πολύφωνον,
Τρωγλοδύτην ἁπαλοῖο δι' αὐχένος τρῶσεν ἐπιφθὰς
πέτρῳ μυλοειδέϊ· τὸν δὲ σκότος ὄσσε κάλυψε·   213 a
Ὠκιμίδην δ' ἄχος εἷλε καὶ ἤλασεν ὀξέϊ σχοίνῳ
οὐδ' ἐξέσπασεν ἔγχος ἐναντίον· ὡς δ' ἐνόησε   215
Λειχήνωρ δ' αὐτοῖο τιτύσκετο δουρὶ φαεινῷ
καὶ βάλεν, οὐδ' ἀφάμαρτε καθ' ἧπαρ· ὡς δ' ἐνόησε
Κοστοφάγον φεύγοντα βαθείαις ἔμπεσεν ὄχθαις.
ἀλλ' οὐδ' ὣς ἀπέληγε μάχης ἀλλ' ἤλασεν αὐτόν·
κάππεσε δ', οὐκ ἀνένευσεν, ἐβάπτετο δ' αἵματι λίμνη   220
πορφυρέῳ. αὐτὸς δὲ παρ' ἠϊόν' ἐξετανύσθη,
χορδῇσιν λιπαρῇσί τ' ἐπορνύμενος λαγόνεσσιν.

---

203 γαστέρος H² : γαστρὸς J P¹   καθ' ἥπατος ἔγκατα χῦτ.. A⁸
205 om. **a b c d e j** L² Vi³   206 τρωγλήτης **a** : -ίτης V⁵   πηλείωνος
L¹ L³ L⁴ : πηλείωνα cet.   207 om. L⁹ P⁵   πεῖρε(ν) H² V⁶, J marg.
208 θυμὸς A¹⁰ B¹   στόματος δ' ἐξέπτη **g** Li : δ' ἐκ στόματος ἔπτη **b c d**
L⁵ L⁶ L⁹ O² P² P⁵ P⁸ V⁵, cf. 236   209 σευτλαῖος . . . ἐμβασίχυτρον
h i j k A² A¹⁰ P⁷ V⁸   210-222 eiecimus, nam 210, 213, 213 a, 217 plane
Byzantini, ceteri cum eis videntur stare   210-212 om. **a l**
211 ῥεθέων L⁵ V⁴ : δὲ λεών **g** L⁶ P²   213 om. O² P⁸   τρωγλίτην
V⁵, cf. 206   κατ' B² L⁹ P¹⁰ U⁴ V¹²   ἤριπε δ' εὐθύς **b c d e** A² B¹ L¹
Pal. V¹²   213 a hab. **h i j k l** om. cet.   ἐν πέτρῳ O²   αὐχένα πὰρ
μέσσον **j**— post hunc v. add. L² τρωγλήτης δ' ἄρ' ἔπεφνε βρεκαίγιγα
ἐσθλὸν ἀίξας   214 om. **j l** L⁷ P⁴ : ante 213 hab. **a b c d e** L¹, ante
210 **g**, post 222 L⁶   ὀξυσχοίνῳ U⁵ marg.   post hunc v. add. ἀλλ' ὁ
μὲν ἔσπασεν ἔγχος· ἐφωρμήθησαν δ' ἐπ' αὐτῷ **h k** P¹ P⁵ R¹ (ἐφώρμησαν
R¹)   215 om. **j l** L⁷ P⁴   δδ' P⁹ Pal. : ὣδ' A²   ἤριπε δ' εὐθύς
h k J P¹   216. 217 om. **a b c d e f g** L¹ S¹ (ex homoeotel.)
218 κωστοφάγον **c g** A³ A⁴ L⁶ L⁹ P² V¹² : κουστ- **a**- : κουστοφάγος **k** P⁵
Vi² : κραμβοφάγος **h j l** L⁷ P⁴ V² : κραμβοβάχος L³ L⁴   φεύγων **i k l**
P⁵ P⁸ R¹   κραμβοφάγος ὄχθαισι βαθείαις ἔμπεσι φεύγων **j**   219 om.
A⁸ V¹¹   ἀπέφυγεν J P¹ P⁴   μάχης] ἐν ὕδασιν **a h i j l** L² L⁸ R¹ S²
ἤλασε δ' αὐτόν **a h i j l** Bm³ L⁸ R¹ S² U¹   221 ἠϊόνας **h**— A³ A⁴ P¹ :
ἠϊόνος Bm¹ M¹ V⁵   222 om. **l** L⁷ P⁴   ἐπορνυμένου **h a**— R¹ : -αις P¹

178

Τυροφάγον δ' αὐτῇσιν ἐπ' ὄχθαις ἐξενάριξεν.　　　223
Πτερνογλύφον δὲ ἰδὼν Καλαμίνθιος ἐς φόβον ἦλθεν,
ἥλατο δ' ἐς λίμνην φεύγων τὴν ἀσπίδα ῥίψας.　　　225
Λιτραῖον δ' ἄρ' ἔπεφνεν ἀμύμων Βορβοροκοίτης,
χερμαδίῳ πλήξας κατὰ βρέγματος· ἐγκέφαλος δὲ　　　228
ἐκ ῥινῶν ἔσταξε, παλάσσετο δ' αἵματι γαῖα.
Λειχοπίναξ δ' ἔκτεινεν ἀμύμονα Βορβοροκοίτην,　　　230
ἔγχει ἐπαΐξας· τὸν δὲ σκότος ὄσσε κάλυψεν.
Πρασσαῖος δὲ ἰδὼν ποδὸς εἵλκυσε νεκρὸν ἐόντα,
ἐν λίμνῃ δ' ἀπέπνιξε κρατήσας χειρὶ τένοντα.
Ψιχάρπαξ δ' ἤμυν' ἑτάρου περὶ τεθνειῶτος
καὶ βάλε Πρασσαῖον κατὰ νηδύος ἐς μέσον ἧπαρ,　　　235
πῖπτε δέ οἱ πρόσθεν, ψυχὴ δ' Ἀϊδόσδε βεβήκει.
Κραμβοβάτης δὲ ἰδὼν πηλοῦ δράκα ῥίψεν ἐπ' αὐτόν,
καὶ τὸ μέτωπον ἔχρισε καὶ ἐξετύφλου παρὰ μικρόν.
ὠργίσθη δ' ἄρ' ἐκεῖνος, ἑλὼν δ' ἄρα χειρὶ παχείῃ
κείμενον ἐν δαπέδῳ λίθον ὄβριμον, ἄχθος ἀρούρης,　　　240

Ὑδρόχαρις δ' ἔπεφνεν Πτερνοφάγον βασιλῆα,　　　227

22 ٤ τυρογλύφον h l i- L² L⁸ S² V³ V¹¹　　　ἀκτῆσιν V⁵ V⁹, cf. O 621　　　ἐπ' ὄχθαις λιμνήσιος h k 1 L⁷ P¹ P⁴ : ἰδὼν λιμνήσιος A⁸ V¹¹　　　224 δ' ἐσιδὼν codd. praeter j k 1 L² L⁷ P⁴, cf. 232, h. Apoll. 341　　　καλαμίνθης h C L³ L⁴ P⁴　　　βυθὸν P⁸ : βάθος h k Bm¹ P¹ P⁵ R¹　　　226 om. j 1 L⁷ P⁴　　　λιστραῖον h A² J P¹ : φυτραῖον b A¹⁰ B¹ Bm¹ Bm² L¹ Li M¹ O³ P⁷ R¹ U¹ : φλιτραῖον Bm³ Vi² : φιτραῖον o f Bm⁴ H¹ H² L⁹ O¹ P⁸ V⁵ Vi³ : λιμναῖον P⁵　　　βορβοροκοίτης O² P¹ : ἐμβασίχυτρος cet.　　　227 om. a b c d e f g J L¹　　　δέ τ' ἔπεφνεν j　　　230 λειχοπίναξ δ' ἔκτεινεν i j k 1 : λειχοπίνακα δ' ἔπεφνεν cet.　　　ἀμύμονα βορβοροκοίτην i j k 1 : ἀμύμων βορβοροκοίτης vulg. : ἐμβασίχυτρος O²　　　231 a δούπησεν δὲ πεσὼν ἀράβησε δὲ τεύχε' ἐπ' αὐτῷ C　　　232 πρασσοφάγος h i j k 1 J L² P¹ ἐπιδὼν L⁶ P² S¹ U⁵ marg. : ἐσιδὼν cet.　　　νεκρὸν ἐόντα] κνισσοδιώκτην j　　　233 ἀπέθηκε k 1 P¹ P⁴　　　234 λειχάρπαξ V³　　　ἑτάρων ... τεθνειώτων codd. praeter O²　　　235 πηλούσιον i j 1　　　μήπω γαίης ἐπιβάντα codd. praeter j 1 O² (καννηδύος O²)　　　236 πρόσθεν i j 1 L² L⁸ O² S² : προπάροιθε cet.　　　ἦτορ k 1 J L⁷ P⁴ : ἧπαρ A¹　　　ἐκ στόματος ἔπτη O² P¹, cf. 208 : ἔκτοσθε βεβήκει k 1 J L⁷ P⁴　　　237 πηλοβάτης h i j k 1　　　ῥίψας h J P¹ P⁴ P⁵ R² U²　　　238 ἔπληξε O² : ἔχρισε cet. : ἐξετύφλωσε A⁸ J L³ L⁴ L⁷ P⁴ P⁸　　　239 ὀργισθεὶς a h R¹ : θυμώθη j L¹ L⁷ : μουνώθη A⁸ J P⁴ V³ : γουνώθη L⁴ : συνώθη L³　　　240 δαπέδῳ P⁹ Pal. : γαίη k 1 Bm¹ L⁷ O² P¹ P⁴ : πεδίῳ cet.

ΒΑΤΡΑΧΟΜΥΟΜΑΧΙΑ

τῷ βάλε Κραμβοβάτην ὑπὸ γούνατα· πᾶσα δ' ἐκλάσθη
κνήμη δεξιτερή, πέσε δ' ὕπτιος ἐν κονίῃσι.
Κραυγασίδης δ' ἤμυνε καὶ αὖθις βαῖνεν ἐπ' αὐτόν,
τύψε δέ οἱ μέσσην κατὰ γαστέρα· πᾶς δέ οἱ εἴσω
ὀξύσχοινος ἔδυνε, χαμαὶ δ' ἔκχυντο ἅπαντα   245
ἔγκατ' ἐφελκομένῳ ὑπὸ δούρατι χειρὶ παχείῃ·
Τρωγλοδύτης δ' ὡς εἶδεν ἐπ' ὄχθῃσιν ποταμοῖο,
σκάζων ἐκ πολέμου ἀνεχάζετο, τείρετο δ' αἰνῶς·
ἥλατο δ' ἐς τάφρους, ὅπως φύγῃ αἰπὺν ὄλεθρον.
Τρωξάρτης δ' ἔβαλεν Φυσίγναθον ἐς ποδὸς ἄκρον.   250
Πρασσαῖος δ' ὡς εἶδεν ἔθ' ἡμίπνουν προπεσόντα,   252
ἦλθε διὰ προμάχων καὶ ἀκόντισεν ὀξύσχοινον·
οὐδ' ἔρρηξε σάκος, σχέτο δ' αὐτοῦ δουρὸς ἀκωκή·
οὐδ' ἔβαλε τρυφάλειαν ἀμύμονα καὶ τετράχυτρον   255
δῖος Ὀριγανίων, μιμούμενος αὐτὸν Ἄρηα,
ὃς μόνος ἐν βατράχοισιν ἀρίστευεν καθ' ὅμιλον·
ὥρμησεν δ' ἄρ' ἐπ' αὐτόν· ὁ δ' ὡς ἴδεν οὐχ ὑπέμεινεν.

ἔσχατος δ' ἐκ λίμνης ἀνεδύσετο, τείρετο δ' αἰνῶς   251
ἥρωας κρατερούς, ἀλλ' ἔδυνε βένθεσι λίμνης   259

---

241 πηλοβάτην i j k l, cf. 237   κατὰ k : παρ O² ἐάγη c e f g
H² J L¹ P⁵ S¹   242 om. A¹⁰ B¹   243 κραμβανίδης E   οὗτος k
244 δέ οἱ] τόν γε A³ A⁴   μέσην δ' αὐτὸν j   πᾶσα b o d e f
A¹⁰ B¹ Bm² Si² Vi³   246 χειρὶ παχείῃ] χείρεσσι l– P⁴   247 σιτοφάγος
i j k l : πρασσοφάγος A⁸   249 τάφρον i j k l L⁷ O² P⁸ Vi¹   εἴπως k,
cf. Ξ 163   250 τρωξάρτην V⁵ : -τη O²   φυσίγναθος Pal.   ποδὸς
O² : πόδας P⁵ P⁶ R¹ : πόδα cet.   251 om. L³ L⁴   ὦκα δὲ λίμνην
ἥλατο τειρόμενός περ δεινῶς A⁸ L¹ L⁷ V³ : ὦκα δ' ἐς λίμνην εἰσάλτο τειρό-
μενον δ' αἰνῶς J P⁴ : ὦκα δὲ τειρόμενος ἐς λίμνην ἥλατο φεύγων j : ἔσχατος δ'
ἐκ λίμνης ἀνεδύσετο τείρετο δ' αἰνῶς cet. (δ' om. h L⁸ N P⁵ P⁸ P⁹)   ἔσχατα
S¹ Baumeister : ἔσχατο S²   252 om. L³ L⁴, post 252 a hab. j
τρωξάρτης i j A⁸ O²   προσεόντα E L⁶ O¹ P⁶ S¹   252 a καὶ οἱ ἐπέ-
δραμεν αὖθις ἀποκτάμεναι μενεαίνων hab. j   253, 254 om.
l L¹ L⁷ P⁴   ὀξύσχοινον a–: ὀξέι σχοίνῳ cet.   255, 256 om. j l L¹ L⁷ P⁴
255 τοῦδ' vulg. : οὐδ' C N O² P¹ P⁵ P⁸ P⁹ Pal. U²   256 ὀριγανίων k O²
257 post 261 a hab. j l L¹ L⁷ P⁴, et post 261 a et hic H² J P¹ V⁶
258 om. j l L¹ L⁷ P⁴   ὥρμησαν A² L² P³   259 om. j l L¹ L⁷ P⁴ P⁵
κραταιοὺς k   ἔδυνε vulg. : ἔδυνε H¹ H² J P³ P⁶ P⁸ V⁶ : ἔδυν' ἐν
k A³ Bm¹ S¹ Vi² : ἔδυ h A² L² P¹ P⁹ Pal. V⁵   βένθεα B¹ E L²

180

ΒΑΤΡΑΧΟΜΥΟΜΑΧΙΑ

Ἦν δέ τις ἐν μυσὶ παῖς Μεριδάρπαξ ἔξοχος ἄλλων, 260
Κναίσωνος φίλος υἱὸς ἀμύμονος ἀρτεπιβούλου·
οἴκαδ' ἵεν, πολέμου δὲ μετασχεῖν παῖδ' ἐκέλευεν·
οὗτος ἀναρπάξαι βατράχων γενεὴν ἐπαπείλει·
ἀγχοῦ δ' ἔστηκεν μενεαίνων ἶφι μάχεσθαι
καὶ ῥήξας καρύοιο μέσην ῥάχιν εἰς δύο μοίρας 265
φράγδην ἀμφοτέροισι κενώμασι χεῖρας ἔθηκεν·
οἱ δὲ τάχος δείσαντες ἔβαν πάντες κατὰ λίμνην·
καί νύ κεν ἐξετέλεσσεν ἐπεὶ μέγα οἱ σθένος ἦεν,
εἰ μὴ ἄρ' ὀξὺ νόησε πατὴρ ἀνδρῶν τε θεῶν τε.
καὶ τότ' ἀπολλυμένους βατράχους ᾤκτειρε Κρονίων, 270
κινήσας δὲ κάρη τοίην ἐφθέγξατο φωνήν·
Ὦ πόποι ἦ μέγα θαῦμα τόδ' ὀφθαλμοῖσιν ὁρῶμαι·

μεριδάρπαξ ὕρχαμος μιμούμενος αὐτὸν ἄρηα   261 a
ὃς μόνος ἐν μύεσσιν ἀρίστευεν καθ' ὅμιλον   261 b
αὐτὸς δ' ἐστήκει γαυρούμενος κατὰ λίμνην   262 a
οὐ μικρόν με πλήσσει μεριδάρπαξ ὃς κατὰ λίμνην   273

---

260 ita Ludw.   μύεσσι 1 **j k** 1 V⁶ : μυσὶ δὴ **f c**– P⁷   μεριδάρπαξ]
νέος παῖς 1 **j** 1 O² : νέος **k** S¹ : πτεριδάρπαξ A¹   261 κναίσσωνος
P⁹ : κνέσωνος P⁸ : corr. Ludw. : κραίσωνος **h** A¹ O² Pal. : κρείσωνος A³ A⁵ :
κρείωνος vulg. ἐγχέμαχος **k** 1 H² J P¹ P⁴ : ἀγχέμαχος **j** L¹ L⁷ S² V³ V⁶
261 a hab. 1 **j k** 1 H² V⁶   ὕρχαμος ὢν ἄλλων H² V⁶ : μοιρωνάρπαξ
ὕρχαμος αἰνῷ ἶσος ἄρηι L² : ὄρχαμος αὐτὸν ἄρη φαίνων κρατερὸς μερι-
δάρπαξ **j**   261 b hab. 1 **j** 1 H² V⁶   ἀριστεύεσκε **j** L⁷   μάχεσθαι **j**
262 om. 1 **j** 1   ἰὼν vulg. : ἰδὼν (ss. ε) O² : corr. Ludw.   πολέμοιο
vulg. : πολέμου δὲ O²   262 a om. O²   αὐτοῦ 1 L¹ L⁷ P⁴   γαυριού-
μενος **h k a**– A¹ : μεγαλοφρονέων L²   ὡς κατὰ **f g** A³ A⁴ B² Bm² Bm⁴
P⁶ P¹⁰ R¹ U⁴ V⁴ V⁵ : ὃς κατὰ B¹ V⁶ : οὐ κατὰ Vi², ex 273   στῇ δὲ παρὰ
λίμνην γαυρούμενος οἷος ἀπ' ἄλλων **j**   262 b στεῦτο δὲ πορθήσειν
βατράχων γένος αἰχμητάων hab. **j** L¹ L⁷   263 om. **j** 1 E L¹ L⁷ P⁴
γενεὴν O² : γένος cet.   ἠπηπείλει L⁵ : ἐπηπείλει **k** P⁵ P⁸ S¹   264 hab.
O² sol.   265 om. **j** 1 L¹ L⁷ P⁴   καροῖο O² : καρύου vulg. : corr. Ilgen
266 om. **j** 1 L¹ L⁷ P⁴   κενώμασι O² : ἐν ὤμοις vulg. : καὶ ἐν ὤμοισι
h Bm³ J L⁸ P¹ S² : καὶ ἐν ὄμμασι **a** (–O²)   χερσὶν L² : χείρεσ(σ)'
Bm³ L⁸ S² U¹   267 om. **j** 1 L¹ L⁷ P⁴, post 268 hab. H² P⁹ Pal.
268 om. 1 L¹ L⁷ P⁴   ἐξετέλεσσαν **a k** C J N P¹ U²   οἱ σθένος] ὡς
θεὸν **a**– L⁸ : ὡς θεὸς **h** J P⁶ S²   271 κάρην **a** (–O²) S² : κάρηνα L⁶ L⁹ :
κάρνα **c**   τοίηνδ' **j** 1 **k**– J L⁷ P¹ P⁴   272 θαῦμα τόδ' **k** 1 **j** L¹ L¹ L⁷ O² P⁴ :
πένθος L² : ἔργον ἐν cet.   ὁρῶμεν A⁴ B¹ O² P⁵ P⁶ R¹   273 μικρόν
με vulg. : με μικρόν L⁵ : μικρά με B¹ V⁶ : μικρόν μ' **j** : με om. A² Pal.
ἔπληξε **j** U⁶ : ἐκπλήσσει V⁶   ὃς] οὐ Vi² : om. 1 **j** 1

"Αρπαξ ἐν βατράχοισιν ἀμείβεται· ἀλλὰ τάχιστα
Παλλάδα πέμψωμεν πολεμόκλονον ἢ καὶ "Αρηα,   275
οἵ μιν ἐπισχήσουσι μάχης κρατερόν περ ἐόντα.
Ὡς ἄρ' ἔφη Κρονίδης· "Αρης δ' ἀπαμείβετο μύθῳ·
οὔτ' ἄρ' 'Αθηναίης Κρονίδη σθένος οὔτε "Αρηος
ἰσχύει βατράχοισιν ἀμυνέμεν αἰπὺν ὄλεθρον.
ἀλλ' ἄγε πάντες ἴωμεν ἀρηγόνες· ἢ τὸ σὸν ὅπλον   280
κινείσθω· οὕτω γὰρ ἁλώσεται ὅς τις ἄριστος,   284
ὥς ποτε καὶ Καπανῆα κατέκτανες ὄβριμον ἄνδρα   282
καὶ μέγαν 'Εγκελάδοντα καὶ ἄγρια φῦλα Γιγάντων.   283
Ὡς ἄρ' ἔφη· Κρονίδης δὲ βαλὼν ἀργῆτα κεραυνὸν   285
πρῶτα μὲν ἐβρόντησε, μέγαν δ' ἐλέλιξεν "Ολυμπον.   286
πάντας μέν ῥ' ἐφόβησε βαλὼν βατράχους τε μύας τε·   289
ἀλλ' οὐδ' ὡς ἀπέληγε μυῶν στρατός, ἀλλ' ἔτι μᾶλλον   290
ἔλπετο πορθήσειν βατράχων γένος αἰχμητάων,

κινείσθω τιτανοκτόνον ὀβριμοεργόν   281
ᾧ Τιτᾶνας πέφνες ἀρίστους ἔξοχα πάντων   281 a
αὐτὰρ ἔπειτα κεραυνὸν δειμαλέον διὸς ὅπλον   287
ἧκ' ἐπιδινήσας· ὁ δ' ἄρ' ἔπτατο χειρὸς ἄνακτος   288

---

274 ἄρπαξ] ἐν(ν)αίρειν j k L¹ L² L³ L⁴ L⁷ : ἐναίρων J : αἴρειν V³ :
κτείνει A⁸ : ἤλασε O²   βατράχοισιν om. ἐν o f B¹ L⁹ P⁷ Vi¹ : βατρά-
χους i j k 1 O²   ἀμύνεται L⁵ : βλεμεαίνει k (-ων i j 1) : μενεαίνων V³ V⁷ :
ἐπαπειλῶν O², cf. 263   275 ἠδὲ h i j 1 L² L⁸ S² : ἢ B² L² P⁴   ἄρην
i j 1 O²   276 κρατεροὶ ... ἐόντες a : κρατερὼ ... ἐόντε k –
277 μύθον g B¹ B² L⁶ L⁹ P² P⁸ P¹⁰ R¹ U⁴ V⁴ Vi¹   278 οὔτ' ἄρ'
j Bm² Bm⁴ L¹ L⁷ O¹ O² P¹ P⁷ Vi¹ : οὐ γὰρ cet.   279 ἀρηγέμεν codd.
praeter O²   280 ἀρήγειν O² : ἀμυνέμεν k : ἀρηγότες O³   281 hab.
h i j 1 H² L⁸ S² V⁶   μέγα τιτ. R² U⁶   281 a hab. h i j k 1 H² V⁶
ἔπεφνες C N P¹ U²   284 hic vulg., inter 282 et 283 pos. h : om.
i j 1 H² L⁸ S² V⁶   282 om. i j 1 H² V⁶   ᾧ k   κατὰ νῆα codd.
praeter h O² Pal.   κατέκτανες h k P⁸ P⁸ P⁹ Pal. : -εν cet.   283 om.
P¹ Vi¹ · post 284 h   εὐκελάδοντα vulg. : ἐγκ- a   καὶ κελάδοντα
πέδησας A⁸ J L² L³ L⁴ L⁸ P⁴ S² : ἐγκελάδοντ' ἐπέδησας j H² L¹ L⁷ : εὐκελ.
τε πέδησας V⁶   καὶ] ἰδ' j 1– L² L⁷ U¹ : ἠδ' k J P⁴ V³ V⁶   εὐρέα H² V⁶
285 Βαλὼν O² : βάλε sim. cet.   ἀργῆτα O² : ψολόεντα vulg. : ψολόεντι
κεραυνῷ h a– A⁸   286 πρῶτον μὲν βρόντησε k   μέγα A⁸ B¹ P¹ P⁴ P⁵ V⁵
ἐξελέλιξεν A³ A⁴ B¹ E P² P⁸ V⁴   287 om. a h i l   288 fort. ser-
vandus   289 ἐπὶ τούσδε vulg. : ἐπὶ τούσδε τε μύας a h i k l : ἐπὶ
τούσδε κεραυνός O¹ : βατράχους τε μύας τε j : fort. ἐπὶ τούς τε μύας τε
291 ἵετο i j k 1 J L¹ L³ L⁴ L⁷   γένος βατράχων ἀγερώχων i l

ΒΑΤΡΑΧΟΜΥΟΜΑΧΙΑ

εἰ μὴ ἀπ' Οὐλύμπου βατράχους ἐλέησε Κρονίων,
ὅς ῥα τότ' ἐν βατράχοισιν ἀρωγοὺς εὐθὺς ἔπεμψεν.

Ἦλθον δ' ἐξαίφνης νωτάκμονες, ἀγκυλοχεῖλαι,
λοξοβάται, στρεβλοί, ψαλιδόστομοι, ὀστρακόδερμοι,   295
ὀστοφυεῖς, πλατύνωτοι, ἀποστίλβοντες ἐν ὤμοις,
βλαισοί, χειλοτένοντες, ἀπὸ στέρνων ἐσορῶντες,
ὀκτάποδες, δικάρηνοι, ἀχειρέες, οἱ δὲ καλεῦνται
καρκίνοι, οἵ ῥα μυῶν οὐρὰς στομάτεσσιν ἔκοπτον
ἠδὲ πόδας καὶ χεῖρας· ἀνεγνάμπτοντο δὲ λόγχαι.   300
τοὺς δὴ ὑπέδεισαν δειλοὶ μύες οὐδ' ἔτ' ἔμειναν,
ἐς δὲ φυγὴν ἐτράποντο· ἐδύετο δ' ἥλιος ἤδη,
καὶ πολέμου τελετὴ μονοήμερος ἐξετελέσθη.

292 ὤκτειρε codd. praeter a h i j l J L¹ L² L⁸ P¹ P⁴ P⁸ P⁹ S²   293 ὥς
B¹ C N P⁸ U² : ὅστις i k l O²   ἐν om. j B¹ Bᴵᴵᴵ² Li P³ P⁸ P⁸ P⁹ P¹⁰ R¹
U⁴ V⁵ V⁶ Vi¹ : τοῖς βατρ. O² : τε βατρ. h   ῥα φθειρομένοισιν k l J L¹ P¹ P⁴
αὐτὸς e L¹ L² L S²   294 νωτάγμονες L⁸ S² : νωτάκρονες b c e f g
ἀγχυλοχεῖλαι a h l B¹ L⁸ P⁴ S² V⁵ : -ῆλαι cet.   296 om. l L⁸ P¹ P⁴ S²
ὀστροφυεῖς B¹ Vi¹ : ὀστοφάγοι h   297 βλεσσοὶ b c d e f g A⁹ R²
χειροτένοντες codd. praeter l L¹ L⁷ O² P¹ P⁴   ὀρόωντες k : ὁρῶντες l
298 ἀχηρέες Vi¹ : ἀχερέες P⁴   301 οὖς i j l L⁸ S² V⁶   δειλοί] πάντες
codd. praeter i j l O²   302 τράποντο b c d e   δύσατο b c d e f g S¹ :
δύετο A² P⁹ : ἐδύσετο Barnes   forte Byzantinus   303 μελέτη P¹
τέλος σὺν θεῷ ὁμήρου μυοβατραχομαχίας.   τινὲς δὲ λέγουσι τίγρητος τοῦ
καρὸς εἶναι αὐτήν P⁹ : εν ημηα ημερα ἐπράχθη τελος | αμην H² : ceteras
subscriptiones videas apud Ludwichium

IV. VITAE

Demetrius Chalcondyles cum omnium princeps Homerum
ederet vitam Herodoteam, libellos duo de Homero Plutarchi,
Dionis Prusaensis or. ii praemisit Iliadi ; certamen Homeri et
Hesiodi luce ut ait donavit in libello miscellaneo a. 1573
Henricus Stephanus. qui a quonam codice exscripserit
opusculum saltem non dixit ; constat tamen codice illum
usum esse unico qui exstat Florentiae Laur. lvi. 1 ; apo-
graphum quod inde fecerat in bibliothecam Leidensem inter
codices Vossianos devectum est. et codex et apographum
latuerunt ut videtur donec ille denuo velut repertus sit a
Valentino Rose (*Anecdota Graeca et Graecolatina* 1864 ff. 15,
16, cf. F. Nietzsche Rh. Mus. 1873, 237 sqq.) : utroque usus
est Nietzsche in editione a. 1871 : opusculum ediderunt et
Friedel (N. Jahrbb. f. Phil. suppl. x. 1873, 235 sqq.) et ter
quaterve Alois Rzach.

Vitam Proculeam atque illas quas numeris iv, v insignivit
Westermannus primus edidit Leo Allatius in libro *de patria
Homeri* a. 1640, repetito a Iacobo Gronovio in *Thesauro
Graecarum antiquitatum* tom. xi. a. 1701. hanc supel-
lectilem totam edidit Iosua Barnes regnante Anna nostra
ab Homeri editionibus non ante Wolfium exulaturam. tandem
e codice Matritensi vitam vi eruit Ioannes Iriarte in catalogo
suo a. 1769. omnia denique adiecta vita Suidea composuit
in libro utilissimo Antonius Westermann a. 1845 : Wester-
manni copiis nihil novi licuit addere praeter papyrum Dubli-
nensem, vitam Mureti scholiis praepositam, atque quae ex
Alexandro Paphio Eustathius traxit.

Regredientibus super typorum inventionem Herodoteam
vitam cum Musis Herodoti coniunctam raro praebent

codices; aut Homero praefixa aut inter opera rhetorica invenitur. Herodoti autem editores receperunt usque ad dimidium fere saeculum octavum decimum. separatim edidit unus quod sciam Reinoldus Lond. 1752. contra opus de Homero Plutarcheum et in moralibus Plutarchi manu scriptis et in praefationibus Homeri reperitur. vitae IV, V nisi Homero praemissae vix occurrunt, casu enim reperiuntur in binis codicibus miscellaneis Ma^2 P^7, quorum ille maximam partem homericus est. idem codex Ma^2 sextam continet vitam, eandem forma ampliore codex scholiorum Mureti. capitulum Suidae homericum in sede sua semper invenitur nisi quod in codicibus Vindobonensi 39 et Ottoboniano 58 praefigitur Iliadi. Alexandri historiolam unde traxerit Eustathius nescimus.

Librum Herodoteum exhibent codices satis multi, qui cum minime cuncti collati sint inutile visum est per familias recensere: patebit tamen Herodotum legentibus Bm^2 M^2 P^2 P^{11} cohaerere, vetustissimum P^{10} duo libros Bm^4 P^{12} peperisse neque vinculo multo minus arto A^1 E^1 V^1 atque etiam Ma^1 Ma^4 amplecti. omnium vero maxime Byzantinis placuit vita quarta, fortasse propterea quod auctoribus caret: quot nitatur codicibus ignotum, adhibemus viginti sex. neque multo cedit quinta vita, in codicibus tradita undeviginti.

Equidem consilium horum monumentorum edendorum sero cepi, neque non piget quod dum Italiam viginti ante annis peragro aliis rebus intentus segetem illam opimam omiserim. attamen libros Britannos, Parisinos, Venetos, Mediolanenses, Hispanos plerosque, Monacenses, Vindobonenses pecunia ab Academia nostra adiutus excussi: Comiti quoque de Leicester quod Homeros avitos mihi usurpandos concessit gratias ago habeoque. Allatius sane quo codice Romano sit usus, quo Palatino Iungermannus, non patefeci: quos autem Parisinos in illius usum exscripserit Bourdelotius aperuit pro summa humanitate Henricus Omont.

VITAE

quae nunc desiderantur fortasse aliquando praestabimus : sin minus, sciat lector has litteras parvum damnum inde accepisse.

Originem atque fontem harum biographiarum repetere huius quidem loci non est : pauca tamen praefanda videntur. Herodoteam vitam conscripserit homo Ionicae dialecti peritus, peritus et locorum et institutorum Asiae Minoris et qui Cumae causam ut Smyrnaeorum matris defenderit : licet de Gergithio historico Cephalione cogitare, licet fortasse et de ipso Ephoro, Cumano cive. Plutarchi duo libros maxima saltem e parte eosdem esse atque μελέτας illas a pluribus citatas vulgo creditur (vid. auctores p. 237 allatos) : qui autem grammaticis biographica admiscuerit ignoratur.

Certaminis quod dicitur quale nunc est auctor grammaticum se prodit qui post Hadriani aetatem biographias Homericam et Hesiodeam cum Museo Alcidamantis composuerit (consulendus super hanc rem nuperrime A. Busse, Rh. Mus. 1909, 108 sqq.). satis autem doctus fuit qui tot auctores citaverit atque potissimum Callimachi tabulas in loco celeberrimo (256, 258) adierit. qui vero Antoniniano saeculo posteriores tale consilium potuerint capere, pauci se praebent : multi grammatici velut Epaphroditus, Phainus, Philoxenus temporis ratione prohibentur. Dyscolum Herodianumque talia lusisse nemo crediderit : rhetorum autem velut Philostrati, Libani et quantum licet conicere sophistarum, alia omnino scribendi ratio : sane de Cononibus Hephaestionibusve possis cogitare, res tamen nos potius ducit ad Porphyrium, qui philosophus historicus grammaticus non est cur vitas neglexerit, siquidem eiusdem academiae dux Proculus idem munus posterius gesserit. vitas omnes inter se conferre longum erat : illud tantum praevertendum videtur : biographos cum usque ad Stesimbrotum exsequamur, historiolas super Homerum a Pindaro, Simonide Ceo, Heraclito forte et Asio Samio narratas videamus, originem cuncti

VITAE

generis licet conicere repetendam esse a filiis illis Homeri quos Graeci Ὁμηρίδας nuncupaverunt.

Vitarum Codices.

A¹ = codex bibl. Ambrosianae 74 A 181 sup. membr. mm. 316 × 218, ff. 104, s. xiv. cont. f. 2 r. vit. iv, v in unam factas : tum Iliadem. [nobis in Iliade M¹.]

A² = cod. bibl. Ambros. 120 B 98 sup. membr. s. xv, 251 × 178 mm., ff. 230. cont. f. 1 v. Ap. Rhod. Arg., f. 127 r. Batrachomyomachiam, f. 132 r. vitam Herodoti, f. 145 r. Orphei Argonautica, f. 178 v. Homeri hymnos, f. 209 v. Callimachi hymnos. [nobis in Hymnis D.]

A³ = cod. bibl. Ambros. 450 I 4 sup. chart. 175 × 122 mm., ff. 232, a. 1276. f. 1 r. vit. v e qua verba λη̄τ . ̇. . δε κριθητὸος sola legi poterant, f. 16 r. Iliadem, 227 r. Batrachomyomachiam. [nobis in Iliade M⁷, in Batrachomyomachia A⁹.]

A⁴ = cod. bibl. Ambros. 486 L 73 sup. chart. 260 × 170, ff. ix + 263, s. xiii. cont f. 1 r. Eustath. in Il. A–B 307, 87 r. vitas iv, v, 96 Iliadem, 264 v. Batrachomyomachiam. [nobis in Iliade M¹⁰, in Batrachomyomachia A¹⁰.]

A⁵ = cod. bibl. Ambros. 502 L 116 sup. chart. 288 × 207, ff. 317, s. xiii. f. 1 r. vit. iv, v : Iliadem. [nobis in Iliade M¹¹.]

A⁶ = cod. bibl. Ambros. 532 M 86 sup. chart. 290 × 200, ff. 280, s. xv. cont. ff. 1–29 Moschopuli prolegom., 33 vitam v, 35 Iliadem. [nobis in Iliade M¹².]

A⁷ = cod. bibl. Ambros. 1015 E 56 inf. membr. 242 × 168, ff. 111, s. xv. cont. f. 1 r. vitt. iv, v, 2 r. vit. Proculi, 5 r. Iliadem. [nobis in Iliade M¹³.]

Bm¹ = cod. Mus. Britannici King's 16. chart. 260 × 170 mm., ff. 281, a. 1431. cont. f. 1 r. vitt. iv. v, 2 r.-281 Iliadem. f. 201 r. ἐτελειώθη ἡ παροῦσα ὁμηρικὴ δέλτος ἐν τῷ ͵α· τῷ ῡ·τῷ λ·ᾱ͵ α·ψ ἔτει ἀπὸ τῆς τοῦ χ̅υ̅ ἐνανθρωπήσεως [A. D. 1431]. θῦ ̂ τὸ δῶρον πόνος δὲ χριστοφόρου. [nobis in Iliade Bm³.]

Bm² = cod. Mus. Brit. Harley 5600. membr. 335 × 215 mm., ff. 239, a. 1466. cont. ff. 1–6 v. vit. Herod., 6 v.–13 r. hypotheses, 13 v.–14 r. epigrammata, f. 16 Iliadem. f. 239 r. ἐτελειώθη ἡ τοῦ ὁμήρου ἰλιὰς χειρὶ μοῦ ἰωάννου πρεσβυτέρου ῥώσου τοῦ κρητός· ἐν ͵α·ῷ ͵υ·ῷ ͵ϛ·ῳ μηνὶ μαΐῳ ιϛ·ᴴᶦ ἐν φλωρεντίᾳ. [nobis in Iliade Bm⁴.]

Bm³ = cod. Mus. Brit. Harley 5601. chart. 328 × 210 mm., ff. 281, s. xv. cont. ff. 1–6 r. Batrachomyomachiam, 6 v. vitt. iv, v, 7 v. vit. Procl., 8 r. Cypriorum enarrat., 9–11 r. proleg., 13 r. sqq. Iliadem. [nobis in Iliade Bm⁷.]

Bm.⁴ = cod. Mus. Brit. Harley 5635. chart. 220 × 140 mm., ff. 266, s. xv. cont. epistolas var. : ff 234-247 Herodoti vit.

Ca¹ = cod. bibl. univ. Cant. 191, Dd. iv. 16. chart. mm. 210 × 140, ff. 327, a. 1441. cont. miscell. ff. 98 v., 99 r. vit. iv.

C² = cod. bibl. coll. ss. Trinitatis Cant. 983 R. 16. 35. chart. s. xv. f. 1 vit. v, 4 Iliad.

E¹ = cod. bibl. Scorialensis 83 Σ. ii. 7. chart. mm. 280 × 190, ff. 346, s. xv. cont. f. 1 sqq. misc. inter quae vit. iv et Herod., 8-243 Iliadem, 244-346 misc.

VITAE

E² = cod. bibl. Scorialensis 509 Ω. i. 12. membr. mm. 350 x 250, ff. 216, s. xi. cont. f. 1 r. Tryphonis περὶ παθῶν λέξεων cet., 4 v. vitt. iv, v Procul., 4 v. Cyprior. enarrat., 5 r. Batrachom., 7 r. Iliadem.

G = cod. Guelferbytanus 695 (Gud. gr. 23) chart. in fol., saec. xv (sec. catal. Ebertianum, a. 1827 : a Westermanno collatus. cont. ' Plut. εἰς τὸν βίον τοῦ Ὁμήρου graece.'

H = cod. bibl. Holkham. 263. membr. mm. 285 x 195, ff. 469, s. xv. cont. ff. 2-10 Batrachom., 11 r. vitt. iv, v, 12 r. vit. Procul. Cyprior. enarrat., 13, 14 prolegg., 16 r. Iliadem. [nobis in Iliade H¹.] f. 1 v. *hūc librum donavit venerabilis presbiter et eximius grāmatice latine grece hebraiceque doctor Dn̄s Petrus de montagnana congregationi canonicorum regularium lateran. s̄c̄i augustini. ita ut sit tantum ad usum dictorum canonicorum in monasterio s̄c̄i Iohānis in viridario padue cōmorantium.* post quae exstat rasura ubi fortasse stetit annus 1478 cl. Tomasini Bibl. Patavin. 1639, p. 21². subscriptionem legit amicissime F. Madan. [nobis in Iliade H¹.]

L = cod. bibl. Laur. lvi. 1. chart. in folio, ff. 292, s. xiv. (cat. Bandiniani ii. 289 sq.) cont. f. 1 Menandri rhetorica, 11-26 alia rhetorica inter quae Certamen Homeri et Hesiodi, 27-42 Theophylacti opp., 43-51 Polemonis opp., 84 sq. Pollucis onomastici part., 166 sqq. Polyaeni strateg. Post Stephanum primus contulit F. Nietzsche, Acta soc. phil. Lips. 1871, 1 sqq. novissime A. Rzach. Hes. ed. mai. 1902, ed. min. alt. 1908.

Le = Leidensis Vossianus catalogi a. 1715 fol. 394, n. 64 'in charta' : cont. Iliadem cum paraphrasi et scholiis unde nonnulla sumpsit Valckenaer in ed. Ammonii a. 1739, vitas iv, v contulit E. Wassenbergh in ed. Homeri libb. i et ii Francquerae 1783.

Li = cod. bibl. Lipsiensis 32 [olim 1275] : chart. mm. 335 x 230, ff. 339, s. xiv-xv. cont. f. 1 vit. iv, v, f. 48 vit. Herod., 52 Iliadem. cf. cat. V. Gardthausen 1898.

M¹ = cod. bibl. Monacensis 111. chart. mm. 340—235, ff. 241, s. xv. cont. ff 1-5 v. Batrach., 5 v. vit. iv, v, 6 v. vit. Proculi, Cypriorum enarrat. exegeses, 9 v. hypotheses, 11 v. Iliadem.

M² = cod. bibl. Monacensis 311. ' bomb. in octavo,' ff. 357, s. xiii. cont. f. 1 vit. v, f. 5 Iliadem. contulit G. Thomas in usum Westermanni.

M³ = cod. bibl. Monacensis 333. membr. mm. 230 x 155, ff. 110, s. xv. cont. f. 1 Orph. Arg. Mus. hymnos, 69 Proculi hymnos, 72-85 v. h. Ap., h. Merc. 1-192, 91 vit. Herodot. [nobis in Hymnis Mon.]

Ma¹ = cod. bibl. publ. Matritensis 4568 (31 ap. Iriart.). chart. mm. 270 x 195, ff. 273, a. 1487. cont. f. 1 Herodoti historias, 265-272 vit. Herodot. 272 Dio Prus. or. f. 264 v. κωνσταντῖνος ὁ λάσκαρις ἐξέγραψε ἑαυτῷ καὶ τοῖς ἄλλοις ἐν μεσσήνῃ τῆς σικελίας πάλαι ποθήσας κτήσασθαι. οὔτε δὴ παπύρου κρείττονος ἐπιτυχὼν ἐν τῇ πόλει. ἐκγράψας δὲ τάχιστα ὅτι ὁ ἔχων τὰ ἀντίγραφα ξενὸς ὢν ἐβούλετο ἀποδημῆσαι. ἔτει ἀπὸ θεογονίας ᾱ, ῡ π̄ ζ μηνὸς αὐγούστου ἡμέρα λ̄.

Ma² = cod. bibl. publ. Matritensis 4629 (67 ap. Iriart.). chart. mm. 205 x 160, ff. 212, s. xv, manu Lascaris. cont f. 1 misc. in Homerum, f. 8 v. signa Aristarchea, 9 r. vitam vi sine titulo, 9 v. Hermogenis περὶ Ὁμήρου, 96 r.—97 r. vitt. iv, v.

Ma³ = cod. bibl. publ. Matritensis 4692 (62 ap. Iriart.). chart.

mm. 225 × 160, ff. 135, a. 1460. cont. ff. 3–85 Plutarchi Apophthegmata, 86–134 r. de Homero, 134 v.–135 de Musica. duabus scriptus manibus, quarum altera Lascaris est alterius opus (ff. 48–98, 106–134 r.) adornat in marg. Lascaris. f. 134 r. + κωνσταντίνου τοῦ λασκάρεως κτῆμα καὶ κόπος ἐν μεδιολάνῳ ἐκγραφέν ἔτει ᾱ, ῡ ξ̄.

Ma⁴ = cod. bibl. publ. Matritensis 7210 (98 Iriart.). chart. mm. 200 × 130, ff. 146, s. xv. cont. f. 5 Gorgiae Helenae laudationem, 9 Herodoti vitam, 19–29 SS. Gregorii et Basilii opuscula, 30 Xenophontis Rempublicam Lacedaemoniorum, 46 Isocratis or. et epist., 107 Libanii opuscula, 137 Aristidis orationem.

N = cod. Neapolitanus olim gentis Taccone : nunc ut litteris certiorem me fecit vir doctissimus Aemidius Martini deperditus : contulit post Gargiullium Stark in usum Welckeri, *Ep. Cycl.* ii. 504 sq. ante quem forte viderat Bachmann, v. Lycophr. ed. 1830 praef. vi, adnott. ad vv. 202, 233. Starkii relationem adicimus : *acht klein aber deutlich beschriebene Blätter ohne viele Abkürzungen, also wohl aus dem 12. Jahrhundert, sind einem Ammonius, περὶ ὁμοίων, Ald.* 1497 *angeheftet und enthalten* (1) γένος ὁμήρου, *nach der Angabe des Besitzers gedruckt von Leo Allatius, nur 8–12 Zeilen und daher ohne Zweifel eins mit* γένος Ὁμήρου *unter δ′ in Westermanns Vitarum scriptores min.* p. 27, (2) Πρόκλου περὶ ὁμήρου, (3) τοῦ αὐτοῦ περὶ τῶν κυπρίων λεγομένων ποιημάτων, (4) ὑπόθεσις τῆς ἄλφα ὁμήρου ῥαψῳδίας *und so fort bis τῆς* ζ′. de aetate dubitari potest.

O¹ = cod. Bodleian. Barocci 46. chart. mm. 202 × 155, ff. 217, s. xv. cont. f. 9 Pindari Ol. Pyth., 72 Hesiodi opp., 176 vitam v, 180 Batrachomyomachiam, 200 Musaei Her. et Leand.

O² = cod. Bodleian. Barocci 119. chart. mm. 235 × 163, ff. 143, s. xv–xvi. cont. misc. grammat.: 98 r.–108 v. vit. Herodoti, 109 Gorgiae encom. Helenae, 113 Arati Phaenom. part.

O³ = cod. Bodleian. Barocci. 203. chart. mm. 305 × 210, ff. 673, cont. Iliadem praefixa vit. v. [nobis in Iliade O².]

P¹ = cod. bibl. nat. Paris. 1671. membr. mm. 375 × 280, ff. 272 + 220, a. 1296. cont. Plutarchi vitas et moralia : f. 134 v. de Homero.

P² = cod. bibl. nat. Paris. 1672. membr. mm. 395 × 270, ff. 432, s. xiv. cont. Plutarchi vitas et moralia : f. 670 de Homero.

P³ = cod. bibl. nat. Paris. 1732. chart. mm. 205 × 135, ff. 107, s. xv. cont. f. 1 Herodoti vitam, f. 13 Iuliani imperatoris opera.

P⁴ = cod. bibl. nat. Paris. 1805. chart., ff. 298 × 205, ff. 318. cont. f. 1 Pythagorae aurea carmina, 2 v. Batrachomachiam, 9 v. vit. iv, 11 v. Iliadem. f. 1 erasum D̄C̄X̄ : usus est Allatius exscribente Bourdelotio. ib. βίβλος μαμουνα ἦν εὖτε τάδ' ἐγράφετο. f. 308 r. ἐτελειω (ss. θ) τὸ παρὸν βιβλίον διὰ χειρὸς ἐμοῦ εὐτελοῦς ἱερέως γεωρ (ss. γ) τοῦ γρηγοροπούλου θῦ διδόντος. [nobis in Iliade P¹.]

P⁵ = cod. bibl. nat. Paris. 1868. chart. mm. 287 × 205, ff. 458, s. xv. cont. miscell. philosoph. et med., f. 111 Plutarchi de Homero.

P⁶ = cod. bibl. nat. Paris. 2556. chart. mm. 208 × 145 ff. 88, s. xiv. cont. f. 1 Syncelli de orationis constructione, 29 vitt. iv, v, 30 misc. theologica. f. 1 D̄L̄ĪĪĪ eras. usus est Allatius exscribente Bourdelotio et Cramer An. Par. iii. 97 sqq. : f. 28 ad finem Syncelli: ἐγὼ ἔγραψα ταῦτα νικόλαος.

P⁷ = cod. bibl. nat. Paris. 2681. chart. mm. 335 × 250 circ., ff. 231,

3. xiii. cont. f. 1 Choerobosc. περὶ ποιητικῶν τρόπων, 2 r. Tryphon. περὶ τῶν τῆς λέξεως παθῶν, 2 v. vit. Proculi, 3 r. Iliadem. [nobis in Iliade P³.] [1]

P⁸ = cod. bibl. nat. Paris. 2697. membr. 330 × 230. ff. 484, s. xiii. cont. f. 1 Plutarchum de Homero, f. 12 Eustathium in Iliadem A-M una cum textu.

P⁹ = cod. bibl. nat. Paris. 2766. chart. mm. 250 × 160, ff. 350, s. xiv. cont. f. 1 v. vit. iv, 2 r. vit. Herod., 7 r. Iliadem. [nobis in Iliade P¹¹.]

P¹⁰ = cod. bibl. nat. Paris. 2955. chart. mm. 285 × 215, ff. 253, s. xv. cont. f. 1 Luciani opera, f. 68 Xenophontis opera, 115 v. Gorgiae encom. Helen., 118 v. vit. Herodot., 129 v. Plutarchi opuscula, 229 Aristotelis Eth. Nic. lib. i, ii, 247 Philostr. imaginum part.

P¹¹ = cod. bibl. nat. Paris. 3020. chart. mm. 215 × 155, ff. 122, s. xv cont. f. 1 Iuliani imperatoris opera, 111 vit. Herodot.

P¹² = cod. bibl. nat. Paris. suppl. gr. 144. chart. mm. 290 × 195, ff. 340, s. xv. cont. f. 2 vit. iv, 4 v Iliadem. [nobis in Iliade P¹⁶.]

P¹³ = cod. bibl. nat. Paris. suppl. gr. 541. chart. mm. 215 × 145, ff. 353, s. xv. cont. misc. philosoph., f. 316 vit. Plutarchi.

P¹⁴ = cod. bibl. nat. Paris. suppl. gr. 1095. chart., ff. 280, s. xv. cont. f. 1 r. vit. Proculi, f. 1 v.-24 v. Plutarchi περὶ Ὁμήρου, 25 Iliadem, 225 r. Homeri Hymnos, 245 v. Callimachi hymnos, 258 v. Orphei hymnos, 274 Procli hymnos, 276 v. Batrachomyomachiam. [nobis in Iliade P²¹.]

Pa = cod. bibl. Com. Parmensis H. H. ii. 27. chart. mm. 330 × 231. ff. 222, s. xv-xvi. cont. f. 1 Batrachomyomach. 215-303, 2 vitt. iv, v, vit. Proculi, Cypriorum enarrat., proleg., Iliadem, cf. cat. Aem. Martini, 1893, 169-171. Cypria contulit B. Keil. Rh. Mus., 1848, vi. 141. [nobis in Iliade Pa.]

Pal.¹ = codex Palatinus quo usus est Gothofredus Iungermann in ed. Herodoti Francofort. a. 1608, qui utrum Pal. 179 an 310 fuerit (vid. catalogum Henrici Stevenson a. 1885) non liquet.

Pal.² = cod. bibl. Palatinae 40. chart. in quarto, ff. 252, s. xiv. cont. f. 20 Sophoclis Ai. El. O. T., 31 Pindari Ol. Pyth., 57 Dionys. Perieg. descr. orb., 65 Lycophr. Alex., 87 Oppiani Hal., 111 Arati Phaen., 128 Iliadis B, 146 vit. iv, v, Iliadem, 248 Choerobosc. de trop. poet. v. cat. bibl. Pal. Stevenson. 1885, 22 sq. vitas iv, v contulit L. Kayser ap. Westermann.

Pe = cod. Perusinus bibl. com. E. 48. chart. mm. 290 × 210, ff. 359, s. xv. cont. f. 1 Batrachomyomach., 8 vit. iv, v. 9 vit. Procul., 10 Cypriorum enarr., 15-351 Iliadem. Cypria contulit in usum nostrum J. R. Rigg. [nobis in Iliade Pe.]

S = cod. Leidensis Vossianus qu. gr. 18. chart., s. xvi. manu Henrici Stephani. cont. inter alia Certamen Homeri et Hesiodi. cf. Pauli Colomesii opera 1709, p. 854, no. 90, cat. libr. bibl. Lug.-Bat., 1716, 396, H. Omont, *Catalogue des manuscrits des bibliothèques des Pays-Bas*, 1887, 4. contulit primus F. Nietzsche in actis soc. phil. Lipsiensis, 1871, 1 sqq.

¹ cod. Paris. 2683 chart. s. xiv. mm. 335 × 230 ff. 222 habet f. 5 r. vit. iv usque ad τὴν μοῦσαν (lecto μάρωνος, ὀρνηθοῦς, κοιθήϊος).

VITAE

U¹ = cod. bibl. Marc. Venet. 454. membr. mm. 393 × 278, ff. 327, s. x. cont. f. 1 Proculi Chrestomathiae lib. i : vitam Proculi : f. 4-8 Cycli enarrationem praeter Cypria (Chrestom. lib. ii). f. 12 Iliadem. [nobis in Iliade A.]

U² = cod. bibl. Marc. Venet. 455. chart. mm. 247 × 165, ff. 401, s. xiii-xiv. cont. f. 1 r. vit. iv : Iliadem. [nobis in Iliade U².]

U³ = cod. bibl. Marc. Venet. 514. chart. mm. 215 × 152, ff. 448, s. xv. cont. misc. f. 352 vit. iv, v, Iliadis A, B. [nobis in Iliade U⁷.]

U⁴ = cod. bibl. Marc. Venet. 611. f. 1-45 Plutarchi de Hom.

U⁵ = cod. bibl. Marc. Venet. ix. 2. chart. mm. 293 × 220, ff. 375, s. xvi, duobus tomis constans. cont. Iliadem cuius ad finem vit. Proculi. [nobis in Iliade U⁹.] f. 1 r. uniuscuiusque tomi in schedula impressum *colligebat Ascanius Varese Patavinus Abbas Generalis Congr. Lateranensis Canonicis suis & tibi* : cf. Tomasini cat., p. 21, plut. xvii. 3 et 4, ubi ' donum P. M.' sc. Petri de Montagnana : cf. H. eadem est manu qua cod. Odysseae Ven. ix. 29. [nobis in Iliade U⁹.]

U⁶ = cod. bibl. Marc. Venet. ix. 33. chart. et membr., mm. 280 × 215, ff. 315, s. xv, cont. f. 2 r. vit. iv, v : Iliadem. ad init. *Anthoni Augustini liber* : ibidem impressum *Legato Nobile Girolamo Contarini* 1843. [nobis in Iliade U¹³.]

V¹ = Vindob. phil. 5. chart. mm. 430 × 275, ff. 191, s. xv. cont. ff. 1, 2 vit. Herodot., 4 Iliadem, 84 Quintum Cal., 130 Odysseam. [nobis in Iliade Vi¹, olim L.]

V² = Vindob. phil. 39. chart., ff. 675, s. xv. cont. f. 1-3 r. vit. Suidae, 3 v. προθεωρία τῆς ὅλης ποιήσεως, 5 περὶ διαιρέσεως ποιητῶν, 5 v. ἑπτὰ πόλεις, 6 v. Ilindem. [nobis in Iliade Vi², olim G.]

V³ = Vindob. phil. 117. bomb., ff. 251, s. xiii. cont. f. 1 vit. iv, v. f. 2 Iliadem. [nobis in Iliade Vi⁵, olim H.]

Ve = cod. bibl. Vict. Emanuel. Romae 6. membr., s. ix. mm. 227 × 152, ff. 167. cont. f. 3 anecdotum Osanni quod sequuntur scholia minora in Iliadis A-Z : cf. Osann *Anecdotum Romanum*, Gissae, 1851. Sittl, *Szb. d. K. bayr. Ak. d. Wiss.*, 1888, 274 sqq., Piccolomini, *Hermes*, xxv.

Vrat. = Vratislaviensis 29. membr. mm. 350 × 255, ff. 177, s. xv. cont. f. 3 Batrach., 6 vit. iv, 6 v. Iliad., 51 r. Odysseam. contulit Kampmann in usum West.

VITA HERODOTEA

Testimonia

Tatianus *in graecos* ed. Otto c. 31 περὶ γὰρ τῆς ποιήσεως τοῦ Ὁμήρου, γένους τε αὐτοῦ καὶ χρόνου καθ᾽ ὃν ἤκμασεν, προηρεύνησαν οἱ πρεσβύτατοι, Θεαγένης τε ὁ Ῥηγῖνος κατὰ Καμβύσην γεγονώς, Στησίμβροτός τε ὁ Θάσιος καὶ Ἀντίμαχος ὁ Κολοφώνιος, Ἡρόδοτός τε ὁ Ἁλικαρνασσεὺς καὶ Διονύσιος ὁ Ὀλύνθιος. Eust. in Iliad. 4. 27 καὶ ὅτι ἔπνεε τὰ ἔπη "Ομηρος· καὶ οὕτως εἶχε τῆς περιέργου καὶ ἐμμελοῦς μούσης ὡς οὐδὲ τοῦ ἐν ἀπλότητι πεζολογεῖν ἔτεροι, καθὰ καὶ Ἡρόδοτος ἱστορεῖ ἐν οἷς ἔγραψεν εἰς τὸν Ὅμηρον. quae quorsum spectent incertum. Suidas in Ὅμηρος Bernh. ii. 1108 b 21 Ὅμηρος. ἄγνωστος τοῖς ἀνθρώποις. Ἡρόδοτος δὲ ὁ ἱστορικὸς ἔγραψε βίον Ὁμήρου, μᾶλλον τοῦδε ἁρμοδιώτερον. Cf. et ad vv. 30, 119, 135, 170, 345.

Codices: A², Bm², Bm⁴, E¹, Li, M², Ma¹ Ma², O², P³, P⁹, P¹⁰, P¹¹, Pal.¹, V¹, V²: Amstelodamensis Schweighaeuseri quem attulit Westermann idem valet atque folia priora ed. principis: v. H. Omont, *Catalogue des mss. grecs des bibliothèques des Pays-Bas*, 1887, p. 11.

α΄. Ἡρόδοτος ὁ Ἁλικαρνασσεὺς περὶ Ὁμήρου γενέσιος καὶ ἡλικίης καὶ βιοτῆς τάδε ἱστόρηκε, ζητήσας ἐπεξελθεῖν εἰς

Titulus: ἡροδότου ἁλικαρνασσέως περὶ τῆς τοῦ ὁμήρου γενέσιος καὶ ἡλικίας καὶ βιοτῆς Bm⁴ P³ (-σεως): ἡροδότου ἁλικαρνασῆος ἐξήγησις περὶ τῆς τοῦ ὁμήρου γενέσιος καὶ βιοτῆς Bm² M² P¹⁰ P¹¹ (om. ἐξήγησις) Pal.¹: ἡροδότου εἰς τὸν βίον τοῦ ὁμήρου· ἡροδότου βίος ὁμήρου V¹: ἡροδότου περὶ ὁμήρου γενέσεως A¹ E¹ P⁹: βίος ὁμήρου ἐξ ἡροδότου συγγραφεὶς Ma¹ βίος ὁμήρου τοῦ ποιητοῦ καθ᾽ ἡρόδοτον Ma⁴ om. Li P⁹
1 ὁ Bm² M² O² P¹⁰: om. cet. γενέσεως Bm⁴ P³ Ma⁴ (-ιος ss.)
2 ἐπελθεῖν Ma⁴

τὸ ἀτρεκέστατον. ἐπεὶ γὰρ ἡ πάλαι Αἰολιῶτις Κύμη ἐκτί-
ζετο συνῆλθον ἐν ταὐτῷ παντοδαπὰ ἔθνεα Ἑλληνικά, καὶ
δὴ καὶ ἐκ Μαγνησίης ἄλλοι τέ τινες καὶ Μελάνωπος ὁ 5
Ἰθαγένεος τοῦ Κρήθωνος, οὐ πολύφορτος ἀλλὰ βραχέα τοῦ
βίου ἔχων. οὗτος δὲ ὁ Μελάνωπος ἔγημεν ἐν τῇ Κύμῃ
τὴν θυγατέρα Ὀμύρητος, καὶ αὐτῷ γίνεται ἐκ κοίτης θῆλυ
τέκνον, ᾧ οὔνομα τίθεται Κρηθηΐδα. καὶ αὐτὸς μὲν ὁ Μελά-
νωπος καὶ ἡ γυνὴ αὐτοῦ ἐτελεύτησαν τὸν βίον· τὴν δὲ θυγα- 10
τέρα ἐπιτρέπει ἀνδρὶ ᾧ ἐχρῆτο μάλιστα, Κλεάνακτι τῷ Ἀργείῳ.

β'. Χρόνου δὲ προϊόντος συνέβη τὴν παῖδα μιγεῖσαν
ἀνδρὶ λαθραίως ἐν γαστρὶ σχεῖν. τὰ μὲν οὖν πρῶτα ἐλάν-
θανεν. ἐπεὶ δὲ ἤσθετο ὁ Κλεάναξ, ἤχθετο τῇ συμφορῇ,
καὶ καλεσάμενος τὴν Κρηθηΐδα χωρὶς πάντων ἐν αἰτίῃ 15
μεγάλῃ εἶχεν, ἐπιλεγόμενος τὴν αἰσχύνην τὴν πρὸς τοὺς
πολιήτας· προβουλεύεται οὖν περὶ αὐτῆς τάδε· ἔτυχον οἱ
Κυμαῖοι κτίζοντες τότε τοῦ Ἑρμείου κόλπου τὸν μυχόν· κτιζο-
μένοισι δὲ τὴν πόλιν Σμύραν ἔθετο τὸ ὄνομα Θησεύς,
μνημεῖον ἐθέλων καταστῆσαι τῆς ἑωυτοῦ γυναικὸς ὁμώνυμον· 20
ἦν γὰρ αὐτῇ τοὔνομα Σμύρνη. ὁ δὲ Θησεὺς ἦν τῶν τὴν
Κύμην κτισάντων ἐν τοῖς πρώτοις Θεσσαλῶν, ἀπὸ Εὐμήλου
τοῦ Ἀδμήτου, κάρτα εὖ ἔχων τοῦ βίου. ἐνθαῦτα ὑπεκτίθε-

---

3 κύμη ἡ πάλαι αἰολιῶτις A¹ (om. κύμη) E¹ P³ P¹¹ : κύμη ἡ πάλαι ὑπὸ
αἰολέων Bm⁴ : κύμη ἡ πάλαι ὑπὸ αἰολέων (ss. αἰωλιῶτις) Ma¹ : αἰολιῶτις
ὑπὸ αἰολέων (ss. ιωτῶν) Ma⁴   4 ταυτῶ A² Bm² M² O² P¹⁰ : αὐτῇ
(ss. ῶ) Ma⁴ : αὐτῇ cet.   5 μαγνησίας codd. praeter P⁹   6 κρίθωνος
codd. praeter P⁹   τοῦ βίου om. Bm⁴ M¹ Ma⁴ (ss. Ma¹)   7 δὲ
(ss. δ) P⁴   8 τὴν om. Bm. ⁴ P³ P¹¹ V¹   ita P⁸ : ὁμηρύτου Ma¹ :
ὁμήρυτον (ss. υ, η, ου) Ma⁴ : ὁμήρυτος Bm⁴ P³ P¹¹   9 ὄνομα
Bm⁴ P⁹ V¹   κρηθηίς Bm⁴ Ma⁴ P³ P¹¹ : κριθ- cet. a voce κριθαὶ ducit
Κριθηὶς Tzetz. ex. Il. 12. 25   10 ἐτελεύτησε V¹   τὴν θυγατέρα δὲ
Bm⁴ Ma¹ Ma⁴ P³   12 μιγεῖσαν ἀνδρὶ om. Bm⁴ Ma¹ Ma², add. marg.
15 κριθηίδα Ma¹ P¹⁰   ὧν αἰτίην μεγάλην εἶχεν Ma⁴   17 πολιήτας
Bm⁴ P⁹ P¹¹ O² ss., πολίτας cet.   οὖν (ss. δὲ) Bm² Bm⁴ Ma¹   18 τότε
om. codd. praeter P⁹   κόλπον M²   κτιζομέ Bm⁴ : κτιζομένην Ma¹ Ma⁴.
Strabo 554 (Σμύρναν) τὴν ὑπὸ τῶν πλείστων λεγομένην αὐτοῦ πατρίδα,
cf. et 645   20 ἐπώνυμον codd. praeter Bm⁴ P⁹ P¹¹   21 σμύρνα
Bm⁴ P⁹ V¹   22 ἀμήλου E¹ P⁹   23 εὐδμήτου uv. P¹¹   κάρτα . . .
βίου om. Bm⁴ Ma¹ Ma⁴   εὖ om. P³   τὸν βίον M²   ἐνθαῦτα A¹
Bm⁴ M² O² P³ P⁹ V¹

ται ὁ Κλεάναξ τὴν Κρηθηΐδα πρὸς Ἰσμηνίην τὸν Βοιώτιον
25 τῶν ἀποίκων λελογχότα, ὃς ἐτύγχανεν αὐτῷ ἐὼν ἑταῖρος
τὰ μάλιστα.

γ΄. Χρόνου δὲ προϊόντος ἐξελθοῦσα ἡ Κρηθηῒς μετ᾽ ἄλλων
γυναικῶν πρὸς ἑορτήν τινα ἐπὶ τὸν ποταμὸν τὸν καλούμενον
Μέλητα, ἤδη ἐπίτοκος οὖσα, τίκτει τὸν Ὅμηρον, οὐ τυφλὸν
30 ἀλλὰ δεδορκότα· καὶ τίθεται ὄνομα τῷ παιδίῳ Μελησιγένεα,
ἀπὸ τοῦ ποταμοῦ τὴν ἐπωνυμίαν λαβοῦσα. τέως μὲν οὖν
ἡ Κρηθηῒς ἦν παρὰ τῷ Ἰσμηνίῃ· προϊόντος δὲ τοῦ χρόνου
ἐξῆλθε, καὶ ἀπὸ ἐργασίης χειρῶν ὡρμημένη ἔτρεφε τὸ παι-
δίον καὶ ἑωυτήν, ἄλλοτε παρ᾽ ἄλλων ἔργα λαμβάνουσα· καὶ
35 ἐπαίδευσε τὸν παῖδα ἀφ᾽ ὧν ἠδύνατο.

δ΄. Ἦν δέ τις ἐν Σμύρνῃ τοῦτον τὸν χρόνον Φήμιος
τοὔνομα, παῖδας γράμματα καὶ τὴν ἄλλην μουσικὴν διδά-
σκων πᾶσαν. οὗτος μισθοῦται τὴν Κρηθηΐδα, ὢν μονότροπος,
ἐριουργῆσαι αὐτῷ ἔριά τινα ἃ παρὰ τῶν παίδων εἰς μισθὸν
40 ἐλάμβανεν. ἡ δὲ παρ᾽ αὐτῷ εἰργάζετο, πολλῷ κοσμίῳ καὶ
σωφροσύνῃ πολλῇ χρωμένη, καὶ τῷ Φημίῳ κάρτα ἠρέσκετο.
τέλος δὲ προσηνέγκατο αὐτῇ λόγους πείθων ἑωυτῷ συνοι-
κεῖν, ἄλλα τε πολλὰ λέγων οἷς μιν ᾤετο προσάξεσθαι, καὶ
ἔτι περὶ τοῦ παιδός, υἱὸν ποιούμενος· καὶ ὅτι τραφεὶς καὶ
45 παιδευθεὶς ὑπ᾽ αὐτοῦ ἄξιος λόγου ἔσται· ἑώρα γὰρ τὸν

24 κριθηΐδα Α² Bm² P¹⁰ ἰομηνίην Α¹ Bm⁴ E¹ P⁴ P¹² : ἰσμήνην Ma⁴
τὸν βοιώτιον] βιότοιο Bm⁴ Ma⁴ P³ P⁹ P¹¹ : βοιώτοιο Ma¹   25 ἔτυχεν
praeter Bm⁴ P³ P¹² codd.   26 ταμάλιστα O²   27 δὲ om. E¹
κριθηΐς Bm²   29 sq. schol. in Lucian. Gall. 6 ed. Rabe 1906
Ἡρόδοτος μέντοι τὸν Ὁμήρου γράφων βίον οὐκ ἀπὸ γενέσεως τυφλὸν αὐτὸν
ἱστορεῖ ἀλλὰ πολλὴν πλανώμενον γῆν ἱστορίας χάριν γενέσθαι κατὰ τὴν
Ἀττικὴν κἀκεῖ νοσήσαντα χαλεπῶς ὑπὸ τῆς νόσου τὴν ὄψιν ἀποβαλεῖν
29 ἐοῦσα Ma¹   30 παιδίῳ Bm⁴ P⁹ P¹⁰ : παιδὶ cet.   μελισσογενῆα
Ma⁴ : μελισσηγενέα Α² : μελισιγενέα P⁹ : μελησιγενεά Bm⁴ P¹⁰   τῷ παιδίῳ
οὔνομα μελιτογενῆα Ma¹   32 κριθηΐς P¹⁰   ἦν ἡ κρηθηΐς Α²
Bm² Li M² O²   ἰσμηνίῃ P⁹: ἰομηνίῃ Bm⁴ E¹ P³ P¹¹ : ἰμηνία Α² :
ἰσμήνη Ma⁴   33 ἐργασίας Ma¹   ἐτρέφετο P¹⁰   35 ἐπαίδευε
Bm⁴ E¹ P³ P¹¹ V¹   ἠδύνατο Bm⁴ P⁹ : ἐδύνατο cet.   38 κριθηΐδα
Α² Bm² O² P¹⁰   39 ἱερίουργῆσαι V¹   αὐτὴν P¹¹   εἴρια Bm⁴ P³ P⁹
V¹   μισθὸν Bm⁴ P⁹ P¹¹ : μισθοὺς cet.   41 πολλῇ om. Ma¹ Ma²
45 ὑπ᾽ Bm⁴ P⁹ P¹¹ : παρ᾽ cet.   ὥρα Ma¹

παῖδα ὄντα συνετὸν καὶ κάρτα εὐφυέα· ἔστ᾽ ἀνέπεισεν
αὐτὴν ποιεῖν ταῦτα.

ε΄. Ὁ παῖς δὲ ἦν τε φύσιν ἔχων ἀγαθήν, ἐπιμελής τε
καὶ παιδεύσιος προσγενομένης αὐτίκα πολλὸν τῶν πάντων
ὑπερεῖχε.   χρόνου δὲ ἐπιγενομένου ἀνδρούμενος οὐδὲν τοῦ 50
Φημίου ὑποδεέστερος ἦν ἐν τῇ διδασκαλίᾳ. καὶ οὕτως ὁ μὲν
Φήμιος ἐτελεύτησε τὸν βίον, καταλιπὼν πάντα τῷ παιδί,
οὐ πολλῷ δὲ ὕστερον καὶ ἡ Κρηθηῒς ἐτελεύτησεν. ὁ δὲ
Μελησιγένης ἐπὶ τῇ διδασκαλίᾳ καθειστήκει· καθ᾽ ἑωυτὸν
δὲ γενόμενος μᾶλλον ὑπὸ τῶν ἀνθρώπων ἑωρᾶτο. καὶ αὐτοῦ 55
θωυμασταὶ καθειστήκεισαν οἵ τε ἐγχώριοι καὶ τῶν ξένων
οἱ ἐσαπικνεόμενοι. ἐμπόριον γὰρ ἦν ἡ Σμύρνη, καὶ σῖτος
ἐξήγετο πολὺς αὐτόθεν ἐκ τῆς ἐπικειμένης χώρας δαψιλέως
κάρτα ἐσαγόμενος ἐς αὐτήν. οἱ οὖν ξένοι, ὁκότε παύσοιντο
τῶν ἔργων, ἀπεσχόλαζον παρὰ τῷ Μελησιγένει ἐγκαθίζοντες. 60

ς΄. Ἦν δὲ ἐν αὐτοῖς τότε καὶ Μέντης ναύκληρος ἀπὸ τῶν
περὶ Λευκάδα τόπων καταπεπλευκὼς ἐπὶ σῖτον, ἔχων ναῦν,
πεπαιδευμένος τε ἀνὴρ ὡς ἐν ἐκείνῳ τῷ χρόνῳ καὶ πολυΐστωρ·
ὅς μιν ἔπεισε τὸν Μελησιγένη μεθ᾽ ἑωυτοῦ πλεῖν καταλύσαντα
τὴν διδασκαλίαν, μισθόν τε λαμβάνοντα καὶ τὰ δέοντα πάντα, 65
καὶ ὅτι χώρας καὶ πόλιας θεήσασθαι ἄξιον εἴη αὐτῷ ἕως νέος
ἐστί. καί μιν οἴομαι μάλιστα τούτοισι προαχθῆναι· ἴσως
γὰρ καὶ τῇ ποιήσει ἤδη τότε ἐπενόει ἐπιθήσεσθαι. καταλύσας

46 ἐόντα Ma¹   ἂν ἔπεισεν A¹ Ma² P³ P⁹ P¹¹ V¹   47 αὐτὴν] μιν
Ma¹ 49 προσγενομένης P⁹ : προσγιν- cet.   51 εὐφημίου E¹   ἐν τῇ
διδασκαλίᾳ ὑποδεέστερος A¹ E¹ V¹ : ἐν τῇ διδ. om. Ma¹ Ma²   μὲν P⁹ :
om. cet.   53 ἡ Bm² Bm⁴ Li O² P⁸ P¹⁰ : om. cet.   κρηθηῒς A² Bm²
O² P¹¹   54 μελιτογενὴς Ma¹ : -ησσογ- Ma⁴   55 ὡρῶτο Ma¹   αὐτῷ
Ma¹ P³   56 ξένων εἰς ἑωυτὸν Ma¹ Ma⁴   57 ἐσαπικνεύμενοι
P³ V¹   σμύρνα, om. ἡ P³ V¹   58 αὐτόθεν Bm⁴ P⁹ P¹¹ : αὐτόθι cet.   ἐκ
τῆς] αὐτῆς M²   περικειμένης ed. pr   60 μελησιγενεῖ codd.
(-ησογ- Ma⁴)   62 τὴν λευκάδα Ma¹   64 μιν om. Ma¹ Ma⁴
μελησιγενῇ Bm² E¹ O² P¹⁰ : -έα Ma¹ Ma⁴ P³ : μελισσ- Ma⁴   κατα-
λύσαντες E¹ P¹⁰ V¹   65 λαμβάνοντες E¹ V¹   66 ὅτι] ἔτι E¹ :
ἔτι τε A¹ : ἔτι τὸ Bm⁴ Ma¹ Ma⁴ P³ P⁹ P¹¹ V¹ : ὅτι τε Bm² O²   χώρας
(ss. ει) P³   αὐτοῦ E¹ V¹   67 προσαχθῆναι P³ P⁹ : προαχθῆναι . . .
68 τότ᾽ om. Ma¹ Ma⁴   ἤδη P⁹ : om. cet.   ἐπιθήσασθαι P⁸

δὲ τὴν διδασκαλίαν ἐναυτίλλετο μετὰ τοῦ Μέντεω. καὶ ὅπου
70 ἑκάστοτε ἀφίκοιτο πάντα τὰ ἐπιχώρια διεωρᾶτο, καὶ ἱστο-
ρέων ἐπυνθάνετο. εἰκὸς δέ μιν ἦν καὶ μνημόσυνα πάντων
γράφεσθαι.

ζ'. Ἀνακομιζόμενοι δὲ ἐκ Τυρσηνίης καὶ τῆς Ἰβηρίης
ἀπικνέονται εἰς Ἰθάκην. καὶ τῷ Μελησιγένει συνέβη
75 νοσήσαντι τοὺς ὀφθαλμοὺς κάρτα δεινῶς ἔχειν, καὶ αὐτὸν
θεραπείης εἵνεκα πλεῖν μέλλων εἰς τὴν Λευκάδα, καταλιπεῖν
ὁ Μέντης παρὰ ἀνδρὶ φίλῳ ἑωυτοῦ ἐς τὰ μάλιστα Μέντορι
τῷ Ἀλκίμου Ἰθακησίῳ, πολλὰ δεηθεὶς ἐπιμελίην ἔχειν·
ἐπαναπλώσας δὲ ἀναλήψεσθαι αὐτόν. ὁ δὲ Μέντωρ ἐνοσή-
80 λευσεν αὐτὸν ἐκτενέως· καὶ γὰρ τοῦ βίου ἀρκεόντως εἶχε,
καὶ ἤκουεν εὖ ἐς δικαιοσύνην τε καὶ φιλοξενίην μακρῷ
μάλιστα τῶν ἐν Ἰθάκῃ ἀνδρῶν. ἐνθαῦτα συνέβη τῷ
Μελησιγένει περὶ Ὀδυσσέως ἐξιστορῆσαι καὶ πυθέσθαι.
οἱ μὲν δὴ Ἰθακήσιοι λέγουσι τότε μιν παρ' ἑωυτοῖς τυφ-
85 λωθῆναι· ὡς δὲ ἐγώ φημι τότε μὲν ὑγιῆ γενέσθαι, ὕστερον
δὲ ἐν Κολοφῶνι τυφλωθῆναι. συνομολογοῦσι δέ μοι καὶ
Κολοφώνιοι τούτοις.

η'. Ὁ δὲ Μέντης ἀναπλέων ἐκ τῆς Λευκάδος προσέσχει·
εἰς τὴν Ἰθάκην καὶ ἀνέλαβε τὸν Μελησιγένεα· χρόνον τε
90 ἐπὶ συχνὸν συμπεριέπλει αὐτῷ. ἀπικομένῳ δὲ ἐς Κολοφῶνα
συνέβη πάλιν νοσήσαντα τοὺς ὀφθαλμοὺς μὴ δύνασθαι δια-
φυγεῖν τὴν νόσον, ἀλλὰ τυφλωθῆναι ἐνθαῦτα. ἐκ δὲ τῆς

69 τοῦ om. V¹   70 ἀφίκετο (ss. οι) M²   71 ἦν om. add. ss. O³   73 τῆς
τυρσ. Ma¹ Ma⁴ P³ : τυρσηνίας A¹ Bm² O²   74 εἰς τὴν Ἰθάκην P³   μελη-
σιγενεῖ Bm² E¹ O² P³ P¹⁰ : -ησσ- Ma⁴ : -ισ- Ma¹   75 καὶ om.
Ma¹ (add. ss.) Ma⁴   76 ἕνεκα A¹ Bm² Li M² : ἕνεκεν Bm⁴ : τε
εἵνεκα Ma¹   λευκάδα] ἑλλάδα P⁹   77 ὁ μέντης καταλιπεῖν Ma¹
μὲν τῆς Bm²   ἑαυτοῦ P³   78 ἐπιμελείην codd.   79 ἀπο-
λήψεσθαι Bm⁴ Ma¹ P³ P⁹   ἐνοσήλευεν Bm² Bm⁴ M² Li P³ Pal.¹
80 ἐκτενεῶς Bm⁴ P³   ἀρκέοντος Ma¹ Ma⁴ P³   81 φιλοξενίαν
Bm²   82 ἐν (ss. ἱ) P³   83 μελησιγενεῖ codd. (σσ Ma¹)   τὰ περὶ
Ma⁴ P³ P⁹   ἱστορῆσαι (ss. ἐξ) Bm⁴ Ma¹ : ἱστορῆσαι P¹²   84 ἑωυτοῦ
E¹ M² P³ P⁹ P¹¹ V¹ : ἑωυτῶ A²   86 τυφλωθέντα Bm⁴ Ma¹ Ma⁴ P³ P¹¹
(-ῆναι ss. Bm.⁴ Ma¹ Ma⁴)   88 ἀναπλώων Ma¹   προσέσχεν εἰς
τὴν Ἰθάκην V¹ : πρόσεχεν Bm² E¹ M² O²   89 μελησιγένεα A² : -έα cet.
(-ισσογ- Ma¹)

VITA HERODOTEA

Κολοφῶνος τυφλὸς ἐὼν ἀπικνέεται εἰς τὴν Σμύρναν καὶ
οὕτως ἐπεχείρει τῇ ποιήσει.

θ΄. Χρόνου δὲ προϊόντος ἐν τῇ Σμύρνῃ ἄπορος ἐὼν τοῦ 95
βίου διενοήθη ἀπικέσθαι ἐς Κύμην. πορευόμενος δὲ διὰ
τοῦ Ἑρμου πεδίου, ἀπικνέεται ἐς Νέον τεῖχος, ἀποικίην
Κυμαίων. ᾠκίσθη δὲ τοῦτο τὸ χωρίον ὕστερον Κύμης
ἔτεσιν ὀκτώ. ἐνθαῦτα λέγεται αὐτὸν ἐπιστάντα ἐπὶ σκυτείόν
τι εἰπεῖν πρῶτα τὰ ἔπεα τάδε·   100

> αἰδεῖσθε ξενίων κεχρημένον ἠδὲ δόμοιο,
> οἳ πόλιν αἰπεινὴν Κύμην ἐριώπιδα κούρην
> ναίετε, Σαρδήνης πόδα νείατον ὑψικόμοιο·
> ἀμβρόσιον πίνοντες ὕδωρ θείου ποταμοῖο
> Ἑρμου δινήεντος, ὃν ἀθάνατος τέκετο Ζεύς.   105

ἡ δὲ Σαρδήνη ὄρος ἐστὶν ὑπερκείμενον τοῦ τε Ἑρμου ποτα-
μοῦ καὶ τοῦ Νέου τείχους. τῷ δὲ σκυτεῖ ὄνομα ἦν Τυχίος·
ἀκούσαντι δὲ τῶν ἐπέων ἔδοξεν αὐτῷ δέξασθαι τὸν ἄνθρω-
πον. ἠλέησε γὰρ αἰτέοντα τυφλόν, καὶ ἐκέλευσεν εἰσιέ-
ναι τ' αὐτὸν εἰς τὸ ἐργαστήριον καὶ μετέξειν ἔφη τῶν 110
παρεόντων, ὁ δὲ ἐσῆλθε. κατήμενος δὲ ἐν τῷ σκυτείῳ
παρεόντων καὶ ἄλλων τήν τε ποίησιν αὐτοῖς ἐπεδείκνυτο,
Ἀμφιάρεώ τε τὴν ἐξελασίαν τὴν ἐς Θήβας, καὶ τοὺς ὕμνους
τοὺς ἐς θεοὺς πεποιημένους αὐτῷ· καὶ περὶ τῶν λεγομένων
ὑπὸ τῶν παρεόντων ἐς τὸ μέσον γνώμας ἀποφαινόμενος 115
θωύματος ἄξιος ἐφαίνετο εἶναι τοῖς ἀκούουσι.

93 σμύρνην Bm² 95 τὸν βίον M² 97 ἕρμοῦ Bm² Ma¹ P³ νέος
τεῖχος Ma¹ 99 ἐπὶ] ἐς P³ 101-105 traduntur tanquam hymnus
in C D E Π T hymnorum codicibus, cf. f. 92. 101 αἰδεῖσθαι Ma² P⁹ :
v. om. Bm² 102 πόλου Bm⁴ E¹ Li Ma¹ Ma⁴ P³ P⁹ P¹¹ (πόλιν Ma¹ Ma²
corr.) Κύμης Pauw ἐριπιδα P⁹ νύμφης ἐρατώπιδος ἥρης hymn.
103 σαρδόνης M² ναίετ' ἐς ἄδην ἧς πόδα hymnorum codd. Σαιδηνή·
δρος Κύμης Steph. Byz. 104 θείου] ξανθοῦ hymn. 105 ἕρμοῦ
Ma¹ Ma⁴ : ἕρμον M² ἕβρου καλὰ ῥέοντος hymn. 107 νέου om.
Ma¹ 109 αἰτέοντα Bm² Bm⁴ Li O² P⁴ P⁹ P¹¹ Pal.¹: καὶ τέοντα M² : ἀλ-
γέοντα cet. καὶ ... ἐργαστήριον hab. Bm² Li M O² P⁴ P⁹ P¹¹ Pal.¹: om.
cet. μεθέξειν A² Bm² Bm⁴ E¹ Li Ma¹ O² P⁴ P¹⁰ P¹¹ P¹² V¹ 111 καθήμενος
Bm² Bm⁴ E¹ M² O² P⁴ P¹⁰ P¹¹ P¹² V¹ 112 ἐπεδείκνυτο] ἐπῆδε
Ma¹ 113 τοὺς ὕμνους ἐπεκρότει P⁴ 115 παρεόντων καὶ ἄλλων P¹⁰
e 20 116 θαύματος A² Bm² Li M² O²

ι΄. Τέως μὲν οὖν κατεῖχεν ὁ Μελησιγένης περὶ τὸ Νέον τεῖχος, ἀπὸ τῆς ποιήσιός γε τοῦ βίου τὴν μηχανὴν ἔχων. ἐδείκνυον δὲ οἱ Νεοτειχεῖς μέχρις ἐπ᾽ ἐμοῦ τὸν χῶρον ἐν ᾧ 120 κατίζων τῶν ἐπέων τὴν ἐπίδειξιν ἐποιέετο, καὶ κάρτα ἐσέβοντο τὸν τόπον. ἐν ᾧ καὶ αἴγειρος ἐπεφύκει ἢν ἐκεῖνοι ἔφασαν ἀφ᾽ οὗ ὁ Μελησιγένης ἦλθεν αὐτοῖς πεφυκέναι.

ια΄. Χρόνου δὲ προϊόντος, ἀπόρως κείμενος καὶ μόλις τὴν τροφὴν ἔχων ἐπενοήθη εἰς τὴν Κύμην ἀπικέσθαι, εἴ τι 125 βέλτιον πρήξει. μέλλων δὲ πορεύεσθαι τάδε τὰ ἔπεα λέγει·

αἶψα πόδες με φέροιεν ἐς αἰδοίων πόλιν ἀνδρῶν·
τῶν γὰρ καὶ θυμὸς πρόφρων καὶ μῆτις ἀρίστη.

ἀπὸ δὲ τοῦ Νέου τείχεος πορευόμενος ἀπίκετο εἰς τὴν 130 Κύμην διὰ Λαρίσσης τὴν πορείαν ποιησάμενος· ἦν γὰρ οὕτως αὐτῷ εὐπορώτατον· καί, ὡς Κυμαῖοι λέγουσι, τῷ Φρυγίης βασιλῆϊ Μίδῃ τῷ Γορδίεω δεηθέντων πενθερῶν αὐτοῦ ποιεῖ καὶ τὸ ἐπίγραμμα τόδε, τὸ ἔτι καὶ νῦν ἐπὶ τῆς στήλης τοῦ μνήματος τοῦ Γορδίεω ἐπιγέγραπται·

135 χαλκῆ παρθένος εἰμί, Μίδεω δ᾽ ἐπὶ σήματι κεῖμαι·

117 οὖν] δὴ Bm⁴ P⁴ P¹⁰ P¹²   κατῴκει Ma¹   μελισηγένης A² : ·γενὴς Bm²O² : μελισσο- Ma¹ et 6   119 Steph. Byz. in Νέον Τεῖχος· . . . καὶ Νεοτειχεῖς ὡς Ἡρόδοτος ἐν Ὁμήρου βίῳ   122 μεληισιγενὴς Bm²C²   124 εἴ τι Bm² Li M² O² P⁹ P¹¹ Pal.¹ : ὅτι cet.   129 ἀφίκετο V¹   130 ἦν δὲ Ma¹ om. γὰρ . . . καί add. ss.   131 οὕτως om. O² add. ss.   εὐπορώτατος Bm⁴   λέγουσι ὅτε συνέβη τῶ φρ. βασ. μίδ. τ. γορδ. ἀποθανεῖν Ma¹   132 δεηθέντων (ss. οσ) πενθεροῦ V¹ : πενθῶς αὐτῶ Bm⁴ P⁴ P¹¹ : δεηθέντων δὲ αὐτῶν καὶ πενθούντων ποιεῖ Ma¹ : δεηθέντων καὶ πενθούντων (ex πενθως) αὐτοῦ ποιεῖ Ma⁴ : δεηθέντων . . . γορδίεω om. P⁹   133 καὶ τὸ] τὸ Bm² Bm⁴ Li M² O² Pal. P¹¹ : τὸ om. cet.   134 ἐπιγέγραπται στίχοι τέσσαρες Bm⁴ E¹ Ma¹ (ἐπιγέγραπτο) Ma⁴ P³ P⁹ P¹¹ V¹ : in Ma¹ Ma⁴ verba linea obducta sunt   135–140 Cleobuli epigramma hab. Plat. Phaedr. 264 C εὑρήσεις τοῦ ἐπιγράμματος οὐδὲν διαφέροντα ὃ Μίδᾳ τῷ Φρυγὶ φασίν τινες ἐπιγεγράφθαι, cf. P. L. G. iii. 202. 414. Dio Prus. xxxvii. 120 = 465 ὁ δὲ ποιητὴς ἄλλως ἐκόμπαζεν ὁ τοῦτό τὸ ἐπίγραμμα ποιήσας ὅ φασιν ἐπὶ τῷ Μίδα σήματι γεγράφθαι. Diogenes Laert. i. 6 καὶ τὸ ἐπίγραμμά τινες τὸ ἐπὶ Μίδα τοῦτόν [sc. τὸν Κλεόβουλον] φασι ποιῆσαι· . . . φέρουσι δὲ μαρτύριον Σιμωνίδου ᾆσμα ὅπου φησὶ [Simon. fr. 57 P. L. G. iii. p. 414] οὐ γὰρ εἶναι Ὁμήρου τὸ ἐπίγραμμα, πολλοῖς ἔτεσι προέχοντος, φασί, τοῦ Μίδα. Anth. Pal. vii. 153 (Ὁμήρου, οἱ δὲ Κλεοβούλου τοῦ Λινδίου). Io. Philoponus in

VITA HERODOTEA

ἔστ' ἂν ὕδωρ τε ῥέῃ καὶ δένδρεα μακρὰ τεθήλῃ
ἠέλιός τ' ἀνιὼν λάμπῃ, λαμπρά τε σελήνη,
καὶ ποταμοί γε ῥέωσιν ἀνακλύζῃ δὲ θάλασσα,
αὐτοῦ τῇδε μένουσα πολυκλαύτου ἐπὶ τύμβου
ἀγγελέω παριοῦσι Μίδης ὅτι τῇδε τέθαπται.   140

ιβ'. Κατίζων δὲ ἐν ταῖς λέσχαις τῶν γερόντων ἐν τῇ
Κύμῃ ὁ Μελησιγένης τὰ ἔπεα τὰ πεποιημένα αὐτῷ ἐπεδείκ-
νυτο, καὶ ἐν τοῖς λόγοις ἔτερπε τοὺς ἀκούοντας· καὶ αὐτοῦ
θωυμασταὶ καθειστήκεσαν.   γνοὺς δὲ ὅτι ἀποδέκονται
αὐτοῦ τὴν ποίησιν οἱ Κυμαῖοι καὶ εἰς συνήθειαν ἕλκων   145
τοὺς ἀκούοντας, λόγους πρὸς αὐτοὺς τοιούσδε προσήνεγκε,
λέγων ὡς εἰ θέλοιεν αὐτὸν δημοσίῃ τρέφειν ἐπικλεεστάτην
αὐτῶν τὴν πόλιν ποιήσει.   τοῖς δὲ ἀκούουσι βουλομένοις
τε ἦν ταῦτα, καὶ αὐτοὶ παρήνεον ἐλθόντα ἐπὶ τὴν βουλὴν
δεηθῆναι τῶν βουλευτέων· καὶ αὐτοὶ ἔφασαν συμπρήξειν.   150
ὁ δὲ ἐπείθετο αὐτοῖς, καὶ βουλῆς συλλεγομένης ἐλθὼν ἐπὶ

Ar. anal. post. 77 B Brandis : κύκλον δέ φησι τὰ ἔπη ἤτοι τὰ ἐπιγράμ-
ματα τὰ οὕτω πεποιημένα, οὐχ ὡς τῇ κατὰ τὸ τέλος τοῦ πρώτου στίχου
λέξει ἀκολουθούσης τῆς ἀρχῆς τοῦ δευτέρου καὶ τούτῳ τοῦ τρίτου καὶ ἐφεξῆς,
ἀλλ' ὡς δύνασθαι τὸν αὐτὸν στίχον καὶ ἀρχὴν καὶ τέλος ποιεῖσθαι, οἷόν ἐστι
καὶ τοῦτο

χαλκῆ παρθένος εἰμί, Μίδου δ' ἐνὶ σήματι κεῖμαι.

λέγει δὲ Ἡρόδοτος ἐν τῷ βίῳ τοῦ Ὁμήρου Ὁμήρου εἶναι τὸ ἐπίγραμμα εἰς
Μίδαν τῶν Φρυγῶν βασιλέα.   Certamen 265-270.   135 om. Bm⁴ E¹
Li Ma¹ Ma⁴ P⁴ P⁹ P¹¹ V¹, add. Ma¹ Ma⁴ marg.   μίδου Philop. Diog.
Cert. Bm² O² Ma¹ marg., Μίδα Plato   ἐνὶ Philop.   σήματος ἧμαι
Cert. Dio Diog. Anthol. cf. Φ 122 σ 105.   136 hunc v. citant Sext.
Emp. Hyp. Pyrrh. ii. 37 adv. Math. viii. 184.   Longinus de subl. 36. 2.
Libanius Μον. ἐπὶ Ἰουλιανοῦ i. 519 R.   ὄφρ' ἂν Plato Liban. : εὖτ' ἂν
Anth. Plan. Σ   ῥέοι A² Bm² M² O² P¹⁰ : ῥέει Bm⁴ Ma⁴ P³ P⁹ P¹¹ V¹
νάῃ Plat. Diog. Cert. Sextus Hyp. Pyrrh. Liban.   τεθήλοι A² Bm² M²
O² P¹⁰ Ma¹ ss. : τεθήλει Bm⁴ E¹ Ma¹ Ma⁴ P⁹ V¹ : τεθήλυ P³ : τεθη (ss. λ)
P¹¹   137, 138 om. Plat. Dio Anth.   138 tantum om. Anth. Pl⁶ Σ
137 λάμποι A² Bm² Li O² P¹⁰ Ma¹ ss. : λάμπει Ma¹ Ma⁴ P³ P⁹ P¹¹
λαμπρὰ] μακρὰ Bm⁴ Ma¹ Ma⁴ P³ P¹¹   138 ante 137 hab. Cert.   138 γε
ῥέωσιν] πληθωσιν Cert.   περικλύζῃ Cert.   139 πολυκλαύτῳ ἐπὶ τύμβῳ
Dio. Cert. : πολυκλαύστου Ma¹ Ma⁴   140 σημανόξι Cert.   μίδας
Plato Dio : μίδης (ss. ας) Ma⁴   142 μελισηγένης A² : μελισσογ- Ma¹ :
-γενὴς Bm² O²   143 αὐτῶ (ss. ις) Ma¹ : αὐτῶ ex αὐτοῦ Ma⁴   144 καθει-
στήκεσαν A¹ (-χεσαν) P⁴ P¹⁰ P¹² : -εισαν cet.   ἀποδέχονται Bm² Li
M² O² : ἀπεδέκοντο Ma¹   146 προήνεγκε (ss. οη) O²   150 συμπράξειν
('ss. η) M²

199

τὸ βουλεῖον ἐδεῖτο τοῦ ἐπὶ τῇ τιμῇ ταύτῃ καθεστῶτος
ἀπαγαγεῖν αὐτὸν ἐπὶ τὴν βουλήν. ὁ δὲ ὑπεδέξατό τε καὶ
ἐπεὶ καιρὸς ἦν ἀπήγαγε· καταστὰς δὲ ὁ Μελησιγένης ἔλεξε
155 περὶ τῆς τροφῆς τὸν λόγον ὃν καὶ ἐν ταῖς λέσχαις ἔλεγεν.
ὡς δὲ εἶπεν ἐξελθὼν ἐκάθητο.

ιγ'. Οἱ δὲ ἐβουλεύοντο ὅτι χρεὼν εἴη ἀποκρίνασθαι
αὐτῷ. προθυμουμένου δὲ τοῦ ἀπάγοντος αὐτὸν καὶ ἄλλων
ὅσοι τῶν βουλευτέων ἐν ταῖς λέσχαις ἐπήκοοι ἐγένοντο,
160 τῶν βουλευτέων ἕνα λέγεται ἐναντιωθῆναι τῇ χρήμῃ αὐτοῦ,
ἄλλα τε πολλὰ λέγοντα καὶ ὡς εἰ τοὺς ὁμήρους δόξει τρέ-
φειν αὐτοῖς ὅμιλον πολλόν τε καὶ ἀχρεῖον ἕξουσιν. ἐντεῦ-
θεν δὲ καὶ τοὔνομα Ὅμηρος ἐπεκράτησε τῷ Μελησιγένει
ἀπὸ τῆς συμφορῆς· οἱ γὰρ Κυμαῖοι τοὺς τυφλοὺς ὁμήρους
165 λέγουσιν· ὥστε πρότερον ὀνομαζομένου αὐτοῦ Μελησιγένεος
τοῦτο γενέσθαι τοὔνομα Ὅμηρος.

ιδ'. Καὶ οἱ ξένοι διήνεγκαν ὅτε μνήμην αὐτοῦ ἐποιοῦντο.
ἐτελεύτα δ' οὖν ὁ λόγος τῷ ἄρχοντι μὴ τρέφειν τὸν Ὅμηρον,
ἔδοξε δέ πως καὶ τῇ ἄλλῃ βουλῇ. ἐπελθὼν δὲ ὁ ἐπιστάτης
170 καὶ παρεζόμενος αὐτῷ διηγήσατο τοὺς ἐναντιωθέντας λόγους
τῇ χρήμῃ αὐτοῦ καὶ τὰ δόξαντα τῇ βουλῇ. Ὁ δέ, ὡς
ἤκουσεν, ἐσυμφόρηνέ τε καὶ λέγει τὰ ἔπεα τάδε·

οἵη μ' αἴσῃ δῶκε πατὴρ Ζεὺς κύρμα γενέσθαι,
νήπιον αἰδοίης ἐπὶ γούνασι μητρὸς ἀτάλλων.
175 ἥν ποτ' ἐπύργωσαν βουλῇ Διὸς αἰγιόχοιο
λαοὶ Φρίκωνος, μάργων ἐπιβήτορες ἵππων,

153 αὐτὸν τὴν βουλὴν V¹ ἀπεδέξατο Ma¹ 154 μελισσογ· Ma¹: -γενὴς
Bm² O² P¹² 155 καὶ om. P¹⁰ 158 τούτῳ P⁴ P¹⁰ P¹² ἀπαγαγόντος
Bm⁴ P⁴ P¹⁰ P¹²: ἀπάγοντος (ss. ε) P¹¹ 160 τῶν βασιλέων Ma¹ P³ P⁹ V¹,
cf. B 206 162 αὐτοὺς Ma¹ 163 μελισηγ- A¹ ubique: μελισσογ-
Ma¹: -γενεῖ Bm² O² 164 ἐκ τῆς Ma¹ ὁμήρους] ὁμιλλοσ
O² 165 ὥστε... ὁμηρος om. Ma¹ -γενέος Bm² O² 166 τούτω
V¹ 167 οὕτω καὶ Ma¹ αὐτῶν ex αὐτοῦ M² 169 καὶ Bm² Bm⁴
Li P¹⁰: om. cet. 170 τοὺς ἐναντιωθέντας τῇ χρήμῃ αὐτοῦ cit. Suidas
in Χρήμη (Ἡρόδοτος εἰς τὸν βίον ὁμήρου) 172 ἐσυμφοραινέ P¹²:
συμφόρηνέ V¹: ἐδυσφόραινέ Bm⁴ Ma¹ ἔλεγε Ma¹ 173 οἵη μαίτι
Bm⁴ Ma¹ uv., Ma² P³ P¹² (sc. ἄτῃ, cl. 262): μ' ἄλση O², Ma¹ Ma⁴ corr.
175 βουλὴν V¹, de re cf. 544, 545

ὁπλότεροι μαλεροῖο πυρὸς κρίνοντες Ἄρηα,
Αἰολίδα Σμύρνην ἁλιγείτονα ποντοτίνακτον
ἥν τε δι' ἀγλαὸν εἶσιν ὕδωρ ἱεροῖο Μέλητος·
ἔνθεν ἀπορνύμεναι κοῦραι Διός, ἀγλαὰ τέκνα,   180
ἠθελέτην κλῆσαι δῖαν χθόνα καὶ πόλιν ἀνδρῶν,
οἱ δ' ἀπανηνάσθην ἱερὴν ὄπα, φῆμιν, ἀοιδήν.
ἀφραδίῃ τῶν μέν τε παθών τις φράσσεται αὖθις,
ὅς σφιν ὀνείδεσσιν τὸν ἐμὸν διεμήσατο πότμον.
κῆρα δ' ἐγὼ τήν μοι θεὸς ὤπασε γεινομένῳ περ   185
τλήσομαι ἀκράαντα φέρων τετληότι θυμῷ.
οὐδέ τι μοι φίλα γυῖα μένειν ἱεραῖς ἐν ἀγυιαῖς
Κύμης ὁρμαίνουσι, μέγας δέ με θυμὸς ἐπείγει
δῆμον ἐς ἀλλοδαπῶν ἰέναι ὀλίγον περ ἐόντα.

ιε΄. Μετὰ τοῦτο ἀπαλλάσσεται ἐκ τῆς Κύμης ἐς Φωκαίην, 190
Κυμαίοις ἐπαρησάμενος μηδένα ποιητὴν δόκιμον ἐν τῇ χώρᾳ
γενέσθαι ὅστις Κυμαίους ἐπαγλαϊεῖ. ἀπικόμενος δὲ ἐς
Φωκαίην τῷ αὐτῷ τρόπῳ ἐβιότευσεν, ἔπεα ἐνδεικνύμενος ἐν
ταῖς λέσχαις κατίζων. ἐν δὲ τῇ Φωκαίῃ τοῦτον τὸν χρόνον
Θεστορίδης τις ἦν γράμματα διδάσκων τοὺς παῖδας, ἀνὴρ 195
οὐ κρήγυος· κατανοήσας δὲ τοῦ Ὁμήρου τὴν ποίησιν λόγους
τοιούσδε αὐτῷ προσήνεγκε, φὰς ἕτοιμος εἶναι θεραπεύειν
καὶ τρέφειν αὐτὸν ἀναλαβών, εἰ ἐθέλοι ἅ γε πεποιημένα εἴη
αὐτῷ τῶν ἐπέων ἀναγράψασθαι καὶ ἄλλα ποιῶν πρὸς ἑωυτὸν
ἀναφέρειν αἰεί.   200

177 μαλεοῖο Bm⁴ Ma¹ Ma⁴   178 σμύρνην (ss. αν) P⁹   ποτνιάνακτον
codd. (τν corr. Ma¹ : πολυάνακτον Li) : corr. Pierson   179 ἤνπερ V¹ :
τε om. E¹ P³ P¹⁰ : ἦν δῖ P⁹   181, 182 om. E¹ P⁹ V¹   182 φῆμιν P¹¹ :
φήμην Bm⁴ Ma¹ Ma⁴ : φημμ cet.   ἀοιδῆς Wolf   183 ἀφραδίη
Li Ma¹ Ma⁴ P¹¹ : -ίην cet.   παθῶν A²   φράσσατο V¹ : -αντο Ma¹ Ma² :
-ετο P⁸   αὖτις P⁹ : αὖθις cet.   184 ὀνείδεσιν A² Bm² Li M² O² P¹⁰ :
-εσσιν cet.   διεδμήσατο Li : διεδημήσατο Bm² M² O² P¹⁰   185 ἔδωκε
V¹   186 ἀκράντον codd. praeter P¹¹   189 ἀλλοδαπὸν codd.
praeter Li P⁹   191 γενέσθαι ἐν τῇ χώρα M² : χώρη V¹   192 ὅτις
Bm² Li M² O²   ἐπαγλαεῖ M²   193 ἐβιότευεν A² Bm⁴ Ma¹ P⁴ P¹⁰
P¹² V¹   ἐνδεικνύμενος om. P¹⁰   196 κρήγυος M², γ corr. : κρήγιος
V¹   198 ἐθέλει Bm⁴ O² P³ P⁹ P¹¹ V¹ : ἐθέλοιέ γε M²   αὐτῶ
εἴη V¹   199 ἀναγράψαι Bm⁴ P³ P⁹ P¹¹ : -άσθαι cet.   ἑαυτὸν V¹

201

ιϛ΄. Τῷ δὲ Ὁμήρῳ ἀκούσαντι ἔδοξε ποιητέα εἶναι ταῦτα·
ἐνδεὴς γὰρ ἦν τῶν ἀναγκαίων καὶ θεραπείης. διατρίβων δὲ
παρὰ τῷ Θεστορίδῃ ποιεῖ Ἰλιάδα τὴν ἐλάσσω, ἧς ἡ ἀρχή
      Ἴλιον ἀείδω καὶ Δαρδανίην εὔπωλον,
205   ἧς πέρι πολλὰ πάθον Δαναοί, θεράποντες Ἄρηος·
καὶ τὴν καλουμένην Φωκαΐδα, ἥν φασιν οἱ Φωκαεῖς Ὅμηρον
παρ' αὐτοῖσι ποιῆσαι. ἐπεὶ δὲ τήν τε Φωκαΐδα καὶ τἆλλα
πάντα παρὰ τοῦ Ὁμήρου ὁ Θεστορίδης ἐγράψατο, διενοήθη ἐκ
τῆς Φωκαίης ἀπαλλάσσεσθαι, τὴν ποίησιν θέλων τοῦ Ὁμήρου
210 ἐξιδιώσασθαι, καὶ οὐκ ἔτι ὁμοίως ἐν ἐπιμελείᾳ εἶχε τὸν
Ὅμηρον. ὁ δὲ λέγει αὐτῷ τὰ ἔπεα τάδε·
      Θεστορίδη θνητοῖσιν ἀνωΐστων πολέων περ,
      οὐδὲν ἀφραστότερον πέλεται νόου ἀνθρώποισιν.

ὁ μὲν δὴ Θεστορίδης ἐκ τῆς Φωκαίης ἀπηλλάγη ἐς τὴν Χίον
215 καὶ διδασκαλίην κατεσκευάσατο· καὶ τὰ ἔπεα ἐπιδεικνύμενος
ὡς ἑωυτοῦ ἐόντα ἔπαινόν τε πολλὸν εἶχε καὶ ὠφελεῖτο· ὁ
δὲ Ὅμηρος πάλιν τὸν αὐτὸν τρόπον διῃτᾶτο ἐν τῇ Φωκαίῃ,
ἀπὸ τῆς ποιήσιος τὴν βιοτὴν ἔχων.

ιζ΄. Χρόνῳ δὲ οὐ πολλῷ μετέπειτα ἄνδρες Χῖοι ἔμποροι
220 ἀπίκοντο ἐς τὴν Φωκαίην· ἀκούσαντες δὲ τῶν ἐπέων τοῦ
Ὁμήρου ἀπρότερον ἀκηκόεσαν πολλάκις ἐν τῇ Χίῳ τοῦ Θεστο-
ρίδεω, ἐξήγγελλον Ὁμήρῳ ὅτι ἐν τῇ Χίῳ τις ἐπιδεικνύμενος
τὰ ἔπεα ταῦτα γραμμάτων διδάσκαλος κάρτα πολλὸν ἔπαινον

201 ποιητέα . . . 203 παρὰ om. P⁹   ἀκούσαντι ἃ ἔδοξε τῷ θεστορίδῃ
ποιεῖ V¹   202 ἦν] εἶναι A² Bm² Li M² O² P¹⁰ Pal.¹   τῶν ἀναγκαίων
πάντων Ma¹   203 marg. sup. Ma² καὶ ἡ δοκοῦσα ἀρχαία ἰλιὰς ἐξ ἑλι-
κῶνος μούσας ἀείδω καὶ ἀπόλλωνα κλυτότοξον ν. Nicanorem et Cratetem
ἐν Διορθωτικοῖς ap. cod. bibl. Vict. Em. 6 s. ix (Osann. Anecd. Rom.
1851. 5)   ποιεῖν P³   ἧς ἡ ἀρχὴ ποιὰ δε Ma¹ : ἧς ἐστιν ἀρχὴ P¹⁰ V¹ :
ἧς ἱστιν ἡ ἀρχὴ A²   204 εὔπωλον] ἄπολον Ma⁴   205 πόλλ' ἔπαθον
codd. praeter P⁹ : πολλὰ ἔπαθον P¹⁰   206 φωκίδα Ma¹ : φωκιδα
(ss. αῖ) M²   208 πάντα om. Ma¹   τὰ ὁμήρου V¹   ὁ θεστορίδης
om. V¹   212 θεστορίδη O² : -ης cet. ἀπροσδόκητων ἢ ἀνυπονοήτων
P⁹ ss.   θνητοῖσιν M²   213 νόον A² Bm² Li M² Ma¹ corr., O²
215 διδασκαλεῖον Ma¹ : τὴν διδασκαλίην P¹⁰   216 ἑαυτοῦ O²   ὄντα
M²   ὠφελοῖτο M²   218 ποιήσεως V¹   219 ἔμπειροι P⁹   222 ἐξή-
γειλον Bm⁴   ὁμήρῳ om. praeter Bm⁴ codd.   τῇ χίῳ A² Bm² M² :
τῇ om. cet.   223 ὠφέλημα κάρτα πολλὸν O²

ἔχει. ὁ δὲ Ὅμηρος κατενόησεν ὅτι Θεστορίδης ἂν εἴη, καὶ
παντὶ θυμῷ ἐσπούδαζεν εἰς τὴν Χίον ἀπικέσθαι. καταβὰς 225
δὲ ἐπὶ τὸν λιμένα, ἐς μὲν τὴν Χίον οὐ καταλαμβάνει οὐδὲν
πλοῖον πλέον, ἐς δὲ τὴν Ἐρυθραίην τινὲς ἐπὶ ξύλου παρε-
σκευάζοντο πλεῖν. καλῶς δὲ εἶχε τῷ Ὁμήρῳ δι' Ἐρυθραίης
τὸν πλοῦν ποιήσασθαι. καὶ προσελθὼν ἐχρήϊζε παρὰ τῶν
ναυτέων δέξασθαι αὐτὸν σύμπλουν, πολλά τε καὶ προσαγωγὰ 230
λέγων οἷς σφέας ἔμελλε πείσειν. τοῖς δὲ ἔδοξε δέξασθαι
αὐτόν, καὶ ἐκέλευον ἐσβαίνειν εἰς τὸ πλοῖον. ὁ δὲ Ὅμηρος
πολλὰ ἐπαινέσας αὐτοὺς ἐσέβη· καὶ ἐπεὶ ἕζετο λέγει τὰ
ἔπεα τάδε·

κλῦθι Ποσειδάων μεγαλοσθενὲς ἐννοσίγαιε,   235
εὐρυχόρου μεδέων ἠδὲ ξανθοῦ Ἑλικῶνος,
δὸς δ' οὖρον καλὸν καὶ ἀπήμονα νόστον ἰδέσθαι
ναύταις, οἳ νηὸς πομποὶ ἠδ' ἀρχοὶ ἔασι.
δὸς δ' ἐς ὑπώρειαν ὑψικρήμνοιο Μίμαντος
αἰδοίων μ' ἐλθόντα βροτῶν ὁσίων τε κυρῆσαι,   240
φῶτά τε τισαίμην ὃς ἐμὸν νόον ἠπεροπεύσας
ὠδύσατο Ζῆνα ξένιον ξενίην τε τράπεζαν.

ιη'. Ἐπεὶ δὲ ἀπίκοντο εὐπλοήσαντες ἐς τὴν Ἐρυθραίην,
τότε μὲν Ὅμηρος τὴν αὖλιν ἐπὶ τῷ πλοίῳ ἐποιήσατο· τῇ δὲ
ὑστεραίῃ ἐχρήϊζε τῶν ναυτέων τινα ἡγήσασθαι αὐτῷ ἐς τὴν 245
πόλιν· οἱ δὲ συνέπεμψαν ἕνα αὐτῶν. πορευόμενος δὲ

227 ἐρυθραίην O² P³ : ἐρυθράν Bm⁴ P⁴ : -αίαν cet.   ξύλα Bm⁴ Ma¹
P⁴ P¹⁰ P¹² V¹ : ξύλον M²   228 ἐρυθραίων A² Bm² F¹¹ V¹ : δι' ἐρυθραίης om.
Ma¹   229 παρὰ om. Ma¹ V¹   230 σύμπλουν... 232 αὐτόν om. V¹ add.
interlin. αὐτὸν σύμπλουν ποιήσασθαι Ma¹ Ma⁴ (πείσασθαι)   233 ἵζετο
A² Ma¹ P⁹ P¹²   235 ποσείδαον Bm² M² Ma⁴ (ex -ων) P¹⁰ Suid. 120
εἰνοσίγαιε V²   236 ξανθοῦ] ζαθέου Ruhnken   237 καὶ] ἠδ' V² ἀρέσθαι
Suidas 122 : ἰδέσθαι (ss. εὑρέ) Ma⁴, cf. a 21   240 αἰδοῖον codd. (P⁹ corr.)
μετελθόντα Ma¹, Ma⁴ corr. Suidas 125   τε Li P⁹ P¹¹ : γε cet.   241 ὑπερ-
οπεύσας A² Bm⁴ Ma⁴ P³ P⁹ P¹¹ V¹   242 ὠδίσατο P⁹   τράπεζιν ex
-αν Ma⁴ : -αν Li : -ην cet.   ξενίοιο διὸς σέβας ὑψιμέδοντος Suidae
codd. BE v. 127   243 εὐπλοιήσαντες V¹ : εὐπλοῖσ- Ma¹   244 μὲν
om praeter Bm⁴ P³ P¹⁰ P¹¹ codd.   αὖλιν Li M² O² P⁹ P¹¹ Pal. : αὐλὴν
cet.   τὸ πλοῖον Ma¹   245 αὐτῷ Bm⁴ Ma¹ P³ P⁹ P¹¹ : αὐτῶν cet. :
αὐτῷ εἰς τὴν πόλιν Ma¹

Ὅμηρος ἐπεὶ ἔτυχε τῆς Ἐρυθραίης τραχείης καὶ ὀρεινῆς
ἐούσης, φθέγγεται τάδε τὰ ἔπεα·

    πότνια γῆ, πάνδωρε δότειρα μελίφρονος ὄλβου,
250   ὡς ἄρα δὴ τοῖς μὲν φωτῶν εὔοχθος ἐτύχθης,
    τοῖσι δὲ δύσβωλος καὶ τρηχεῖ᾽ οἷς ἐχολώθης.

ἀπικόμενος δὲ ἐς τὴν πόλιν τῶν Ἐρυθραίων ἐπηρώτησε περὶ
τοῦ ἐς τὴν Χίον πλοῦ· καί τινος προσελθόντος αὐτῷ τῶν
ἑωρακότων ἐν τῇ Φωκαίῃ καὶ ἀσπασαμένου, ἐχρῄζεν αὐτοῦ
255 συνεξευρεῖν αὐτῷ πλοῖον ὅπως ἂν εἰς τὴν Χίον διαβαίη.

  ιθ΄. Ἐκ μὲν δὴ τοῦ λιμένος οὐδὲν ἦν ἀπόστολον, ἄγει δὲ
αὐτὸν ἔνθα τῶν ἁλιέων τὰ πλοῖα ὁρμίζεται. καί πως ἐν-
τυγχάνει μέλλουσί τισι διαπλεῖν ἐς τὴν Χίον, ὧν ἐδέετο
προσελθὼν ὁ ἄγων αὐτὸν ἀναλαβεῖν τὸν Ὅμηρον. οἱ δὲ
260 οὐδένα λόγον ποιησάμενοι ἀνήγοντο· ὁ δὲ Ὅμηρος φθέγγεται
τάδε τὰ ἔπεα·

    ναῦται ποντοπόροι στυγερῇ ἐναλίγκιοι ἄτῃ,
    πτωκάσιν αἰθυίῃσι βίον δύσζηλον ἔχοντες,
    αἰδεῖσθε ξενίοιο Διὸς σέβας ὑψιμέδοντος·
265   δεινὴ γὰρ μέτ᾽ ὄπις ξενίου Διός, ὅς κ᾽ ἀλίτηται.

ἀναχθεῖσι δὲ αὐτοῖς συνέβη ἐναντίου ἀνέμου γενομένου
παλινδρομῆσαι καὶ ἐς τὸ χωρίον ἀναδραμεῖν ὅθεν ἀνηγά-
γοντο καὶ τὸν Ὅμηρον ἀναλαβεῖν καθήμενον ἐπὶ τῆς κυμα-
τωγῆς. μαθὼν δὲ αὐτοὺς πεπαλινδρομηκότας ἔλεξε τάδε·

247 τρηχείης Bm⁴ P¹⁰ V¹ τε καὶ Bm⁴ O⁴ P¹¹ 249 om. Bm⁴ Ma¹ Ma⁴
P³ P¹¹, add. Ma¹ Ma⁴ marg. 250 τοῖο pro τοῖς E¹ P⁹ φωτὸς E¹
P⁹ V¹: om. Bm⁴ Ma⁴ P³ P¹¹ 253 χίον ε πεῖον υν. V¹ 254 φώκη
A¹ P⁹: φωκίδι Bm⁴: φωκίδη P⁴: φωκίδῆ P¹² ἀσπασάμενος Ma¹ αὐτὸν
P⁹ 255 αὐτῷ om. Ma¹ P⁹ V¹: αὐτὸν Bm⁴ P⁴ P¹⁰ P¹² 257 ἐπιτυχών
τισι μέλλουσι πλεῖν εἰς Χίον Suid. 128 262 ἐναλίγκιον M² ἄτῃ]
αἴσῃ Suidas 131, cf. 173 263 πτωχεῦσιν E¹ P⁹ V¹: πτωχάσιν
cet.: πτωκάσιν Suidas 132 αἰθυίοισι P⁹: -είησι M² Ma⁴ corr., P¹⁰:
-είυισι V¹: -ίησι A² βίον (ss. ἢ ἰόν) Ma: ἰὸν Suid. 132 264 αἰδεῖσθαι
Bm⁴ Suidae codd. praeter A C 265 δεινός (ss. ἢ) Ma¹: δεινὸς
Suidae O³ Ma⁴ corr. μέτ᾽ ὄπις Barnes: μετ᾽ ὄπις Bm²: γὰρ
μετ᾽ ὀκ ξενίου Bm⁴: μέτοπις codd. cet. praeter Ma¹ Ma⁴ Suidae O³
qui μετόπισθε (μετ᾽ ὄπισθε Ma⁴ corr.), μετόπισθεν ὄπις Suid. 134
267 ἠγάγοντο V¹ 268 ἐπικαθήμενον P⁹: ἐπιτήμενον Bm⁴ P⁸ 269 -δρα-
μηκότας Bm² M² O²: παλινδρομ. αὐτοὺς Ma¹

VITA HERODOTEA

Ὑμᾶς, ὦ ξένοι, ἔλαβεν ὁ ἄνεμος ἀντίος γενόμενος· ἀλλ' 270
ἔτι καὶ νῦν με δέξασθε, καὶ ὁ πλοῦς ὑμῖν ἔσται. οἱ δ'
ἁλιεῖς ἐν μεταμελίῃ γενόμενοι ὅτι οὐ πρότερον ἐδέξαντο,
εἰπόντες ὅτι οὐ καταλιμπάνουσιν ἣν ἐθέλοι συμπλεῖν
ἐκέλευον ἐσβαίνειν· καὶ οὕτως ἀναλαβόντες αὐτὸν ἀνήχθησαν
καὶ ἴσχουσιν ἐπ' ἀκτῆς. 275
κ'. Οἱ μὲν δὴ ἁλιεῖς πρὸς ἔργον ἐτράπησαν. ὁ δὲ Ὅμηρος
τὴν μὲν νύκτα ἐπὶ τοῦ αἰγιαλοῦ κατέμεινε, τὴν δὲ ἡμέραν πο-
ρευόμενος καὶ πλανώμενος ἀπίκετο εἰς τὸ χωρίον τοῦτο ὃ Πίτυς
καλέεται. κἀνταῦθα αὐτῷ ἀναπαυομένῳ τὴν νύκτα ἐπιπίπτει
καρπὸς τῆς πίτυος, ὃν δὴ μετεξέτεροι στρόβιλον, οἱ δὲ κῶνον 280
καλέουσιν. ὁ δὲ Ὅμηρος φθέγγεται τὰ ἔπεα τάδε·

ἄλλη τίς σου πεύκη ἀμείνονα καρπὸν ἵησιν
Ἴδης ἐν κορυφῇσι πολυπτύχου ἠνεμοέσσης,
ἔνθα σίδηρος Ἄρηος ἐπιχθονίοισι βροτοῖσιν
ἔσσεται εὖτ' ἄν μιν Κεβρήνιοι ἄνδρες ἔχωσι. 285

τὰ δὲ Κεβρήνια τοῦτον χρόνον κτίζειν οἱ Κυμαῖοι παρεσκευά-
ζοντο πρὸς τῇ Ἴδῃ, καὶ γίνεται αὐτόθι σίδηρος.
κα'. Ἐντεῦθεν δ' ἀναστὰς Ὅμηρος ἐπορεύετο κατὰ φωνήν
τινα αἰγῶν νεμομένων. ὡς δὲ ὑλάκτεον αὐτὸν οἱ κύνες
ἀνέκραγεν. ὁ δὲ Γλαῦκος ὡς ἤκουσε τῆς φωνῆς, ἦν γὰρ 290
τοῦτο ὄνομα τῷ νέμοντι τὰς αἶγας, ἐπέδραμεν ὀτραλέως, τάς
τε κύνας ἀνεκάλειτο καὶ ἀπεσόβησεν ἀπὸ τοῦ Ὁμήρου.
ἐπὶ πολὺν δὲ χρόνον ἐν θωύματι ἦν ὅκως τυφλὸς ἐὼν μόνος
ἀπίκοιτο ἐς τοιούτους χώρους, καὶ ὅτι θέλων. προσελθὼν

271 ὑμῖν ὁ πλοῦς Ma¹   272 καὶ πρότερον Bm⁴ P³ P⁹ P¹¹   273 ἐθέλῃ
O² V¹   276 μὲν hab. P⁴ P⁸ P¹⁰ P¹² fort. al.   277 μὲν om. praeter Bm²
Bm⁴ P³ P⁹ P¹¹ codd.   πολευόμενος A² Bm² Li M² O² P¹⁰ ·   278 τοῦτο
om. praeter Bm⁴ P⁹ codd.   280 στρόβυλον Ma¹   281 καλοῦσιν
Suid. 136   282 ἀνήσει Ma¹ : ἵησιν (ss. ἀν), marg. ἢ ἀνίσσοι Ma² :
ἀνήσσοι Suid. 138 (-ει cod. E)   283 πολύπτυχον M²   284 ἄρηος]
ἄριστος Ma¹ Suidas 140 : ἄρηος (ss. ιστος) Ma²   287 σίδηρος πολὺς Bm⁴
Ma¹ P³ P⁹ P¹¹ V¹   288 ἐνθεῦτεν P⁴   δ' om. praeter P⁹ codd.   290 ὡς
δὲ ἤκουσε ὁ γλαῦκος τῆς φωνῆς Ma¹ P⁴ P¹²   291 τούτῳ P¹⁰   293 ὅπως
Bm⁴ V¹ : πῶς (ss. ὅκα :) Ma¹   ὧν codd. praeter Bm² P³ P⁹   294 ἐς
τοιούτους . . . 295 ἀπίκοιτο om. Ma¹ add. marg.

295 τέ μιν ἱστορέειν ὅστις τε ἦν καὶ τίνι τρόπῳ ἀπίκοιτο ἐς
τόπους ἀοικήτους καὶ ἀστιβέα χωρία, καὶ τίνος κεχρημένος
εἴη. ὁ δὲ Ὅμηρος αὐτῷ πᾶσαν τὴν ἑωυτοῦ πάθην κατα-
λεγόμενος εἰς οἶκτον προηγάγετο. ἦν γάρ, ὡς ἔοικεν, οὐδ'
ἀγνώμων ὁ Γλαῦκος. ἀναλαβὼν δ' αὐτὸν ἀνήγαγεν ἐπὶ τὸν
300 σταθμόν, πῦρ τ' ἀνακαύσας δεῖπνον παρασκευάζει, καὶ
παραθεὶς δειπνεῖν ἐκέλευεν ὁ Γλαῦκος.

κβ'. Τῶν δὲ κυνῶν μὴ ἐσθιόντων καὶ ὑλακτούντων δει-
πνοῦντας καθάπερ εἰώθεσαν λέγει πρὸς τὸν Γλαῦκον Ὅμηρος
τὰ ἔπεα τάδε·

305   Γλαῦκε πέπων, ἐπιών τοι ἔπος τι ἐνὶ φρεσὶ θήσω·
      πρῶτον μὲν κυσὶ δεῖπνον ἐπ' αὐλείῃσι θύρῃσι
      δοῦναι· ὡς γὰρ ἄμεινον· ὃ γὰρ καὶ πρῶτον ἀκούει
      ἀνδρὸς ἐπερχομένου καὶ ἐς ἕρκεα θηρὸς ἰόντος.

ταῦτα ἀκούσας ὁ Γλαῦκος ἥσθη τῇ παραινέσει, καὶ ἐν θωύ-
310 ματι εἶχεν αὐτόν, δειπνήσαντες δὲ διὰ λόγων εἰστιῶντο.
ἀπηγεομένου δὲ Ὁμήρου τήν τε πλάνην τὴν ἑωυτοῦ καὶ τὰς
πόλεις ἃς ἐσαπίκοιτο, ἔκπληκτος ἦν ὁ Γλαῦκος ἀκούων. καὶ
τότε μὲν ἐπεὶ ὥρη κοίτου ἦν ἀνεπαύετο.

κγ'. Τῇ δ' ὑστεραίῃ διενοήθη ὁ Γλαῦκος πρὸς τὸν δεσπότην
315 πορευθῆναι, σημανέων τὰ περὶ Ὁμήρου. ἐπιτρέψας δὲ τῷ
συνδούλῳ νέμειν τὰς αἶγας τὸν Ὅμηρον καταλείπει ἔνδον,
εἰπὼν πρὸς αὐτὸν ὅτι διὰ ταχέων πορεύσομαι. καταβὰς δὲ
ἐς Βολισσόν, ἔστι δὲ πλησίον τοῦ χωρίου τούτου, καὶ συγ-

295 ἱστόρεον M² 297 ἑαυτοῦ A² Bm² Ma¹ O² P¹¹ V¹ : αὐτοῦ Bm⁴ P³ P¹¹ 300 τε Bm⁴ Li M² O² P⁴ P⁹ P¹¹ Pal. : τὲ Bm² : δὲ cett. 302 μὴ ἐσθιόντων] ἐστώτων Suid. 142 δειπνοῦντα codd. praeter Bm⁴ P³ P⁹ 305 πέπον A² E¹ Ma¹ Ma² O² P⁴ V¹ τοι Bm⁴ E¹ Li Ma¹ Ma² P¹¹ V¹ : τὸ Bm² O² P⁹ : τι P³ P⁸ : ἔπος τὸ A¹ M² τι τοι Li P⁹ P¹¹ : τι σοι Suid. ἐν V¹ Suidas : ἐνὶ cett. ἡ γλαῦκε βροτῶν ἐπιόπτα marg. Ma¹ Ma² : ita Suidas 144 : βοτῶν Kuester τί σοι ἐν φρεσὶ Suid. 131 306 αὐλείοισι Herod. codd. plerique 307 τὼς Suid. 146 πρόσθεν Suid. ib. 308 ἐόντος Ma² P¹¹ 312 ἀπίκοιτο M² : ἐσαπί-κετο Bm⁴ Ma¹ P⁴ P¹² V¹ ἐσακούων Li M² O² Pal.¹ P⁹ καὶ τότε μὲν om. P¹⁰ 313 ἀνέπαυε Li M² O² P⁸ Pal.¹ 314 ὑστερέα Bm⁴ P⁴ καὶ διεν. P¹⁰ 315 περὶ] ὑπὲρ τοῦ Bm⁴ P³ P⁹

γενόμενος τῷ δεσπότῃ, ἀπηγέετο ὑπὲρ Ὁμήρου πᾶσαν τὴν
ἀλήθειαν, περί τε αὐτοῦ τῆς ἀφίξιος ἐν θωύματι ποιεύμενος· 320
ἠρώτεέ τε ὅ τι χρὴ ποιέειν περὶ αὐτοῦ. ὁ δὲ ὀλίγα μὲν προσ-
ίετο τῶν λόγων, κατεγίνωσκε δὲ τοῦ Γλαύκου ὡς ἄφρονος
ἐόντος καὶ τοὺς ἀναπήρους δεχομένου καὶ τρέφοντος. ἐκέ-
λευσε δὲ ὅμως τὸν ξεῖνον ἄγειν πρὸς ἑαυτόν.

κδ΄. Ἐλθὼν δὲ πρὸς τὸν Ὅμηρον διηγήσατο ταῦτα ὁ 325
Γλαῦκος καὶ ἐκέλευσε πορεύεσθαι τοῦτον· οὕτω γάρ εὖ πρή-
ξειν· ὁ δὲ Ὅμηρος ἤθελε πορεύεσθαι. ἀναλαβὼν οὖν αὐτὸν
ὁ Γλαῦκος ἤγαγε πρὸς τὸν δεσπότην. διὰ λόγων δὲ ἰὼν τῷ
Ὁμήρῳ ὁ Χῖος, εὑρίσκει ἐόντα δεξιὸν καὶ πολλῶν ἔμπειρον.
ἔπειθέ τε αὐτὸν μένειν καὶ τῶν παιδίων ἐπιμέλειαν ποιέε- 330
σθαι· ἦσαν γὰρ τῷ Χίῳ παῖδες ἐν ἡλικίῃ. τούτους οὖν αὐτῷ
παρατίθησι παιδεύειν. ὁ δὲ ἔπρησσε ταῦτα· καὶ τοὺς Κέρκω-
πας καὶ Βατραχομυομαχίαν καὶ Ψαρομαχίην καὶ Ἑπταπακ-
τικὴν καὶ Ἐπικιχλίδας καὶ τἆλλα πάντα ὅσα παίγνιά ἐστιν
Ὁμήρου ἐνταῦθα ἐποίησε παρὰ τῷ Χίῳ ἐν Βολισσῷ, ὥστε 335
καὶ ἐν τῇ πόλει περιβόητος ἤδη ἐγένετο ἐν τῇ ποιήσει. καὶ
ὁ μὲν Θεστορίδης, ὡς τάχιστα ἐπύθετο αὐτὸν παρεόντα, ᾤχετο
ἐκπλέων ἐκ τῆς Χίου.

κε΄. Χρόνου δὲ προιόντος δεηθεὶς τοῦ Χίου πορεῦσαι αὐτὸν
εἰς τὴν Χίον ἀπίκετο εἰς τὴν πόλιν· καὶ διδασκαλεῖον κατα- 340
σκευασάμενος ἐδίδασκε παῖδας τὰ ἔπεα. καὶ κάρτα δεξιὸς

319 ἀπηγείτο Ma¹ P⁴ P¹² V¹   ὑπὲρ] περὶ Bm⁴ P⁹ P¹¹   320 ἀπίξεως
P⁹ V¹ : ἀφίξιος O²   321 ἐρωτᾷ Bm⁴ P¹⁰ : ἠρώτα Bm² M² O² : ἠρώτετε
(ss. έ) P¹¹ : ἐρώτεε cet.   αὐτὸν P⁴ P⁸   323 καὶ om. P⁹   καὶ . . .
326 γλαῦκος om. Li   ἐκέλευε M² Ma¹ Pal.¹   324 ἄγειν τὸν ξεῖνον
V¹   325 ὁ γλαῦκος διηγήσατο ταῦτα A² V¹   326 αὐτὸν πορεύεσθαι
Bm⁴ P⁹   330 αὐτόθι μένειν Suid. 101   332 παρατίθεται P⁹   ἔπρασσε
Suid. 102   κέκωπας (ss. ρ) O²   333 βατραχομαχίαν P⁹ : τὴν
μυοβατραχομαχίαν Suid. 102   καὶ ψαρ. καὶ ἑπτ. hab. Bm⁴ Ma¹ Ma⁴
P⁹ P¹¹ Suid. 102 (ἑπταπάκτιον) om. cett.   ἢ ἑπτάκιον P¹¹ ss. (cf.
Suid.)   ἐν ἄλλω ἠθιέπακτον ἥτι ἴαμβον Ma¹ marg.   ἐντεπάκτιον
vit. Procul. 63: ἑπταπάκτιον Suid. 103: ἠθιέπακτος Suid. 45   334 ἐπι-
κύχλίδας A² : ·κικλίδας Bm⁴ P³ P¹¹   ἄλλα Suid. 104   πάντα om. Suid.
104   335 ἐνταῦθα om. Suid. 93   μολισσῶ (ss. βο) O²   336 ἐν τῇ
A² O² P¹⁰ : τῇ cet.   ἐγίνετο Bm⁴   339 περιϊόντος Ma¹   340 παρα-
σκευασάμενος V¹

VITA HERODOTEA

ἐδόκεεν εἶναι τοῖς Χίοις, καὶ πολλοὶ θωυμασταὶ αὐτοῦ καθειστήκεσαν. συλλεξάμενος δὲ βίον ἱκανὸν γυναῖκα ἔγημεν ἐξ ἧς αὐτῷ θυγατέρες δύο ἐγένοντο· καὶ ἡ μὲν αὐτῶν ἄγαμος
345 ἐτελεύτησε, τὴν δὲ συνῴκισεν ἀνδρὶ Χίῳ.

κϛ'. Ἐπιχειρήσας δὲ τῇ ποιήσει ἀπέδωκε χάριν ἣν εἶχε, πρῶτον μὲν Μέντορι τῷ Ἰθακησίῳ ἐν τῇ Ὀδυσσείᾳ, ὅτι μιν κάμνοντα τοὺς ὀφθαλμοὺς ἐν Ἰθάκῃ ἐνοσήλευεν ἐκτενέως, τοὔνομα αὐτοῦ ἐναρμόσας ἐς τὴν ποίησιν Ὀδυσσέως τε
350 ἑταῖρον φὰς εἶναι, ποιήσας Ὀδυσσέα ὡς ἐς Τροίην ἔπλεε Μέντορι ἐπιτρέψαι τὸν οἶκον ὡς ἐόντι Ἰθακησίων ἀρίστῳ καὶ δικαιοτάτῳ. πολλαχῇ δὲ καὶ ἄλλῃ τῆς ποιήσεως τιμῶν αὐτόν, τὴν Ἀθηνᾶν ὁπότε ἐς λόγον τινι καθίσταιτο τῷ Μέντορι οἰκυίην ποιεῖ. ἀπέδωκε δὲ καὶ Φημίῳ τῷ ἑαυτοῦ διαδασκάλῳ
355 τροφεῖα καὶ διδασκαλεῖα ἐν τῇ Ὀδυσσείῃ, μάλιστα ἐν τοῖσδε τοῖς ἔπεσι

κῆρυξ δ' ἐν χερσὶν κίθαριν περικαλλέ' ἔθηκε
Φημίῳ, ὃς δὴ πολλὸν ἐκαίνυτο πάντας ἀείδων.

καὶ πάλιν

360   αὐτὰρ ὁ φορμίζων ἀνεβάλλετο καλὸν ἀείδειν.

342 κατεδόκεεν Bm⁴ P⁹ V¹ : καταδόκεεν P³ P¹¹   αὐτοῦ θωυμασταὶ V¹ :
αὐτὸν θ. Bm⁴   343 marg. Ma¹ Ma⁴ ἤγουν ἀρησιφόνην τὴν Γνώτορος
τοῦ Κυμαίου θυγατρός. (hucusque Ma⁴) ἐξ ἧς ἔσχε δύο υἱεῖς· Ἐριφῶντα
καὶ Θεόλαον. καὶ μίαν θυγατέρα ἣν ἔγημε στάσινος ὁ κύπριος. marg.
sup. Ma⁴ εὗρον ἀλλαχοῦ αὐτὸν γενῆσαι δύο υἱεῖς ἐρίφωντα καὶ θεόλαον
καὶ μίαν θυγατέρα. e Suida 34, 35 desumpsit Lascaris   344 αὐτέων
A² V¹   345 συνῴκησαν V¹   ἀνδρὶ χίῳ (ss. ἤγουν στασίῳ τῷ κυπρίῳ)
Ma¹ : ἡ στασίνῳ τῷ κυπρίῳ Ma² marg.   346 sqq. cit. Eusth. 1396.
13 ὅτι ὁ τῆς ἱστορίας Μέντης Ἀγχιάλοιο πάϊς ἑταῖρος ἦν τῷ ποιητῇ, ὃν
καὶ ἀμειβόμενος τῆς φιλίας ὁ ποιητὴς ὡς Ἡρόδοτος ἱστορεῖ ἐν τοῖς περὶ
Ὁμήρου γενέσεως τῇ ποιήσει τε τὸ αὐτοῦ ὄνομα ἐνέθετο καὶ τὴν Ἀθηνᾶν
αὐτῷ εἴκασεν   348 ἐνοσήλευεν Li M² Q² P⁹ P¹¹ Pal.¹ : -ευσεν cet.
ἐκτενῶς Bm² O² P¹⁰   350 ἑταῖρος Bm⁴ P⁹   351 ἐπιτρέψας P⁴ P¹²   ὡς
om. praeter Bm⁴ P⁴ P⁹ codd.   352 τῇ ποιήσει Ma¹   353 καθίσταται
A² Bm² M² O² P¹⁰ : -ηται Bm⁴ Ma¹ P⁴ P⁹ V¹ : corr. West.   354 οἰκυίην
P⁹ : εἰκυίην A² Bm² M² O² P¹⁰ : οἰκείαν Bm⁴ Ma¹ : εἰκείαν P³
P¹¹   355 ὀδυσσείη Bm² Li M² P¹¹ Pal.¹ : -εία cet.   357, 358 = α 153,
154 ubi codices Φημίῳ ὅς ῥ' ἤειδε παρὰ μνηστῆρσιν ἀνάγκῃ   358 ὅστε
codd. praeter P⁹   πολλῶν (ss. ον) P³   360 = α 155 ubi codd. ἤτοι

208

μέμνηται δὲ καὶ τοῦ ναυκλήρου μεθ' οὗ ἐκπεριέπλευσε καὶ
εἶδε πόλιάς τε πολλὰς καὶ χώρας, ᾧ ὄνομα ἦν Μέντης, ἐν
τοῖς ἔπεσι τοῖσδε

Μέντης Ἀγχιάλοιο δαΐφρονος εὔχομαι εἶναι
    υἱός, ἀτὰρ Ταφίοισι φιληρέτμοισιν ἀνάσσω.   365

ἀπέδωκε δὲ χάριν καὶ Τυχίῳ τῷ σκυτεῖ, ὃς ἐδέξατο αὐτὸν ἐν
τῷ Νέῳ τείχει προσελθόντα πρὸς τὸ σκυτεῖον, ἐν τοῖς ἔπεσι
καταζεύξας ἐν τῇ Ἰλιάδι τοῖσδε

Αἴας δ' ἐγγύθεν ἦλθε φέρων σάκος ἠΰτε πύργον,
    χάλκεον ἑπταβόειον, ὅ οἱ Τυχίος κάμε τεύχων,   370
    σκυτοτόμων ὄχ' ἄριστος Ὕλῃ ἔνι οἰκία ναίων.

κζ'. Ἀπὸ δὲ τῆς ποιήσεως ταύτης εὐδοκιμεῖ Ὅμηρος περί
τε τὴν Ἰωνίην καὶ ἐς τὴν Ἑλλάδα ἤδη περὶ αὐτοῦ λόγος
ἀναφέρετο· κατοικέων δὲ ἐν τῇ Χίῳ καὶ εὐδοκιμέων περὶ
τὴν ποίησιν, ἀπικνεομένων πολλῶν πρὸς αὐτόν, συνεβούλευον 375
οἱ ἐντυγχάνοντες αὐτῷ ἐς τὴν Ἑλλάδα ἀπικέσθαι· ὁ δὲ
προσεδέξατο τὸν λόγον καὶ κάρτα ἐπεθύμει ἀποδημῆσαι.

κη'. Κατανοήσας δὲ ὅτι ἐς μὲν Ἄργος πολλαὶ καὶ μεγά-
λαι εἶεν εὐλογίαι πεποιημέναι, ἐς δὲ τὰς Ἀθήνας οὔ, ἐμποιεῖ
ἐς τὴν ποίησιν, ἐς μὲν Ἰλιάδα τὴν μεγάλην Ἐρεχθέα μεγα- 380
λύνων ἐν νεῶν καταλόγῳ τὰ ἔπεα τάδε

δῆμον Ἐρεχθῆος μεγαλήτορος, ὅν ποτ' Ἀθήνη
    θρέψε Διὸς θυγάτηρ, τέκε δὲ ζείδωρος ἄρουρα.

καὶ τὸν στρατηγὸν αὐτῶν Μενεσθέα αἰνέσας ὡς πάντων εἴη

361 ἐμπεριέπλευσε A² V¹ : ἔπλευσε Ma¹   364, 365 = a 180, 181
364 εὔχομαι υἱός | εἶναι E¹   365 αὐτὰρ Bm² M² P¹⁰   366 δὲ om. Bm² Li
M² P¹⁰   369-371 = H 219 ·221   371 ναίων] νέμων Ma¹   372 ποιήσιος
P⁹ : ποιήσεως ʼss. ἴος) V¹ : -εως cet.   εὐδοκίμει Ma¹ : -ιμεῖ cet.   ἤδη
ὅμηρος Bm⁴ P³ P⁹ V¹   373 τὴν om. Bm⁴ P³ P⁹ P¹¹ V¹   ἰωνίαν A² Bm²
M² O² P¹⁰   374 ἀναφέρεται praeter Bm⁴ P³ P⁹ P¹⁰ P¹¹ codd.   κατοι-
κέων Bm⁴ P³ P⁹ P¹¹ : καὶ οἰκ. cet.   375 ἀπικεομένων praeter Bm⁴ P³ P⁹ P¹¹
codd.   πρὸς αὐτὸν om. praeter Bm⁴ P⁹ codd.   πολλῶν ἐς τὴν ἑλλάδα
ἀπικεομένων συνεβούλευον οἱ ἐντυγχάνοντες τῷ ὁμήρῳ P³   376 αὐτῷ] τῶ
ὁμήρω A¹ Bm⁴ P¹¹ V¹   380 τὴν ἰλιάδα P³   382, 383 = B 547, 548
382 ἀθηναίη Ma¹ : ἀθήνης P³ P¹¹   384 αὐτῶν] αὐτὸν L¹ P³ P¹¹ V¹
τὸν μὲν τὸν στρατηγὸν αὐτὸν V¹   αἰνέσας om. praeter Bm⁴ P⁹ P¹¹ codd.

385 ἄριστος τάξαι πεζὸν στρατὸν καὶ ἱππότας, ἐν τοῖσδε τοῖς
ἔπεσιν εἶπε·

τῶν αὖθ' ἡγεμόνευ' υἱὸς Πετεῶο Μενεσθεύς.

τῷ δ' οὔ πώ τις ὁμοῖος ἐπιχθόνιος γένετ' ἀνὴρ
κοσμῆσαι ἵππους τε καὶ ἀνέρας ἀσπιδιώτας.

390 Αἴαντα δὲ τὸν Τελαμῶνος καὶ Σαλαμινίους ἐν νεῶν καταλόγῳ
ἔταξε πρὸς Ἀθηναίους, λέγων τάδε·

Αἴας δ' ἐκ Σαλαμῖνος ἄγεν δυοκαίδεκα νῆας,
στῆσε δ' ἄγων ἵν' Ἀθηναίων ἵσταντο φάλαγγες.

ἐς δὲ τὴν Ὀδυσσείην τάδε ἐποίησεν, ὡς Ἀθηνᾶ ἐς λόγους
395 ἐλθοῦσα τῷ Ὀδυσσεῖ ἐς τὴν Ἀθηναίων πόλιν ἀπίκετο, τιμῶσα
ταύτην τῶν ἄλλων πολλῷ μάλιστα

ἵκετο δ' ἐς Μαραθῶνα καὶ εὐρυχόρους ἐς Ἀθήνας,
δῦνε δ' Ἐρεχθῆος πυκινὸν δόμον.

κθ'. Ἐμποιήσας δὲ ἐς τὴν ποίησιν ταῦτα καὶ παρασκευα-
400 σάμενος, ἐς Ἑλλάδα βουλόμενος ποιήσασθαι τὸν πλοῦν, προσ-
ίσχει τῇ Σάμῳ. ἔτυχον δὲ οἱ ἐκεῖσε τὸν τότε καιρὸν ἄγοντες
ἑορτὴν Ἀπατούρια. καί τις τῶν Σαμίων ἰδὼν τὸν Ὅμηρον
ἀπιγμένον, πρότερον αὐτὸν ὀπωπὼς ἐν Χίῳ, ἐλθὼν ἐς
τοὺς φράτορας διηγήσατο, ὡς ἐν ἐπαίνῳ μεγάλῳ ποιεύμενος
405 αὐτόν. οἱ δὲ φράτορες ἐκέλευον ἄγειν αὐτόν· ὁ δὲ ἐντυχὼν
τῷ Ὁμήρῳ ἔλεξεν, ὦ ξένε Ἀπατούρια ἀγούσης τῆς
πόλιος καλέουσί σε οἱ φράτορες οἱ ἡμέτεροι συνεορτά-
σοντα. ὁ δὲ Ὅμηρος ἔφη ταῦτα ποιήσειν καὶ ἤει μετὰ
τοῦ καλέσαντος.

385 πεζῶν M² ἱππότα V¹ : ἱππότην Ma¹ P¹¹ 386 εἴπας P¹¹ V¹
387–389 = B 552–554 387 τῶνδ' V¹ ἡγεμόνευεν A² Bm² Li M² P¹⁰ V¹
υἱὸς om. E¹ Ma¹ Ma² P³ P⁹ P¹² V¹ 388 τῶνδ' V¹ : τῶν P⁹ 391 τάδε]
ὧδε P⁹ 392, 393 = B 557, 558 394 ἀθηνὰ A² 395 ἀφίκετο (ss. π)
Bm² 396 πολλῷ A² Bm² O² P¹¹ : πόλεων Bm⁴ P⁹ P¹¹ V¹ : πολλῶν
cet. 397, 398 = η 80, 81 397 εὐρυάγυιαν Ἀθήνην Odyssea : εὐρυ-
χόρους M² P⁹ 400 ποιήσασθαι βουλόμενος A² M² P³ P⁹ : ποιεῖσθαι codd.
praeter A² Li M² P³ P⁹ P¹¹ Pal.¹ 403 ἀπιγμένον om. Ma¹ ὀπωπὼς
Bm⁴ P³ P⁹ P¹¹ : ἐπιστάμενος cet. 404 ὡς add. Ma¹ 406 ἔλεξεν αὐτῷ
Bm⁴ P⁴ P¹² : αὐτὸν P¹⁰ 408 ἤει A² : εἴη O² μετ' ἐκείνου τοῦ Ma¹

λʹ. Πορευόμενος δὲ ἐγχρίμπτεται γυναιξὶ Κουροτρόφῳ 410
θυούσαις ἐν τῇ τριόδῳ. ἡ δὲ ἱέρεια εἶπε πρὸς αὐτόν, δυσχε-
ράνασα τῇ ὄψει, ἄνερ ἀπὸ τῶν ἱερῶν. ὁ δὲ Ὅμηρος ἐς
θυμόν τε ἔβαλε τὸ ῥηθέν, καὶ ἤρετο τὸν ἄγοντα τίς τε εἴη
ὁ φθεγξάμενος, καὶ τίνι θεῶν ἱερὰ θύεται. ὁ δὲ αὐτῷ διη-
γήσατο ὅτι γυνὴ εἴη Κουροτρόφῳ θύουσα. ὁ δ' ἀκούσας 415
λέγει τάδε τὰ ἔπεα·

κλῦθί μοι εὐχομένῳ Κουροτρόφε, δὸς δὲ γυναῖκα
τήνδε νέων μὲν ἀνήνασθαι φιλότητα καὶ εὐνήν,
ἡ δ' ἐπιτερπέσθω πολιοκροτάφοισι γέρουσιν,
ὧν ὥρη μὲν ἀπήμβλυνται, θυμὸς δὲ μενοινᾷ.   420

λαʹ. Ἐπεὶ δὲ ἦλθεν εἰς τὴν φρήτρην καὶ τοῦ οἴκου ἔνθα δὴ
ἐδαίνυντο ἐπὶ τὸν οὐδὸν ἔστη, οἱ μὲν λέγουσι καιομένου πυρὸς
ἐν τῷ οἴκῳ, οἱ δέ φασι τότε ἐκκαῦσαι σφᾶς, ἐπειδὴ Ὅμηρος τὰ
ἔπεα εἶπεν

ἀνδρὸς μὲν στέφανος παῖδες, πύργοι δὲ πόληος,   425
ἵπποι δ' ἐν πεδίῳ κόσμος, νῆες δὲ θαλάσσης,
χρήματα δ' αὔξει οἶκον· ἀτὰρ γεραροὶ βασιλῆες
ἥμενοι εἰν ἀγορῇ κόσμος τ' ἄλλοισιν ὁρᾶσθαι.
αἰθομένου δὲ πυρὸς γεραρώτερος οἶκος ἰδέσθαι.

410 ἔχριπτε Ma¹   414 θεῶ Ma¹ θύεται] θύουσιν Ma¹   417-420
Athen. 592 A Σοφοκλῆς δ' ὁ τραγῳδιοποιὸς ἤδη γέρων ὢν ἠράσθη Θεωρίδος
τῆς ἑταίρας· ἱκετεύων οὖν τὴν Ἀφροδίτην φησὶν [417-420]· ταῦτα μέν
ἐστιν ἐκ τῶν εἰς Ὅμηρον ἀναφερομένων. [P.L.G. ii. 248]   417 κλῦε
Ath. μεν εὐχομένου Ath.   418 μὲν ἀνήνασθαι] ἀπανήνασθαι Suid. 108 :
ἀναίνεσθαι Ath.   420 ὥρη] οὐραὶ Suid. 110 : ἰσχὺς Ath. : ὧραι (ss. ἡ
οὐρὴ) Ma¹, ὥρη corr. in αι (ss. οὐραι) marg. : ἡ οὐραὶ Ma²   ἀπαμ-
βλύνεται Α² Bm² M² O² P¹⁰ : ἀπήμβληται Ε¹ V¹ : ἀπήμβλυνται Li R⁸
Ath. Suid. 110 : ἀπάμβλυνται Cert.   Eust. 1968. 40 ἀλλαχοῦ δὲ καὶ
οὐρὰ τὸ αὐτὸ ἐφάνη λέγεσθαι, δηλοῖ δ' αὐτὸ καὶ ὁ εἰπὼν ὡς τῶν γερόντων
οὐραὶ μὲν ἀπήμβλυνται θυμὸς δὲ μενοινᾷ
421 ἦλθεν] ἧκεν Suid. 111   422 ἐδαίννυντο Bm² M² O² P¹⁰ : -ητο P¹ :
-υτο (ss. ν) P¹¹   425-429 Certamen 281-285 Suid. 113-117   425 παῖδες
στέφανος Bm⁴ Ε¹ Li Ma¹ Ma⁴ P³ : στέφανοι παῖδες Certamen : παῖδες
στέφανος Suid. 113 (στέφανος codd. praeter A O³)   δέ τε Α² Bm⁴
Li P¹¹ πόλιος Α² Bm⁴   426 δ' αὖ πεδίου Certamen   δ' ἐν θαλάσσῃ
Ma¹ Ma² Suid. 114 (θαλάσσαις Suidae codd. A B C E)   427 αὔξοι
Ε¹ v. om. Cert.   428 λαὸς δ' εἰν ἀγορῆσι καθήμενος εἰσοράασθαι
Cert.   post 429 add. ἤματι χειμερίῳ ὁπότ' ἂν νείφῃσι Κρονίων Cert.
429 om. V² Suidae

430 εἰσελθὼν δὲ καὶ κατακλιθεὶς ἐδαίνυτο μετὰ τῶν φρατόρων·
καὶ αὐτὸν ἐτίμων καὶ ἐν θωύματι εἶχον· καὶ τότε μὲν τὴν
κοίτην αὐτοῦ ἐποιήσατο Ὅμηρος.

λβ'. Τῇ δὲ εἰσαύριον ἀποπορευόμενον ἰδόντες κεραμέες
τινες κάμινον ἐγκαίοντες κεράμου λεπτοῦ, προσεκαλέσαντο
435 αὐτόν, πεπυσμένοι ὅτι σοφὸς εἴη· καὶ ἐκέλευόν σφιν ἀεῖσαι,
φάμενοι δώσειν αὐτῷ τοῦ κεράμου καὶ ὅ τι ἂν ἄλλο ἔχω-
σιν. ὁ δὲ Ὅμηρος ἀείδει αὐτοῖς τὰ ἔπεα τάδε ἃ καλέεται
Κάμινος·

   εἰ μὲν δώσετε μισθὸν ἀείσω ὦ κεραμῆες·
440 δεῦρ' ἄγ' Ἀθηναίη καὶ ὑπείρεχε χεῖρα καμίνου,
   εὖ δὲ μελανθεῖεν κότυλοι καὶ πάντα μάλευρα,
   φρυχθῆναί τε καλῶς καὶ τιμῆς ὦνον ἀρέσθαι,
   πολλὰ μὲν εἰν ἀγορῇ πωλεύμενα, πολλὰ δ' ἀγυιαῖς,
   πολλὰ δὲ κερδῆναι, ἡμῖν δὲ δὴ ὥς σφι νοῆσαι.
445 ἢν δ' ἐπ' ἀναιδείην τρεφθέντες ψεύδε' ἄρησθε
   συγκαλέω δ' ἤπειτα καμίνῳ δηλητῆρας,

430 ἐδαίνυτο A² M² Ma¹ O²   434 ἐγκαίοντες Li M² O² : -άοντες cet. :
ἐκκάοντες Bm⁴   435 σφιν] σφίσι Suid. 151   437 ᾔδει Suid.
152   τάδε τὰ ἔπεα V¹   καλεῖται Suid.   439-461 = Suid. 153-
175   439 ἀειδήσω Bm⁴ Li Ma² P⁹ P¹¹ : ἀοιδήσω E¹ P³ P¹¹ V¹ : ἀοιδῆς ὃ
Ma¹ Ma² ss. Suid. 153   440 ἀγαθὴ γαίη Suid. 154 : ἢ δεῦρ' ἀγαθὴ
γαίη Ma² marg.   ὑπέρεχε A² : ὑπερσχέ γε Bm⁴ Li P³ P⁹ P¹¹ V¹ : ὑπερ-
σχέγει E¹ : ὑπέρεσχε γε Ma¹ Ma² : ὑπέρσχεθε Suid. 154   441 versum
cit. Pollux x. 85 τοῖς δ' ἀγγείοις προσαριθμητέον ... κάναστρα, μαζονο-
μεῖα, τὰ μὲν μαζονομεῖα Ἀριστοφάνους εἰπόντος ἐν Ὀλκάσι ⟨fr. 471 K⟩,
τὰ δὲ κάναστρα τοῦ ποιήσαντος τοὺς Κεραμέας, οὕς τινες Ἡσιόδῳ προσνε-
μουσιν· λέγει γοῦν
εὖ δὲ περανθεῖεν κότυλοι καὶ πάντα κάναστρα
441 μελανθοῖεν Bm⁴ P³ P¹¹ : μελανθεῖεν (ss. ap) Ma² : μαρανθεῖεν Suid. 155
(sc. siccentur)   μάλ' ἱρὰ A² Ma¹ P⁹ V¹ Suid. 155 : μάλ' ἱερὰ Bm² Bm⁴
E¹ M² Ma² O² P³ P¹⁰ P¹¹ correximus : cf. Achaei fr. 50 et lexicogrr.
μίγδα μάλευρον anon. ap. Zonar. 1334 b 5   κάναστρα Pollux, cf.
hirundinis carmen P.L.G. iii. 671   442 τιμῆς ὦνον] τιμῇ ὄνειαρ
Suid. 156 : τιμῆς ὄναρ A C : ὦνον (ss. ἢ ὄναρ) Ma¹ Ma²   εὑρέσθαι Bm⁴
Ma¹ Ma² P³ P¹¹ : ἐλέσθαι Ma¹ corr., Ma² ss., Suid. 156   443 πολλὰ δ'
ἐν ἀγυιαῖς codd. : δ' ἀγυιαῖς Suid.   444 ἡμῖν δὲ δ' ἂν P³   ὄσφιν
Bm⁴ P¹ : ὄσφιν P¹¹   νοῆσαι] ἢ ἀεῖσαι Ma¹ : ἀεῖσαι ss. Ma² : ἀεῖσαι
Suid. 158   445 ἂν δ' Bm⁴ P¹¹   ἀναιδείης Suidae O³ P⁴   στρε-
φθέντες Suid. 159   ψεύδη Bm² M² O² P¹⁰ Suidae O³ P⁴ : ψευδῆ A¹ Bm⁴
Ma¹ P³ P⁹ P¹¹   446 καμίνων Ma¹ Ma² Suid. 160

VITA HERODOTEA

Σύντρίβ' ὁμῶς Σμάραγόν τε καὶ Ἄσβετον ἠδέ γ' Ἄβακτον,
'Ωμόδαμόν θ' ὃς τῇδε τέχνῃ κακὰ πολλὰ πορίζοι.
†πεῖθε πυραίθουσαν καὶ δώματα, σὺν δὲ κάμινος
πᾶσα κυκηθείη κεραμέων μέγα κωκυσάντων.   450
ὡς γνάθος ἱππείη βρύκει, βρύκοι δὲ κάμινος
πάντ' ἔντοσθ' αὐτῆς κεραμήϊα λεπτὰ ποιοῦσα.
δεῦρο καὶ ἠελίου θύγατερ πολυφάρμακε Κίρκη·
ἄγρια φάρμακα βάλλε, κάκου δ' αὐτούς τε καὶ ἔργα.
δεῦρο δὲ καὶ Χείρων ἀγέτω πολέας Κενταύρους,   455
οἵ θ' 'Ηρακλείους χεῖρας φύγον, οἵ τ' ἀπόλοντο·
τύπτοιεν τάδε ἔργα κακῶς, τύπτοι δὲ κάμινον,
αὐτοὶ δ' οἰμώζοντες ὁρῴατο ἔργα πονηρά.
γηθήσω δ' ὁρόων αὐτῶν κακοδαίμονα τέχνην.
ὃς δέ χ' ὑπερκύψῃ, περὶ τούτου πᾶν τὸ πρόσωπον   460
φλεχθείη, ὡς πάντες ἐπίσταιωτ' αἴσιμα ῥέζειν.

Παραχειμάζων δὲ ἐν τῇ Σάμῳ, ταῖς νουμηνίαις προσπο-
ρευόμενος πρὸς τὰς οἰκίας τὰς εὐδαιμονεστάτας, ἐλάμβανέ

447 συντρίψαι σμάραγόν Ma¹ Suidas 161 (συντρίψω Suidae O³) : σύν-
τριβ (ss. ψω) Ma²   σύντριβ' ὁμοσμάραγόν libri : ὁμοσφάραγον (ss. ὡς
Ma²   Ἄσβεστον libri, corr. Stephanus   γ' ἄβακτον A² Bm² O² P¹⁰ V¹ :
γάβακτον ex βάγακτον M² : γ' ἄμακτον Bm⁴ E¹ P³ P⁹ P¹¹ : γ' ἄμοτον (ss.
γρ. συμβάκτην) ἄβικτον Ma¹ : cf. Hesych. ἄβακτον καὶ ἄβυκτον· τὸ μὴ
μακαριστόν: γ' ἄματον (ss. κ) (μ corr. in β), marg. σαβάκτην Ma² ut
Suid. 161   **448** ὠμοδαμόθ' M²   θ' ὡς V¹ Suidae E P¹ 162   πολλὰ
om. Bm⁴ Ma¹ Ma² P¹²   πολλὰ κακὰ A² P¹⁰ : πολὰ κακὰ Bm² Li M²
O²   πορίζοι Li M² Suid. : πορίζει V¹ Suidae P¹ : πορίζει cet. Suidae
O³ P⁴   **449** πεῖθε codd. : στεῖλαι Ma¹ Ma² ut Suid. 163 : πέρθε Sca-
liger : πρῆθε Portus   an σεῖε, παῖε? πυρέθουσαν Bm⁴ Ma² P³ (-ε-) (ss. αι) :
πυρήθουσαν M¹ : -αίθουσαν cett. Suid. ib. pro foco vel parte fornacis recte
habet Hermann, cl. πυραιθεῖα Strab. 733   **450** μέγα om. Bm⁴ P¹¹   **451**
βρύκοι om. Ma¹ : βρύκοι Ma² : ἀρύκοι M², cf. Suid. 165   **452** αὐτῇ Bm⁴
Ma¹ Ma² : αὐτοῦ A² E¹ Li P³ V¹   ποοῦσα P⁹ P¹¹, Suidae O³ P⁴   **453** θυ-
γάτηρ Bm⁴ E¹ Li M² P⁹ P¹⁰ P¹¹   πολυφάρμακος A² E¹ Li Ma¹ Ma² P³ P¹¹ V¹
455 πολλοὺς Suid. 169   **456** ἡρακλῆος Bm⁴ E¹ Li Ma¹ Ma² P³ P⁹
P¹¹ V¹ Suid. 170   φύγον χεῖρας Bm⁴ Ma¹ Ma² P³ P¹¹   **457** τύπτοι (ss. πί)
Ma² : πίπτοι P⁹ Suidas 171   κάμινος Bm⁴ Li Ma¹ P³ P⁹ P¹¹ Suid. :
κάμινον cett.   **460** ὑπερκύψει libri, corr. Hermann (ὑπερκύψη Suidae
O³ 174)   ταύτην Bm⁴ E¹ Ma¹ Ma² P³ P⁹ P¹¹ V¹ : ταῦτα A¹ Bm² M² O²
P⁹   **461** φλεχθῇ ὅπως Suid. 175   ἐπ⸍σταντ' Bm² M² O⁸ P¹⁰ V¹ :
ἐπίστωντ' Bm⁴ E¹ P³ P⁹ P¹¹ : ἐπίστωνται Ma¹ Ma² Suidas 175   **462** ταῖς
νουμηνίαις om. Suid. 176   νεομηνίαις Ma¹   **463** τὰς εὐδαι-
μονεστάτας] τῶν ἐπιφανεστάτων Suid. 177

τι ἀείδων τὰ ἔπεα τάδε ἃ καλεῖται Εἰρεσιώνη, ὡδήγουν
465 δὲ αὐτὸν καὶ συμπαρῆσαν αἰεὶ τῶν παίδων τινες τῶν
ἐγχωρίων·

δῶμα προσετραπόμεσθ' ἀνδρὸς μέγα δυναμένοιο,
ὃς μέγα μὲν δύναται, μέγα δὲ βρέμει, ὄλβιος αἰεί.

αὐταὶ ἀνακλίνεσθε θύραι· πλοῦτος γὰρ ἔσεισι
470 πολλός, σὺν πλούτῳ δὲ καὶ εὐφροσύνη τεθαλυῖα,
εἰρήνη τ' ἀγαθή. ὅσα δ' ἄγγεα, μεστὰ μὲν εἴη,
κυρβαίη δ' αἰεὶ κατὰ καρδόπου ἔρποι μάζα,
τοῦ παιδὸς δὲ γυνὴ κατὰ διφράδα βήσεται ὕμμιν,
ἡμίονοι δ' ἄξουσι κραταίποδες ἐς τόδε δῶμα,
475 αὐτὴ δ' ἱστὸν ὑφαίνοι ἐπ' ἠλέκτρῳ βεβαυῖα.
νεῦμαί τοι νεῦμαι ἐνιαύσιος ὥστε χελιδὼν
ἔστηκ' ἐν προθύροις·
καὶ

468 δύναται] αὖτεῖ Suidas 181 : δύναται (ss. γρ. αὐτεῖ· Ma¹ Ma²   469
αὐταὶ Li M² P¹¹ : αὐτὰρ cet. Suid. 182 (αὐτὰρ ss. al Ma¹ Ma²)   εἴσεισι
Bm⁴ Ma² O² P¹⁰ Ma¹ ss. : ἔσεισοῖ P⁵ : ἔπεισι Ma¹ marg.. Ma² Suid.
182   470 πουλὺs Suidae V²   τεθαλῆοs P¹⁰ : τεθαλεία Bm⁴ Ma¹ Ma² P⁵ :
τεθηλυῖα A² Bm² M² O² P¹⁰   472 κυρβαίη (ss. κ) Ma¹ Ma² : κυρκαίη
Suid. 185   κατὰ δόρπου Suid. 185 : δόπου (ss. ρ, Ma²   ἔρπεο Ma¹ Ma²
Suid. 185   post h. v. hab. Suid. [186] versum νῦν μὲν κριθαίην εὐώπιδα
σησαμόεσσαν : hab. et Ma¹ in textu, Ma² in marg. (κριθαίη)   473 δι-
φράδα A² Bm² M² O² P¹⁰ : διφράδοs Bm⁴ Ma² P³ P¹¹ V¹ : δίφρα (ss. ον) E¹ P³ :
δίφρου (ss. α) Ma¹ : δίφρακα Suidae P⁴ 187 : δίφρα cett. Suid. codd.
βήσεται (ss. κατα) Ma² : καταβοήσεται Suidae O³ : καταβήσεται Suidae
codd. cet.   ὕμμιν] ὑμνεῖν Ma¹, Ma² corr. Suidas 187   474 κραταί-
ποδαs A² Li M² O²   475 ὑφαίνοι ἱστὸν A² Bm² Bm⁴ E¹ M² Ma¹ (ει)
Ma² (ει) O² P³ P⁹ (ει) P¹⁰ P¹¹ (ει) V¹ : ὑφαιν' ἱστὸν Suidas 189   ἐπὶ
λέκτρῳ Bm⁴ Ma¹ Ma² : ἐπὶ λέκτρα Suid. 189   βεβαυῖα] βεβηκυῖα Suid.
189   476 τοι] σοι A² Bm² M² O²   νεύματί τοι εὔμαιον ἐνιαύσιος
ἔσται χελιδών Suid. 190 : νεύματι εὔμαιον ἐνιαύσιος (ss. η) ὥς τε (ss.
ἔσται) χελιδών Ma¹, marg. νεῦμαι σοι νεῦμαι : νεῦμά (corr. in αι) τοι
νεῦμα (ss. ον) Ma²   476 sq. cf. carmen quod Athen. 360 B citat a Theo-
gnide ἐν β' περὶ τῶν 'Ρόδῳ θυσιῶν [F.H.G. iv. 514]   477 ἐν om.
Suid. 191   post προθύροις pergit Suidas
ψιλὴ πόδαs· ἀλλὰ φέρ' αἶψα
πέρσαι τῷ 'Απόλλωνος γυιάτιδος
haec in textu add. Ma¹ (πέρσαῖ), in marg Ma² (πέρσεῖ)   478 καὶ om.
Ma¹   καὶ ... 480 ἤλθομεν in libris cum προθύροις continuata seiunxit
Valckenaer

εἰ μέν τι δώσεις εἰ δὲ μή, οὐχ ἐστήξομεν,
οὐ γὰρ συνοικήσοντες ἐνθάδ' ἤλθομεν.   480
ᾔδετο δὲ τάδε τὰ ἔπεα ἐν τῇ Σάμῳ ἐπὶ πολὺν χρόνον ὑπὸ τῶν
παίδων ὅτε ἀγείροιεν ἐν τῇ ἑορτῇ τοῦ Ἀπόλλωνος.

λδ'. Ἀρχομένου δὲ τοῦ ἔαρος ἐπεχείρησε πλεῖν Ὅμηρος
εἰς τὰς Ἀθήνας ἐκ τῆς Σάμου. καὶ ἀναχθεὶς μετά τινων
ἐγχωρίων ἀπηνέχθη εἰς τὴν Ἴον· καὶ ὡρμίσθησαν οὐ κατὰ 485
πόλιν, ἀλλ' ἐπ' ἀκτῆς. συνέβη δὲ τῷ Ὁμήρῳ κατὰ πολύ τι
ἄρξασθαι μαλακῶς ἔχειν· ἐκβὰς δὲ τοῦ πλοίου ἐκοιμᾶτο
ἐπὶ τῆς κυματωγῆς ἀδυνάτως ἔχων. πλείους δὲ ἡμέρας
ὁρμούντων αὐτῶν δι' ἀπλοίην, καταβαίνοντες αἰεί τινες τῶν
ἐκ τῆς πόλιος ἀπεσχόλαζον παρὰ τῷ Ὁμήρῳ καὶ ἐν θωύ- 490
ματι εἶχον αὐτὸν ἀκούοντες αὐτοῦ.

λε'. Τῶν δὲ ναυτέων καὶ τῶν ἐκ τῆς πόλιος τινῶν ἡμέ-
νων παρὰ τῷ Ὁμήρῳ κατέπλωσαν παῖδες ἁλιῆς τὸν τόπον,
καὶ ἐκβάντες ἐκ τοῦ ἀκατίου προσελθόντες αὐτοῖς τάδε εἶπον·
ἄγετε ὦ ξεῖνοι ἐπακούσατε ἡμέων, ἂν ἄρα δύνησθε διαγνῶ- 495
ναι ἄσσ' ἂν ὑμῖν εἴπωμεν. καί τις τῶν παρεόντων ἐκέλευε
λέγειν· οἱ δὲ εἶπαν ἡμεῖς ἄσσα εἵλομεν κατελίπομεν· ἃ
δὲ μὴ εἵλομεν φέρομεν. οἱ δέ φασι μέτρῳ εἰπεῖν αὐτοὺς

ἄσσ' ἕλομεν λιπόμεσθα· ἃ δ' οὐχ ἕλομεν φερόμεσθα.

οὐ δυναμένων δὲ τῶν παρεόντων γνῶναι τὰ ῥηθέντα, διηγή- 500
σαντο οἱ παῖδες ὅτι ἁλιεύοντες οὐδὲν ἐδύναντο ἑλεῖν, καθή-
μενοι δὲ ἐν γῇ ἐφθειρίζοντο, καὶ ὅσους μὲν ἔλαβον τῶν

479 εἰ μέν τι δώσεις. εἰ δὲ μή. οὐκ ἐάσομεν Athen. 360 C (P.L.G. iii.
671)   480 συνοικήσοντε Li M² P¹⁰   481 δὲ om. Bm⁴ P³   τὰ
ἔπεα Bm⁴ P³ P⁹ om. cet.: ταῦτα Bm⁴ P¹¹ Suid. 196   ὑπὸ] παρὰ Suid.
ib.   484 ἐκ τῆς σάμου εἰς τὰς ἀθήνας V¹   487 δὲ P⁹: δ' ἐκ cet.
(δὲ ἐκ Bm⁴ P³ P¹⁰ P¹¹)   494 αὐτοῖς] πρὸς αὐτὸν Bin⁴ Ma¹ P³ P⁹ P¹¹ V¹
Suidas 200   495 ἀναγνῶναι Suid. 202   497 εἶπον Suid. 203
ἄττα Li M²: ἄττα (ss. σσ; Bm² O²   ἂν ἕλωμεν Suid. 203   κατα-
λείπομεν Ma¹ V¹   499 = vit. Proc. 100. 18 Plut. 67 iv. 22 v. 42 vi. 61
Suid. 206 Cert. 328, cf. Heracliti fr. 56 Diels 47 n. Byw.
ἄσσ'| ἃς Bm² Li M² O² P¹⁰: οὓς Proc.: ὄσσ' vit. iv, v   λιπό-
μεσθ' οὓς Proc.: ὄσσ' Plut.: ὄσα δ' iv, v: ἄσσ' Cert.: λιπόμεσθα ὄσ'
Cert.   500 παρόντων Suid. 207   λεχθέντα Suid.   502 τῇ γῇ
Bm⁴ P³ P⁹ P¹¹

φθειρῶν κατέλιπον· ὅσους δὲ μὴ ἐδύναντο ἐς οἴκους ἀπε-
φέροντο. ὁ δὲ Ὅμηρος ἀκούσας ταῦτα ἔλεξε τὰ ἔπεα τάδε·

505   τοίων γὰρ πατέρων ἐξ αἵματος ἐκγεγάασθε,
    οὔτε βαθυκλήρων οὔτ' ἄσπετα μῆλα νεμόντων.

λϛ'. Ἐκ δὲ τῆς ἀσθενείας ταύτης συνέβη τὸν Ὅμηρον
τελευτῆσαι ἐν Ἴῳ, οὐ παρὰ τὸ μὴ γνῶναι τὸ παρὰ τῶν
παίδων ῥηθέν, ὡς οἴονταί τινες, ἀλλὰ τῇ μαλακίῃ. τελευ-
510 τήσας δὲ ἐν τῇ Ἴῳ αὐτοῦ ἐπ' ἀκτῆς ἐτάφη ὑπό τε τῶν
συμπλόων καὶ τῶν πολιήτεων ὅσοι ἐν διαλογῇ ἐγεγένηντο
αὐτῷ. καὶ τὸ ἐλεγεῖον τόδε ἐπέγραψαν Ἰῆται ὕστερον χρόνῳ
πολλῷ, ὡς ἤδη ἥ τε ποίησις ἐξεπεπτώκεε καὶ ἐθαυμάζετο
ὑπὸ πάντων· οὐδὲ Ὁμήρου ἐστίν·

515   ἐνθάδε τὴν ἱερὴν κεφαλὴν κατὰ γαῖα καλύψεν
    ἀνδρῶν ἡρώων κοσμήτορα θεῖον Ὅμηρον.

κζ'. Ὅτι δὲ ἦν Αἰολεὺς Ὅμηρος καὶ οὔτε Ἴων οὔτε
Δωριεύς, τοῖς τε εἰρημένοις δεδήλωταί μοι καὶ δὴ καὶ τοῖσδε
τεκμαίρεσθαι παρέχει. ἄνδρα ποιητὴν τηλικοῦτον εἰκός ἐστι
520 τῶν νομίμων τῶν παρὰ τοῖς ἀνθρώποις ποιοῦντα ἐς τὴν
ποίησιν ἤτοι τὰ κάλλιστα ἐξευρόντα ποιέειν ἢ τὰ ἑωυτοῦ,
πάτρια ἐόντα. ἤδη τοίνυν τὸ ἐνθένδε αὐτοὶ τῶν ἐπέων
ἀκούοντες κρινεῖτε. ἱεροποιίην γὰρ ἢ τὴν κρατίστην ἐξευ-
ρὼν ἐποίησεν ἢ τὴν ἑωυτοῦ πατρίδι προσήκουσαν. λέγει
525 γὰρ ὧδε·

503 κατέλιπον] ἀνεῖλον Suid. 210 οἴκων Suid.   504 ἔλεγε Bm⁴ V¹
Suid. 211   505 ἐκγεγάασθε Bm⁴ P⁹ Suid. 213 : -άατε cet.   508 ἐν τῇ
Ἴῳ Bm⁴ : ἐν Ἴῳ V¹   509 λεχθὲν Suid. 217   ὡς] καθάπερ Suid.
217   510 ἐτάφη ἐν τῇ Ἴῳ κτλ. A³ Bm⁴ V¹   511 σύμπλων Bm⁴ P³ P⁹ P¹¹
V¹ : συμπλεόντων Bm² M² O² P¹⁰   πολιτέων M² : πολιτῶν Bm⁴ Ma¹
512 πολλῷ χρόνῳ V¹   514 παρὰ πάντων Ma¹   ὑπὸ πολλῶν Suid.
222   515, 516 = Anth. Pal. vii. 3 vit. Plut. 73, 74 Cert. 337, 338 vit.
iv. 24, 25 v. 51, 52 vi. 63, 64 Suid. 54, 55, 220, 221, cf. et Kaibel Ep.
gr. 48, 51, 272, 354, 416, 660, 661   515 ἱερὰν Bm⁴ O² Suid. 54, 220
καλύπτει Ma¹ Ma² Suid. bis Anth. Plut. Cert. vitt. iv, v, vi   γαῖ'
ἐκάλυψεν Kaibel 51   517 ἦν ἂν V¹   518 δὴ καὶ om. Ma¹   520 ποι-
εῦντα Bm⁴ V¹   521 ἢ καὶ τὰ Ma¹   522 ὄντα Ma¹   αὐτοὶ] αὐτῶν
Ma¹   523 ἀκούσαντες Bm P⁴ (ον ss.)   κράτιστον P⁹ V¹   524 ἑαυτῷ
πάτριον Bm⁴ P³ P⁹ P¹¹ V¹ : ἑαυτῶ om. πατρίδι Ma¹

αὐέρυσαν μὲν πρῶτα καὶ ἔσφαξαν καὶ ἔδειραν,
μηρούς τ᾿ ἐξέταμον κατά τε κνίσσῃ ἐκάλυψαν,
δίπτυχα ποιήσαντες, ἐπ᾿ αὐτῶν δ᾿ ὠμοθέτησαν.
ἐν τούτοις ὑπὲρ ὀσφύος οὐδὲν εἴρηται ᾗ ἐς τὰ ἱερὰ χρέονται·
μονώτατον γὰρ τῶν Ἑλλήνων τὸ Αἰολικὸν ἔθνος οὐ καίει 530
ὀσφύν. δηλοῖ δὲ καὶ ἐν τοῖσδε τοῖς ἔπεσιν ὅτι Αἰολεὺς ὢν
δικαίως τοῖς νόμοις τοῖς τούτων ἐχρῆτο·

καῖε δ᾿ ἐπὶ σχίζῃς ὁ γέρων, ἐπὶ δ᾿ αἴθοπα οἶνον
λεῖβε· νέοι δὲ παρ᾿ αὐτὸν ἔχον πεμπώβολα χερσίν.

Αἰολέες γὰρ μόνοι τὰ σπλάγχνα ἐπὶ πέντε ὀβελῶν ὀπτῶσιν, 535
οἱ δὲ ἄλλοι Ἕλληνες ἐπὶ τριῶν. καὶ γὰρ ὀνομάζουσιν οἱ
Αἰολεῖς τὰ πέντε πέμπε.

λη΄. Τὰ μὲν οὖν ὑπὲρ τῆς γενέσιος καὶ τελευτῆς καὶ βίου
δεδήλωταί μοι. περὶ δὲ ἡλικίης τῆς Ὁμήρου ἐκ τῶνδ᾿ ἄν
τις ἐπισκεπτόμενος ἀκριβῶς καὶ ὀρθῶς λογίζοιτο. ἀπὸ γὰρ 540
τῆς εἰς Ἴλιον στρατίης, ἣν Ἀγαμέμνων καὶ Μενέλαος ἤγει-
ραν, ἔτεσιν ὕστερον ἑκατὸν καὶ τριάκοντα Λέσβος ᾠκίσθη
κατὰ πόλεις, πρότερον ἐοῦσα ἄπολις. μετὰ δὲ Λέσβον
οἰκισθεῖσαν ἔτεσιν ὕστερον εἴκοσι Κύμη ἡ Αἰολιῶτις καὶ
Φρικωνὶς καλεομένη ᾠκίσθη. μετὰ δὲ Κύμην ὀκτωκαίδεκα 545
ἔτεσιν ὕστερον Σμύρνα ὑπὸ Κυμαίων κατῳκίσθη· καὶ ἐν
τούτῳ γίνεται Ὅμηρος. ἀφ᾿ οὗ δ᾿ Ὅμηρος ἐγένετο ἐτεά
ἐστιν ἑξακόσια εἰκοσιδύο μέχρι τῆς Ξέρξεω διαβάσεως, ἣν
στρατευσάμενος ἐπὶ τοὺς Ἕλληνας καὶ ζεύξας τὸν Ἑλλήσ-
ποντον διέβη ἐκ τῆς Ἀσίας ἐς τὴν Εὐρώπην. ἀπὸ δὲ 550

526-528 = A 459-461 B 422-424   526 αὐέρυσαν Bm² O²: ἀνέρυσαν Ma¹
Ma⁴ : αὖ ἔρ. cet.   πρῶτα μὲν P³   529 ἐν τούτοις γὰρ P³ P⁹ P¹¹   ᾗ ἐς]
οἷς Ma¹   χρέωνται Ma² ante corr., P⁹   532 δικαίως add. Bm⁴
P³ P⁹ P¹¹   τοῖς τούτων νόμοις Bm⁴ P¹ P⁹ P¹¹   533, 534 = A 462, 463
γ 459, 460   534 ἔχον om. P¹⁰ V¹   πεμπόμβολα M²   535 μόνα
V¹   538 γεννήσιος V¹   539 τοῦ ὁμήρου P³   541 στρατίης
P⁹ : -είης Bm⁴ P³ P¹¹ : -είας cet.   545 φρικωνὶς plerique : φρικώτης
M² : φιοκιῶτις V¹ : Κύμη ἡ Φρικωνὶς καλεομένη Herod. i. 149 Strab.
582 : Φρικωνίτις Steph. Byz. in Κύμῃ, quod tentat Barnes. eadem cor-
ruptio ap. Tzetzem in Hes. f. 143 Heins. corr. Wesseling ad
Herod.

VITA HERODOTEA

τούτου ῥηϊδίως ἐστὶ ἀριθμῆσαι τὸν χρόνον τῷ ἐθέλοντι
ζητεῖν ἐκ τῶν ἀρχόντων τῶν Ἀθήνησι. τῶν δὲ Τρωϊκῶν
553 ὕστερον γέγονεν Ὅμηρος ἔτεσιν ἑκατὸν ἑξήκοντα ὀκτώ.

CERTAMEN

subsidia

Dio Prusaensis or. ii. 11 = 20 M = 76 R citat Λ 67–71
tum ταῦτα μέντοι ποιῶν Ὅμηρος ἡττᾶτο ὑπὸ Ἡσιόδου, ὁ
Φίλιππος εἶπεν· ἢ οὐκ ἀκήκοας τὸ ἐπίγραμμα τὸ ἐν
Ἑλικῶνι τὸ ἐπὶ τοῦ τρίποδος;

> Ἡσίοδος Μούσαις Ἑλικωνίσι τόνδ᾽ ἀνέθηκεν
> ὕμνῳ νικήσας ἐν Χαλκίδι θεῖον Ὅμηρον.

Plutarchus Septem Sap. convivium c. 10. 153 F ἀκούο-
μεν γὰρ ὅτι καὶ πρὸς τὰς Ἀμφιδάμαντος ταφὰς εἰς Χαλκίδα
τῶν τότε σοφῶν οἱ δοκιμώτατοι ποιηταὶ συνῆλθον. ἦν δ᾽
ὁ Ἀμφιδάμας ἀνὴρ πολεμικός, καὶ πολλὰ πράγματα παρα-
σχὼν Ἐρετριεῦσιν ἐν ταῖς περὶ Ληλάντου μάχαις ἔπεσεν.
ἐπεὶ δὲ τὰ παρεσκευασμένα τοῖς ποιηταῖς ἔπη χαλεπὸν καὶ
δύσκολον ἐποίει τὴν κρίσιν διὰ τὸ ἐφάμιλλον, ἥ τε δόξα
τῶν ἀγωνιστῶν Ὁμήρου καὶ Ἡσιόδου πολλὴν ἀπορίαν μετ᾽
αἰδοῦς τοῖς κρίνουσι παρεῖχεν, ἐτράποντο πρὸς τοιαύτας
16 ἐρωτήσεις, καὶ προύβαλ᾽ ὁ μέν, ὥς φησι Λέσχης

> Μοῦσά μοι ἔννεπε κεῖνα τὰ μήτ᾽ ἐγένοντο πάροιθε
> μήτ᾽ ἔσται μετόπισθεν·

ἀπεκρίνατο δ᾽ Ἡσίοδος ἐκ τοῦ παρατυχόντος

> ἀλλ᾽ ὅταν ἀμφὶ Διὸς τύμβῳ καναχήποδες ἵπποι
> ἅρματα συντρίψουσιν ἐπειγόμενοι περὶ νίκης.

καὶ διὰ τοῦτο λέγεται μάλιστα θαυμασθεὶς τοῦ τρίποδος
τυχεῖν.

551 τούτων Ma¹ P³   ἰδίως Ma¹   552 τῶν ante Ἀθήνησι Bm⁴ P³ P⁹
P¹¹ : om. cet.   553 γεγένηται Bm⁴ P³ V¹   καὶ ἑξήκοντα Ma¹   ὀκτὼ
om. Bm⁴ Ma¹ P³ P¹¹   numeros absque auctore adfert Cyrillus in Iulian.
l. vii. f. 225
16 Lesches, cf. p. 136.

CERTAMEN

Plut. Quaes. conv. v. 2. 674 F ἐνίοις μὲν οὖν ἐπίδοξος ἤμην ἕωλα παραθήσειν πράγματα, τὰς Οἰολύκου τοῦ Θετταλοῦ ταφὰς καὶ τὰς Ἀμφιδάμαντος τοῦ Χαλκιδέως ἐν αἷς Ὅμηρον καὶ Ἡσίοδον ἱστοροῦσιν ἔπεσι διαγωνίσασθαι. καταβαλὼν δὲ ταῦτα τῷ διατεθρυλῆσθαι πάνθ' ὑπὸ τῶν γραμματικῶν . . . εἶπον κτλ.

Philostratus Heroicus xviii. 2 = 194 = 318 = 727

γέγονε γὰρ ξένε γέγονε ποιητὴς Ὅμηρος καὶ ᾖδεν, ὡς μέν φασιν ἕτεροι, μετὰ τέτταρα καὶ εἴκοσιν ἔτη τῶν Τρωικῶν, οἱ δὲ μετὰ ἑπτὰ καὶ εἴκοσι πρὸς τοῖς ἑκατόν, ὅτε τὴν ἀποικίαν οἱ Ἀθηναῖοι ἐς Ἰωνίαν ἔστειλαν, οἱ δὲ ἑξήκοντα καὶ ἑκατὸν ἔτη γεγονέναι μετὰ τὴν Τροίαν ἐπὶ Ὅμηρόν τέ φασι καὶ Ἡσίοδον, ὅτε δὴ ᾆσαι ἄμφω ἐν Χαλκίδι τὸν μὲν τὰ ἑπτὰ ἔτη τὰ περὶ τοῖν Αἰάντοιν καὶ ὡς αἱ φάλαγγες αὐτοῖς ἀραρυῖαί τε ἦσαν καὶ καρτεραί, τόν δὲ τὰ πρὸς τὸν ἀδελφὸν τὸν ἑαυτοῦ Πέρσην, ἐν οἷς αὐτὸν ἔργων τε ἐκέλευσεν ἅπτεσθαι καὶ γεωργίᾳ προσκεῖσθαι, ὡς μὴ δέοιτο ἑτέρων μηδὲ πεινῴη. καὶ ἀληθέστερα ξένε περὶ τῶν Ὁμήρου χρόνων ταῦτα, ξυντίθεται γὰρ αὐτοῖς ὁ Πρωτεσίλεως. δύο γοῦν ποιητῶν ὕμνον ποτε εἰπόντων ἐς αὐτὸν ἐνταυθοῖ καὶ ἀπελθόντων ἤρετό με ὁ ἥρως ἀφικόμενος ὅτῳ αὐτῶν ψηφιζοίμην, ἐμοῦ δὲ τὸν φαυλότερον ἐπαινέσαντος, καὶ γὰρ μᾶλλον ἔτυχέ με ἡρηκώς, γελάσας ὁ Πρωτεσίλεως καὶ Πανίδης ἔφη ἀμπελουργὲ ταὐτόν σοι πέπονθεν· Χαλκίδος γὰρ τῆς ἐπ' Εὐρίπῳ βασιλεὺς ὢν ἐκεῖνος Ἡσιόδῳ κατὰ Ὁμήρου ἐψηφίσατο καὶ ταῦτα τὸ γένειον μεῖζον ἔχων ἢ σύ.

Themistius ed. Dindorf 1832 or. xxx. 348 c δεῖ δὲ ἤδη καὶ ἡμᾶς Ἡσιόδῳ καὶ Μούσαις ἀκολουθοῦντας ἐπιδεῖξαι διὰ πλειόνων ὡς ἄρα οὐ μάτην Ἡσίοδος σοφὸς ἐνομίσθη, ἀλλ' εἰς τοσοῦτον εὐκλείας διὰ τοὺς εἰς γεωργίαν λόγους προῆλθεν ὥστε καὶ Ὁμήρῳ περὶ σοφίας καὶ μουσικῆς ἐν ταφαῖς Ἀμφιδάμαντος εἰς ἀγῶνα ἐλθὼν παρὰ τῶν κριτῶν τὸν στέφανον καὶ τὴν νίκην ἔχειν. ὁ μὲν γὰρ πολέμους καὶ

CERTAMEN

μάχας καὶ τὸν συνασπισμὸν τοῖν Αἰάντοιν καὶ ἄλλα τοιαῦτα
προσῆδεν, ὁ δὲ γῆς τε ὕμνησεν ἔργα καὶ ἡμέρας ἐν αἷς τὰ
ἔργα βελτίω γίνεται· καὶ διὰ ταῦτα πᾶσι τοῖς κριταῖς
κρατεῖ.

A. Gellius iii. 11. 3 *M. autem Varro in primo de imaginibus
uter prior sit natus parum constare dicit, sed non esse dubium
quin aliquo tempore eodem vixerint, idque ex epigrammate
ostendi quod in tripode scriptum est qui in monte Helicone ab
Hesiodo positus traditur.*

Libanius Apologia Socratis p. 553 D Morell.

ἠγωνίσατό ποτε Ὁμήρῳ Ἡσίοδος, καὶ τοῦτο αὐτὸς
Ἡσίοδος ἐν ἐπιγράμματι διδάσκει, φιλοτιμούμενος καὶ
λέγων νενικηκέναι τὸν Ὅμηρον.

Eust. 4. 38 εἰ δὲ καὶ ἤρισεν Ὅμηρος Ἡσιόδῳ τῷ
Ἀσκραίῳ καὶ ἡττήθη, ὅπερ ὄκνος τοῖς Ὁμηρίδαις καὶ λέγειν,
ζητητέον ἐν τοῖς εἰς τοῦτο γράψασιν, ἐν οἷς ἔκκεινται καὶ
τὰ ῥητὰ τῆς ἔριδος.

Cf. et Tzetzes prooemium in Iliadis Alleg. 50 ed. Matranga, 1850,
p. 3.

Post auctores praefigendam duximus vitae Hesiodeae eam
quae ad Homerum spectat partem. et hanc quidem vitam
quam Proculo attribuunt codices, a Tzetze conscriptam esse
inde a Rankio (*de Hesiodi Op. et Di. commentatio* 1838) est
creditum : cf. quos congessit Rzachius auctores l. c. et
Eugenium Abel *Wiener Studien* xi. 88 sqq. attamen constat
a Proculo Tzetzen sua hic sicut alias traxisse, atque ut vitam
Homeri Proculeam quae tamen iam exstat in eam formam
quae est in Chiliad. xiii. 626 Exeg. in Il. ff. 7–38
corruperit, ita Hesiodi Proculeam vitam et corrupisse et
interemisse. vita ipsa duo species, alteram ampliorem,
decurtatam alteram habet ; superest et tertia longior in
Tzetzae expositionem Operum et Dierum immissa, adhuc
apud Gaisfordium Poett. min. graec. 1820 iii. 9 sqq. quae-

renda. vellem quidem vir clarissimus Aloisius Rzach cum cetera Hesiodea ederet et haec monumenta perpolita tradidisset : ipsi codices duo Matritenses unum Oxoniensem attulimus.

Codices vitae Hesiodeae

M = Monacensis 334. chart. in quarto, ff. 171, s. xv. cont. Sophoclem, Hesiodum, Dionysium periegetam, Theocritum. collatus a G. Thomas in usum Westermanni.

Ma¹ = Matritensis bibl. nat. 4607 (Iriart. 8). chart. mm. 322 × 230, ff. 133, s. xv, manu C. Lascaris. cont. f. 2 v. vitam Hesiodi Suideam, f. 3 vitam Tzetzae breviorem.

Ma² = Matritensis bibl. nat. 4642 (Iriart. 103). chart. mm. 200 × 140, ff. 136, s. xv. cont. f. 2 r.-4 r. vitam praebet eandem fere atque O, scilicet ex *Exegesi* amplificatam.

O = Oxoniensis Barocci 60. chart. mm. 205 × 145, ff. 143, s. xv. cont. Hesiodi O.D. et Theogoniae 1–520 cum Proculi commentario. vitam praebet multis partibus amplificatam.

P¹ = Parisiensis graecus 2708 (B Gaisfordii). chart., ff. 300, s. xv. cont. Hesiodi opera cum scholiis.

P² = Parisiensis graecus 2758. chart., ff 69, s. xv. cont. Hesiodi Opera et Dies cum Moschopuli scholiis. contulit E. Miller in usum Westermanni.

P³ = Parisiensis graecus 2763 (D Gaisfordii). chart., ff. 243, s. xv. cont. variorum hymnos, Hesiodi opera cum Proculi praefatione.

P⁴ = Parisiensis graecus 2833 (C Gaisfordii). membr., ff. 214, s. xv. cont. Theocritum hymnos, Hesiodi opera.

T = Taurinensis 205 b, iii. 16. chart., ff. 83, s. xvi. cont. Proculum in Cratylum. contulit Göttling (vita Herodotea omissa est a Pasinio in cat.).

V = Vat. 1409. s. xiv. cont. Theogoniam. contulit Göttling.

Ex. = vita in Tzetzae exegesi ap. Gaisford. P. M. G., 1820, iiі. 5 sqq. obvia. exegesis codices secundum proprios numeros citavimus.

[Cod. Palatinum 18, s. xiv, hodie Heidelbergae asservatum non citavimus : lectiones enim quas C. F. Neumann (*reliquiae Aristotelis rerum publicarum collegit C. F. N.*, 1827 = Aristotelis opp. ed. Bekker, Oxon., 1837, t. x. 329), ex margine ed. Heinsii quae publica in bibliotheca Heidelbergae extat exscripsit licet e codice illo depromptae sint ita id factum esse minime constat. vita carent Commelini binae editiones (aa. 1591, 1598). item codicem Neapolitanum a Lenneppio apud Boissonadium in ed. Hes. a. 1824 citatum praeterimus. non enim e catalogo Cyrilliano dignoveris qualis sit, neque cur numero 54 eum notaverit Rzach equidem perspexi.]

VITAE HESIODI PARTICVLA

[West. ii. c. 2, Hes. ed. Rzach, 1884, p. xii. 37]

συνηκμακέναι δ' αὐτὸν οἱ μὲν Ὁμήρῳ φασίν, οἱ δὲ καὶ
Ὁμήρου προγενέστερον εἶναι διισχυρίζονται. καὶ οἱ μὲν
προγενέστερον εἶναι τοῦτον Ὁμήρου διισχυριζόμενοι ἐν
ἀρχαῖς εἶναί φασι τῆς Ἀρχίππου ἀρχῆς, Ὅμηρον δ' ἐν τῷ
5 τέλει. ὁ δ' Ἄρχιππος οὗτος υἱὸς ἦν Ἀκάστου, ἄρξας
Ἀθηναίων ἔτη λε'. οἱ δὲ συγχρόνους αὐτοὺς εἶναι λέγοντες
ἐπὶ τῇ τελευτῇ τοῦ Ἀμφιδάμαντος τοῦ βασιλέως Εὐβοίας
φασὶν αὐτοὺς ἀγωνίσασθαι καὶ νενικηκέναι Ἡσίοδον ἀγωνο-
θετοῦντος καὶ κρίνοντος Πανήδου τοῦ βασιλέως, τοῦ
10 ἀδελφοῦ Ἀμφιδάμαντος, Γανύκτορός τε καὶ τῶν λοιπῶν.
ἐξηρωτηκέναι γὰρ αὐτοὺς πολλὰ πρὸς ἀλλήλους φασὶ δι'
ἐπῶν αὐτοσχεδίων καὶ ἀποκρίνασθαι, καὶ πᾶσι τὸν Ὅμηρον
τὰ πρωτεῖα λαμβάνειν· τέλος τοῦ βασιλέως Πανήδου
εἰπόντος αὐτοῖς τὰ κάλλιστα τῶν ἑαυτῶν ἐπῶν ἀναλεξα-
15 μένους εἰπεῖν, Ὅμηρος μὲν ἄρχεται λέγειν τοῦτο τὸ χωρίον
ἀπὸ πολλῶν ἐπῶν ἀρξάμενος ὄπισθεν·

ἀσπὶς ἄρ' ἀσπίδ' ἔρειδε κόρυς κόρυν ἀνέρα δ' ἀνήρ,
ψαῦον δ' ἱππόκομοι κόρυθες λαμπροῖσι φάλοισι
νευόντων· ὡς πυκνοὶ ἐφέστασαν ἀλλήλοισι,
20 καὶ περαιτέρω τούτων. Ἡσίοδος δὲ τῶν

Πληιάδων Ἀτλαγενέων ἐπιτελλομενάων

2 εἶναι διισχυρίζονται om. Ma¹   καὶ οἱ μὲν] οἱ μὲν οὖν Ma¹
3 ὁμήρου τοῦτον Ο : τοῦτον om. Ma²   τοῦτον ἐν ἀρχαῖς Ma²   4 ἀρξίπ-
που ἄρξιππος codd., corr. Göttling   ἀρχῆς τὸν ἡσίοδον ἐν δὲ τῷ τέλει
τὸν ὅμηρον Ο   6 εἶναι] γεγονέναι Ma¹   7 τοῦ prius om.
Ma² Ο   8 καὶ αὐτοὺς φασὶν Ο   νενικηκέναι Ma¹ Ma² Ο Ρ² V :
-κότα cet.   9 κρίνοντος τὰ μέτρα Ma¹ Ma² Ο Ex.   πανίδου codd.,
cf. Cert. 69   10 γανέκτορός Ο : γανήκτορος Ma¹   11 ἠρωτ. Ο :
ἠρωτηκέναι . . . 27 καὶ σφάγια om. Ma¹ add. mg. inf.   12 ἀπο-
κρίνεσθαι Ο   14 γρ. ἀναλεξομένους Ο   15 τουτὶ Ο   ὅμηρος
μὲν ἦσεν ἄνωθεν ἀρξάμενος Ma¹   17-19 = Ν 131-133   18 κόρυθες
καὶ τὰ ἑξῆς Ma¹ omissis ceteris   20 ἔλεγε δὲ καὶ περαιτέρω
Ο   τῶν] τοῦ Μ Ex.   21 = O.D. 383   ἀτλαγεννάων Ο : -γεναων
Ex. Par. 2707   post 20 add. ἄρχεσθαι ἀμητοῦ καὶ τὰ λοιπὰ Ma¹

ἀπάρχεται καὶ ὁμοίως Ὁμήρῳ προβαίνει μέχρι πολλοῦ
τῶν ἐπῶν. καὶ πάλιν ἐπὶ τούτοις οἱ παρεστῶτες πάντες
τῶν ἐλλογίμων καὶ στρατιωτῶν τὸν Ὅμηρον ἐστεφάνουν, ὁ
δὲ Πανήδης ἔκρινε νικᾶν Ἡσίοδον ὡς εἰρήνην καὶ γεωρ- 25
γίαν διδάσκοντα, καὶ οὐ καθάπερ Ὅμηρος πολέμους καὶ
σφάγια. ἀλλὰ ταῦτα μέν εἰσι ληρήματα τῶν νεωτέρων καὶ
πλάσεις τῶν πρὸς ἀλλήλους ἐρωτημάτων καὶ τῶν ἐξ
Ὁμήρου παρεκβεβλημένων ἐπῶν καὶ ὑπ' ἐκείνου δῆθεν
ῥηθέντων. Ὅμηρος γὰρ ὁ χρυσοῦς, ὡς ἐγῷμαι, μᾶλλον δ' 30
ἀκριβεστάτως ἐπίσταμαι, πολύ τε παλαιότερος Ἡσιόδου
ὑπῆρχε, καὶ εἰ πρὸς τοὺς θρυλλουμένους ἐκείνους θεοὺς
ἔριν ἐστήσατο λόγων, καὶ κατὰ τούτων ἂν τὰ πρωτεῖα καὶ
τοὺς στεφάνους ἠνέγκατο. ἀλλ' ἴσως ἕτερος Ὅμηρος ἦν ὁ
τῷ Ἡσιόδῳ ἰσόχρονος, ὁ τοῦ Εὔφρονος παῖς ὁ Φωκεύς, 35
ὁ καὶ τούτῳ τὴν ἔριν στησάμενος, κἂν τὰ ἔπη τοῦ θείου
ἐκείνου ἀνδρὸς τῇ ὁμωνυμίᾳ πεπλανημένοι λέγειν τοῦτον
ἐπλάσαντο. Ὅμηροι γὰρ πολλοὶ γεγόνασιν ἕτεροι ζήλῳ
τοῦ παλαιοῦ τὴν κλῆσιν λαμβάνοντες· καὶ γὰρ καὶ τοῦ
Φωκέως Ὁμήρου τούτου ἕτερος ὑπάρχει νεώτερος Ὅμηρος. 40
οὗτος ὁ νεώτερος Ὅμηρος ἦν παῖς Ἀνδρομάχου, τῷ γένει
Βυζάντιος, ὁ τὴν Εὐρυπύλειαν ποιήσας. τὸν παλαιὸν δ'
Ὅμηρον Διονύσιος ὁ κυκλογράφος (F.H.G. ii. 10) φησὶν
ἐπ' ἀμφοτέρων ὑπάρχειν τῶν Θηβαϊκῶν στρατειῶν καὶ τῆς

22 μέχρι πολλῶν ἐπῶν vulg. : πολλοῦ τῶν M V γρ. O   23 καὶ πάλιν
καὶ Ma²   24 τῶν στρατιωτῶν O : στρατιῶται Ex. : καὶ στρατιωτῶν
Par. 2773 : πάντων τῶν ἑλλήνων στρατιωτῶν Par. 2774   25 πανίδης
codd.   27 ἀλλὰ ... 46 προγενέστερον om. Ma¹   ληρήματα τῶν
νέων εἰσὶ Ma² O   29 παρεκβεβλημένων V : παραβεβλ. cet.   ἐκεί-
νων O   30 ῥηθέντων] εἰρημένων Ex. praeter Par. 2773, 2774   πολὺς
(ss. χρυσοῦς) Ma²   31 ἀκριβῶς Ex. Par. 2773   32 τεθρυλλη-
μένους Ma² Ex. Par. 2773, 2774   33 ἔριν λόγων ἐστήσατο Ma²O
34 ὁ ἕτερος V Ex. praeter Par. 2707, 2773   35 τοῦ ἡσιόδου Ex.
praeter Par. 1310, 2707, 2774   36 ἔπη V : om. cet.   38 ἐγεγό-
νασιν Ma²   39 παλαιοῦ V : πάλαι cet.   τὴν κλῆσιν τούτου Ma² :
τὴν τούτου O Ex.   40 ἕτερος ὅμηρος ὑπάρχει νεώτερος O : νεώτερος
ὅμηρος ὁ τὴν εὐρυπύλειαν ποιήσας· ἦν δὲ οὗτος παῖς ἀνδρομάχου Ex.
41 οὗτος οὖν O   42 εὐρυκλίαν Ex. Par. 2774   42 sqq. eadem Tzetzes
Chiliad. xii. 183 sqq., 200 sqq., xiii. 644-647   44 ἤγουν τῶν θηβ. O

223

VITAE HESIODI PARTICVLA

45 Ἰλίου ἁλώσεως. ἐκ τούτου οὖν λογίζομαι τοῦτον τοῦ
Ἡσιόδου εἶναι υ′ ἐτῶν προγενέστερον. Ἀριστοτέλης γὰρ
ὁ φιλόσοφος, μᾶλλον δ᾽ οἶμαι ὁ τοὺς πέπλους συντάξας
⟨ſ. 1574 Ros.⟩ ἐν τῇ Ὀρχομενίων πολιτείᾳ ⟨ſr. 100 Neu-
mann 524 Ros.⟩, Στησίχορον τὸν μελοποιὸν εἶναί φησιν
50 υἱὸν Ἡσιόδου, ἐκ τῆς Κτιμένης αὐτῷ γεννηθέντα τῆς
Ἀμφιφάνους καὶ Γανύκτορος ἀδελφῆς, θυγατρὸς δὲ Φηγέως.
ὁ δὲ Στησίχορος οὗτος σύγχρονος ἦν Πυθαγόρᾳ τῷ φιλο-
σόφῳ καὶ τῷ Ἀκραγαντίνῳ Φαλάριδι· οἱ δ᾽ Ὁμήρου υ′
ὑστερίζοντα ἔτεσι καθά φησι καὶ Ἡρόδοτος. συνεγρά-
55 ψατο δ᾽ ὁ τοιοῦτος Ἡσίοδος βίβλους ις′, Ὅμηρος δ᾽ ὁ
παλαιὸς ιγ′.

45 γοῦν G *Ex.* τοῦ ἡσιόδου V : τὸν ἡσίοδον cet. 46 προγενέστερον
Ma² O V : μεταγ. uv. cet. Ἀριστοτέλης . . . 48 πολιτείᾳ] φασὶ δέ
τινες Ma¹ 46 ἢ ὁ φιλόσοφος Ma² 47 ἢ μᾶλλον O συνάξας
marg. ed. Heinsii 48 πολιτείᾳ] πόλει O : στρατείᾳ P³ P⁴ 49 μελψ
δοποιὸν O φασὶν υἱὸν marg. ed. Heinsii 50 κλυμένης corr. ex
κτιμ- Ma¹ : κτημένης *Ex.* : κτημένης Ma² : κεκτημένης O marg. ed.
Heinsii, corr. Hermann opp. vi. 152 51 γαννήτορος Ma¹ ἀδελ-
φοῦ V marg. ed. Heinsii ὀφηγέως om. δὲ Ma² : φηγέως Ma¹ :
φυγέως T V : φυσέως marg. ed. Heinsii : φυγισέως P¹ : θησέως N :
Φηγέως Cert. 227 52 ὁ δὲ στησ. . . . 56 ιγ′ om. Ma¹ 53 (post
φαλάριδι) ἀστυπαλιεὺς ἦν τῷ γένει ὁ φάλαρις, ὡς αὐτὸς φησὶν ἐν (om.
Ma²) ἐπιστολαῖς ταῖς αὐτοῦ (ep. iv), τύραννος δὲ ἀκραγαντίνων, ἐγὼ δὲ
οὐκ ἠκριβωμένως (ἀκριβολογησάμενος Par. 2774) ἀκραγάντινον ἐκάλεσα
τῇ κοινῇ χρώμενος συνηθείᾳ· ἡ δὲ ἀστυπάλη πόλις ἐστὶ τῆς σάμου Ma² O
Ex. Par. 2707, 2774 τετρακοσίοις ἔτεσιν O 54 ὑστερίζοντα V :
-ον cett. et *Ex.* (post ἡρόδοτος) ἀλλὰ καὶ τοὺς χρόνους εἰπόντες ἐν
οἷς ἔφασαν ἀνηκμακέναι ἡσίοδον εἴπωμεν καὶ πόσας βίβλους ἐξεπονήσατο :
+ + βίβλους μὲν οὖν οὗτος ἑξκαίδεκα συνεγράψατο· ὅμηρος δὲ ὁ παλαιὸς
δεκατρεῖς Ma² O *Ex.*

224

CERTAMEN HOMERI ET HESIODI

A

Papyrus s. iii. ᴀ. c. *Flinders Petrie Papyri* ed. J. P. Mahaffy,
Dublini 1891, p. 70, no. XXV.

τρο[πον
απαντων
των κριτων
π]ανηδου προε
5   παρελθον
[τα] ησιοδον ερω
ταιν κατα τοιαδε υιε
μελητος ομηρε θεων απο] μηδεα
ειδως ειπ αγε μοι παμπρω]τα τι
10 [φερτατον εστι βροτοισι]ν τον
              σοιπ
          επ]η αρ[χην
        ε]πιχθονιοισι
      φυντα δ] οπως ωκισ
15 τα πυλας οιδαο περησ]αι επιβα
[λομενος δ ο ησιοδ]ος ερωται το
[ειπ αγε μοι και το]υτο θε[οις
επιεικελ ομηρε τι θν]ητοις καλ[λι
    στον   ε]ιναι ο δ ομη
20 [ρος   στιχους

            δαιτ]υ[μονες δ
ανα δωματ ακουαζ]ων[τ]αι

θ[ωσι τραπεζαι σιτου και κρειων με]
θυ δ [εκ   ]οιν[οχο]   25
ος φορεη[σι κ]αι εκχε[ιηι δεπαεσσιν
τουτο μοι καλλιστ[ον   ειδ]
εται ειναι ρηθεν[των δε του]
των των επων[
φασιν θαυμασθην[αι τους στι]   30
χου υπο των ελλην[ων ωστε χρυ]
σους αυτους προσα[γορευθηναι
προ των δειπνων και[
δων προκατευχοντ[αι παντες   ]
αχθεσθεις δε ο ησιοδος ε   35
τι την αποριαν της [ερωτησεως]
ωρμησεν και λεγει τ[ους στιχους]
τουσδε μουσα γε μοι[τα τ εοντα]
τα τ εσσομενα προ τ εοντα
των μεν μηθεν αειδ[ε συ δ αλλης]   40
μνησαι αοιδης ο δ ομ[ηρος βουλο]
μενος λυσαι την απο[ριαν της ε]
ρωτησεως αποφε[τους]
στιχους τουσδε[αμφι]
διος τυμβον καν[αχηποδες ιπ]   45
ποι αρμα[τα   ερι]
ζοντες [περι νικης
ομηρου [48

B

Ὅμηρον καὶ Ἡσίοδον τοὺς θειοτάτους ποιητὰς πάντες
ἄνθρωποι πολίτας ἰδίους εὔχονται λέγεσθαι. ἀλλ' Ἡσίοδος
μὲν τὴν ἰδίαν ὀνομάσας πατρίδα πάντας τῆς φιλονεικίας
ἀπήλλαξεν εἰπὼν ⟨O.D. 639, 640⟩ ὡς ὁ πατὴρ αὐτοῦ
    εἴσατο δ' ἄγχ' Ἑλικῶνος διζυρῇ ἐνὶ κώμῃ   5
    Ἄσκρῃ, χεῖμα κακῇ, θέρει ἀργαλέῃ, οὐδέ ποτ' ἐσθλῇ.

3 Themistius or. xxx. infra c. πᾶσι τοῖς κριταῖς κρατεῖ.
Codices L S 𝔭 (= pap. Dublin.) Tɪᴛᴠʟᴠs : περὶ ὁμήρου καὶ ἡσιόδου
καὶ τοῦ γένους καὶ ἀγῶνος αὐτῶν L   2 λέγεσθαι] γενέσθαι Barnes
5 νάσσατο Hesiodus

CERTAMEN

Ὅμηρον δὲ πᾶσαι ὡς εἰπεῖν αἱ πόλεις καὶ οἱ ἔποικοι
αὐτῶν παρ' ἑαυτοῖς γεγενῆσθαι λέγουσιν. καὶ πρῶτοί γε
Σμυρναῖοι Μέλητος ὄντα τοῦ παρ' αὐτοῖς ποταμοῦ καὶ
10 Κρηθηίδος νύμφης κεκλῆσθαί φασι πρότερον Μελησιγένη,
ὕστερον μέντοι τυφλωθέντα Ὅμηρον μετονομασθῆναι διὰ
τὴν παρ' αὐτοῖς ἐπὶ τῶν τοιούτων συνήθη προσηγορίαν.
Χῖοι δὲ πάλιν τεκμήρια φέρουσιν ἴδιον εἶναι πολίτην
λέγοντες καὶ περισῴζεσθαί τινας ἐκ τοῦ γένους αὐτοῦ παρ'
15 αὐτοῖς Ὁμηρίδας καλουμένους. Κολοφώνιοι δὲ καὶ τόπον
δεικνύουσιν, ἐν ᾧ φασιν αὐτὸν γράμματα διδάσκοντα τῆς
ποιήσεως ἄρξασθαι καὶ ποιῆσαι πρῶτον τὸν Μαργίτην.

περὶ δὲ τῶν γονέων αὐτοῦ πάλιν πολλὴ διαφωνία παρὰ
πᾶσίν ἐστιν. Ἑλλάνικος ⟨fr. 6⟩ μὲν γὰρ καὶ Κλεάνθης
20 ⟨fr. 592 Arn.⟩ Μαίονα λέγουσιν, Εὐγαίων ⟨F. H. G. ii. 16⟩
δὲ Μέλητα, Καλλικλῆς δὲ Δμασαγόραν, Δημόκριτος δὲ ὁ
Τροιζήνιος Δαήμονα ἔμπορον, ἔνιοι δὲ Θαμύραν, Αἰγύπτιοι
δὲ Μενέμαχον ἱερογραμματέα, εἰσὶ δὲ οἳ Τηλέμαχον τὸν
Ὀδυσσέως· μητέρα δὲ οἱ μὲν Μῆτιν, οἱ δὲ Κρηθηίδα,
25 οἱ δὲ Θεμίστην, οἱ δὲ Ὑρνηθώ, ἔνιοι δὲ Ἰθακησίαν τινὰ
ὑπὸ Φοινίκων ἀπεμποληθεῖσαν, οἱ δὲ Καλλιόπην τὴν Μοῦ-
σαν, τινὲς δὲ Πολυκάστην τὴν Νέστορος. ἐκαλεῖτο δὲ
Μέλης, ὡς δέ τινές φασι Μελησιγένης, ὡς δὲ ἔνιοι
Ἄλτης. ὀνομασθῆναι δὲ αὐτόν φασί τινες Ὅμηρον διὰ τὸ

7 ἔποικοι Hermann   8 γε] τὲ L, corr. Steph.   10 κρηϊθίδος
L S, corr. Nietzsche   μελησιγενῆ L S, cf. 28   17 μαργήτην S,
corr. marg.   19 Κλεάνθης] de Neanthe cogitat Arnim (Stoic.
fragg. 1905. 133)   20 Μαίονα /// αίονα L : βίονα (ss. ω) S, corr.
Sturz Hellanic. fr. 171   Εὐγαίων] εὐ///αίων L : εὐμαίων S, corr.
Meineke Anal. Alex. 61 : Callicles Fabricio ignotus Salaminium
Homerum habuit vit. vi. 17   21 μασαγόραν L S : μασσασώραν
Tzetz. prooem. 62, corr. Barnes cl. vit. vii. 2, 10 : Μνασαγόραν Rohde Rh.
Mus. 36. 417   Δημόκριτος] leg. Δημοκρίνης, cf. vit. vi. 28 κατὰ δὲ
Δημοκρίνην Ἀλήμονος, schol. A B 744 : Δαήμονα et Tzetzes 62
22 θάμυριν Tzetzes 64   23 μενεμάχην | αἰγύπτιον τυγχάνοντα
ἱερογραμματέα Tzetzes 60, 61   ////ρογραμματέα L S, marg. προγραμ-
ματέα S, corr. Nauck   25 θεμίτην L S   εὐγνηθώ L S,
corr. Westermann, cf. vit. iv. 2   28 μελησιγενὴς L S   29 Ἄλτης]
αὐλητὴν L S, corr. Welcker cl. Athenocr. ap. schol. T X 51

CERTAMEN

τὸν πατέρα αὐτοῦ ὅμηρον δοθῆναι ὑπὸ Κυπρίων Πέρσαις, οἱ 30
δὲ διὰ τὴν πήρωσιν τῶν ὀμμάτων· παρὰ γὰρ τοῖς Αἰολεῦσιν
οὕτως οἱ πηροὶ καλοῦνται. ὅπερ δὲ ἀκηκόαμεν ἐπὶ τοῦ
θειοτάτου αὐτοκράτορος Ἀδριανοῦ εἰρημένον ὑπὸ τῆς Πυθίας
περὶ Ὁμήρου, ἐκθησόμεθα. τοῦ γὰρ βασιλέως πυθομένου
πόθεν Ὅμηρος καὶ τίνος, ἀπεφοίβασε δι' ἑξαμέτρου τόνδε 35
τὸν τρόπον·

ἄγνωστόν μ' ἔρεαι γενεὴν καὶ πατρίδα γαῖαν
ἀμβροσίου σειρῆνος. ἔδος δ' Ἰθακήσιός ἐστιν,
Τηλέμαχος δὲ πατὴρ καὶ Νεστορέη Ἐπικάστη
μήτηρ, ἥ μιν ἔτικτε βροτῶν πολὺ πάνσοφον ἄνδρα.   40

οἷς μάλιστα δεῖ πιστεύειν διά τε τὸν πυθόμενον καὶ τὸν
ἀποκρινάμενον, ἄλλως τε οὕτως τοῦ ποιητοῦ μεγαλοφυῶς
τὸν προπάτορα διὰ τῶν ἐπῶν δεδοξακότος.

ἔνιοι μὲν οὖν αὐτὸν προγενέστερον Ἡσιόδου φασὶν
εἶναι, τινὲς δὲ νεώτερον καὶ συγγενῆ. γενεαλογοῦσι δὲ 45
οὕτως· Ἀπόλλωνός φασι καὶ Θοώσης τῆς Ποσειδῶνος
γενέσθαι Λίνον, Λίνου δὲ Πίερον, Πιέρου δὲ καὶ νύμφης
Μεθώνης Οἴαγρον, Οἰάγρου δὲ καὶ Καλλιόπης Ὀρφέα,
Ὀρφέως δὲ Ὄρτην, τοῦ δὲ Ἁρμονίδην, τοῦ δὲ Φιλοτέρπην,
τοῦ δὲ Εὔφημον, τοῦ δὲ Ἐπιφράδην, τοῦ δὲ Μελάνωπον, 50
τούτου δὲ Δῖον καὶ Ἀπέλλαιον, Δίου δὲ καὶ Πυκιμήδης τῆς
Ἀπόλλωνος θυγατρὸς Ἡσίοδον καὶ Πέρσην· Πέρσου δὲ Μαίο-
να, Μαίονος δὲ θυγατρὸς καὶ Μέλητος τοῦ ποταμοῦ Ὅμηρον.

τινὲς δὲ συνακμάσαι φασὶν αὐτοὺς ὥστε καὶ ἀγωνίσασθαι
ὁμόσε ἐν Αὐλίδι τῆς Βοιωτίας, ποιήσαντα γὰρ τὸν Μαργίτην 55
Ὅμηρον περιέρχεσθαι κατὰ πόλιν ῥαψῳδοῦντα, ἐλθόντα δὲ
καὶ εἰς Δελφοὺς περὶ τῆς πατρίδος αὐτοῦ πυνθάνεσθαι τίς
εἴη, τὴν δὲ Πυθίαν εἰπεῖν·

33 ἀδιανοῦ L S, corr. S marg.   39 Πολυκάστη γ 464, cf. 27   45 δὲ
alterum] τε codd. corr. West.   46 Θοώσης] Αἰθούσης Charax in
vit. Suidea   49 Ὄρτην] Δρῆν Charax   Ἁρμονίδην] Ἰδμονίδης
Char. vit. Proc. 100. 4   51 Ἀπελλῆς Charax   53 καὶ θυγατρὸς
Nietzsche   55 ἐν Χαλκίδι τῆς Εὐβοίας Nietzsche   56 πόλιν
(ss. εἰς) S : πόλεις S marg.

ἔστιν ᾿Ίος νῆσος μητρὸς πατρίς, ἥ σε θανόντα

60 δέξεται· ἀλλὰ νέων παίδων αἴνιγμα φύλαξαι.

τὸν δὲ ἀκούσαντα περιίστασθαι μὲν τὴν εἰς Ἴον ἄφιξιν,
διατρίβειν δὲ περὶ τὴν ἐκεῖ χώραν. κατὰ δὲ τὸν αὐτὸν
χρόνον Γανύκτωρ ἐπιτάφιον τοῦ πατρὸς ᾿Αμφιδάμαντος
βασιλέως Εὐβοίας ἐπιτελῶν πάντας τοὺς ἐπισήμους ἄνδρας

65 οὐ μόνον ῥώμῃ καὶ τάχει, ἀλλὰ καὶ σοφίᾳ ἐπὶ τὸν ἀγῶνα
μεγάλαις δωρεαῖς τιμῶν συνεκάλεσεν. καὶ οὗτοι οὖν ἐκ
τύχης, ὥς φασι, συμβαλόντες ἀλλήλοις ἦλθον εἰς τὴν
Χαλκίδα. τοῦ δὲ ἀγῶνος ἄλλοι τέ τινες τῶν ἐπισήμων
Χαλκιδέων ἐκαθέζοντο κριταὶ καὶ μετ' αὐτῶν Πανήδης,

70 ἀδελφὸς ὢν τοῦ τετελευτηκότος. ἀμφοτέρων δὲ τῶν ποιη-
τῶν θαυμαστῶς ἀγωνισαμένων νικῆσαί φασι τὸν ῾Ησίοδον
τὸν τρόπον τοῦτον· προελθόντα γὰρ εἰς τὸ μέσον πυνθάνε-
σθαι τοῦ ῾Ομήρου καθ' ἓν ἕκαστον, τὸν δὲ ῞Ομηρον ἀποκρί-
νασθαι. φησὶν οὖν ῾Ησίοδος·

75 υἱὲ Μέλητος ῞Ομηρε θεῶν ἄπο μήδεα εἰδὼς
εἴπ' ἄγε μοι πάμπρωτα τί φέρτατόν ἐστι βροτοῖσιν;

῞Ομηρος·

ἀρχὴν μὲν μὴ φῦναι ἐπιχθονίοισιν ἄριστον,
φύντα δ' ὅμως ὤκιστα πύλας ᾿Αίδαο περῆσαι.

80 ῾Ησίοδος τὸ δεύτερον·

εἴπ' ἄγε μοι καὶ τοῦτο θεοῖς ἐπιείκελ' ῞Ομηρε,
τί θνητοῖς κάλλιστον ὀίεαι ἐν φρεσὶν εἶναι;

ὁ δέ·

ὁππότ' ἂν εὐφροσύνη μὲν ἔχῃ κατὰ δῆμον ἅπαντα,

85 δαιτυμόνες δ' ἀνὰ δώματ' ἀκουάζωνται ἀοιδοῦ

59, 60 = Anth. Pal. xiv. 65, vit. Plut. 48 ubi v.   60 παίδων] ἀνδρῶν
Plut.   67 τὴν om. S   69 πανοίδης L : γανοίδης S : πανίδης
Philostr. Her. xvii. 2, corr. Rzach, cf. p⁴   72 ΠΑΡΕΛΘΟΝ[τ p⁵
78, 79 cit. Stobaeus cxx. 3 ut ἐκ τοῦ ᾿Αλκιδάμαντος μουσείου (χαλκιδά-
μαντος μουσίου cod.), cf. Theog. 425 πάντων μὲν μὴ φῦναι ἐπιχθονίοισιν
ἄριστον, μηδ' ἐσιδεῖν αὐγὰς ὀξέος ἠελίου· φύντα δ' ὅπως ὤκιστα πύλας ᾿Αίδαο
περῆσαι   79 ὅμως] ὅπως p Stob. Theognis, cf. Simon. Amorg. i. 5
82 θνητοῖσιν ἄοιστον LS : θν]ΗΤΟΙΣ ΚΑΛ[p rest. Rzach   84-89 = 6-11

228

CERTAMEN

ἥμενοι ἐξείης, παρὰ δὲ πλήθωσι τράπεζαι
σίτου καὶ κρειῶν, μέθυ δ' ἐκ κρητῆρος ἀφύσσων
οἰνοχόος φορέησι καὶ ἐγχείη δεπάεσσιν.
τοῦτό τί μοι κάλλιστον ἐνὶ φρεσὶν εἴδεται εἶναι.

ῥηθέντων δὲ τούτων τῶν ἐπῶν, οὕτω σφοδρῶς φασι θαυ- 90
μασθῆναι τοὺς στίχους ὑπὸ τῶν Ἑλλήνων ὥστε χρυσοῦς
αὐτοὺς προσαγορευθῆναι, καὶ ἔτι καὶ νῦν, ἐν ταῖς κοιναῖς
θυσίαις πρὸ τῶν δείπνων καὶ σπονδῶν προκατεύχεσθαι
πάντας.   ὁ δὲ Ἡσίοδος ἀχθεσθεὶς ἐπὶ τῇ Ὁμήρου εὐημερίᾳ
ἐπὶ τὴν τῶν ἀπύρων ὥρμησεν ἐπερώτησιν καί φησι τούσδε 95
τοὺς στίχους·

Μοῦσ' ἄγε μοι τά τ' ἐόντα τά τ' ἐσσόμενα πρό τ' ἐόντα
τῶν μὲν μηδὲν ἄειδε, σὺ δ' ἄλλης μνῆσαι ἀοιδῆς.

ὁ δὲ Ὅμηρος βουλόμενος ἀκολούθως τὸ ἄπορον λῦσαι φησίν·

οὐδέ ποτ' ἀμφὶ Διὸς τύμβῳ καναχήποδες ἵπποι   100
ἄρματα συντρίψουσιν ἐρίζοντες περὶ νίκης.

καλῶς δὲ καὶ ἐν τούτοις ἀπαντήσαντος ἐπὶ τὰς ἀμφιβόλους
γνώμας ὥρμησεν ὁ Ἡσίοδος, καὶ πλείονας στίχους λέγων
ἠξίου καθ' ἕνα ἕκαστον συμφώνως ἀποκρίνασθαι τὸν Ὅμηρον.
ἔστιν οὖν ὁ μὲν πρῶτος Ἡσιόδου, ὁ δὲ ἑξῆς Ὁμήρου, ἐνίοτε δὲ 105
καὶ διὰ δύο στίχων τὴν ἐπερώτησιν ποιουμένου τοῦ Ἡσιόδου·

δεῖπνον ἔπειθ' εἵλοντο βοῶν κρέα καὐχένας ἵππων
ἔκλυον ἱδρώοντας, ἐπεὶ πολέμοιο κορέσθην.

89 τί om. p   91 τοὺς στίχους] τὰ ἔπη L S : . . . . . ΧΟΥ (ss. C) p
rest. Rzach   92 post αὐτοὺς add. στίχους S marg.   95 ἀπήρων
L S, corr. S marg.   97-101 cf. Plut. l. c. f. 218   97 ΜΟΥϹΑ ΓΕ
p, cf. 76, 81 Stesich. 44. 1 ἄγε Μοῦσα λίγει' ἔρξον ἀοιδᾶς, Alcman i. 1
μῶσ' ἄγε μῶσα λίγεια, xcv. 1, Sappho xlv. 1 : μυῦσ' ἄγε perperam
Nietzsche   98 ΜΗΘΕΝ p   100 ΤΥΜΒΟΝ p   κανα-
χήποδες ἵπποι om. L S : expleverat Barnes coll. Plut. l. c. f. 218, con-
firmat pⁱᵇ   101 ἐρίζοντες] ἐπειγόμενοι Plut.   107, 108 cf. Ar. Pac.
128a

ὡς οἱ μὲν δαίνυντο βοῶν κρέα καὐχένας ἵππων
ἔκλυον ἱδρώοντας ἐπεὶ πολέμου ἐκόρεσθεν
108 πτολέμου L S : πολέμοιο ed. Steph.

229

καὶ Φρύγες, οἳ πάντων ἀνδρῶν ἐπὶ νηυσὶν ἄριστοι
110 ἀνδράσι ληιστῆρσιν ἐπ' ἀκτῆς δόρπον ἑλέσθαι.
Ἡρακλέης ἀπέλυσεν ἀπ' ὤμων καμπύλα τόξα
χερσὶ βαλὼν ἰοῖσιν ὅλων κατὰ φῦλα γιγάντων.
οὗτος ἀνὴρ ἀνδρός τ' ἀγαθοῦ καὶ ἀνάλκιδός ἐστι
μητρός, ἐπεὶ πόλεμος χαλεπὸς πάσηισι γυναιξίν.
115 οὔτ' ἄρ σοί γε πατὴρ ἐμίγη καὶ πότνια μήτηρ·
σῶμα τό γ' ἐσπείραντο διὰ χρυσέην Ἀφροδίτην.
αὐτὰρ ἐπεὶ δμήθη γάμωι Ἄρτεμις ἰοχέαιρα
Καλλιστὼ κατέπεφνεν ἀπ' ἀργυρέοιο βιοῖο.
ὡς οἳ μὲν δαίνυντο πανήμεροι, οὐδὲν ἔχοντες
120 οἴκοθεν, ἀλλὰ παρεῖχεν ἄναξ ἀνδρῶν Ἀγαμέμνων.
δεῖπνον δειπνήσαντες ἐνὶ σποδῶι αἰθαλοέσσηι
σύλλεγον ὀστέα λευκὰ Διὸς κατατεθνηῶτος
παιδὸς ὑπερθύμου Σαρπηδόνος ἀντιθέοιο.
ἡμεῖς δ' ἀμ πεδίον Σιμοέντιον ἥμενοι αὔτως
125 ἴομεν ἐκ νηῶν ὁδὸν ἀμφ' ὤμοισιν ἔχοντες
φάσγανα κωπήεντα καὶ αἰγανέας δολιχαύλους.
δὴ τότ' ἀριστῆες κοῦροι χείρεσσι θαλάσσης
ἄσμενοι ἐσσυμένως τε ἀπείρυσαν ὠκύαλον ναῦν.
Κολχίδ' ἔπειθ' ἵκοντο καὶ Αἰήτην βασιλῆα
130 φεῦγον, ἐπεὶ γίγνωσκον ἀνέστιον ἠδ' ἀθέμιστον.
αὐτὰρ ἐπεὶ σπεῖσάν τε καὶ ἔκπιον οἶδμα θαλάσσης
ποντοπορεῖν ἤμελλον ἐυσσέλμων ἐπὶ νηῶν.
τοῖσιν δ' Ἀτρείδης μεγάλ' εὔχετο πᾶσιν ὀλέσθαι
μηδέ ποτ' ἐν πόντωι, καὶ φωνήσας ἔπος ηὔδα·
135 ἐσθίετ' ὦ ξεῖνοι, καὶ πίνετε· μηδέ τις ὑμῶν

111 post 112 leg. Nietzsche   112 ἰοὺς Nietzsche   ὅλων L: οὔλων
Rzach: ὠμῶν Nietzsche cf. Soph. Aj. 1105   116 τό γε σπείραντε
Boissonade   χρυσῆν codd.   118 ἀργυρίοιο codd.   122 Διὸς]
βοὸς Steph.   124 οὔτως codd. em. Barnes

CERTAMEN

οἴκαδε νοστήσειε φίλην ἐς πατρίδα γαῖαν
πημανθείς, ἀλλ' αὖτις ἀπήμονες οἴκαδ' ἵκοισθε.

πρὸς πάντα δὲ τοῦ Ὁμήρου καλῶς ἀπαντήσαντος παλιν
φησὶν ὁ Ἡσίοδος·

τοῦτό τι δή μοι μοῦνον ἐειρομένῳ κατάλεξον,   140
πόσσοι ἅμ' Ἀτρείδησιν ἐς Ἴλιον ἦλθον Ἀχαιοί;

ὁ δὲ διὰ λογιστικοῦ προβλήματος ἀποκρίνεται οὕτως·

πεντήκοντ' ἦσαν πυρὸς ἐσχάραι, ἐν δὲ ἑκάστῃ
πεντήκοντ' ὀβελοί, περὶ δὲ κρέα πεντήκοντα·
τρὶς δὲ τριηκόσιοι περὶ ἓν κρέας ἦσαν Ἀχαιοί.   145

τοῦτο δὲ εὑρίσκεται πλῆθος ἄπιστον· τῶν γὰρ ἐσχαρῶν
οὐσῶν πεντήκοντα ὀβελίσκοι γίνονται πεντακόσιοι καὶ
χιλιάδες β', κρεῶν δὲ δεκαδύο μυριάδες, ͵ε . . . κατὰ
πάντα δὴ τοῦ Ὁμήρου ὑπερτεροῦντος φθονῶν ὁ Ἡσίοδος
ἄρχεται πάλιν·   153

υἱὲ Μέλητος Ὅμηρ' εἴ περ τιμῶσί σε Μοῦσαι,
ὡς λόγος, ὑψίστοιο Διὸς μεγάλοιο θύγατρες,
λέξον μέτρον ἐναρμόζων ὅ τι δὴ θνητοῖσι
κάλλιστόν τε καὶ ἔχθιστον· ποθέω γὰρ ἀκοῦσαι.

ὁ δέ φησι·   155

Ἡσίοδ' ἔκγονε Δίου ἑκόντα με ταῦτα κελεύεις
εἰπεῖν· αὐτὰρ ἐγὼ μάλα τοι πρόφρων ἀγορεύσω.
κάλλιστον μὲν τῶν ἀγαθῶν ἔσται μέτρον εἶναι
αὐτὸν ἑαυτῷ, τῶν δὲ κακῶν ἔχθιστον ἁπάντων.
ἄλλο δὲ πᾶν ὅ τι σῷ θυμῷ φίλον ἐστὶν ἐρώτα.   160

πῶς ἂν ἄριστ' οἰκοῖντο πόλεις καὶ ἐν ἤθεσι ποίοις;

137 αὖθις codd.   148 ita West. ͵εὖν L : ͵εὖν S quum carnes sint
125000, milites autem 112500000, videtur scripsisse auctor κρεῶν δὲ
δεκαδύο μυριάδες καὶ χιλιάδες ε'· Ἀχαιῶν δὲ ἐνδεκακισχιλίαι καὶ διακοσίαι
καὶ ν' μυριάδες Boissonade   153 ἐναρμόζον codd. corr. Boissonade
154 τε om. codd. ib.   θεω LS, marg. ἴσως ποθέω   159 post h. v.
versus εὔνουν εἶναι ἑαυτῶ ἀεὶ χρόνον ἐς τὸν ἅπαντα [165] posuit ed.
Steph. om. L : *hic ponendus versus εὔνουν marg. S

231

εἰ μὴ κερδαίνειν ἀπὸ τῶν αἰσχρῶν ἐθέλοιεν,
οἱ δ' ἀγαθοὶ τιμῷντο, δίκη δ' ἀδίκοισιν ἐπείη.

εὔχεσθαι δὲ θεοῖς ὅ τι πάντων ἐστὶν ἄμεινον;
165 εὔνουν εἶναι ἑαυτῷ ⟨ἀεὶ⟩ χρόνον ἐς τὸν ἅπαντα.

ἐν δ' ἐλαχίστῳ ἄριστον ἔχεις ὅ τι φύεται εἰπεῖν;
ὡς μὲν ἐμῇ γνώμῃ φρένες ἐσθλαὶ σώμασιν ἀνδρῶν.

ἡ δὲ δικαιοσύνη τε καὶ ἀνδρείη δύναται τί;
κοινὰς ὠφελίας ἰδίοις μόχθοισι πορίζειν.

170 τῆς σοφίης δὲ τί τέκμαρ ἐπ' ἀνθρώποισι πέφυκεν;
γιγνώσκειν τὰ παρόντ' ὀρθῶς, καιρῷ δ' ἅμ' ἕπεσθαι.

πιστεῦσαι δὲ βροτοῖς ποῖον χρέος ἄξιόν ἐστιν;
οἷς αὐτὸς κίνδυνος ἐπὶ πραχθεῖσιν ἕπηται.

ἡ δ' εὐδαιμονίη τί ποτ' ἀνθρώποισι καλεῖται;
175 λυπηθέντ' ἐλάχιστα θανεῖν ἡσθέντα τε πλεῖστα.

ῥηθέντων δὲ καὶ τούτων, οἱ μὲν Ἕλληνες πάντες τὸν
Ὅμηρον ἐκέλευον στεφανοῦν, ὁ δὲ βασιλεὺς Πανήδης
ἐκέλευσεν ἕκαστον τὸ κάλλιστον ἐκ τῶν ἰδίων ποιημάτων
εἰπεῖν. Ἡσίοδος οὖν ἔφη πρῶτος·

180 Πληιάδων Ἀτλαγενέων ἐπιτελλομενάων
ἄρχεσθ' ἀμήτου, ἀρότοιό τε δυσομενάων·
αἳ δή τοι νύκτας τε καὶ ἤματα τεσσαράκοντα
κεκρύφαται, αὖτις δὲ περιπλομένου ἐνιαυτοῦ
φαίνονται, τὰ πρῶτα χαρασσομένοιο σιδήρου.

185 οὗτός τοι πεδίων πέλεται νόμος, οἵ τε θαλάσσης
ἐγγύθι ναιετάουσ', οἵ τ' ἄγκεα βησσήεντα
πόντου κυμαίνοντος ἀπόπροθι πίονα χῶρον

---

163 τιμοῖντο codd. : em. Rzach   165 εὔνουν εἶναι ἑαυτῶ χρόνον ἐς
τὸν ἅπαντα L : ἑαυτῶ ἀεὶ χρόνον S, marg. δεῖ, atque εὔνουν versus ille re-
fertur ad asteriscum   166 ἔχειν σ' codd. corr. Hutchinson   173 ἔπι
S marg. : ἔτι L S   175 τε om. codd.   177 πανοίδης codd., cf.
69   180 sqq. = Hes. O D. 383 sqq., cf. Philostr. Heroic. xviii. a,
Themist. or. xxx. 348   181 ἀμητοῖο S v. ad O.D. 384 Rz.   183 αὖθις
codd.   186 δ' ἄγγεα codd.

ναίουσιν· γυμνὸν σπείρειν, γυμνὸν δὲ βοωτεῖν,
γυμνόν τ' ἀμάειν, ὅτ' ἂν ὥρια πάντα πέλωνται.

μεθ' ὃν Ὅμηρος·   190

    ἀμφὶ δ' ἄρ' Αἴαντας δοιοὺς ἵσταντο φάλαγγες
    καρτεραί, ἃς οὔτ' ἄν κεν Ἄρης ὀνόσαιτο μετελθὼν
    οὔτε κ' Ἀθηναίη λαοσσόος. οἱ γὰρ ἄριστοι
    κρινθέντες Τρῶάς τε καὶ Ἕκτορα δῖον ἔμιμνον
    φράξαντες δόρυ δουρί, σάκος σάκεϊ προθελύμνῳ·   195
    ἀσπὶς δ' ἀσπίδ' ἔρειδε, κόρυς κόρυν, ἀνέρα δ' ἀνήρ,
    ψαῦον δ' ἱππόκομοι κόρυθες λαμπροῖσι φάλοισι
    νευόντων· ὡς πυκνοὶ ἐφέστασαν ἀλλήλοισιν.
    ἔφριξεν δὲ μάχη φθεισίμβροτος ἐγχείῃσι
    μακραῖς, ἃς εἶχον ταμεσίχροας. ὄσσε δ' ἄμερδεν   200
    αὐγὴ χαλκείη κορύθων ἄπο λαμπομενάων
    θωρήκων τε νεοσμήκτων σακέων τε φαεινῶν
    ἐρχομένων ἄμυδις. μάλα κεν θρασυκάρδιος εἴη
    ὃς τότε γηθήσειεν ἰδὼν πόνον οὐδ' ἀκάχοιτο.

θαυμάσαντες δὲ καὶ ἐν τούτῳ τὸν Ὅμηρον οἱ Ἕλληνες 205
ἐπήνουν, ὡς παρὰ τὸ προσῆκον γεγονότων τῶν ἐπῶν, καὶ
ἐκέλευον διδόναι τὴν νίκην. ὁ δὲ βασιλεὺς τὸν Ἡσίοδον
ἐστεφάνωσεν εἰπὼν δίκαιον εἶναι τὸν ἐπὶ γεωργίαν καὶ
εἰρήνην προκαλούμενον νικᾶν, οὐ τὸν πολέμους καὶ σφαγὰς
διεξιόντα. τῆς μὲν οὖν νίκης οὕτω φασὶ τυχεῖν τὸν 210
Ἡσίοδον καὶ λαβόντα τρίποδα χαλκοῦν ἀναθεῖναι ταῖς
Μούσαις ἐπιγράψαντα·

    Ἡσίοδος Μούσαις Ἑλικωνίσι τόνδ' ἀνέθηκεν
    ὕμνῳ νικήσας ἐν Χαλκίδι θεῖον Ὅμηρον.

τοῦ δὲ ἀγῶνος διαλυθέντος διέπλευσεν ὁ Ἡσίοδος εἰς 215
Δελφοὺς χρησόμενος καὶ τῆς νίκης ἀπαρχὰς τῷ θεῷ ἀναθή-

189 γυμνούς θ' codd. 191 sqq. = N 126 sqq., 339 sqq. 196 ἀσπὶς
ἄρ' Homerus 206 ἐπείνουν L 213, 214 = Anth. Pal. vii. 53, Dio
Prus. ii. 11, Proc. 101. 10, 11, cf. Paus. ix. 31. 3 213 ἀνέθηκα
Anth.

σων. προσερχομένου δὲ αὐτοῦ τῷ ναῷ ἔνθεον γενομένην
τὴν προφῆτίν φασιν εἰπεῖν·

    ὄλβιος οὗτος ἀνὴρ ὃς ἐμὸν δόμον ἀμφιπολεύει,
220 'Ησίοδος Μούσῃσι τετιμένος ἀθανάτῃσιν·
    τοῦ δ' ἦ τοι κλέος ἔσται ὅσην τ' ἐπικίδναται ἠώς.
    ἀλλὰ Διὸς πεφύλαξο Νεμείου κάλλιμον ἄλσος·
    κεῖθι δέ τοι θανάτοιο τέλος πεπρωμένον ἐστίν.

ὁ δὲ 'Ησίοδος ἀκούσας τοῦ χρησμοῦ, τῆς Πελοποννήσου
225 μὲν ἀνεχώρει νομίσας τὴν ἐκεῖ Νεμέαν τὸν θεὸν λέγειν,
εἰς δὲ Οἰνόην τῆς Λοκρίδος ἐλθὼν καταλύει παρ' 'Αμφι-
φάνει καὶ Γανύκτορι, τοῖς Φηγέως παισίν, ἀγνοήσας τὸ
μαντεῖον. ὁ γὰρ τόπος οὗτος ἅπας ἐκαλεῖτο Διὸς Νεμείου
ἱερόν. διατριβῆς δὲ αὐτῷ πλείονος γενομένης ἐν τοῖς
230 Οἰνοεῦσιν ὑπονοήσαντες οἱ νεανίσκοι τὴν ἀδελφὴν αὐτῶν
μοιχεύειν τὸν 'Ησίοδον, ἀποκτείναντες εἰς τὸ μεταξὺ τῆς
Εὐβοίας καὶ τῆς Λοκρίδος πέλαγος κατεπόντισαν. τοῦ δὲ
νεκροῦ τριταίου πρὸς τὴν γῆν ὑπὸ δελφίνων προσενεχ-
θέντος ἑορτῆς τινος ἐπιχωρίου παρ' αὐτοῖς οὔσης 'Αριαδνείας
235 πάντες ἐπὶ τὸν αἰγιαλὸν ἔδραμον καὶ τὸ σῶμα γνωρίσαντες
ἐκεῖνο μὲν πενθήσαντες ἔθαψαν, τοὺς δὲ φονεῖς ἀνεζήτουν.
οἱ δὲ φοβηθέντες τὴν τῶν πολιτῶν ὀργὴν κατασπάσαντες
ἁλιευτικὸν σκάφος διέπλευσαν εἰς Κρήτην. οὓς κατὰ
μέσον τὸν πλοῦν ὁ Ζεὺς κεραυνώσας κατεπόντωσεν, ὥς
240 φησιν 'Αλκιδάμας ἐν Μουσείῳ. 'Ερατοσθένης δέ φησιν
ἐν †ἐνηπόδω† Κτίμενον καὶ "Αντιφον τοὺς Γανύκτορος ἐπὶ τῇ
προειρημένῃ αἰτίᾳ ἀνελόντας σφαγιασθῆναι θεοῖς τοῖς

219-223 = vit. Hes. 96-100 Rz.   220 μούσαις τετιμημένος vit. Hes.
221 ὅσην L Aristarchus ad H 451   222 προφυλάξω (ss. πε) S κάλ-
λιστον S : κάλλιμον ex στον L : μ, πάγσκιον S marg.   223 καὶ ('κεῖ
P²) γάρ τοι vit. Hes.   226 ἐν οἰώνη P² vit. Hes.   230 οἰνώσιν
L : corr. Friedel   232 εὐβοίας L S vit. Hes. : 'Αχαίας Westermann :
Βοιωτίας Nietzsche   241 ἐν ἐνηπόδω L S : ἐν 'Ησιόδῳ Göttling : ἐν
'Ανδραπόδῳ Barnes: ἐν 'Ηριγόνῳ Holsten : ἐν Οἰνόης πόλει K. Müller :
ἐν ἐνάτῃ 'Ολυμπιάδι Bernhardy, cf. Hiller Eratosthen.carm.rel. 1872.p.82
sq., Friedel l. c. p. 237   242 ἀνελόντας L : ἀνελθόντας S ed. Steph. :
ἐναλόντας Friedel   θεοῖς L : θ (ss. θεοι) μοῖς S : θεσμοῖς ed. Steph.

ξενίοις ὑπ' Εὐρυκλέους τοῦ μάντεως. τὴν μέντοι παρθένον
τὴν ἀδελφὴν τῶν προειρημένων μετὰ τὴν φθορὰν ἑαυτὴν
ἀναρτῆσαι, φθαρῆναι δὲ ὑπό τινος ξένου συνόδου τοῦ 245
Ἡσιόδου Δημώδους ὄνομα· ὃν καὶ αὐτὸν ἀναιρεθῆναι ὑπὸ
τῶν αὐτῶν φησιν. ὕστερον δὲ Ὀρχομένιοι κατὰ χρησμὸν
μετενέγκαντες αὐτὸν παρ' αὐτοῖς ἔθαψαν καὶ ἐπέγραψαν
ἐπὶ τῷ τάφῳ·

> Ἄσκρη μὲν πατρὶς πολυλήιος, ἀλλὰ θανόντος 250
> ὀστέα πλήξιππων γῆ Μινυὰς κατέχει
> Ἡσιόδου, τοῦ πλεῖστον ἐν ἀνθρώποις κλέος ἐστὶν
> ἀνδρῶν κρινομένων ἐν βασάνῳ σοφίης.

καὶ περὶ μὲν Ἡσιόδου τοσαῦτα· ὁ δὲ Ὅμηρος ἀποτυχὼν
τῆς νίκης περιερχόμενος ἔλεγε τὰ ποιήματα, πρῶτον μὲν 255
τὴν Θηβαΐδα ἔπη ͵ζ ἧς ἡ ἀρχή·

> Ἄργος ἄειδε θεὰ πολυδίψιον ἔνθεν ἄνακτες·

εἶτα Ἐπιγόνους ἔπη ͵ζ ὧν ἡ ἀρχή·

> νῦν αὖθ' ὁπλοτέρων ἀνδρῶν ἀρχώμεθα Μοῦσαι.

φασὶ γάρ τινες καὶ ταῦτα Ὁμήρου εἶναι. ἀκούσαντες 260
δὲ τῶν ἐπῶν οἱ Μίδου τοῦ βασιλέως παῖδες Ξάνθος καὶ
Γόργος παρακαλοῦσιν αὐτὸν ἐπίγραμμα ποιῆσαι ἐπὶ τοῦ
τάφου τοῦ πατρὸς αὐτῶν, ἐφ' οὗ ἦν παρθένος χαλκῆ τὸν
Μίδου θάνατον οἰκτιζομένη. καὶ ποιεῖ οὕτως·

> χαλκῆ παρθένος εἰμί, Μίδου δ' ἐπὶ σήματος ἧμαι. 265
> ἔς τ' ἂν ὕδωρ τε νάῃ καὶ δένδρεα μακρὰ τεθήλῃ
> καὶ ποταμοὶ πλήθωσι, περικλύζῃ δὲ θάλασσα,
> ἠέλιος δ' ἀνιὼν φαίνῃ λαμπρά τε σελήνη,

---

246 δημώδους L   τρωίλου ὄνομα Nietzsche   250-253 = Anth.
Pal. vii. 54 (Μνασάλκου) Paus. ix. 38. 4 (ib. 9 τούτου δὲ τοῦ Χερσίου
καὶ ἐπίγραμμα οἱ Ὀρχομένιοι τὸ ἐπὶ τῷ Ἡσιόδου τάφῳ μνημονεύουσιν)
vit. Hes. 112-115 Rz.   251 hab. Aristotelis Peplos 19. 2
πληξίππων L S Paus. Pepl. Anth. : πληξίππου vit. Hes.
μιννῶν Paus. Anth.   252 ἐν Ἑλλάδι κῦδος ὀρεῖται Paus.   253 βασά-
νοις vit. Hes.   256 ξ codd., ut et 258, em. Hermann   258 Ἐπιγόνους]
ἐπειγομένου codd. em. Barnes   265-270 inf. = vit. Herod. 135-140
ubi v. auctores

CERTAMEN

αὐτοῦ τῇδε μένουσα πολυκλαύτῳ ἐπὶ τύμβῳ
270   σημανέω παριοῦσι Μίδης ὅτι τῇδε τέθαπται.

λαβὼν δὲ παρ' αὐτῶν φιάλην ἀργυρᾶν ἀνατίθησιν ἐν
Δελφοῖς τῷ Ἀπόλλωνι, ἐπιγράψας

Φοῖβε ἄναξ δῶρόν τοι Ὅμηρος καλὸν ἔδωκα
σῇσιν ἐπιφροσύναις· σὺ δέ μοι κλέος αἰὲν ὀπάζοις.

275   μετὰ δὲ ταῦτα ποιεῖ τὴν Ὀδύσσειαν ἔπη μ,β', πεποιηκὼς
ἤδη τὴν Ἰλιάδα ἐπῶν μ,εφ'. παραγενόμενον δὲ ἐκεῖθεν
εἰς Ἀθήνας αὐτὸν ξενισθῆναί φασι παρὰ Μέδοντι τῷ
βασιλεῖ τῶν Ἀθηναίων. ἐν δὲ τῷ βουλευτηρίῳ ψύχους
ὄντος καὶ πυρὸς καιομένου σχεδιάσαι λέγεται τούσδε τοὺς
280   στίχους·

ἀνδρὸς μὲν στέφανοι παῖδες, πύργοι δὲ πόληος,
ἵπποι δ' αὖ πεδίου κόσμος, νῆες δὲ θαλάσσης,
λαὸς δ' εἰν ἀγορῇσι καθήμενος εἰσοράασθαι.

αἰθομένου δὲ πυρὸς γεραρώτερος οἶκος ἰδέσθαι
285   ἤματι χειμερίῳ ὁπότ' ἂν νείφῃσι Κρονίων.

ἐκεῖθεν δὲ παραγενόμενος εἰς Κόρινθον ἐρραψῴδει τὰ
ποιήματα. τιμηθεὶς δὲ μεγάλως παραγίνεται εἰς Ἄργος
καὶ λέγει ἐκ τῆς Ἰλιάδος τὰ ἔπη τάδε·

οἳ δ' Ἄργος τ' εἶχον Τίρυνθά τε τειχιόεσσαν
290   Ἑρμιόνην Ἀσίνην τε, βαθὺν κατὰ κόλπον ἐχούσας,
Τροιζῆν' Ἠιόνας τε καὶ ἀμπελόεντ' Ἐπίδαυρον
νῆσόν τ' Αἴγιναν Μάσητά τε κοῦροι Ἀχαιῶν,
τῶν αὖθ' ἡγεμόνευε βοὴν ἀγαθὸς Διομήδης
Τυδείδης οὗ πατρὸς ἔχων μένος Οἰνείδαο,

273, 274 = Tzetzes prol. in Lycophr. f. 3. vv. 21-23 Scheer   273 ἐλὼν
δ'Ὅμηρος ἔδωκα Tzetzes   274 ᾗσιν ἐπ' εὐφροσύναις Tzetzes   275 μ β φ
L, β ex ι ut vid. correcta : em. Nietzsche   276 με L : μ ἴσως μυριάδας
S marg. : μ,εφ' Nietzsche   παραγενόμενος codd. em. Westermann
281-5 = vit. Herod. 425-429 ubi v. auctores, Suid. 113 sqq.   289 sqq.
= B 559-568   290 ἑρμιόνην τ' codd.   ἀσίνην L idem V¹ et E. M.
B 560   292 αἴγινάν τε L S   οἵ τ' ἔχον αἴγιναν marg. S ut B 562:
lectionem Certaminis habent Hes. fr. 96. 7, Strabo 375 (γράφουσί
τινες)   294 hic versus non est apud homerum in vulg. edit. S marg.

236

CERTAMEN

καὶ Σθένελος, Καπανῆος ἀγακλειτοῦ φίλος υἱός· 295
τοῖσι δ' ἅμ' Εὐρύπυλος τρίτατος κίεν ἰσόθεος φώς,
Μηκιστέως υἱὸς Ταλαϊονίδαο ἄνακτος.
ἐκ πάντων δ' ἡγεῖτο βοὴν ἀγαθὸς Διομήδης.
τοῖσι δ' ἅμ' ὀγδώκοντα μέλαιναι νῆες ἕποντο·
ἐν δ' ἄνδρες πολέμοιο δαήμονες ἐστιχόωντο 300
Ἀργεῖοι λινοθώρηκες, κέντρα πολέμοιο.

τῶν δὲ Ἀργείων οἱ προεστηκότες ὑπερβολῇ χαρέντες
ἐπὶ τῷ ἐγκωμιάζεσθαι τὸ γένος αὐτῶν ὑπὸ τοῦ ἐνδο-
ξοτάτου τῶν ποιητῶν, αὐτὸν μὲν πολυτελέσι δωρεαῖς
ἐτίμησαν, εἰκόνα δὲ χαλκῆν ἀναστήσαντες ἐψηφίσαντο 305
θυσίαν ἐπιτελεῖν Ὁμήρῳ καθ' ἡμέραν καὶ κατὰ μῆνα καὶ
κατ' ἐνιαυτὸν ⟨καὶ⟩ ἄλλην θυσίαν πενταετηρίδα εἰς Χίον
ἀποστέλλειν. ἐπιγράφουσι δὲ ἐπὶ τῆς εἰκόνος αὐτοῦ

θεῖος Ὅμηρος ὅδ' ἐστὶν ὃς Ἑλλάδα τὴν μεγάλαυχον
πᾶσαν ἐκόσμησεν καλλιεπεῖ σοφίῃ,
ἔξοχα δ' Ἀργείους, οἳ τὴν θεοτείχεα Τροίην 310
ἤρειψαν ποινὴν ἠυκόμου Ἑλένης.
οὗ χάριν ἔστησεν δῆμος μεγαλόπτολις αὐτὸν
ἐνθάδε καὶ τιμαῖς ἀμφέπει ἀθανάτων.

ἐνδιατρίψας δὲ τῇ πόλει χρόνον τινὰ διέπλευσεν εἰς Δῆλον 315
εἰς τὴν πανήγυριν. καὶ σταθεὶς ἐπὶ τὸν κεράτινον βωμὸν
λέγει ὕμνον εἰς Ἀπόλλωνα οὗ ἡ ἀρχή

μνήσομαι οὐδὲ λάθωμαι Ἀπόλλωνος ἑκάτοιο.

ῥηθέντος δὲ τοῦ ὕμνου οἱ μὲν Ἴωνες πολίτην αὐτὸν κοινὸν
ἐποιήσαντο, Δήλιοι δὲ γράψαντες τὰ ἔπη εἰς λεύκωμα ἀνέ- 320
θηκαν ἐν τῷ τῆς Ἀρτέμιδος ἱερῷ. τῆς δὲ πανηγύρεως
λυθείσης ὁ ποιητὴς εἰς Ἴον ἔπλευσε πρὸς Κρεώφυλον κἀκεῖ

296 Εὐρύαλος B 565 practer V 27   297 Μηκιστέος B 566 (μηκιστεω
Þ 38)   298 συμπάντων B 567   300, 301 om. Homerus : versus fortasse
Hesiodei   307 καὶ add. Westermann   309 μεγαλαύχην codd.
em. Barnes   310 καλλιεπίηι σοφίηι τε codd., corr. S marg.   312 ποιηῆς
.... L em. Barnes   313 μεγαλόπολις L, corr. S ss.   316 κερα-
τίνον L   322 κρεόφυλον L

237

CERTAMEN

χρόνον διέτριβε πρεσβύτης ὢν ἤδη. ἐπὶ δὲ τῆς θαλάσσης
καθήμενος παίδων τινῶν ἀφ' ἁλείας ἐρχομένων ὥς φασι
325 πυθόμενος

 ἄνδρες ἀπ' Ἀρκαδίης θηρήτορες ἦ ῥ' ἔχομέν τι;
εἰπόντων δὲ ἐκείνων

 ὅσσ' ἕλομεν λιπόμεσθα, ὅσ' οὐχ ἕλομεν φερόμεσθα,

οὐ νοήσας τὸ λεχθὲν ἤρετο αὐτοὺς ὅ τι λέγοιεν. οἱ δέ φασιν
330 ἐν ἁλείᾳ μὲν ἀγρεῦσαι μηδέν, ἐφθειρίσθαι δέ, καὶ τῶν
φθειρῶν οὓς ἔλαβον καταλιπεῖν, οὓς δὲ οὐκ ἔλαβον ἐν τοῖς
ἱματίοις φέρειν. ἀναμνησθεὶς δὲ τοῦ μαντείου ὅτι τὸ τέλος
αὐτοῦ ἥκοι τοῦ βίου, ποιεῖ τὸ τοῦ τάφου αὐτοῦ ἐπίγραμμα.
ἀναχωρῶν δὲ ἐκεῖθεν, ὄντος πηλοῦ ὀλισθὼν καὶ πεσὼν ἐπὶ
335 τὴν πλευράν, τριταῖος ὥς φασι τελευτᾷ· καὶ ἐτάφη ἐν Ἴῳ.
ἔστι δὲ τὸ ἐπίγραμμα τόδε·

 ἐνθάδε τὴν ἱερὴν κεφαλὴν κατὰ γαῖα καλύπτει,
 ἀνδρῶν ἡρώων κοσμήτορα θεῖον Ὅμηρον.

PLVTARCHI DE HOMERO LIBRORVM PARS

Plutarchi curas homericas testantur hi auctores;

Galenus v. 300 K δέον γὰρ ὡς ἄνθρωπον ἀνεγνωκότα
τοσούτους ποιητὰς καὶ γινώσκοντα σαφῶς ἅπασι τοῖς
δόγμασιν αὐτοῦ μαρτυροῦντας ἄλλοις κατ' ἄλλα τῶν ἐπῶν,
ὥσπερ καὶ Πλούταρχος ἐπέδειξεν ἐν τοῖς τῶν Ὁμηρικῶν
μελετῶν . . .

Gellius ii. 8 *Plutarchus secundo librorum quos de Homero
composuit, imperfecte atque praepostere atque inscite syllogismo
esse usum Epicurum dicit cet.*

326 Proc. 100. 16, vit. iv. 20, v. 40, Tzetzes Ex. Il. 37. 22 : ἀλιήτορες
vit. iv, v Tzetzes   ἀρ' Proc.   328 = vit. Herod. 499 ubi v. auctores
    θς L S   337, 338 = vit. Herod. 515, 516 ubi v. auctores

PLVTARCHI VITA

ib. 9 *in eodem libro idem Plutarchus eundem Epicurum reprehendit quod verbo usus sit parum proprio et alienae significationis cet.*

iv. 11 *Plutarchus quoque, homo in disciplinis gravi auctoritate, in primo librorum quos de Homero composuit, Aristotelem philosophum scripsit eadem ipsa de Pythagoricis scripsisse quod non abstinuerint edundis animalibus nisi pauca carne quadam. verba ipsa Plutarchi quoniam res inopinata est subscripsi:* Ἀριστοτέλης δὲ μήτρας καὶ καρδίας καὶ ἀκαλήφης καὶ τοιούτων τινῶν ἄλλων ἀπέχεσθαί φησι τοὺς Πυθαγορικούς, χρῆσθαι δὲ τοῖς ἄλλοις.

schol. A in O 625, E. M. in Ἀνεμοτρεφὲς κῦμα· . . . οἷς δὲ προσπίπτει τραχὺς ἀὴρ καὶ ἀνεμώδης ταῦτα ταῖς τῶν πνευμάτων τριβόμενα πληγαῖς εὔτονον καὶ δύσθραυστον ἔχει τὴν στερρότητα, ὥς φησι Πλούταρχος ἐν μελέταις Ὁμηρικαῖς.

schol. Eur. Alc. 1128 ψυχαγωγοὶ τινὲς γόητες ἐν Θετταλίᾳ οὕτω καλούμενοι . . . οὓς καὶ Λάκωνες μετεπέμψαντο ἡνίκα τὸ Παυσανίου εἴδωλον ἐξετάραξε τοὺς προσιόντας τῷ ναῷ τῆς Χαλκιοίκου, ὡς ἱστορεῖ Πλούταρχος ἐν ταῖς Ὁμηρικαῖς μελέταις.

plurima citat et Stobaeus quae non adhibenda duximus. consulas Diels Doxograph. f. 88 sqq., Baedorf, *de Plutarchi quae fertur vita Homeri* 1891, J. Mehler *de Plutarchi quae vulgo fertur Vita Homeri* 1896, H. Schrader, *de Plutarchi Chaeronensis* ΟΜΗΡΙΚΑΙΣ ΜΕΛΕΤΑΙΣ *et de eiusdem quae fertur vita Homeri* 1899. Westermannum secuti biographica tantum dedimus.

1. Περιττὸν μὲν ἂν ἴσως δόξειέ τισι πολυπραγμονεῖν περὶ Ὁμήρου, ποίων τε ἦν γονέων καὶ πόθεν· ἐπεὶ μηδ᾽ αὐτὸς

Cod·es: G Ma³ P² P³ P⁶ P⁸ P¹³ P¹⁴ U⁴: Vind. suppl. 88 advocavit Mehler (ed. 1896). Τιτvlvs: πλουτάρχου εἰς τὸν βίον τοῦ ὁμήρου P⁸ U⁴: πλουτάρχου βίος ὁμήρου P¹³: πλουτάρχου περὶ ὁμήρου Ma³: περὶ ὁμήρου P¹ P³ P¹⁴   ΝΘ add. P¹ P²   caret titulo P⁸   1 περισσὸν G P¹ P² P⁵ P⁸ P¹³   μὲν ἴσως ἂν P¹³: μὲν ἴσως om. ἂν P² P³ P⁶ P¹⁴: μὲν ἂν om. Ma³

ἠξίωσεν εἰπεῖν περὶ αὐτοῦ, ἀλλ' οὕτως ἐγκρατῶς ἔσχεν ὡς
μηδὲ τὴν ἀρχὴν τοῦ ὀνόματος ἐπιμνησθῆναι. ἐπεὶ δὲ ὡς
5 πρὸς εἰσαγωγὴν τῶν ἀρχομένων παιδεύεσθαι χρήσιμος
ἡ πολυπειρία, πειρασόμεθα εἰπεῖν ὅσα ἱστόρηται τοῖς
παλαιοῖς περὶ αὐτοῦ.

2. Ἔφορος μὲν οὖν ὁ Κυμαῖος ἐν συντάγματι τῷ ἐπιγραφο-
μένῳ Ἐπιχωρίῳ ⟨fr. 164⟩ Κυμαῖον αὐτὸν ἀποδεικνύναι
10 πειρώμενος φησὶν ὅτι Ἀπελλῆς καὶ Μαίων καὶ Δῖος ἀδελφοὶ
Κυμαῖοι τὸ γένος· ὧν Δῖος μὲν διὰ χρέα μετῴκησεν εἰς
Ἄσκρην κώμην τῆς Βοιωτίας κἀκεῖ γήμας Πυκιμήδην
ἐγέννησεν Ἡσίοδον· Ἀπελλῆς δὲ τελευτήσας ἐν τῇ πατρίδι
Κύμῃ κατέλιπε θυγατέρα Κριθηίδα τοὔνομα, προστησάμενος
15 αὐτῇ τὸν ἀδελφὸν Μαίονα· ὃς διακορεύσας τὴν προειρημένην
καὶ τὴν ἀπὸ τῶν πολιτῶν ἐπὶ τῷ γεγονότι δείσας κατάγνωσιν,
ἔδωκεν αὐτὴν πρὸς γάμον Φημίῳ τῷ Σμυρναίῳ, διδασκάλῳ
γραμμάτων. φοιτῶσα δὲ αὐτὴ ἐπὶ τοὺς πλύνους οἳ ἦσαν
παρὰ τῷ Μέλητι ἀπεκύησε τὸν Ὅμηρον ἐπὶ τῷ ποταμῷ,
20 καὶ διὰ τοῦτο Μελησιγένης ἐκλήθη· μετωνομάσθη δ'
Ὅμηρος ἐπειδὴ τὰς ὄψεις ἐπηρώθη· οὕτω δὲ ἐκάλουν οἵ τε
Κυμαῖοι καὶ οἱ Ἴωνες τοὺς τὰς ὄψεις πεπηρωμένους παρὰ
τὸ δεῖσθαι τῶν ὁμηρευόντων, ὅ ἐστι τῶν ἡγουμένων. καὶ
ταῦτα μὲν Ἔφορος.

25 3. Ἀριστοτέλης δὲ ἐν τῷ τρίτῳ περὶ ποιητικῆς ⟨fr. 66 Ros.⟩
ἐν Ἴῳ φησὶ τῇ νήσῳ, καθ' ὃν καιρὸν Νηλεὺς ὁ Κόδρου τῆς
Ἰωνικῆς ἀποικίας ἡγεῖτο, κόρην τινὰ τῶν ἐπιχωρίων γενο-
μένην ὑπό τινος δαίμονος τῶν συγχορευτῶν ταῖς Μούσαις
ἐγκύμονα, αἰδεσθεῖσαν τὸ συμβὰν διὰ τὸν ὄγκον τῆς γαστρός,·

3 εἰπεῖν τὰ G P⁵ P¹³ : τὰ, om. εἰπεῖν, Ma³   5 χρήσιμα ἐν πολυ-
πειρίᾳ P⁸   6 πειρασώμεθα P¹ P⁸ P¹³ U⁴   7 πάλαι G P⁸ U⁴   8 οὖν
P¹⁴   9 ἐπιχωρίῳ P¹⁴   10 ἀτελλῆς P⁵ P¹³ U⁴, fort. P⁸   12 ἄκρην
(ss. σ) Ma⁸ : ἄκρην G   πόλιν P⁸   μυκιμήδην G P⁵ P¹³ U⁴ : κιμήδον
P⁸   13 ἀτελλῆς P⁵ P¹³ U⁴   15 αὐτῆς P¹ P² P¹⁴   μαίωνα
P⁵   εἰρημένην P⁸   17 φημία P¹⁴   τῷ om. G Ma³ P¹ P² P⁸ P⁴
P⁵ P⁸   18 χρημάτων pro γραμμάτων P⁸   19 τὸν ποταμὸν
P⁵ P¹³   20 μελησσγενὴς Ma⁸   21 δὴ corr. ex δ' P¹⁴   25 δὲ om.
P⁸   26 ἴ (ss. ω), ι in ras., P⁸   28 ταῖς om. P⁵ P¹³

ἐλθεῖν εἴς τι χωρίον τὸ καλούμενον Αἴγιναν· εἰς ὃ καταδρα- 30
μόντας λῃστὰς ἀνδραποδίσαι τὴν προειρημένην καὶ ἀγαγόντας
εἰς Σμύρναν οὖσαν ὑπὸ Λυδοῖς τότε, τῷ βασιλεῖ τῶν
Λυδῶν ὄντι φίλῳ τοὔνομα Μαίονι χαρίσασθαι· τὸν δὲ
ἀγαπήσαντα τὴν κόρην διὰ τὸ κάλλος γῆμαι· ἣν διατρί-
βουσαν παρὰ τῷ Μέλητι καὶ συσχεθεῖσαν ὑπὸ τῆς ὠδῖνος 35
ἔτυχεν ἀποκυῆσαι τὸν Ὅμηρον ἐπὶ τῷ ποταμῷ. ὃν
ἀναλαβὼν ὁ Μαίων ὡς ἴδιον ἔτρεφε, τῆς Κριθηΐδος μετὰ
τὴν κύησιν εὐθέως τελευτησάσης. χρόνου δὲ οὐ πολλοῦ
διελθόντος καὶ αὐτὸς ἐτελεύτησε. τῶν δὲ Λυδῶν κατα-
πονουμένων ὑπὸ τῶν Αἰολέων καὶ κρινάντων καταλιπεῖν 40
τὴν Σμύρναν, κηρυξάντων τῶν ἡγεμόνων τὸν βουλόμενον
ἀκολουθεῖν ἐξιέναι τῆς πόλεως, ἔτι νήπιος ὢν Ὅμηρος ἔφη
καὶ αὐτὸς βούλεσθαι ὁμηρεῖν· ὅθεν ἀντὶ Μελησιγένους
Ὅμηρος προσηγορεύθη.

4. γενόμενος δὲ ἐν ἡλικίᾳ καὶ δόξαν ἐπὶ ποιητικῇ κεκτη- 45
μένος ἤδη ἐπηρώτα τὸν θεὸν τίνων τε εἴη γονέων καὶ
πόθεν· ὁ δ᾽ ἀνεῖλεν οὕτως·

ἔστιν Ἴος νῆσος μητρὸς πατρίς, ἥ σε θανόντα
δέξεται· ἀλλὰ νέων ἀνδρῶν αἴνιγμα φύλαξαι.

φέρεται δὲ καὶ ἕτερος χρησμὸς τοιοῦτος· 50

ὄλβιε καὶ δύσδαιμον· ἔφυς γὰρ ἐπ᾽ ἀμφοτέροισι·
πατρίδα δίζηαι, μητρὸς δέ τοι οὐ πατρός ἐστι
μητρόπολις ἐν νήσῳ ὑπὸ Κρήτης εὐρείης,

32 μύρναν G U⁴   33 μαίωνι P¹⁴ P⁸ (ω corr. in o)   35 περὶ Ma³,
marg. παρὰ   καὶ om. P⁸   36 ἔτυχεν om. P⁶   37 κρηθηΐδος (ss. ῖ)
P²   μετὰ τὴν κύησιν om. P⁵   38 οὐ om. G Ma³ P¹ P²(add. m. al.)
U⁴   41 καὶ κηρυξάντων P⁸ P¹⁵ : κηρυξάντων δὲ Ma³ P¹ P² P¹⁴ :
τὲ P⁸   43 βούλομαι P⁸   44 ἐκλήθη P⁸   46 εἴη] ἣν P² P¹⁴   48 ἥσε]
ἥδε G P¹³ U⁴   48, 49 = Anth. Pal. xiv. 65, Paus. x. 24. 2 (v. ad 48)
v. Proc. 100. 9, Cert. 59, orac. ap. Steph. Byz. in Ἴος   49 ἀν-
δρῶν] παίδων Paus. Cert. Stephanus   50 om. P² P⁵   51–60 =
Anth. Pal. xiv. 66. vv. 48, 55–57 hab. Euseb. praef. evan. v. 33 Giff.
48, 49 sequentibus 45, 46 vidit Paus. x. 24. 2 Delphis in basi statuae
Homeri   52 δίζεαι G P⁵ P¹³   μητρὶς . . . πατρὶς P⁸ Eus.   τοι
om. P⁸ : τι (ss. o) P¹³

Μίνωος γαίης οὔτε σχεδὸν οὔτ' ἀποτηλοῦ.
55 ἐν τῇ σῇ μοῖρ' ἐστὶ τελευτῆσαι βιότοιο
εὖτ' ἂν ἀπὸ γλώσσης παίδων μὴ γνῷς ἐπακούσας
δυσξύνετον σκολιοῖσι λόγοις εἰρημένον ὕμνον.
δοιὰς γὰρ ζωῆς μοίρας λάχες, ἣν μὲν ἀμαυρὰν
ἠελίων δισσῶν, ἣν δ' ἀθανάτοις ἰσόμοιρον
60 ζῶντί τε καὶ φθιμένῳ· φθίμενος δ' ἔτι πολλὸν ἀγήρως.

μετ' οὐ πολὺν δὲ χρόνον πλέων ἐς Θήβας ἐπὶ τὰ Κρόνια·
ἀγὼν δ' οὗτος ἄγεται παρ' αὐτοῖς μουσικός· ἦλθεν εἰς Ἴον·
ἔνθα ἐπὶ πέτρας καθεζόμενος ἐθεάσατο ἁλιεῖς προσπλέοντας,
ὧν ἐπύθετο εἴ τι ἔχοιεν. οἱ δὲ ἐπὶ τῷ θηρᾶσαι μὲν μηδὲν
65 φθειρίζεσθαι δὲ διὰ τὴν ἀπορίαν τῆς θήρας οὕτως ἀπεκρί-
ναντο·

ὅσσ' ἕλομεν λιπόμεσθ', ὅσσ' οὐχ ἕλομεν φερόμεσθα,

αἰνισσόμενοι ὡς ἄρα οὓς μὲν ἔλαβον τῶν φθειρῶν ἀποκτεί-
ναντες κατέλιπον· οὓς δ' οὐκ ἔλαβον ἐν τῇ ἐσθῆτι φέροιεν.
70 ὅπερ οὐ δυνηθεὶς συμβαλεῖν Ὅμηρος διὰ τὴν ἀθυμίαν
ἐτελεύτησε. θάψαντες δ' αὐτὸν οἱ Ἰῆται μεγαλοπρεπῶς
τοιόνδε ἐπέγραψαν αὐτοῦ τῷ τάφῳ·

ἐνθάδε τὴν ἱερὴν κεφαλὴν κατὰ γαῖα καλύπτει
ἀνδρῶν ἡρώων κοσμήτορα θεῖον Ὅμηρον.

75 εἰσὶ μέντοι οἳ καὶ Κολοφώνιον αὐτὸν ἀποδεικνύναι πειρῶνται,

54 δ' ἀπὸ γῆς Eus.; ἀπὸ τηλοῦ Ma³ P¹ P² P¹³ Eus. 55 σῇ] σοι
Ma³ P¹ P² Eus. ἐν τῇ μοῖρ' ἐστίν σε Anth. : ἐν τοῖσι μόρσιμόν Eusebii
codd. A H 56 γλώττης P⁵ P⁸ ἐσακούσας Anth. 57 δυσξύνελον U⁴ :
ἀξύνετον Eus. σκολιοῖσι] πολλοῖσι Eus. 58 δισσῶν Anth. uv. σοὶ
ζωῆ δοιὰς μοίρας λάχεν ἢ μὲν ἀμαυρῶν Eus. 59 ἠελίδων P¹³ U⁴
δ' ὅσσων P² P³ P¹⁴: ὅσσων Ma³ P⁵ P¹² U⁴: ἠελιώδισσων P⁸ ἣν]
τὴν Anthol. ἀθάνατος Eusebii A H ἰσόμοιρος P¹³ U⁴ Eus. :
ἰσόμοιρος (ss. ν) P⁵ (ἰσόμοιρον Euseb. A H): ἰσόμηρον P⁸ 60 καὶ
ζῶν καὶ φθίμενος P⁵ P¹³ (φθίμενος om. P⁵) τε] δὲ Anth. πολλὰ
Anth. om. ἀγήρως 64 ἐπυνθάνετο P¹³ τὸ G P¹³ θηράσειν
G P⁵ P¹³ U⁴ οὐδὲν P⁵ 65 φθειρίσασθαι P⁸ ἀπειρίαν (ss. ο)
P⁸ : ἀπειρίαν G 67 λιπόμεθα G U⁴ 70 συλλαβεῖν G P⁵ P¹³ U⁴
72 αὐτῷ τῷ τάφῳ G P⁵ P¹³ U⁴ 73, 74 = Anth. Pal. vii. 3, vit.
Herod. 515 75 εἰσὶ μὲν U⁴

μεγίστῳ τεκμηρίῳ χρώμενοι πρὸς ἀπόδειξιν τῷ ἐπὶ τοῦ
ἀνδριάντος ἐπιγεγραμμένῳ ἐλεγείῳ· ἔχει δ' οὕτως·

  υἱὲ Μέλητος Ὅμηρε σὺ γὰρ κλέος Ἑλλάδι πάσῃ
  καὶ Κολοφῶνι πάτρῃ θῆκας ἐς ἀίδιον·
  καὶ τάσδ' ἀντιθέῳ ψυχῇ γεννήσαο κούρας   80
  δισσὰς ἡμιθέων γραψάμενος σελίδας.
  ὑμνεῖ δ' ἡ μὲν νόστον Ὀδυσσῆος πολύπλαγκτον
  ἡ δὲ τὸν Ἰλιακὸν Δαρδανιδῶν πόλεμον.

ἄξιον δὲ μηδὲ τὸ ὑπὸ Ἀντιπάτρου τοῦ ἐπιγραμματοποιοῦ
γραφὲν ἐπίγραμμα παραλιπεῖν, ἔχον οὐκ ἀσέμνως· ἔχει 85
δ' οὕτως·

  οἱ μέν σευ Κολοφῶνα τιθηνήτειραν Ὅμηρε,
  οἱ δὲ καλὰν Σμύρναν, οἱ δ' ἐνέπουσι Χίον·
  οἱ δ' Ἴον, οἱ δ' ἐβόασαν ἐύκλαρον Σαλαμῖνα,
  οἱ δέ νυ τὰν Λαπιθᾶν ματέρα Θεσσαλίαν·   90
  ἄλλοι δ' ἄλλο μέλαθρον ἀνίαχον· εἰ δέ με Φοίβου
  χρὴ λέξαι πινυτὰν ἀμφαδὰ μαντοσύναν,
  πάτρα τοι τελέθει μέγας οὐρανός, ἐκ δὲ γυναικὸς
  οὐ θνατᾶς ματρὸς δ' ἔπλεο Καλλιόπας.

5. γενέσθαι δ' αὐτὸν τοῖς χρόνοις οἱ μέν φασι κατὰ τὸν 95
Τρωικὸν πόλεμον, οὗ καὶ αὐτόπτην γενέσθαι· οἱ δὲ μετὰ
ἑκατὸν ἔτη τοῦ πολέμου· ἄλλοι δὲ μετὰ πεντήκοντα καὶ
ἑκατόν. ἔγραψε δὲ ποιήματα δύο, Ἰλιάδα καὶ Ὀδύσσειαν·

77 ἀνδριάντι P⁸ 78-83 = Anth. Plan. iv. 292 81 δισσὰς ἐξ
P¹ P¹⁴ : δισσὰς ἐκ στηθέων Anth. 82 πολύπλακτον P⁶ P¹³ U⁴ 83 τῶν
λιακῶν P⁸, marg. Ἰλιακῶν δαρδανίων Anth. 84 τοῦ ἐπιγραμ-
ματοποιοῦ om. P⁶ P¹³ 85 ἀσμ/ (ss. ος) U⁴ : ἀσμένος G : ἀσμένως
cet. corr. Xylander 87-94 = Anth. Plan. iv. 296 87 τιθήνην
τείναν G P⁶ P¹³ U⁴ 88 οἱ δ' ἐνέπ. . . . 89 Ἴον om. P⁶ add. marg.
  89 οἱ δ' Ἴον om. P¹³ U⁴ add. marg. 90 τᾶν P⁶ P¹³ : τῶν
Anth. λαπιθέων Anth. Θεσσαλίην Anth. P⁸ 91 ἄλλοι
δ' ἄλλην γαῖαν Anth. 92 πινυτὰς . . . μαντοσύναν Anth. ἀμφαδα
P⁶ P¹³ U⁴ : ἀμφάδα Ma³ : ἄμφαδα P⁶ corr. : ἀμφὶ σὲ P⁸ 93 σοι Anth. :
τοι om. P⁸ τελέθει ex τελέθει P⁶ τεκούσης Anth. 95 αυτὸν ˄ τοῖς
χρόνοις οἱ μὲν κατὰ P⁶ marg. ˄ φασιν : αὐτόν φασι P¹³ : αὐτὸν οἱ μέν φασι
τοῖς χρόνοις P⁸

ὡς δέ τινες, οὐκ ἀληθῶς λέγοντες, γυμνασίας καὶ παιδιᾶς
100 ἕνεκα καὶ Βατραχομυομαχίαν προσθεὶς καὶ Μαργίτην.

cc. 6-8 omisimus.

II [1]

1. Ὅμηρον τὸν ποιητὴν χρόνῳ μὲν τῶν πλείστων δυνάμει
δὲ πάντων πρῶτον γενόμενον εἰκότως ἀναγινώσκομεν πρῶ-
τον, ὠφελούμενοι τὰ μέγιστα εἴς τε τὴν φωνὴν καὶ τὴν
διάνοιαν καὶ τὴν τῶν πραγμάτων πολυπειρίαν. λέγωμεν
5 δὲ περὶ τῆς τούτου ποιήσεως, πρότερον μνησθέντες διὰ
βραχέων τοῦ γένους αὐτοῦ.

2. Ὅμηρον τοίνυν Πίνδαρος ⟨fr. 264⟩ μὲν ἔφη Χῖόν τε
καὶ Σμυρναῖον γενέσθαι, Σιμωνίδης ⟨fr. 85⟩ δὲ Χῖον, Ἀντί-
μαχος δὲ καὶ Νίκανδρος ⟨fr. 14 Schn.⟩ Κολοφώνιον,
10 Ἀριστοτέλης ⟨cf. i. 3⟩ δ' ὁ φιλόσοφος Ἰήτην, Ἔφορος
⟨cf. i. 7⟩ δ' ὁ ἱστορικὸς Κυμαῖον. οὐκ ὤκνησαν δέ τινες
Σαλαμίνιον αὐτὸν εἰπεῖν ἀπὸ Κύπρου, τινὲς δ' Ἀργεῖον,
Ἀρίσταρχος δὲ καὶ Διονύσιος ὁ Θρᾷξ Ἀθηναῖον. υἱὸς δ'
ὑπ' ἐνίων λέγεται Μαίονος καὶ Κριθηΐδος, ὑπὸ δέ τινων
15 Μέλητος τοῦ ποταμοῦ.

3. Ὥσπερ δὲ τὰ τοῦ γένους αὐτῷ διαπορεῖται, οὕτω καὶ
περὶ τῶν χρόνων καθ' οὓς ἐγένετο. καὶ οἱ μὲν περὶ
Ἀρίσταρχόν φασιν αὐτὸν γενέσθαι κατὰ τὴν τῶν Ἰώνων
ἀποικίαν, ἥτις ὑστερεῖ τῆς τῶν Ἡρακλειδῶν καθόδου
20 ἔτεσιν ἑξήκοντα, τὰ δὲ περὶ τοὺς Ἡρακλείδας λείπεται τῶν
Τρωικῶν ἔτεσιν ὀγδοήκοντα. οἱ δὲ περὶ Κράτητα καὶ πρὸ

---

[1] haec prioribus continuant Ma³ P⁶ P¹⁴ : litteram initialem ampliorem
hab. P² : ἄλλως P¹ marg.   ἔτι περὶ τοῦ γένους καὶ τῆς ποιήσεως ὁμήρου
P⁵ P¹³ U⁴

99 παιδείας P²
1 ὅμηρον δὲ Ma³ marg.   2 πρῶτον πάντων P⁶   4 λέγομεν
P⁸   5 ποιήσεως τούτου P⁶   6 περὶ τοῦ γένους P⁸   8 Ἀντίμαχος]
... //// μανδρ (ss. κείμενον) P⁹ in loco attrito   11 τινες] sc. Callicles
vit. vi. 17   12 καὶ σαλαμίνιον P⁸   16 τὰ περὶ P⁵ P⁸ U⁴   17 τὸν
χρόνον P⁵   19 τῆς om. Ma³   καθόλου Ma³

τῆς Ἡρακλειδῶν καθόδου λέγουσιν αὐτὸν γενέσθαι, ὡς οὐδὲ
ὅλα ἔτη ὀγδοήκοντα ἀπέχειν τῶν Τρωικῶν.   ἀλλὰ παρὰ τοῖς
πλείστοις πεπίστευται μετὰ ἔτη ἑκατὸν τῶν Τρωικῶν γεγο-
νέναι, οὐ πολὺ πρὸ τῆς θέσεως τῶν Ὀλυμπίων, ἀφ᾽ ἧς ὁ 25
κατὰ Ὀλυμπιάδα χρόνος ἀριθμεῖται.   cetera omisimus.

VITA IV

Ὅμηρος ὁ ποιητὴς υἱὸς ἦν κατὰ μέν τινας Μαίονος καὶ
Ὑρνηθοῦς, κατὰ δ᾽ ἐνίους Μέλητος τοῦ ποταμοῦ καὶ Κριθηί-
δος νύμφης.   ἄλλοι δ᾽ αὐτοῦ τὸ γένος εἰς Καλλιόπην τὴν
Μοῦσαν ἀναφέρουσιν.   φασὶ δ᾽ αὐτὸν Μελησιγένη ἢ Μελη-
σιάνακτα κεκλῆσθαι, τυφλωθέντα δ᾽ αὐτὸν ὕστερον Ὅμηρον 5
κληθῆναι· οἱ γὰρ Αἰολεῖς τοὺς τυφλοὺς ὁμήρους καλοῦσιν.
πατρίδα δ᾽ αὐτοῦ οἱ μὲν Σμύρναν, οἱ δὲ Χίον, οἱ δὲ Κολο-
φῶνα, οἱ δ᾽ Ἀθήνας λέγουσιν.   περιιὼν δὲ τὰς πόλεις
ᾖδε τὰ ποιήματα.   ὕστερον δὲ Πεισίστρατος αὐτὰ συνή-
γαγεν, ὡς τὸ ἐπίγραμμα τοῦτο δηλοῖ· 10

22 λέγουσιν . . . ὡς om. P⁸   23 ἀπέχειν ὀγδοήκοντα P⁶   ἀπέχον
Ma³   26 τὰς ὀλυμπιάδας P⁸
IV. Codices A¹ A⁴ A⁵ A⁷ Bm¹ Bm³ Ca¹ E¹ E² H Le Li M¹ Ma²N P⁴ P⁶ P⁹
P¹² Pa Pal.² Pe U² U³ U⁶ V³ Vrat.   Τιτυλυς : βίος ὁμήρου P⁴ : γένος
ὁμήρου vulg. : ὁμήρου γένεσις E¹ P⁹ (·ησις) om. Bm¹ P⁶ : περὶ τοῦ γένους
τοῦ ποιητοῦ Ma²   1 μὲν ἦν E¹ Li P⁹ : μὲν sine ἦν M¹   τινας μὲν
P⁹   μαίωνος A⁴ Bm¹ E² U² U³ U⁶ : μάιμωνος P⁵ P¹² : μάρωνος Ca¹ E¹
H M¹ Ma² P⁴ P⁹ : μάρωνα Bm³ : μάρενος A³, cf. Proc. 99. 15 : μαρα-
θῶνος Li om. V³   2 ὑρνιθοῦς U³ : ὀρνιθοῦς E¹ P⁶ P⁹ P¹² : ὀρνηθοῦς P⁶
ͺγρʹ. μυρνηθούς) : ὀρνίθους P⁴ : ἠνηθοῦς V³ : εὐγνηθώ Cert. 25   μέλιτος
A⁵ Ca¹ E¹ Li P¹² U⁶ V³ : εὖτε Μέλης ἐγάμει Asius P. L. G. ii. 23   τοῦ
om. Bm³ H M¹ Pal. Vrat.   4 ἀναφέρουσιν ἑρμοῦ λέγοντος καὶ καλ-
λιόπης τοῦτον εἶναι.   φασὶ δὲ αὐτὸν E¹ P⁹, γρʹ. οι μὲν l. . . . (subters. καλλιο
(ss. π) . . . .) marg. P⁶ absciso folio   μελισσογενῆ A⁵ Bm¹ Ca¹ E¹ E² H
(-νν-) Ma² P⁴ P⁶ P⁹ P¹² U² U⁶ : μελεσσογ- M¹ : μελησσογ- Bm³ : μελητο-
γενῆ Pal. .   ἢ καὶ P⁴ P¹² V³   μελισσιάνακτα Bm¹ Ca¹ E² : μελισιάν-
E¹ P⁹ : μελησσ- Bm³ : μελισσῖνα Ma² : μελισσίαν P⁴ P¹² : μελίσσινα (ss.
γρʹ. ἢ μελισσιάνακτα) P⁴   5 πρότερον κεκλῆσθαι Ma²   αὐτὸν κεκ-
λῆσθαι E¹ P⁹   κατακεκλῆσθαι P⁶   ὕστερον δὲ τυφλ. Ma²   6 κλη-
θῆναι] κεκλῆσθαι P⁴ P¹² : κεκλησθῆναι Ma²   ἐκάλουν A⁴ Bm¹
U² U⁶ V³   8 Ἀθήνας εἶναι Bm³ Ca¹ H M¹ : ἀθηναῖον P⁴ P¹¹
δὲ εἰς τὰς A¹ Bm¹ Bm³ Ca¹ H¹ M¹ P¹ P⁸ P⁴ U¹ U² U³ V   λέγουσιν om.
A⁷ Bm¹ Bm³ H M¹ P⁴ P¹² U² U⁸   φασὶν E¹ P⁹ U⁶ V³   9 τὰ ποιήματα
αὐτοῦ Ma²   δὲ αὐτὰ πεισίστρατος A⁷ Bm³ Ca¹ E² H M¹ P⁴ P¹² U⁸
10 τὸ om. Ca¹   τούτου Bm¹ Bm³ Ca¹ H U² U⁶ V³

τρίς με τυραννήσαντα τοσαυτάκις ἐξεδίωξε
δῆμος Ἐρεχθῆος καὶ τρὶς ἐπηγάγετο,
τὸν μέγαν ἐν βουλαῖς Πεισίστρατον ὃς τὸν Ὅμηρον
ἤθροισα σποράδην τὸ πρὶν ἀειδόμενον·
15 ἡμέτερος γὰρ κεῖνος ὁ χρύσεος ἦν πολιήτης
εἴπερ Ἀθηναῖοι Σμύρναν ἐπῳκίσαμεν.

φασὶ δ' αὐτὸν ἐν Ἴῳ τῇ νήσῳ διὰ λύπην ἀποκαρτερήσαντα
τελευτῆσαι διὰ τὸ μὴ λῦσαι τὸ ζήτημα τὸ ὑπὸ τῶν ἁλιέων
αὐτῷ προτεθέν.   ὁ μὲν γὰρ ἐπιστὰς ἤρετο·
20 ἄνδρες ἀπ' Ἀρκαδίης ἀλιήτορες ἦ ῥ' ἔχομέν τι;
οἱ δ' ἀπεκρίναντο·
ὅσσ' ἔλομεν λιπόμεσθ', ὅσα δ' οὐχ ἕλομεν φερόμεσθα.
ἐπιγέγραπται δ' ἐν τῷ μνήματι αὐτοῦ
ἐνθάδε τὴν ἱερὴν κεφαλὴν κατὰ γαῖα καλύπτει
25 ἀνδρῶν ἡρώων κοσμήτορα, θεῖον Ὅμηρον.

11–16 = Anth. Pal. xi. 442, vit. v. 29   11 τρὶς μὲν Bm³ M¹   ἐξεδίωκε M¹ : ἐξεκύλισε A¹ E¹ P⁹   12 ἐρεχθειδῶν codd. forsan omnes : ἐρεχθῆος Anth. Tzetzes Ex. in Il. 8. 13   ἐπήγαγε P⁹ : τρὶς δ' ἐπανηγάγετο Tzetzes Ex. Il. 8. 13 : ἐπεσπάσατο A⁴ A⁵ A⁷ Bm¹ Bm³ Ca¹ H P⁴ P⁹ U³ U⁶ V³ : -αντο U²   13 μέγαν] μὲν γὰρ Bm³ H M¹   14 ἤθροισαν A⁷ : ἤθροισε A¹ A⁴ A⁵ Bm³ E¹ H P⁹ U⁶ : ἤθροισα (ss. :, α) P⁶   τὸ (ss. ν) V³   15 ἡμέτερος U³   ἐκεῖνος Bm³ Ca¹ E¹ E² H M¹ Ma² P⁴ P⁶ P⁹ P¹² U¹ U² V³ Tzetzes l. c.   πολίτης A⁴ A⁷ Bm³ Ca¹ E² H U³   ἦν (ss. γὲ) πολίτης V³   ἦν ἐκεῖνος ὁ χρ. πολ. Bm¹ : γὰρ ἦν ἐκεῖνος ἦν πολίτης U² U⁶   16 σμύρναν om. A¹ P⁹   ἐπῳκίσαμεν P⁴ P¹² Anth. Tzetzes l. c.   17 φασὶ . . . vit. v. 34 ἐπῳκίσαμεν om. A¹ E¹ Pal.² ita ut sermo continuetur   17 δ' om. A⁷   ἴδω U³   καρτερήσαντα Bm³   19 προστεθὲν Bm³ H M¹   20 cf. Certamen 326 ann.   ἀλίτορες E² : θηρήτορες Cert. vit. Proc. Tzetzes Ex. Il.   ἦ ῥ'] ἄρ' vit. Proc.   22 cf. Vit. Herod. 494 et ann.   οὔσ Bm³ Ca¹   λιπόμεθα Bm¹   ὅσσ' (ὅσ') οὐχ A¹ A⁴ A⁷ Bm¹ E² P⁶ P¹² U² U³ U⁶ V³ : οὔσ δ' Bm³ H M¹   φερόμεθα Bm¹ Li M¹   post φερόμεσθα haec Bm³ Ca¹ H M¹ Vrat. τὸ δὲ λεγόμενόν ἐστι τοιοῦτον. ἐπειδὴ γὰρ οὐδὲν ἦσαν ἔχοντες τότ' ἐξ ἁλείας ἐφθειρίζοντο, καὶ οὓς μὲν ἔλαβον τῶν φθειρῶν φονεύσαντες οὐκ εἶχον, οὓς δὲ οὐκ ἔλαβον ἐν τῇ ἐσθῆτι περιέφερον. οὐ νοήσας δὲ τὸ λεγόμενον σύννους γεγονὼς καὶ οὕτως ὀλισθήσας καὶ λίθῳ προσκρούσας τριταῖος ἐτελεύτησεν. οἱ δὲ ἴῆται θάψαντες (θάψαντες H M¹) αὐτὸν μεγαλοπρεπῶς ἐν τῷ μνήματι αὐτοῦ ἐπέγραψαν τάδε. cf. vit. v. 43   23 δ'] γὰρ Bm¹   αὐτοῦ οὕτως E²   24, 25 = Anth. Pal. vii. 3 vit. Herod. 515, 516 ubi v.   24 ἱερὴν A⁴ Bm¹ Ma²   γαῖαν M¹ U⁶ : γ////αῖ (ss. α) P⁴ P¹²   κάλυπτε A⁴   25 post ὅμηρον haec Bm³ H M¹ : θανὼν ὅμηρος ἔγεται (ἄγετε M¹ : αὖτε Bm³) πρὸς τὸν

246

Ὅμηρος ὁ ποιητὴς πατρὸς μὲν ἦν Μέλητος, μητρὸς δὲ
Κριθηῖδος, τὸ δὲ γένος κατὰ μὲν Πίνδαρον ⟨fr. 264⟩
Σμυρναῖος, κατὰ δὲ Σιμωνίδην ⟨fr. 85⟩ Χῖος, κατὰ δ᾿
Ἀντίμαχον ⟨F. H. G. ii. 58 fr. 18⟩ καὶ Νίκανδρον ⟨fr. 14
Schn.⟩ Κολοφώνιος, κατὰ δὲ Βαγχυλίδην ⟨fr. 48 Bl.⟩ καὶ 5
Ἀριστοτέλην τὸν φιλόσοφον ⟨fr. 66 R.⟩ Ἰήτης, κατὰ
δ᾿ Ἔφορον ⟨fr. 164⟩ καὶ τοὺς ἱστορικοὺς Κυμαῖος, κατὰ δ᾿
Ἀρίσταρχον καὶ Διονύσιον τὸν Θρᾷκα Ἀθηναῖος. τινὲς δὲ
καὶ Σαλαμίνιον αὐτὸν εἶναί φασιν, ἄλλοι δ᾿ Ἀργεῖον, ἄλλοι
δ᾿ Αἰγύπτιον ἀπὸ Θηβῶν. τοῖς δὲ χρόνοις κατὰ μέν τινας 10
πρὸ τῆς τῶν Ἡρακλειδῶν ἐγένετο καθόδου, ὥστε ἔνεκεν

τάφον· προστιθέασιν (τιθέασιν codd.) αὐτῷ καὶ παίγνια τινά· μαργίτην
(μαγνήτην Μ¹) καὶ βατραχομυομαχίαν: Vrat. autem ποιήματα δ᾿ αὐτοῦ
φασιν εἶναι Ἰλιάδα καὶ ὀδύσσειαν, τινὲς δὲ προστιθέασιν αὐτῷ καὶ παίγνιά
τινα, μαργίτην καὶ βατραχομυομαχίαν. cf. vit. Procul. fin. haec autem
U² : τὸ δ᾿ ἀληθὲς σμύρναν ὅμηρος ᾤκει· εὑρήσεις γὰρ ἐκεῖ πλησίον τῆς
μροπόλεως θρόνον μέγιστον ἐκ μαρμάρου, εὐφυῶς κατεσκευασμένον, ἔχοντα
ἐ᾿ς τὸ ὄπισθεν μέρος γράμματα ἐγκεκολαμμένα λέγοντα οὕτως·
εἰ τραφερῆς πάσης ἀλιτέρμονα κύκλον ὁδεύσεις
οὔ ποτε μῶν τινα χῶρον ἀρείονα τοῦδε νοήσεις,
θέσκελον οἷον ἔτευξεν ἀγακλυτὸς Ἰωάννης,
κυδαίνων βασίλειαν ὅλης χθονός· ἐκ ῥοθίων γὰρ
τερπωλὴν ἀκόρητον ἐν ἄστει θῆκεν ὁμήρου.
ὥστε οἱ λέγοντες ἀλλαχόθεν εἶναι τὸν ὅμηρον οὐ καλῶς φρονοῦσιν. epi-
gramma exstat Anth. Pal. ix. 672: agi videtur de Ioanne Duca cl.
Mich. Ducae hist. 7 a Fr. Jacobs allato

V. Codices : Λ¹ Α⁴ Α⁵ Α⁶ Α⁷ Bm¹ Bm³ Ε² H Le Μ¹ Μ² Ma² Ο¹ Ο³ Ρ⁶
Pal.² U³ U⁶ V³   Titvlvs: ἕτερος Μ¹ : καὶ ἕτερος Η : ἕτερον γένος
ὁμήρου U³   ἄλλως vulg.: ἄλλως περὶ αὐτοῦ Ma²   καὶ ἄλλως Ε²
V³   βίος ὁμήρου τοῦ ποιητοῦ Α⁴ Ο³   om. Bm¹ Ο¹ U⁶   1 υἱὸς
pro πατρὸς V³ : υἱὸς in ras. Α⁴   μέλιτος Α⁴ Ο¹ U⁶ V³   2 δὲ om.
praeter Pal. codd.   καὶ τὸ γένος Ο¹ Ο³   κατὰ πίνδαρον μὲν Ο¹ Ο³
3 ἦν σμυρναῖος Ο¹   σμυρναῖος . . . 4 νίκανδρον om. Α⁷ Ε² U³   κατὰ
σιμωνίδην δὲ Ο¹ Ο³   σιμωνίδην] σμυρνίδην Α⁶ Μ²   4 καὶ κατὰ νίκαν-
δρον Ο¹ Ο³   5 βαρχυλίδην Α⁷   κατὰ ἀριστοτέλην Ο¹ Ο³   6 τὸν
μέγαν φιλόσοφον Ο¹ Ο³   7 ἔφορον V³ : εὔφορον Α⁷ Ε² U³ : εὔφορ-
κον Α⁴ U⁶ : ἔφορβον Bm³   καὶ κατὰ τοὺς Ο¹ Ο³   τὸν ἀρίσταρχον
U³   καὶ κατὰ διονύσιον Ο¹ Ο³   τινὲς] sc. Callicles, vit. vi. 17
τινὲς δὲ φασὶν εἶναι αὐτὸν σαλαμίνιον Ο¹ Ο³   δὲ om. Α⁴   9 καὶ om.
Α⁷   σαλαμήνιον (ss ι̅) Ρ⁶   ἄλλοι δ᾿ Ἀργ.] sc. Philochorus
vit. vi. 16   ἄλλοι δὲ αὐτὸν Μ¹   ἀργεῖον] σάρδιον Α⁶ Μ²   10 post
θηβῶν add. ἑκατομπυλῶν Ο¹ Ο³   11 πρὸς Μ¹   πρὸ τῆς καθόδου τῶν
ἡρακλειδῶν Ο¹ Ο³   ἔνεκεν ἐκ τούτου Bm¹ Bm³ Μ¹

τούτου γιγνώσκεσθαι ὑπ᾽ αὐτοῦ τοὺς ἐπ᾽ Ἴλιον στρατεύ-
σαντας· τὰ γὰρ ἀπὸ τῶν Τρωικῶν ἐπὶ τὴν κάθοδον τῶν
Ἡρακλειδῶν π᾽ ἔτη.   τοῦτο δ᾽ ἀπίθανον ὑπάρχει· καὶ γὰρ
15 αὐτὸς ὁ Ὅμηρος ὑστεροῦντα πολλοῖς χρόνοις ἑαυτὸν ἀπο-
δείκνυσι λέγων

ἡμεῖς δὲ κλέος οἷον ἀκούομεν οὐδέ τι ἴδμεν.

τινὲς δὲ λέγουσιν αὐτὸν τῆς Ἰωνικῆς ἀποικίας ἀπολείπεσθαι
ἔτεσιν ρν᾽.   οὐδὲν δ᾽ αὐτοῦ θετέον ἔξω τῆς Ἰλιάδος καὶ τῆς
20 Ὀδυσσείας, ἀλλὰ καὶ τοὺς ὕμνους καὶ τὰ λοιπὰ τῶν εἰς αὐτὸν
ἀναφερομένων ποιημάτων ἡγητέον ἀλλότρια καὶ τῆς φύ-
σεως καὶ τῆς δυνάμεως ἕνεκα.   τινὲς δ᾽ αὐτοῦ φασιν
εἶναι καὶ τὰ φερόμενα δύο γράμματα, τήν τε Βατραχομυο-
μαχίαν καὶ τὸν Μαργίτην.   τὰ δὲ ποιήματα αὐτοῦ τὰ ἀληθῆ
25 σποράδην πρότερον ᾀδόμενα Πεισίστρατος Ἀθηναῖος συνέ-
ταξεν, ὡς δηλοῖ τὸ φερόμενον ἐπίγραμμα Ἀθήνησιν ἐπιγε-

12 γιγνώσκεσθαι] γίνεσθαι A⁷ E² : γενέσθαι U³   αὐτὸν Bm³   τοὺς
στρατεύσαντας ἐπὶ τὸ Ἴλιον O¹ O³   ἰλίου A⁶ M²   13 ἀπὸ] ἐπὶ A⁴
Bm¹ Bm³ H M¹ U⁶ V³   14 ἔτη ὀγδοήκοντα A⁴ Bm¹ Bm³ H M¹ U⁶ V³
ὀγδοήκοντα γὰρ τὰ (om. O²) ἔτη (ἦσαν add. O²)   μέχρι τῆς καθό-
δου add. O¹ O³   ἀλλὰ τοῦτο O¹ O³   δ᾽] γὰρ A⁴ U⁶ V³   καὶ
γὰρ] ὅτι O¹ O³   καὶ γὰρ ... 17 ἴδμεν om. Bm¹   15 ἑαυτὸν πολλοῖς
χρόνοις U³   ἀποδείκνυσιν ἑαυτὸν ὕστερον τῶν τρωικῶν.   φησὶ γὰρ
O¹ O³   ὑποδείκνυσι M¹   17 = B 486   18 ἄλλοι δὲ O¹ O³   αὐτὸν
om. A⁴ Bm¹ H M¹ U⁶ V³   τῆς om. A⁴ Bm¹ Bm³ H U⁶   ἀπολείπεσθαι
τῆς ἰωνικῆς ἀποικίας O¹ O³   ἀπολίπεσθαι E²   19 post ρν᾽ ita O¹ O³
ἴδια δὲ ποιήματα αὐτοῦ τὰ τῆς ἰλιάδος καὶ τὰ τῆς ὀδυσσείας (εἰσίν add.
rubr. O¹) : φασὶ δέ τινες εἶναι αὐτοῦ τήν (ἢ O⁵) τε βατραχομυομαχίαν
(-ία O⁵) καὶ τὸν (ὁ O³) μαργίτην (-ης O³).   ταῦτα δὲ αὐτοῦ τὰληθῆ ποιή-
ματα   καὶ om. A⁶ A⁷ E² M² U³   21 ἀλλότριον U⁶   φύσεως
αὐτῆς U³   22 φασὶν αὐτοῦ A⁶   23 συγγράμματα A⁴ A⁷ Bm³ E² H
M¹ U³ U⁶   μυοβατραχομαχίαν A⁵ A⁷ Bm³ E² H Li M¹ Ma² U³ : μυο-
βατραχίαν A⁴ V³   24 μαργήτην Ma² P⁶ : μαργαρίτην M²   ἀληθῆ
αὐτοῦ ποιήματα Bm² E² H M¹ U³   25 ὁ ἀθηναῖος O¹ O³   συνέλεξεν
A⁴ Bm¹ U⁶ : συνέλαυεν V³ : προσέταξεν A⁷   post συνέλεξεν haec Bm¹
καὶ τὰ ἑξῆς· τὸ δὲ ἀληθὲς περὶ τοῦ ἑαυτοῦ θανάτου οὕτως ἔχει· ἀπερχόμενος
ἐν τινι οἰκία καὶ λυπούμενος ἀμετρήτως διὰ τὸ μὴ δυνηθῆναι τὸ ἐρώτημα
τῶν ἁλιέων νοῆσαι· καὶ πηλοῦ ὄντος ὤλισθε καὶ κεκρουκὼς ἐς πέτραν τὴν
δεξιὰν ἐκλάσθη πλευράν· καὶ τριταῖος ἐτελεύτησε [finitur vita]   26 ἐπι-
φερόμενον Bm³ E² M¹ U³ : περιφερόμενον A⁴ U⁶ : ἤγουν τὸ ἐπιγεγραμ-
μένον O¹ O³   ἀθήνησιν ἐπίγραμμα E²

γραμμένον ἐν εἰκόνι αὐτοῦ τοῦ Πεισιστράτου. ἔχει δ'
ὧδε·

τρίς με τυραννήσαντα τοσαυτάκις ἐξεδίωξε
δῆμος Ἐρεχθῆος καὶ τρὶς ἐπηγάγετο,   30
τὸν μέγαν ἐν βουλαῖς Πεισίστρατον ὃς τὸν Ὅμηρον
ἤθροισα σποράδην τὸ πρὶν ἀειδόμενον.
ἡμέτερος καὶ κεῖνος ὁ χρύσεος ἦν πολιήτης
εἴπερ Ἀθηναῖοι Σμύρναν ἐπῳκίσαμεν.

πλανηθέντα δὲ τὸν Ὅμηρον ἐν Ἰθάκῃ πολύν φασι διατρῖψαι 35
χρόνον καὶ πολλὰς χώρας ἀμείψαντα ἐν Ἴῳ τῇ νήσῳ
τελευτῆσαι ἐκ τοιᾶσδε αἰτίας. καθημένου γάρ ποτε τοῦ
Ὁμήρου ἐν αἰγιαλῷ τυφλοῦ αὐτοῦ ὄντος αἰσθέσθαι ἁλιεῖς
παρερχομένους. πρὸς οὓς εἶπεν

ἄνδρες ἀπ' Ἀρκαδίης ἁλιήτορες ἦ ῥ' ἔχομέν τι;   40

τοὺς δ' ἀποκριθέντας εἰπεῖν

ὅσσ' ἕλομεν λιπόμεσθ', ὅσα δ' οὐχ ἕλομεν φερόμεσθα.

τὸ δὲ λεγόμενόν ἐστι τοιοῦτον. ἐπειδὴ γὰρ οὐδὲν ἦσαν

27 ἐν τῇ εἰκόνι O¹ O⁵   τοῦ πεισιστράτου ἐκείνου O¹ O³   28 οὕτως
U² U⁶   29-34 = Anth. xi. 442, vit. iv. 11   29 ἐξεκύλισε A⁴ A⁵ A⁷
Bm³ E² H M¹ Ma² P⁶ Pal.² U³ U⁶ : ἐξεκάλεσε Li   30 ἐρεχθειδῶν
A⁶ M² marg. P⁶   ἐπήγαγε Ma² P⁶ Pal. : ἐπεσπάσατο A⁶   31 ὃς . . .
34 ἀειδόμενον om. V³ add. marg.   32 ἤθροισε Li M¹ : ἤθροισε (ss. α) P⁶ :
ἤθροισαι A⁷   τὸν Bm³ M¹   τὸ πρὶν om. U⁶   33 ἐκεῖνος A¹ A⁵ A⁷
Bm³ E² Li M¹ M² O¹ O³ U⁶   χρύσϊος U³   ὁ χρύσεος ἐκεῖνος Ma²
P⁶   πολίτης A⁴ A⁷ Bm³ E² H U⁶ V³ : πολίιτης A⁶ : πολίίτης U³
34 σμύρνα M¹   ἐπωκήσαμεν Bm³ E² (corr. ex ἰ) M² Ma² O¹ O³
P⁶ Pal.²   35 δὲ om. A⁶ P⁹   διατρίψας Bm³ H M¹   φασὶ διατρίψαι
πολὺν χρόνον ἐν τῇ O¹ O⁵   36 διαμείψαντα M¹ : διελθόντα A⁶ E¹ :
περιελθόντα P⁹ : πλανηθέντα Li   τόπους καὶ χώρας O¹ O³   37 λέγουσι
τελευτῆσαι τοῦτον ὕστερον ἐν Ἴῳ O¹ O⁵   τοιᾶσδε Li M¹ P² : τοίας τῆς
cet.   αἰτίας ἧς ἀνωτέρω εἰρήκαμεν· περὶ τῆς ἐρωταποκρίσεως αὐτοῦ καὶ
τῶν ἁλιέων U³ [qui hic finitur, om. ceteris]   τοῦ om. U⁶   ποτε
τοῦ ὁμήρου et τυφλοῦ αὐτοῦ ὄντος om. A⁶   καθήμενον et τυφλὸν αὐτὸν
ὄντα A⁶ M² om. τοῦ ὁμήρου : καθημένου (ss. ον) . . . τυφλοῦ (ss. ον) ὄντος
(ss. α) Ma²   38 ὄντος αὐτοῦ V³ : ὁμήρου τυφλοῦ ὄντος λέγουσιν αἰσθέσθαι
O¹ O³   αἰσθέσθαι φασὶν Ma²   ἁλιέων παρερχομένων A⁷ Bm³ E²
H M¹   39 καὶ εἶπεν A⁶ E¹ P⁹   40 v. Certam. 326 ann.
42 cf. vit. Herod. 499 ann.   λιπόμεσθα δσ' M¹   δσσ' (δσ') οὐχ
A⁶ A⁵ A⁷ Bm³ E¹ E² H Ma² P⁹ U⁶ V³   43 ἐπεὶ γὰρ A⁴ U⁶ : γὰρ om.
A⁶ E¹ P⁹   οἱ ἁλιεῖς οὐδὲν ἔχοντες O¹ O⁵

VITA VI

ἔχοντες τότ' ἐξ ἀλείας ἐφθειρίζοντο, καὶ οὓς μὲν ἔλαβον
45 ἐκ τῶν φθειρῶν φονεῦσαι καὶ μὴ ἔχειν, οὓς δ' οὐκ ἔλαβον
ἐν τῇ ἐσθῆτι περιφέρειν. οὐ νοήσας δὲ τὸ λεγόμενον ἀπὸ
θλίψεως ἐτελεύτησεν ἐν Ἴῳ τῇ νήσῳ. ἔθαψαν δ' αὐτὸν
μεγαλοπρεπῶς οἱ Ἰῆται, χαράξαντες ἐπὶ τῷ τάφῳ τὸ ἐπί-
γραμμα τοῦτο παρ' αὐτοῦ ζῶντος ἔτι γεγραμμένον εἰς
50 αὐτόν·

ἐνθάδε τὴν ἱερὴν κεφαλὴν κατὰ γαῖα καλύπτει
ἀνδρῶν ἡρώων κοσμήτορα θεῖον Ὅμηρον.

VITA VI

Βίος Ὁμήρου

Τὸ μὲν ἄντικρυς εἰπεῖν διισχυρισάμενον τήνδε τινὰ
σαφῶς εἶναι τὴν Ὁμήρου γένεσιν ἢ πόλιν χαλεπόν, μᾶλλον
δὲ ἀδύνατον εἶναι νομίζω· ἀναγκαῖον δὲ καταριθμῆσαι τὰς
ἀντιποιουμένας τῆς γενέσεως αὐτοῦ πόλεις, τό τε γένος
5 ἐξειπεῖν τὸ ἀμφισβητήσιμον τοῦ ποιητοῦ. Ἀναξιμένης
(Scrr. rer. Alex. magn. p. 39 fr. 20) μὲν οὖν καὶ Δαμάστης
(F. H. G. ii. 66 fr. 10) καὶ Πίνδαρος ὁ μελοποιὸς (fr. 264)
Χῖον αὐτὸν ἀποφαίνονται καὶ Θεόκριτος ἐν τοῖς ἐπιγράμ-
μασιν. ὁ δὲ Δαμάστης καὶ δέκατον αὐτὸν ἀπὸ Μουσαίου

44 τωτοτε A⁴ U⁶ : ϝϝωτότε V³   ἐξ] ἐκ τῆς O³   ἆσ μὲν . . . ἆσ δ'
A⁷ Bm² E¹ H O¹ O³   45 ἐκ τῶν] τῶν E¹ P⁹   φθειρῶν λαμβάνοντες
O¹ O³   ἐφόνευον καὶ φονεύοντες οὐκ εἶχον ἔτι O¹ O³   46 ἐν ταῖς ἐσθῆσι
αὐτῶν ἦν ἀνάγκη περιφέρειν O¹ O³   ὁ δὲ ὅμηρος οὐ νοήσας τὸ τῆς
ἀποκρίσεως τῶν ἁλιέων O¹ O³   τὸ λεχθὲν A⁶ E¹ P⁹   47 ἐτελεύτησεν
ὑπὸ τῆς θλίψεως ἐν Ἴῳ τῇ νήσῳ καὶ ἔθαψαν O¹ O³   ἐν Ἴῳ τῇ νήσῳ om.
A⁶ E¹ P⁹   48 Ἰῶται A⁶ : Ἴται (ss. ῶ) M² : Ἰτῖται A⁷ : Ἴῃσαι Bm³   τοῦ
τάφου V³   αὐτοῦ add. A⁴ E¹ P⁹ U⁶   49 ἐπιγεγραμμένον om. ἔτι
A³ A⁴ A⁵ A⁶ E¹ P⁶ P⁹ U⁶ V³ : ἔτι ἐπιγεγραμμένον M¹ corr. Westermann
51, 52 = Anth. Pal. vii. 3, vit. Herod. 515 ann.   51 γαῖαν
Bm³ M¹   52 add. θανὼν ὅμηρος ἄγεται πρὸς τὸν τάφον Bm³ H M¹
VI. Codices : Ma² Ve   1 τὸ μὲν . . . 5 ποιητοῦ om. Ma²   6 μὲν
οὖν om. Ma²   7 ὁ μελοποιὸς om. Ma²   8 αὐτὸν] τὸν ὅμηρον
Ma²   ἐν τοῖς ἐπιγράμμασιν om. Ma² cf. Theocr. Idyll. vii. 47 xxii.
218 (Χῖος ἀοιδός). προσέτι δὲ Θεόκριτος φάσκων οὕτως [citatis vii. 47,
48] Tzetzes Exeg. in Il. 7. 16

φησὶ γεγονέναι· Ἱππίας δ' αὖ ⟨F. H. G. ii. 62 fr. 8⟩ καὶ 10
Ἔφορος ⟨fr. 164⟩ Κυμαῖον· ὁ δ' Ἔφορος καὶ εἰς Χαρίφημον
ἀνάγει τὸ γένος αὐτοῦ, ὁ δὲ Χαρίφημος οὗτος Κύμην ᾤκησε·
Τιμόμαχος ⟨F. H. G. iv. 522⟩ δὲ καὶ Ἀριστοτέλης ⟨fr. 66
R.⟩ ἐξ Ἴου τῆς νήσου. κατὰ δ' Ἀντίμαχον ⟨F. H. G. ii.
58 fr. 18⟩ Κολοφώνιος, κατὰ δὲ Στησίμβροτον τὸν Θάσιον 15
⟨F. H. G. ii. 58 fr. 18⟩ Σμυρναῖος, κατὰ Φιλόχορον ⟨fr. 54 C⟩
δ' Ἀργεῖος, κατὰ Καλλικλέα δὲ τῆς ἐν Κύπρῳ Σαλαμῖνος.
Ἀριστόδημος δ' ὁ Νυσαεὺς ⟨F. H. G. iii. 307⟩ Ῥωμαῖον
αὐτὸν ἀποδείκνυσιν ἔκ τινων ἐθῶν παρὰ Ῥωμαίοις μόνον
γινομένων, τοῦτο μὲν ἐκ τῆς τῶν πεσσῶν παιδιᾶς, τοῦτο δὲ 20
ἐκ τοῦ ἐπανίστασθαι τῶν θάκων τοὺς ἥσσονας τῶν βελτί-
στων ἑκόντας, ἃ καὶ νῦν ἔτι φυλάσσεται παρὰ Ῥωμαίοις
ἔθη. ἄλλοι δ' Αἰγύπτιον αὐτὸν εἶπον διὰ τὸ †ῆ† παράγειν
τοὺς ἥρωας ἐκ στόματος ἀλλήλους φιλοῦντας, ὅπερ ἐστὶν
ἔθος τοῖς Αἰγυπτίοις ποιεῖν. πατρὸς δὲ κατὰ μὲν Στησίμ- 25
βροτόν (deest F. H. G. ii. 58) ἐστι Μαίονος τοῦ Ἀπέλλιδος
καὶ μητρὸς Ὑρνηθοῦς ἢ Κρηθηΐδος, κατὰ δὲ Δείναρχον
Κρήθωνος, κατὰ δὲ Δημοκρίνην Ἀλήμονος, κατὰ δὲ τοὺς
πλείστους Μέλητος τοῦ κατὰ Σμύρναν ποταμοῦ, ὃς ἐπ'
ὀλίγον ῥέων εὐθέως εἰς τὴν παρακειμένην θάλασσαν ἐκδί- 30
δωσιν. Ἀριστοτέλης ⟨fr. 66 R.⟩ δὲ ἱστορεῖν φησιν †λητὰς
ἔκ τινος δαίμονος γεγενῆσθαι τὸν Ὅμηρον ταῖς Μούσαις

14 Ἀντίμαχος δὲ Κολοφώνιον, Στησίμβροτος δὲ Σμυρναῖον, Φιλόχορος
δ' Ἀργεῖον, Καλλικλῆς δὲ Σαλαμίνιον, Ἀριστόδημος κτλ. Ma² 17 Calli-
cles (D)masagoran patrem Homeri habuit Cert. 21 18 νυσσαευς
ex νι- Ma² 19-34 inf. ἐθῶν ῥωμαικῶν. ἄλλοι δ' Αἰγύπτιον.
καὶ πατέρας πολλοὺς λέγουσιν. Ἡρακλείδης Ma² om. cet. 27 Δείναρ-
χον] cf. Demetrius Magnes ap. Dion. Hal. de Din. 1 fr. 52 Scheuber
Δεινάρχοις δ' ἐνετύχομεν τέτταρσιν . . . τέταρτος δ' ὁ περὶ Ὁμήρου λόγον
συντεθεικώς 28 καὶ ρήθωνος Ve: Καιρήθωνος Sittl: Κρήθωνος
Piccolomini Δημόκριτος δὲ ὁ Τροιζήνιος Δαήμονα ἔμπορον Cert. 21
ubi v. 31 Ἴητας Sittl: ληστὰς Piccolomini : possis φιλητάς, cf. vit.
Plut. i. 3 Ἀριστοτέλης δὲ ἐν τῷ τρίτῳ περὶ ποιητικῆς ἐν Ἴῳ φησι
τῇ νήσῳ, καθ' ὃν καιρὸν Νηλεὺς ὁ Κόδρου τῆς Ἰωνικῆς ἀποικίας ἡγεῖτο,
κόρην τινα τῶν ἐπιχωρίων γενομένην ὑπό τινος δαίμονος τῶν συγχορευτῶν
ταῖς Μούσαις ἐγκύμονα, αἰδεσθεῖσαν τὸ συμβὰν διὰ τὸν ὄγκον τῆς γαστρὸς
ἐλθεῖν εἴς τι χωρίον τὸ καλούμενον Αἴγιναν· εἰς ὃ καταδραμόντας ληστὰς
ἀνδραποδίσαι τὴν προειρημένην, κτλ. 32 ἐκ τηνος Ve

συγχορεύσαντος. περὶ δὲ τῶν χρόνων καθ' οὓς ⟨ ⟩ ἤκουεν
ὧδε λέγεται. Ἡρακλείδης ⟨F. H. G. ii. 197⟩ μὲν οὖν
35 αὐτὸν ἀποδείκνυσι πρεσβύτερον Ἡσιόδου, Πύρανδρος
⟨F. H. G. iv. 486 fr. 3⟩ δὲ καὶ Ὑψικράτης ⟨F. H. G. iii.
493, 4⟩ ὁ Ἀμισηνὸς ἡλικιώτην. Κράτης δ' ὁ Μαλλώτης
⟨fr. ed. Wachs. p. 40⟩ μεθ' ἑξήκοντα ἔτη τοῦ Ἰλιακοῦ
πολέμου φησὶν ἀκμάσαι, Ἐρατοσθένης δὲ μεθ' ἑκατὸν τῆς
40 Ἰώνων ἀποικίας, Ἀπολλόδωρος ⟨fr. 74⟩ δὲ μετ' ὀγδοήκοντα.
ἐκαλεῖτο δ' ἐκ γενετῆς Μελησιγένης ἢ Μελησαγόρας, αὖθις
δ' Ὅμηρος ἐλέχθη κατὰ τὴν Λεσβίων διάλεκτον, ἕνεκεν
τῆς περὶ τοὺς ὀφθαλμοὺς συμφορᾶς, οὗτοι γὰρ τοὺς τυφλοὺς
ὁμήρους λέγουσιν, ἢ διότι παῖς ὢν ὅμηρον ἐδόθη βασιλεῖ,
45 ὅ ἐστιν ἐνέχυρον. τυφλωθῆναι δ' αὐτὸν οὕτω πως λέγου-
σιν· ἐλθόντα γὰρ ἐπὶ τὸν Ἀχιλλέως τάφον εὔξασθαι θεά-
σασθαι τὸν ἥρωα τοιοῦτον ὁποῖος προῆλθεν ἐπὶ τὴν μάχην
τοῖς δευτέροις ὅπλοις κεκοσμημένος· ὀφθέντος δ' αὐτῷ τοῦ
Ἀχιλλέως τυφλωθῆναι τὸν Ὅμηρον ὑπὸ τῆς τῶν ὅπλων
50 αὐγῆς, ἐλεηθέντα δ' ὑπὸ Θέτιδος καὶ Μουσῶν τιμηθῆναι
πρὸς αὐτῶν τῇ ποιητικῇ. ἄλλοι δέ φασι τοῦτο αὐτὸν
πεπονθέναι διὰ μῆνιν τῆς Ἑλένης ὀργισθείσης αὐτῷ διότι
εἶπεν αὐτὴν καταλελοιπέναι μὲν τὸν πρότερον ἄνδρα, ἠκολου-
θηκέναι δ' Ἀλεξάνδρῳ· οὕτως γοῦν ὅτι καὶ παρέστη αὐτῷ
55 φασὶν νυκτὸς ἡ ψυχὴ τῆς ἡρωίνης παραινοῦσα καῦσαι τὰς

33 συγχωρήσαντος Ve em. Sittl cl. Plut.   ἤκμαζεν Sittl : ἤκμασεν
Piccolomini : an ⟨ποιητὴς⟩ ἤκουεν?   34 μὲν πρεσβύτερον ἠσίοδον λέγει
Ma² 35 ὕρανδρος Ma² : ⟨ι [= ⟨ήτει] ὕρανδρος Ve em. ut videtur Wester-
mann   37 ὁ Ἀμισηνὸς om. Ma² : ἀμισινὸς Ve   ὁ Μαλλώτης om.
Ma²   39 φησὶν ἀκμάσαι] γεγονέναι φησὶν αὐτόν Ma²   41 ἐκ γενετῆς
om. Ma²   μελησιγένης om. Ve : μελισσογενῆς Ma²   μελισαγόρας
Ma²   43-44 ἔπειτα Ὅμηρος ἐξ ὅτου ἐτυφλώθη ἢ ὅτι παῖς Ma²
44 τῷ βασιλεῖ Ma²   45 ὅ ἐστιν ἐνέχυρον om. Ma²   τυφλωθῆναι
sqq.] ita Ma² : τυφλωθῆναι δ' αὐτὸν λέγουσιν ἢ διὰ μῆνιν τῆς Ἑλένης
ὀργισθείσης αὐτῷ εἰπόντι αὐτὴν ἀπολιπεῖν Μενέλαον [μενε (ss. λ)] καὶ
ἀκολουθῆσαι Ἀλεξάνδρῳ, ἢ ἐλθόντα εἰς τὸν τάφον τοῦ Ἀχιλλέως εὔξασθαι
αὐτὸν ἰδεῖν ἔνοπλον καὶ ὑπὸ τῆς αὐγῆς τῶν ὅπλων τυφλωθῆναι, ἐλεηθῆναι
δ' ὑπὸ Θέτιδος καὶ Μουσῶν. ἀποθανεῖν κτλ.   51 sqq. cf. Stesich. fr. 32,
Isocr. Helen. 65, λέγουσι δέ τινες τῶν Ὁμηριδῶν ὡς ἐπιστᾶσα τῆς νυκτὸς
Ὁμήρῳ κτλ.   55 φησιν Ve

VITA VII

ποιήσεις αὐτοῦ . . . εἰ τοῦτο ποιήσοι πρόσχοι. τὸν δὲ μὴ
ἀνασχέσθαι ποιῆσαι τοῦτο. ἀποθανεῖν δ᾽ αὐτὸν λέγουσιν
ἐν Ἴῳ τῇ νήσῳ ἀμηχανίᾳ περιπεσόντα ἐπειδήπερ τῶν
παίδων τῶν ἁλιέων οὐχ οἷός τ᾽ ἐγένετο αἴνιγμα λῦσαι·
ἔστι δὲ τοῦτο·   60

ἅσσ᾽ ἔλομεν λιπόμεσθ᾽ ἅσσ᾽ οὐχ ἔλομεν φερόμεσθα.

καὶ αὐτοῦ ἐπὶ τῷ τάφῳ ἐπιγέγραπται ἐπίγραμμα τοῦτο·
ἐνθάδε τὴν ἱερὴν κεφαλὴν κατὰ γαῖα καλύπτει
ἀνδρῶν ἡρώων κοσμήτορα θεῖον Ὅμηρον.

VITA VII

Eustathius [1] in Od. 1713. 17.

Ἀλέξανδρος δὲ ὁ Πάφιος ἱστορεῖ τὸν Ὅμηρον υἱὸν
Αἰγυπτίων Δαμασαγόρου καὶ Αἴθρας· τροφὸν δὲ αὐτοῦ
προφῆτίν τινα θυγατέρα Ὥρου ἱερέως Ἴσιδος, ἧς ἐκ τῶν
μαστῶν μέλι ῥεῦσαί ποτε εἰς τὸ στόμα τοῦ παιδίου. καὶ τὸ
βρέφος ἐν νυκτὶ φωνὰς ἐννέα προέσθαι· χελιδόνος, ταῶνος, 5
περιστερᾶς, κορώνης, πέρδικος, πορφυρίωνος, ψαρός, ἀηδόνος
καὶ κοττύφου. εὑρεθῆναί τε τὸ παιδίον μετὰ περιστερῶν ἐννέα
παῖζον ἐπὶ τῆς κλίνης, εὐωχουμένην δὲ παρὰ τοῖς τοῦ παιδὸς
τὴν Σίβυλλαν ἐμμανῆ γεγονυῖαν ἔπη σχεδιάσαι, ὧν ἀρχὴ

Δαμασαγόρα πολύνικε,   10

ἐν οἷς καὶ μεγακλεῆ καὶ στεφανίτην αὐτὸν προσειπεῖν, καὶ
ναὸν κτίσαι κελεῦσαι ἐννέα Πιερίδων· ἐδήλου δὲ τὰς
μούσας. τὸν δὲ καὶ τοῦτο ποιῆσαι καὶ τῷ παιδὶ ἀνδρωθέντι
ἐξειπεῖν τὸ πρᾶγμα. καὶ τὸν ποιητὴν οὕτω σεμνῦναι τὰ

56 'lacuna septem circiter litterarum' Piccolomini: [τὴν ὄψιν ἂν
αὐτῷ] παράσχοι Piccolomini   57 λέγουσιν] φασιν Ma²: sq. Ma² νήσῳ
ἢ νόσῳ ἢ τῷ τῶν ἁλιέων αἰνίγματι, καὶ αὐτῷ ἐπιγραφῆναι τόδε·   63 ἱερὰν
(ss. η) Ma²   63, 64 = Anth. Pal. vii. 3, v. ad vit. Herod. 515
1 Paphium Alexandrum non invenimus: mirum ni idem sit atque
Myndius, cuius θαυμασίων συναγωγή legit Photius bibl. 188. v. Well-
mann, Hermes xxvi (1891). Eustathiana exscripserunt Allatius de
patria Homeri c. 4, Barnes ad μ 63
2 cf. Cert. 21   12 πεγρίδων editio

TZETZES

15 ζῷα οἷς βρέφος ὢν συνέπαιζε, καὶ ποιῆσαι αὐτὰ τῷ Διὶ τὴν
ἀμβροσίαν κομίζοντα.

Ioannes Tzetzes cum binas Homeri vitas reliquerit quae novi aliquid
adferant, visum est alteram ceteris subiungere sine lectionis varietate :

(1) Chil. xiii. 626 sqq. ed. Kiessling.

Ὁ Ὅμηρος ὁ πάνσοφος ἢ θάλασσα τῶν λόγων
πλὴν γέμουσα τοῦ νέκταρος οὐχ ἁλμυρῶν ὑδάτων,
ἑπτὰ πατρίδων λέγεται τυγχάνειν ἀμφιβόλων.
ἑπτὰ πατέρων γέννημα καὶ τούτων ἀμφιβόλων.
σὺ δὲ Σμυρναῖον γίνωσκε τὸν Ὅμηρον ὑπάρχειν·   630
υἱὸν δὲ δὴ τοῦ Μέλητος ὄντα καὶ Κριθηΐδος
ἐῶ τὰ μυθωδέστερα γονῆς τῆς τούτου λέγειν.
διδάσκαλον Ὁμήρου δὲ τὸν Πορναπίδην νόει.
σύνευνος ἦν Ὁμήρου δὲ τὴν κλῆσιν Εὐρυδίκη,
Γνώστορος εἴτε Πάστορος θυγάτηρ τοῦ Κυμαίου.   635
Σερίφων καὶ Θεόλαος υἱοὶ δὲ τοῦ Ὁμήρου·
θυγάτηρ Ἀρσιφόνη δέ, ἣν ἔγημε Στασῖνος,
Στασῖνος ὁ τὰ Κύπρια συγγράμματα ποιήσας
ἅπερ οἱ πλείους λέγουσιν Ὁμήρου πεφυκέναι,
εἰς προῖκα δὲ σὺν χρήμασι δοθῆναι τῷ Στασίνῳ   640
Ἀρκτῖνος ὁ Μιλήσιος ἦν μαθητὴς Ὁμήρου,
καὶ δοῦλος δὲ τῷ ποιητῇ κλῆσιν ὑπῆρχε Βύκκων
ὃν βίκωνα καὶ φλάσκωνα παίζων ὁ Τζέτζης λέγει.
βιβλία τοῦ Ὁμήρου δὲ τρία εἰσὶ καὶ δέκα.
ὁ χρόνος τούτου σύγχρονος ἦν ἐκστρατείας δύο,   645
Θηβαϊκῇ καὶ Τρωικῇ κατὰ πολλοὺς ἑτέρους.
ὁ δ' Ἀπολλόδωρος αὐτὸς ὁ χρονογράφος λέγει
τελεῖν μετ' ὀγδοήκοντα ἔτη τῆς Τρώων μάχης.
Ἡσίοδος δὲ ἤκμαζεν ὡς εὗρον ἐν ἑτέροις,
κατὰ τὴν ἑνδεκάτην μὲν αὐτὴν Ὀλυμπιάδα.   650

633 Pronapiden praebebat Diod. iii. 66, cf. Exeg. in Iliad. 14.
12   634, 635 Eurydice, Pastor, nova   636 Σερίφων audit Ἐρίφων
Suid. 37   637 Aresiphonen uxorem fert Suid. 34   642 Byccon
novum

τοιάδε τῷ Ὁμήρῳ δὲ ἡ τελευτὴ συνέβη.
ἦν προχρησθὲν θανεῖν αὐτὸν ὅταν ἠρωτημένος
οὐ δυνηθῇ τὸ αἴνιγμα ἐκεῖνο ἐπιλῦσαι.
πένης τελῶν δὲ ὁ ἀνὴρ καί γε τυφλὸς ἐκ γήρως·
τὰ μυθικὰ ληρήματα τίς γὰρ φρονῶν ἐγγράφοι;   655
ἁπανταχοῦ διήρχετο τὰς χώρας τῆς Ἑλλάδος
λέγων αὐτοῦ ποιήματα δεχόμενος ἐντίμως
εἰς δ᾽ Ἀρκαδίαν ξενισθεὶς ὑπὸ τοῦ Κρεωφύλου
περιπατήσων ἔρχεται ἐπὶ τὴν παραλίαν.
ὡς δ᾽ εἶπεν ἄνδρες ἁλιεῖς Ἀρκάδες ἔχομέν τι;   660
οἱ δ᾽ ἀπεκρίθησαν αὐτῷ περὶ φθειρῶν λαλοῦντες
ὡς οὓς εἷλον οὐκ ἔχουσιν, ἔχουσι δ᾽ οὕς περ εἷλον,
ὑπέστρεφε λυπούμενος ὡς μὴ νοήσας τοῦτο.
πηλοῦ δ᾽ ὄντος ὠλίσθησε καὶ κεκρουκὼς εἰς πέτραν
κλᾶται πλευρὰν τὴν δεξιὰν καὶ τελευτᾷ τριταῖος.   665

Cf. et xii. 183-205.

(2) Exeges. in Iliad. ed. Hermann 1812, p. 7. 12-38 9 cum paucissima tantum proferat nova, satis duximus in adnotationibus ceterarum vitarum adscribere si quando opus esset.

Eustathius in Iliadem 4. 17

Ὁμήρου δὲ γένος οὐδ᾽ αὐτὸ περιεργασόμεθα. εἴρηται γὰρ πολλοῖς ἑτέροις ὡς οὐκ ἂν ἡμεῖς κρειττόνως εἴπωμεν. εἰ μὴ ἄρα τοῦτο καὶ μόνον ῥητέον κατὰ τὸ ἐπιτρέχον, ὅτι ἐπικρύψας ἑαυτὸν ὁ ποιητὴς καὶ σιγήσας ὅστίς ποτε καὶ ὅθεν ἦν, περιμάχητος μᾶλλον ἐγένετο καὶ πολύπατρις. ἔστι γὰρ κατὰ τὴν τῶν ποθούντων ἔφεσιν καὶ Ἰήτης καὶ Σμυρναῖος καὶ Ἀθηναῖος καὶ Αἰγύπτιος, ἤδη δὲ καὶ Ἰταλός. ἀμφισβητοῦσι δ᾽ αὐτοῦ καὶ Χῖοι μαρτύριον προχειριζόμενοι τοὺς καλουμένους Ὁμηρίδας ὧν καὶ Πίνδαρος μέμνηται. καὶ ἕτεροι δὲ πολλοὶ Ὁμήρου μεταποιοῦνται σφετεριζόμενοι καὶ ἀβρυνόμενοι αὐτὸν ἔχειν πολίτην ἢ ἑτέροις ἀγαθοῖς σεμνύνεσθαι.

658 cf. Exeg. in Iliad. 37. 17 sqq. ubi ἐν Ἴῳ τῆς Ἀρκαδίας.

SVIDAS IN HOMERO

Capitulum super Homerum Suidae cum e vita aliqua peculiari, excerptis e Dioscuridis libro de legibus, vita Herodotea in artius redacta, constet, visum est integrum edere. codices post Gaisfordium novos nemo adhuc attulit: Anglos atque Parisinos contulimus nos, Bruxellensem summa humanitate J. Bidez. adiecimus Bm O² R¹ R² V².
ceterum collationes Gaisfordianas satis accuratas esse comperimus.

Bm = cod. Mus. Brit. add. MSS. 11892, 11893. chart. mm. 290 × 210, ff. 296 et 367. f. 366 v. *ἐτελειώθη τὸ παρὸν βιβλίον ἡ σου³ διὰ χειρὸς ἐμοῦ γεωργι τοῦ βαϊοφόρου ἐν ἔτει ϛῶ λῶ δεκάτω· νος δεκάτης μηνὶ Ιουνὶ ιεη-| = a. D. 1402].* fuit olim Benedictinorum B. Mariae Florentiae, quorum inscriptiones in utroque tomo erasae sunt. v. Montfaucon Pal. Gr. p. 76.

E = cod. Bruxellensis 59 (11281). chart. mm. 300 × 204, ff. 633, a. 1475. scripsit Ioannes *ἐν τῇ κορώνῃ* (v. cat. Omontii, p. 21).

F = cod. Laur. lv. 1. chart. in fol. ff. 331, a. 1422 (χειρὶ πέτρου κρητικοῦ τοῦ ἐκ ῥεθέμνου πόλεως ἐγράφη ἐν πόλει μαντούᾳ): v. cat. Bandinianum t. ii. 213.

O¹ = cod. Bodl. Auct. v. 52a, b [Gaisfordii D]. chart. mm. 310 × 200, ff. 404, 365, s. xv.

O² = cod. Bodl. Auct. v. 53. chart. mm. 285 × 200, ff. 288, s. xiv (est autem epitome).

O³ = cod. coll. Corporis Christi Oxon. 76, 77 [Gaisfordii C]. chart. mm. 390 × 275, ff. 280, 328, s. xv–xvi.

P¹ = cod. Paris. graec. 2622. chart. mm. 275 × 185, ff. 600, s. xiii [Gaisfordii B] fuit Antonii Eparchi.

P² = cod. Paris. graec. 2623 [Gaisfordii G]. chart. mm. 400 × 275, ff. 284, s. xv. fuit Francisci Philelphi manu autem Caesaris Strategi.

P³ = cod. Paris. graec. 2624 [Gaisfordii H]. chart. mm. 310 × 210, ff. 396, s. xv.

P⁴ = cod. Paris. graec. 2625, 2626 [Gaisfordii A]. tomus alter: membr. mm. 480 × 345, ff. 291, s. xii.

R¹ = Vat. Ottobon. 58 chart. mm. 275 × 200, ff. 403. cont. f. 26–389 Iliad., 390–393 vit. Suideam, cuius imaginem photographicam praebuit Pompeius Sansaini annuente Francisco Ehrle.

R² = Vat. graec. 4 s. xv, capituli homerici imaginem praeb. Sansaini.

V Gaisfordii, scilicet cod. Leid. Voss. cat. p. 391, omisimus, cum ex O³ fere a Stephano exscriptus sit.

V² = cod. Vindobonensis 39 : capitulum Suidae Homero praefigit. v. f. 191.

Bm O³ R² genuit P⁴. Vat. 881 Urb. 161 pauca tantum praebere adfirmaverunt F. Ehrle, J. Bidez.

1093. 17 Bernh.

Ὅμηρος ὁ ποιητὴς ἦν υἱὸς Μέλητος τοῦ ἐν Σμύρνῃ ποταμοῦ καὶ Κριθηίδος νύμφης ὥς φησι Καστρίκιος ὁ Νικαεύς, ὡς δ' ἄλλοι φασὶν Ἀπόλλωνος καὶ Καλλιόπης τῆς Μούσης, ὡς δὲ Χάραξ φησιν ὁ ἱστορικὸς ⟨F. H. G. iii.

1 ἦν υἱὸς V² sol. 2 κρῖθ- (ss. η) O²: κρῖθ- ῖ corr. ex η O³ νύμφης] om. E F O³ R¹ V²: γράφης, γρα in ras. m.p. P¹ ὥς . . . νικαεύς V² sol. de Castricio Firmo v. Porph. vit. Plotin. 7, Damasc. vit. Isidor. 275 Did. 3 ἄλλη O³ φησιν V²: om. R¹ 4 φησιν om. R¹

256

SVIDAS

641 fr. 20) Μαίονος ἢ Μητίου καὶ Εὐμήτιδος μητρός, κατὰ 5
δ᾽ ἄλλους ἦν υἱὸς Τηλεμάχου τοῦ υἱοῦ Ὀδυσσέως καὶ
Πολυκάστης τῆς Νέστορος. ἔστι δ᾽ ἡ τοῦ γένους τάξις
κατὰ τὸν ἱστορικὸν Χάρακα αὕτη. Αἰθούσης Θράσσης
Λίνος, τοῦ δὲ Πίερος, τοῦ δ᾽ Οἴαγρος, τοῦ δ᾽ Ὀρφεύς, τοῦ
δὲ Δρής, τοῦ δ᾽ Εὐκλέης, τοῦ δ᾽ Ἰδμονίδης, τοῦ δὲ Φιλο- 10
τέρπης, τοῦ δ᾽ Εὔφημος, τοῦ δ᾽ Ἐπιφράδης, τοῦ δὲ Μελά-
νωπος, τοῦ δ᾽ Ἀπελλῆς, τοῦ δὲ Μαίων, ὃς ἦλθεν ἅμα ταῖς
Ἀμαζόσιν ἐν Σμύρνῃ καὶ γήμας Εὔμητιν τὴν Εὐήπους τοῦ
Μνησιγένους ἐποίησεν Ὅμηρον. ὁμοίως δὲ καὶ κατὰ τὴν
πατρίδα ἀμφίβολος διὰ τὸ ἀπιστηθῆναι ὅλως εἶναι θνητὸν 15
τῷ μεγέθει τῆς φύσεως. οἱ μὲν γὰρ ἔφασαν γενέσθαι
Σμυρναῖον, οἱ δὲ Χίον, οἱ δὲ Κολοφώνιον, οἱ δ᾽ Ἰήτην,
οἱ δὲ Κυμαῖον, οἱ δ᾽ ἐκ Τροίας ἀπὸ χωρίου Κεγχρεῶν, οἱ δὲ
Λυδόν, οἱ δ᾽ Ἀθηναῖον, οἱ δ᾽ Ἰθακήσιον, οἱ δὲ Κύπριον,
οἱ δὲ Σαλαμίνιον, οἱ δὲ Κνώσσιον, οἱ δὲ Μυκηναῖον, οἱ δ᾽ 20
Αἰγύπτιον, οἱ δὲ Θετταλόν, οἱ δ᾽ Ἰταλιώτην, οἱ δὲ Λευκανόν,
οἱ δὲ Γρύνιον, οἱ δὲ Ῥωμαῖον, οἱ δὲ Ῥόδιον. καὶ προση-
γορεύετο μὲν κυρίως Μελησιγένης· καὶ γὰρ ἐτέχθη παρὰ τῷ
Μέλητι ποταμῷ κατὰ τοὺς Σμυρναῖον αὐτὸν γενεαλογοῦντας.
ἐκλήθη δ᾽ Ὅμηρος διὰ τὸ πολέμου ἐνισταμένου Σμυρναίοις 25

5 μάρονος O¹ P¹ P² P³ : μίωνος E R¹ V², cf. iv. 1, Proc. 99. 15.
100. 1 μιτίου E F O¹ O³ P¹ P² P R¹ : ἢ μητίου om. V² εὐμήτιδος υἱός
P² 6 ἦν υἱὸς et υἱοῦ V² sol. 7 τῆς θυγατρὸς νέστορος V² ἔστι
... 14 ὅμηρον om. V² 8 χάρακα] χάρωνα P³ αἰσθούσης O³ :
Θοώσης Cert. 49 θράσης (ss. σ)O³ 10 Δρής]Ὄρτην Cert. 49 Ἰδμο-
νίκης O¹ : ἰδμονίδου Bm : ἰαμονίδης E R¹ : Ἀρμονίδην Cert. 49 11 ἔφημος
P² 12 ἀπελλῆς O¹ P¹ P² P³ 13 ἐν σμύρνῃ] ἐς σμύρνη O¹ : ἐν σμύρνην
P³ : ἐς σμύρνην E F P¹ P² R¹ εὐέπη O³ εὐέπους E P² R¹ 14 ὅμηρος
O¹ κατὰ V² sol. 15 ὅλον ὡς Bm 16 γενέσθαι] εἶναι
τοῦτον V² 17 οἱ δ᾽ ἰήτην om. R¹ V² 18 ἀπό ... κεγχρεῶν om.
V² χώρας praeter P⁴ R² codd κεγχρεῶν Bernhardy : κεγχρεὼν
Bm O³ : κεγχρέων cc. 19 οἱ δ᾽ ἀθηναῖον οἱ δ᾽ αἰγύπτιον Bm P⁴ R²
οἱ δὲ κύπριον οἱ δὲ κνώσσιον Bm P⁴ R² 21 λεύκανον P¹ P² P³ 22 γρύνιον
Bm P⁴ R² : γρυῖον R¹ : γρύινον cet. καὶ ῥωμαῖον P⁴ R² καὶ ante προσηγ.
om. V² 23 μελησιγενὴς Bm E O¹ O³ P² R¹ corr R² καὶ γὰρ] διότι
V² : ἐν γὰρ R¹ ss. καὶ τῷ om. P² 24 μέλιτι O¹ κατὰ ... γενεαλ.]
ὡς οἱ ἀξιόπιστοι τῶν ἱστορικῶν φασίν V² 25 ἐκλήθη δ᾽ ὕστερον V²
διὰ τὸ sqq.] διὰ τὸ δοθῆναι αὐτὸν πρὸς κολοφωνίους ὅμηρον ὑπὸ σμυρναίων
πολέμου συμβάντος V² διὰ τοῦ O³ σμυρναίας P¹ P² P³

257

πρὸς Κολοφωνίους ὅμηρον δοθῆναι, ἢ τὸ βουλευομένων
Σμυρναίων δαιμονίᾳ τινι ἐνεργείᾳ φθέγξασθαι καὶ συμβου-
λεῦσαι ἐκκλησιάζουσι περὶ τοῦ πολέμου. γέγονε δὲ πρὸ
τοῦ τεθῆναι τὴν πρώτην ὀλυμπιάδα πρὸ ἐνιαυτῶν νζ΄.
30 Πορφύριος δ' ἐν τῇ φιλοσόφῳ ἱστορίᾳ ⟨fr. ii. p. 5 Nauck⟩
πρὸ ρλβ΄ φησιν. ἐτέθη δ' αὕτη μετὰ τὴν Τροίας ἅλωσιν
ἐνιαυτοῖς ὕστερον υζ΄. τινὲς δὲ μετὰ ρξ΄ μόνους ἐνιαυτοὺς
τῆς Ἰλίου ἁλώσεως τετέχθαι ἱστοροῦσιν Ὅμηρον· ὁ δὲ
ῥηθεὶς Πορφύριος μετὰ σοέ. γήμας δ' ἐν Χίῳ Ἀρησιφόνην
35 τὴν Γνώτορος τοῦ Κυμαίου θυγατέρα ἔσχεν υἱεῖς δύο καὶ
θυγατέρα μίαν, ἣν ἔγημε Στασῖνος ὁ Κύπριος. οἱ δ' υἱεῖς
Ἐρίφων καὶ Θεόλαος. ποιήματα δ' αὐτοῦ ἀναμφίλεκτα
Ἰλιὰς καὶ Ὀδύσσεια. ἔγραψε δὲ τὴν Ἰλιάδα οὐχ ἅμα,
οὐδὲ κατὰ τὸ συνεχὲς ὥσπερ σύγκειται, ἀλλ' αὐτὸς μὲν
40 ἑκάστην ῥαψῳδίαν γράψας καὶ ἐπιδειξάμενος τῷ περινοστεῖν
τὰς πόλεις τροφῆς ἕνεκεν ἀπέλιπεν. ὕστερον δὲ συνετέθη
καὶ συνετάχθη ὑπὸ πολλῶν καὶ μάλιστα ὑπὸ Πεισιστράτου
τοῦ τῶν Ἀθηναίων τυράννου. ἀναφέρεται δ' εἰς αὐτὸν καὶ
ἄλλα τινα ποιήματα· Ἀμαζονία, Ἰλιὰς μικρά, Νόστοι,

26 ὅμηρος O³   ἢ τὸ... 28 πολέμου om. V²   ἢ τὸ E F P¹ P² P³ :
ἢ δ.ὰ τὸ O¹ : ἢ ὅτι Bm O³ P⁴ R²   βουλομένων R¹   27 φθέγξασθαι
om. O³   καὶ om. E O¹ P¹ P² P³   28 τοῦ om. O³   καὶ γέγονε
δὲ Bm O³ P⁴ R²   29 τοῦ om. O³   πεντηκονταεπτά R²   30 sqq.
ἱστοροῦσι δὲ αὐτὸν τεχθῆναι μετὰ ρξ ἐνιαυτοὺς κατὰ δὲ τὸν πορφύριον
μετὰ σόε ἐνιαυτοὺς τῆς ἁλώσεως ἰλίου om. cet. V¹   31 ρλ΄ E F
O¹ R¹   τρώασ O³   32 υζ΄ R¹   μόνους om. praeter Bm P⁴
codd.   33 τετάχθαι O³ P³   34 σύε, σ in ras., O¹   ἐν χίῳ om
V² ΄   35 cf. Tzetz. Chil. xiii. 634 σίνευνος ἦν Ὁμήρου δὲ τὴν κλῆσιν
Εὐρυδίκη | Γνώτορος εἴτε Πάστορος θυγάτηρ τοῦ Κυμαίου.   θυγατέρας
O³ : τὴν θυγατέρα γνώτορος V²   36 μίαν V² sol.   ὁ κύπριος] ὁ
ὕπατος κυπρίων V²   υἱεῖς αὐτοῦ ὠνομάζοντο V²   37 Σερίφων καὶ
Θεόλαος υἱοὶ δὲ τοῦ Ὁμήρου | θυγάτηρ Ἀρσιφόνη δέ, ἣν ἔγημε Στασῖνος
Tzetzes l. c. 636.   Euryphontis Homeri patris genealogia in voce
Τέρπανδρος.   εἰσὶ δὲ ποιήματα αὐτοῦ ἀναμφίλεκτα ἔγραψε δὲ τὴν ἰλιάδα
V²   ἀναμφίλεκτα P³   39 καθάπερ αὐτὸς μὲν περινοστῶν τὰς
πόλεις ἔγραφεν ἑκάστην ῥαψῳδίαν V². om. γράψας... 41 πόλεις V²
΄   40 ἑκάστης ῥαψῳδίας O³, om. γράψας   ἐπιδείξας E F P¹ P² P³ R¹
41 ἀπέλιπε τοῖς πολίταις V²   συνετέχθη καὶ συνετάχθη Bm. (om. καὶ)
P²   42 καὶ συνετάχθη om. O²   43 τοῦ om. P⁴   τῶν om. Bm
R²   44 νόστοι om. V²

Ἐπικιχλίδες, Ἠθιέπακτος ἤτοι Ἴαμβοι, Μυοβατραχομαχία, 45
Ἀραχνομαχία, Γερανομαχία, Κεραμίς, Ἀμφιαράου ἐξέλασις,
παίγνια, Σικελίας ἅλωσις, Ἐπιθαλάμια, κύκλος, ὕμνοι,
Κύπρια. γηραιὸς δὲ τελευτήσας ἐν τῇ νήσῳ τῇ Ἴῳ τέθα-
πται, τυφλὸς ἐκ παίδων γεγονώς, τὸ δ' ἀληθὲς ὅτι οὐχ
ἡττήθη ἐπιθυμίας ἢ παρὰ τῶν ὀφθαλμῶν ἄρχεται καὶ παρὰ 50
τοῦτο ἱστορήθη τυφλός. ἐπιγέγραπται δ' ἐν τῷ τάφῳ
αὐτοῦ τόδε τὸ ἐλεγεῖον, ὃ ὑπὸ τῶν Ἰητῶν ἐποιήθη χρόνῳ
πολλῷ ὥς φησι Καλλίμαχος·

ἐνθάδε τὴν ἱερὰν κεφαλὴν κατὰ γαῖα καλύπτει
ἀνδρῶν ἡρώων κοσμήτορα θεῖον Ὅμηρον.   55

φησὶ δὲ Διοσκουρίδης ⟨F. H. G. ii. 193⟩ ἐν τοῖς παρ'
Ὁμήρῳ νόμοις ὅτι ὁ ποιητὴς ὁρῶν τὴν σωφροσύνην οἰκειο-
τάτην ἀρετὴν οὖσαν καὶ πρώτην τοῖς νέοις, ἔτι δὲ ἁρμόττου-
σαν καὶ καλῶν χορηγὸν οὖσαν, βουλόμενος πάλιν ἐμφῦσαι
αὐτὴν ἀπ' ἀρχῆς καὶ ἐφεξῆς, ἵνα τὴν σχολὴν καὶ τὸν ζῆλον 60
ἐν τοῖς καλοῖς ἔργοις ἀναλίσκωσι, καὶ ὦσιν εὐεργετικοὶ καὶ

45 ἠθιέπακτος ἤτοι ἴαμβοι om. O² V²   βατραχομαχία· μυοβατρα-
χομαχία Bm O¹ O³ P¹ P² P³ P⁴ R² : βρατραχομυνομαχία· ἀραχνομαχία· βα-
τραχομαχία E : μῦοβατραχομαχία sol. O² (μῦο fort. add.) : βατραχομυνομ.
R¹   46 ἀραχνομαχία καὶ ἕτερα O² : ἀραχνομαχία om. P¹   κεραμίς
. . . παίγνια om. V²   κεραμεῖς O³   ἐξέλευσις E F P² P³ R¹   47 πυθα-
λύμια P²   48 τέθαπται . . . 51 τυφλός om. V²   49 τυφλὸς δὲ O³
50 παρὰ] διὰ E F O¹ O² O³ P¹ P³ R¹ R²   τὸν (ss. ω) ὀφθαλμὸν (ss. ω)
R¹   ἔρχεται Davis in Cic. Tusc. v 39, cl Hesych. Miles.   παρὰ alt.)
διὰ R¹   51 ἐκλήθη O³   52 αὐτῶν R¹   τότε E   ἐπίγραμμα
V²   ἰητῶν ποιητῶν O³   χρόνῳ codd. : πολλῷ add. vit. Herod.
513   53 ὥς . . . Καλλίμαχος V² sol., cf. Callim. fr. 74 a et 390
Schn. Homerum ipsum epigramma scripsisse affirmat Tzetzes Exeg. Il.
37 29, negat vit. Herod. 514.   54. 55 = Anth. Pal. vii. 3   54 ἱερὴν
O³   56 φησὶ δὲ ὅμηρος· ὅτι διοσκ. P⁸   ὅτι διοσκ. . . . νόμοις φησὶν R¹
R² om. cet.   διοσκορίδης Bm E (o ss. ν) P⁴ R²   56 sqq. = Athen.
8 E-9 C cum titulo περὶ τοῦ τῶν ἡρώων καθ' Ὅμηρον βίου. cf. R. Weber,
Leipziger Studien xi. 1. 89 sqq. (1888)   56 φησὶ . . . Ὁμήρῳ om.
Ath.   ὡς R¹ R²   57 ὁμήρου O³   ὁρῶν ὁ ποιητὴς V² : ὅτι ὑμηρος
ὁρῶν Ath. : οἰκειότατα O³ : οἰκειότητα E   58 ἀρετὴν O³ P⁴ Ath. :
ἀρετῶν cet.   τοῖς νέοις καὶ πρώτην Ath.   πρώτην et ἔτι δὲ om.
Ath.   ἁρμόζουσαν (ss a) O³   59 καὶ καλῶν . . . 62 ἀλλήλους
om. O³   59 καλὸν E   πάντων τῶν καλῶν Ath.   ἐμφυτεῦσαι
R²   ἐμφῦσαι πάλιν αὐτὴν Ath.   60 ἵνα om. R¹   τὸν om. R¹

κοινοὶ πρὸς ἀλλήλους, εὐτελῆ κατεσκεύασε πᾶσι τὸν βίον
καὶ αὐτάρκη, λογιζόμενος τὰς ἐπιθυμίας καὶ τὰς ἡδονὰς
ἰσχυροτάτας γίνεσθαι καὶ πρώτας, ἔτι τε καὶ ἐμφύτους
65 οὔσας περὶ ἐδωδὴν καὶ πόσιν· τοὺς δὲ διαμεμενηκότας ἐν
ταῖς εὐτελείαις εὐτάκτους καὶ περὶ τὸν ἄλλον βίον γινο-
μένους ἐγκρατεῖς. ἐφ' ᾧ καὶ ἁπλῆν ἀποδέδωκε τὴν δίαιταν
πᾶσι καὶ τὴν αὐτὴν ὁμοίως βασιλεῦσί τε καὶ ἰδιώταις
λέγων

70   παρὰ δὲ ξεστὴν ἐτάνυσσε τράπεζαν·
σῖτον δ' αἰδοίη ταμίη παρέθηκε φέρουσα,
δαιτρὸς δὲ κρειῶν πίνακας παρέθηκεν ἀείρας,

καὶ τούτων ὀπτῶν καὶ ὡς ἐπιτοπολὺ βοείων· παρὰ δὲ
ταῦτα οὔτε ἐν ἑορταῖς οὔτε ἐν γάμοις οὔτ' ἐν ἄλλῃ συνόδῳ
75 παρατίθησιν οὐδέν· καίτοι πολλάκις τὸν Ἀγαμέμνονα
ποιήσας δειπνίζοντα τοὺς ἀρίστους, Μενέλαόν τε τοὺς
Ἑρμιόνης γάμους ποιοῦντα καὶ τοῦ υἱοῦ καὶ τῆς θυγατρός·
καὶ τοῦ Τηλεμάχου πρὸς αὐτὸν παραγενομένου

νῶτα βοὸς παρέθηκεν ἀείρας
80   ὄπτ' ἐν χερσὶν ἑλὼν τά ῥά οἱ γέρα πάρθεσαν αὐτῷ.

οὐ γὰρ θρῖα καὶ κάνδυλον καὶ ἄμητας μελίπηκτά τε τοῖς

62 κοινοὶ Bm P⁴ Ath. : κοινωνοὶ cet.   ἀτελῆ P³   πᾶσι om. O³
63 τὰς alterum om. R¹   63 sqq. ἐπιθυμίας ἐμφύτους εἶναι περὶ ἐδωδὴν,
cet. om., O³   64 καὶ πρώτας . . . οὔσας om. Ath.   καὶ om. Bm
P⁴   ἐμφύτοις R¹   65 περὶ om. R¹   ἐδωδὴν] ἡδονὴν Bm P⁴ R²   τοὺς
δὲ . . . 67 ἐγκρατεῖς om. O³   διαμεμενηκότας O¹   ἐν εὐτελείᾳ
Ath.   66 γενομένους P² : γίνεσθαι Ath.   67 εὐκρατεῖς O¹ P¹ P²   ἐφ'
ᾧ καὶ om. Bm P⁴ R² Ath.   ἀπέδωκε O³   ἁπλῆν οὖν ἀπέδωκε
Ath.   68 πᾶσι om. O³   τὴν ex τὸν O¹   αὐτὸν O¹   ὁμοίως]
πᾶσι O³   βασιλεῦσιν ἰδιώταις, νέοις πρεσβύταις Ath.   69 80 αὐτῷ
om. Ath.   70-72 = a 138-141 (om. 140) al.   70 ξυστὴν F O¹
P¹ P² P³ R¹   72 κρεῶν Bm   πίνα καὶ O¹   74 οὔτε prius
sqq.] οὐδὲν ἕτερον παρατίθησιν O³   οὔτε ἐν ἑορταῖς om. O¹   ἐν
ἑορτῇ Bm P⁴ R²   76 μενέλαός τε Bm E O¹ P¹ P² P³ P⁴ R¹ R²   τοὺς]
τῆς Bm O³   77 ποιεῖται Bm E O¹ P² P³ P⁴ R¹ R²   79 = a 141 al.   νῶτα
βοὸς φησι παραθεῖναι· οὐ γὰρ O³   80 = δ 66 al.   γέρα om.
codd. praeter Bm P⁴ R²   81 καὶ οὐ θρῖα Ath. : θρύα E F O¹ P¹ P²
P³ R¹   κάνδαλον (ss. ῦ), ᾶ fort. ex υ, O³ : ἀμήδυλον P¹ : ἀ μήδυλο·
P² : ἀ μηδῦλον E : κανδύλην Athen.   τοῖς βασιλεῦσιν . . . ὅμηρος om. O³

βασιλεῦσιν ἐξαίρετα παρατίθησιν Ὅμηρος, ἀλλὰ ἀφ' ὧν
εὖ ἕξειν ἔμελλον τὸ σῶμα καὶ τὴν ψυχήν. καὶ Αἴαντα μετὰ
τὴν μονομαχίαν νώτοισι γέραιρεν ὁ Ἀγαμέμνων, καὶ τῷ
Νέστορι γηραιῷ ὄντι κρέας ὀπτὸν βοὸς δίδωσι καὶ Ἀλκίνῳ 85
δὲ τρυφερὸν ᾑρημένῳ βίον, σπουδάζων ἡμᾶς ἀποστῆσαι
τῶν ἀτάκτων ἐπιθυμιῶν. καὶ Νέστορα δὲ ποιεῖ παρὰ τῇ
θαλάσσῃ τῷ Ποσειδῶνι κεχαρισμένην τινα θυσίαν ἐπιτε-
λοῦντα καὶ πολλοὺς ἔχοντα, τάδε παρακελευόμενον·

ἀλλ' ἄγ' ὁ μὲν πεδίονδ' ἐπὶ βοῦν ἴτω   90

καὶ τὰ ἑξῆς· καὶ Ἀλκίνους δὲ τοὺς τρυφερωτάτους ἑστιῶν
Φαίακας καὶ τὸν Ὀδυσσέα ξενίζων ἐπιδεικνύμενος αὐτῷ τὴν
τοῦ κήπου κατασκευὴν καὶ τῆς οἰκίας καὶ τὸν αὐτοῦ βίον,
τοιαύτας παρατίθεται τραπέζας. καὶ τοὺς μνηστῆρας
ὑβριστὰς ὄντας καὶ πρὸς ἡδονὰς ἀνειμένους, οὔτε ἰχθύας 95
ἐσθίοντας ποιεῖ οὔτε ὄρνιθας οὔτε μελίπηκτα, περιελὼν
παντὶ σθένει τὰς μαγειρικὰς μαγγανείας. ὅτι Ὅμηρος
πηρὸς ὢν τὰς ὄψεις περιενόστει καὶ ἀφίκετο εἰς Γλαῦκον
ποιμένα. ὁ δὲ πρὸς τὸν ἴδιον δεσπότην αὐτὸν ἤγαγεν. ὁ
δὲ ἰδὼν αὐτὸν δεξιὸν καὶ πολλῶν ἔμπειρον πείθει αὐτὸν 100

82 βασιλεῦσιν ἐξαῖλον R¹   παρατίθησιν . . . ἔμελλον om. R¹
83 ἕξειν καὶ τὸ σῶμα O³   αἴαντα οὖν Ath.   84 νώτοις R¹   τῷ
om. O³ Ath.   τῶν ἴστορι γηραιῶν ὄντι O¹   85 νέστορι δ' Ath.
γηραιῷ ὄντι om. O³   δ' ἤδη ὄντι γηραιῷ καὶ Φοίνικι Ath.   βοὸς
om. Ath.   δίδωσι ἀφιστῶν ἡμᾶς τῶν ἀτάκτων ἐπιθυμιῶν Ath.   καὶ
Ἀλκίνους δὲ ὁ τὸν τρυφερὸν (-ώτατον O³) ᾑρημένος βίον (haec et O³) καὶ
Μενέλαος δὲ τοὺς τῶν παίδων γάμους ποιῶν Τηλεμάχῳ (= δ 65, 66) Ath.
86 σπουδάζων . . . 91 ἀλκίνους δὲ om. O³ Ath.   87 καὶ νέστωρ δὲ
βοῦς θύει Ποσειδῶνι παρὰ τῇ θαλάττῃ διὰ τῶν φιλτάτων καὶ οἰκειοτάτων
τέκνων βασιλεὺς ὢν καὶ πολλοὺς ἔχων ὑπηκόους· ὁσιωτέρα γὰρ αὕτη ἡ
θυσία θεοῖς καὶ προσφιλεστέρα ἢ διὰ τῶν οἰκείων καὶ εὐνουστάτων ἀνδρῶν
Ath.   90 ἀλλ' αἴ το μὲν, R¹   91 ἀλκίνοος E ss.   ἑστιῶν φαίακας καὶ
τὸν ὀδυσσέα post κατασκευὴν transp. Bm O³ P⁴ R² (καὶ τὸν ὀδυσσέα et καὶ
τῆς οἰκίας καὶ τὸν αὐτοῦ βίον om. O³)   92 αὐτοῖς Bm O³   93 κύπου
P³   94 καὶ τοὺς ὑβριστὰς μνηστῆρας O³: καὶ κυμνηστηρασ R¹
καὶ om. O³   καὶ τοὺς μνηστῆρας δὲ Ath.   96 περιελὼν . . . μαγγα-
νείας om. O³   97 μαγκανείας E O¹ P² P³ R¹   † περὶ ὁμήρου τοῦ
ποιητοῦ † in versu P⁴ R².   ad sqq. cf. passim vit. Herod.   98 πονηρὸς
E O¹ O³ P¹ P³ : πονηρῶς ἔχων τὰς ὄψεις P², cf. Simon. Amorg. 7. 22
πρὸς R¹   99 αὐτὸν ἤγαγεν] ἀπήγαγεν O³

SVIDAS

αὐτόθι μένειν καὶ τῶν παίδων ἐπιμέλειαν ποιεῖσθαι. ὁ δὲ
ἔπρασσε ταῦτα καὶ τοὺς Κέρκωπας καὶ τὴν Μυοβατραχο-
μαχίαν καὶ Ψαρομαχίαν καὶ Ἑπταπάκτιον καὶ Ἐπικιχλίδας
καὶ ἄλλα ὅσα παίγνιά ἐστιν Ὁμήρου ἐποιήσε παρὰ τῷ Χίῳ
105 ἐν Βολισσῷ. εἶτα ἀφίκετο εἰς Σάμον, καὶ εὗρε γυναῖκα
Κουροτρόφῳ θύουσαν, καὶ λέγει τὰ ἔπη τάδε·

κλῦθί μοι εὐχομένῳ Κουροτρόφε, δὸς δὲ γυναῖκα
τήνδε νέων ἀπανήνασθαι φιλότητα καὶ εὐνήν,
ἡ δ' ἐπιτερπέσθω πολιοκροτάφοισι γέρουσιν,
110 ὧν οὐραὶ μὲν ἀπήμβλυνται θυμὸς δὲ μενοινᾷ.

ἐπεὶ δὲ ἧκεν εἰς τὴν φρήτραν ἔνθα ἐδαίνυντο, πῦρ ἀνέκαυσαν.
ὁ δ' Ὅμηρος εἶπεν·

ἀνδρὸς μὲν παῖδες στέφανος, πύργοι δὲ πόληος,
ἵπποι δ' ἐν πεδίῳ κόσμος, νῆες δὲ θαλάσσης,
115 χρήματα δ' αὔξει οἶκον· ἀτὰρ γεραροὶ βασιλῆες
ἥμενοι εἰν ἀγορῇ κόσμος τ' ἄλλοισιν ὁρᾶσθαι,
αἰθομένου δὲ πυρὸς γεραρώτερος οἶκος ἰδέσθαι.

ὁ αὐτὸς Ὅμηρος μέλλων πλεῖν καὶ τῶν ναυτῶν δεξαμένων
αὐτὸν ἐμβὰς εἰς τὴν ναῦν ἔφη τὰ ἔπη ταῦτα·

120 κλῦθι Ποσείδαον μεγαλοσθενές, ἐννοσίγαιε
εὐρυχόρου μεδέων ἠδὲ ξανθοῦ Ἑλικῶνος,
δὸς δ' οὖρον καλὸν καὶ ἀπήμονα νόστον ἀρέσθαι
ναύταις οἳ νηὸς πομποὶ ἠδ' ἀρχοὶ ἔασιν.

102 τοὺς om. R¹   κέρκωπας P³ : κέρκοπας P²   104 ὁμήρῳ Bm
E O¹ P¹ P² P³ R¹ R² : ὁμήρου ἐστιν O³   105 ἐμβολισσῷ E F O¹ O³
P¹ P² P³   106 καροτρόφον P³   107 καὶ κουροτρόφε O¹   108 ἀπα-
νήσασθαι E : μὲν ἀπανήνασθαι Bm P⁴ R² : μὲν ἀνήνασθαι cet. : ἀπαρνή-
σασθαι R¹   110 οὐρην, ss. αἱ R¹   ἀπήμβλυνται P²   μενηνᾷ
E   111 φρύτραν P²   πῦραν ἔκαυσαν O¹ : ἀνέκαυσεν R¹   113 στέφανος
Bm O³ P⁴ V² : στέφανοι cet.   114 δ' ἐν θαλάσσαις codd. (θαλάσσῃ
V²)   115 δ' om. Bm E O³ P¹ P² P³ P⁴ R¹ R²   γερανοὶ O¹   116 ἐν
E P¹ P³ : om. Bm O³ P⁴ R²   117 vers. om. V²   γερανώτερος O¹
118 ὁμήρος πλέ πλεῖν Bm   καὶ τῶν... αὐτὸν om. O³   120 ποσει-
δῶων E   εἰνοσίγαιε V²   122 καὶ] ἠδὲ V²   ἐπήμονα O¹   αἱρέσθαι
O³   123 ναύταις ἠ O¹ : ἠ O³ : νῶτ' ἠ P¹ (ἠ corr. in oἱ) P² P³ : νῶτην E

262

δὸς δ' ἐς ὑπώρειαν ὑψικρήμνοιο Μίμαντος
αἰδοίων μ' ἐλθόντα βροτῶν ὁσίων τε κυρῆσαι   125
φῶτά τε τισαίμην ὃς ἐμὸν νόον ἠπεροπεύσας
ὠδύσατο Ζῆνα ξένιον ξενίην τε τράπεζαν.
ὁ αὐτὸς ἐπιτυχών τισι μέλλουσι πλεῖν εἰς Χίον ἐδεῖτο
αὐτῶν ἀναλαβεῖν αὐτόν. οἱ δὲ οὐκ ἐδέξαντο αὐτόν, καὶ
λέγει τὰ ἔπη ταῦτα·   130

ναῦται ποντοπόροι στυγερῇ ἐναλίγκιοι αἴσῃ
πτωκάσιν αἰθυίῃσιν ἰὸν δύσζηλον ἔχοντες,
αἰδεῖσθε ξενίοιο Διὸς σέβας ὑψιμέδοντος·
δεινὴ γὰρ μετόπισθεν ὄπις ξενίου Διὸς ὅς κ' ἀλίτηται.

τῷ αὐτῷ ἀναπαυομένῳ τὴν νύκτα ὑπὸ πίτυν ἐπιπίπτει 135
καρπός, ὃν μετεξέτεροι στρόβιλον, οἱ δὲ κῶνον καλοῦσι.
καὶ λέγει τάδε·

ἄλλη τίς σου πεύκη ἀμείνονα καρπὸν ἀνήσοι
Ἴδης ἐν κορυφῆσι πολυπτύχου ἠνεμοέσσης·
ἔνθα σίδηρος ἄριστος ἐπιχθονίοισι βροτοῖσιν   140
ἔσσεται εὖτ' ἄν μιν Κεβρήνιοι ἄνδρες ἔχωσιν.

ὁ αὐτὸς δειπνῶν μετὰ Γλαύκου καὶ τῶν κυνῶν ἑστώτων
καὶ ὑλακτούντων καὶ δειπνησάντων λέγει τάδε·

Γλαῦκε βροτῶν ἐπιόπτα ἔπος τί σοι ἐν φρεσὶ θήσω·
πρῶτον μὲν κυσὶ δεῖπνον ἐπ' αὐλείῃσι θύρῃσι   145

124 δὸς δ' οἱ ὑπώρειαν Ο¹   ὑψικρήμνοις Ο³   125 αἰδοῖον Bm P⁴
R² μετελθόντα codd.   κηρῦσαι Ο³   126 λιτισαίμην Ο³ ὑπεροπεύσας
E P²: ἠπεροπεύσας Ο³   127 ὠδύσατο δὲ Bm P⁴   ὠδύσατο ξενίοιο
διὸς σέβας ὑψιμέδοντος ex 133 E P¹ P² P³ ;ξένιον P² P³)   128 ὅτι ὁ
αὐτὸς P³   ὁ om. E Ο¹ P¹   ἐπιτυχόντι P³   τισι] τι Ο¹ P¹ (σι ss.
in. rec.)   ἐδεῖτο αὐτὸν λαβεῖν, om. αὐτῶν Ο³   128-133 om.
P²   130 τάδε τὰ ἔπη Ο³ : τάδε R¹   131 ποντιπόροι Ο³ στυγεροὶ
E F R¹   132 πτωκᾶσιν Ο¹ P¹ P³   αἰθύησιν Bm P⁴   133 αἰδεῖσθε
Bm Ο³ P¹ P⁴ P³ P⁴ R² : σθαι cet.   134 δεινὸς Ο³   ὄπις ξενίου, om.
Διός, E (ξενίων) Ο¹ P¹ P² P³ : ξενίων om. διὸς R¹   μετόπισθε ξενίου
διὸς Bm Ο³ P⁴ R²   135 ἀναπαυσαμένῳ Ο³   κατὰ νύκτα
Ο³   ἐπιπίπτει αὐτῷ Bm P⁴ R²   136 στρόβιλον, ρ add., P⁴ : στρό-
βϋλον E P²   κόνον Ο³   138 ἀνίσοι Ο³ : ἀνήσει E   139 κορυ-
φοῖσι Ο³   140 ἄριστος om. Bm R²   143 λέγει τάδε om. E
P¹ P³ : φησὶ P²   144 βοτῶν Küster τί τοι Bm Ο³ R² ἐν ἐν φρεσὶ
Ο³   145 αὐλίῃσι Bm Ο³ P⁴ R² : -οίῃσι P³ : -ίοισι cet.

δοῦναι· τὼς γὰρ ἄμεινον· ὁ γὰρ καὶ πρόσθεν ἀκούει
ἀνδρὸς ἐπερχομένου καὶ ἐς ἔρκεα θηρὸς ἰόντος.

ταῦτα ἀκούσας ὁ Γλαῦκος ἐθαύμασε.   τὸν αὐτὸν ἰδόντες
κεραμέες κάμινοι· ἐγκαίοντες κεράμου λεπτοῦ, προσεκαλέ-
150 σαντο αὐτόν, πεπυσμένοι ὅτι σοφὸς εἴη· καὶ ἐκέλευον
σφίσι ἀείσαι, φάμενοι δώσειν αὐτῷ τοῦ κεράμου.   ὁ δ᾿
Ὅμηρος ᾄδει αὐτοῖς τὰ ἔπη ταῦτα, ἃ καλεῖται κάμινος·

εἰ μὲν δώσετε μισθὸν ἀοιδῆς ὦ κεραμῆες
δεῦρ᾿ ἄγ᾿ Ἀθηναίη καὶ ὑπέρσχεθε χεῖρα καμίνου·
155 εὖ δὲ μαρανθεῖεν κότυλοι καὶ πάντα μάλευρα
φρυχθῆναί τε καλῶς καὶ τιμῆ ὄνειαρ ἐλέσθαι.
πολλὰ μὲν εἰν ἀγορῆ πωλεύμενα, πολλὰ δ᾿ ἀγυιαῖς,
πολλὰ δὲ κερδῆναι· ἡμῖν δὲ δὴ ὥς σφιν ἀείσαι.
ἢν δ᾿ ἐπ᾿ ἀναιδείην στρεφθέντες ψεύδε᾿ ἄρησθε
160 συγκαλέω δὴ ἔπειτα καμίνων δηλητῆρας
συντρίψαι, Σμάραγόν τε καὶ Ἄσβεστον ἠδὲ Σαβάκτην
Ὠμόδαμόν θ᾿ ὃς τῆδε τέχνη κακὰ πολλὰ πορίζοι.
† στεῖλαι πυραίθουσαν καὶ δώματα· σὺν δὲ κάμινος
πᾶσα κυκηθείη κεραμέων μέγα κωκυσάντων.
165 ὡς γνάθος ἱππείη βρύκει βρύκοι δὲ κάμινος,
πάντ᾿ ἔντοσθ᾿ αὐτῆς κεραμήια λεπτὰ ποιοῦσα.

146 δῆναι P¹ : δῦναι E   τὼς Bm P⁴ : πῶς O³   148 ὅτι τὸν αὐτὸν
P³   καὶ κεραμέες P²   αὐτὸς εἴς τινας κεραμεῖς κάμινον ἐκκάοντας
ᾄδει ταῦτα τὰ ἔπη ἃ καλεῖται κάμινος· εἰ μὲν κτλ. O³   149 ἐγκάοντες
Bm O¹ P³ P⁴ R²   κέραμος P³   152 αὐτοῖς om. O³   καλοῦνται
E R¹   154 δεῦρ᾿ ἀγαθὴ γαίη codd. (-θῆ -η R¹)   ὑπέρσχελε P³ :
ὑπέρχεσθε O³ R¹   155 μαρανθεῖαν O¹ : μαραθ- R¹ : μαραθοῖεν E
μάλ᾿ ἱερὰ E O¹ P¹ P² P³ R¹ : ἱρὰ cet. correximus   156 ita E P¹ P² :
τιμῆ ὄνειαν P³ : τιμῆς ὄνειαρ O¹ : τιμῆς ὄναρ Bm O³ P⁴ R²   157, 158
πολλὰ δὲ κερδῆναι· ἡμῖν μὲν εἰν ἀγορῆ πωλεύμενα πολλὰ δ᾿ ἀγυιαῖς
πολλὰ δὲ κερδῆναι R¹   157 πολλὰ γὰρ O⁵   εἰς ἀγορῆ P³   πωλεύ-
μενα Bm O¹ O³ P⁴ : -ούμενα cet.   158 κερδῆσαι R²   δὴ om.
O⁵   159 ἐπαναιδίην P¹ P³ : ἀναιδίην P² : ἐπαραιδίην O¹ : ἀναιδίης O³ : -είηισ
P⁴ : -είησι Bm R²   τρεφθέντες O³   ψεύδη Bm E O¹ O³ P¹ P² P³ P⁴ R¹
in ψεύδη explic. R¹   161 συντρίψω Bm O³ P⁴ R²   σμαράγων τε
E P¹ P³   162 ὣς E F O¹ O³ P² P⁴ R²   πολλὰ om. O³   πορίζει
Bm O¹ P⁴ R² : πορίξει P¹ P³ : παρέξει E   165 βρύκει om. E F O¹ P¹ P²
P³   βρύκοι om. Bm O³ P⁴ R²   166 πάντα ἔντοσθεν Bm E O¹
O³ P² P³ P⁴ R²   αὐτοῖς E   ποιοῦσα P⁴ : ποοῦσα Bm O³

δεῦρο καὶ Ἡελίου θύγατερ πολυφάρμακε Κίρκη
ἄγρια φάρμακα βάλλε, κάκου δ᾽ αὐτούς τε καὶ ἔργα.
δεῦρο δὲ καὶ Χείρων ἀγέτω πολλοὺς Κενταύρους
οἵ θ᾽ Ἡρακλῆος χεῖρας φύγον οἵ τ᾽ ἀπόλοντο.   170
τύπτοιεν τάδε ἔργα κακῶς, πίπτοι δὲ κάμινος.
αὐτοὶ δ᾽ οἰμώζοντες ὁρῴατο ἔργα πονηρά·
γηθήσω δ᾽ ὁρόων αὐτῶν κακοδαίμονα τέχνην.
ὃς δέ χ᾽ ὑπερκύψῃ περὶ τούτου πᾶν τὸ πρόσωπον
φλεχθῇ ὅπως πάντες ἐπίστωνται αἴσιμα ῥέζειν.   175
ὁ αὐτὸς παραχειμάζων ἐν τῇ Σάμῳ καὶ προσπορευόμενος
πρὸς τὰς οἰκίας τῶν ἐπιφανεστάτων ἐλάμβανέ τι ἀείδων τὰ
ἔπεα ταῦτα ἃ καλεῖται Εἰρεσιώνη.   ὡδήγουν δ᾽ αὐτὸν καὶ
συμπαρῆσαν ἀεὶ τῶν παίδων τινὲς τῶν ἐγχωρίων·

δῶμα προσετραπόμεσθ᾽ ἀνδρὸς μέγα δυναμένοιο,   180
ὃς μέγα μὲν αὐτεῖ μέγα δὲ βρέμει ὄλβιος αἰεί·
αὐτὰρ ἀνακλίωεσθε θύραι, πλοῦτος γὰρ ἔπεισι
πολλός, σὺν πλούτῳ δὲ καὶ εὐφροσύνη τεθαλυῖα,
εἰρήνη τ᾽ ἀγαθή· ὅσα δ᾽ ἄγγεα μεστὰ μὲν εἴη,
κυρκαίη δ᾽ αἰεὶ κατὰ δόρπου ἕρπεο μάζα.   185
νῦν μὲν κριθαίην εὐώπιδα σησαμόεσσαν,
τοῦ παιδὸς δὲ γυνὴ κατὰ δίφρακα βήσεται ὑμνεῖν.
ἡμίονοι δ᾽ ἄξουσι κραταίποδες ἐς τόδε δῶμα,

167 ἠελίοιο Bm E O³ P⁴ : ἠλίοιο O¹ : ἠλίοιο E P¹ P² P³   κύρκη P⁸
168 βάλης O¹ : βάλε (ss. λ) κάκκου Bm   169 δὴ Bm P⁴
R²   πολλέας E : πουλέις R²   170 φύσαν O³ P⁴ R²   οἵθ᾽ O³ R²   ἄπωλ-
λον P² : ἀπώλον E P³   171 πίπτει O¹   172 οἰμώζοντο P¹ P²
P³   ἐρώατο O¹ P¹ P³ : ἐρώατο E P² : ὡράοτο Bm   173 ὁρόων B O¹ O³
P² P³ P⁴ R² : ἐρ ίων E P¹   174 ὑπερκύψοι Bm O¹ P⁴ R² : -κύψη (ss. οι)
O³ : -ψει E P¹ P² P³   175 ἐπίστανται E O¹ P¹ P² P³   177 πρὸς
P⁴ : εἰς cet.   τῶν . . . 179 ἐγχωρίων] ἥδε τὰ ἔπη ταῦτα ἃ καλεῖται
εἰρεσιώνη. ὡδήγουν δὲ αὐτὸν ἀεὶ παῖδες O³   178 δ᾽ om. E F O³
δὲ ἀεὶ om. αὐτὸν P²   αὐτῶ E   179 συμπαρῆσαν τινες τῶν ἐγχωρίων
παίδων P²   180 δυναμένου O³   182 ἀνακλίνασθαι (ss. ε)
O¹   183 πουλύς V² : πολύς Bm E O¹ O³ P¹ P² P³ P⁴ R²   καὶ om. E
O¹ P¹ P² P³ P⁴   184 τ᾽] δ᾽ P⁴   185, 186 om. V²   185 κυρκέη
O³   186 σαμόεσσαν E P¹ P² P³   187 ita P⁴ : καταδίφρα καβήσεται
Bm : καταβήσεται E O¹ P¹ P² P³ : καταβοήσεται O³   188 δ᾽ αὔξουσι
Bm E O¹ O³ P¹ P² P³ P⁴ R²

αὐτὴ δ᾽ ὕφαιν᾽ ἱστὸν ἐπὶ λέκτρα βεβηκυῖα

190   νεύμαί τοι νεύμαι ἐνιαύσιος ἔστε χελιδὼν
ἑστήκῃ προθύροις ψιλὴ πόδας· ἀλλὰ φέρ᾽ αἶψα
†πέρσαι τῷ ᾿Απόλλωνος γυιάτιδοϛ†

καὶ

εἰ μέν τι δώσεις, εἰ δὲ μὴ οὐχ ἑστήξομεν,
195   οὐ γὰρ συνοικήσοντες ἐνθάδ᾽ ἤλθομεν.

ἤδετο ταῦτα ἐπὶ πολὺν χρόνον παρὰ τῶν παίδων ἐν τῇ
Σάμῳ. ἀπήρχετο δ᾽ εἰς ῎Ιον, καὶ κατὰ τὴν ὁδὸν ἤρξατο
μαλακῶς ἔχειν. καὶ ἐξελθὼν ἐκ τοῦ πλοίου ἀνεπαύετο ἐπὶ
τῆς κυματωγῆς ἐπὶ πλείους ἡμέρας. κατέπλωσαν δὲ παῖδες
200 ἁλιεῖς, καὶ ἐκβαίνοντες ἐκ τοῦ ἀκατίου προσελθόντες πρὸς
αὐτὸν εἶπον ἄγετε ὦ ξένοι ἐπακούσατε ἡμέων ἦν ἄρα
δύνησθε ἀναγνῶναι ἅσσ᾽ ἂν ὑμῖν εἴπωμεν. καί τις τῶν
παρεόντων ἐκέλευε λέγειν. οἱ δ᾽ εἶπον· ἡμεῖς ἄσσ᾽ ἂν
ἕλωμεν κατελίπομεν· ἃ δὲ μὴ εἵλομεν φέρομεν. οἱ δέ φασι
205 μέτρῳ εἰπεῖν αὐτούς·

ἄσσ᾽ ἕλομεν λιπόμεσθα· ἃ δ᾽ οὐχ ἕλομεν φερόμεσθα.

189 δ᾽ om. E P¹ P² P³   ἐπὶ] ὡς E O¹ P¹ P² P³   βεβακυῖα O³
189-195 om. V²   190 ita vit. Herod 476   νεύματι codd.   τυ
(ss. οι) O¹ P² P³ : τῦϊσ P² : τοι cet   εὐμαὶ Bm P⁴ R² : εὔμαιον
cet.   ἔστε] ἔσται codd. : ὥστε vit. Herod.   191 ἔστηκε codd. cor-
reximus   προθύροις Bm P⁴: πρὸ θύρης cet.   ψιλὴ πόδας gracilis
pedibus bene vertit Ilgen, nam εὔπτερα μὲν κακόποδα δ᾽ ἐστίν, οἶον
χελιδὼν καὶ δρεπανίς ... φαίνεται δ᾽ ὁ μὲν ἄκους πᾶσαν ὥραν Arist. 487
b 25   192 περσᾶϊ O³   γυάτιδος Bm P⁴ R²   an πέρσει ᾿Απόλλωνος
λιγυαστάδου coll. Clearch. ap. Athen. 647 D, Solon 20. 3 ubi eadem
fere corruptio (ἀγυιὰς ταδί).   ἀγυιεύς. ἀγυιάτης sim. vetare videntur
numeri   193 continuata l aec omnia distinxit Valckenaer
194 τῖσ δώσεις P²   ἐστίξομεν O³ : ἐλήξομεν E (ελ-) P² P³: ἐξήξομεν
F O¹ : οὐκ ἐάσομεν carmen P. L. G. iii. 671   196 ἤδετο ... σάμῳ om
O³   ἐν γῇ σάμῳ P² P³   198 ἀνεπαύσατο P³   199-212 post
ἡμέρας ita O³ : ὅτε καὶ τὸ τῶν ἁλιέων ἐλέχθη· ἃς ἕλομεν κτλ. ὧν ἀκούσαι
ὅμηρος εἶπε τοίων κτλ.   199 κυματώδους γῆς Bm O³ P⁴ R²   κατέ-
πλωσαν Bm O¹ O³ P⁴: κατέπλευσαν cet.   200 ἐκβάντες R²   201 εἶπον
om. O¹   ἄγε Bm E F O¹ O² P¹ P² P³ P⁴ R²   202 ἀναγνῶναι ἡμεῖς
Bm   203 εἶπαν Bm E F O² P¹ P² P³ P⁴ R²   ἂν R²: ἃς O³   204 κατε-
λείπομεν (ss. ι) O²: κατελίπομεν Bm P⁴ R²   206 ἃς O³: ἄσσ᾽ ἂν
R²   εἵλομεν R²   λειπόμεσθα O¹ O³ R²: λειπόμεθα Bm E P¹
P² P³ P⁴   ἃ δ᾽ οὐχ om. O³   εἵλομεν Bm O³ P⁴ R²

οὐ δυναμένων δὲ τῶν παρόντων γνῶναι τὰ λεχθέντα,
διηγήσαντο οἱ παῖδες ὅτι ἁλιεύοντες οὐδὲν ἐδύναντο ἑλεῖν,
καθήμενοι δὲ ἐν τῇ γῇ ἐφθειρίζοντο. καὶ ὅσους μὲν
ἔλαβον τῶν φθειρῶν, ἀνεῖλον· ὅσους δὲ μὴ ἠδύναντο, εἰς 210
οἶκον ἀπεφέροντο. ὁ δ᾿ Ὅμηρος ἀκούσας ταῦτα ἔλεγε τὰ
ἔπη ταῦτα·

> τοίων γὰρ πατέρων ἐξ αἵματος ἐκγεγάασθε
> οὔτε βαθυκλήρων οὔτ᾿ ἄσπετα μῆλα νεμόντων.

ἐκ δὲ τῆς ἀσθενείας ταύτης συνέβη τὸν Ὅμηρον τελευτῆσαι 215
ἐν τῇ Ἴῳ, οὐ παρὰ τὸ μὴ γνῶναι τὸ παρὰ τῶν παίδων
λεχθὲν κάθαπερ οἴονταί τινες, ἀλλὰ τῇ μαλακίᾳ. καὶ
ἐτάφη ἐν τῇ Ἴῳ ἐπ᾿ ἀκτῆς καὶ ἐπέγραψαν οἱ Ἰῆται ἐπί-
γραμμα·

> ἐνθάδε τὴν ἱερὰν κεφαλὴν κατὰ γαῖα καλύπτει   220
> ἀνδρῶν ἡρώων κοσμήτορα θεῖον Ὅμηρον.

ἡ δὲ ποίησις ἐκπέπτωκε καὶ ἐθαυμάζετο ὑπὸ πολλῶν.

O² f. 191 post νύμφης (v. 2) hanc epitomen habet:

σμυρναῖος· ἢ χῖος· ἢ κῦμαῖοσ ἐκλ δὲ ὅμηρος διὰ τὸ πολέμου ἐνιστα-
μένου σμυρναίοις πρὸς κολοφωνίους ὅμηρον δοθῆναι· τινὲς δὲ φ μετὰ ρ'ξ
ἔτη τῆς ἰλίου ἁλώσεως τεχθῆναι τὸν ὅμηρον· ποιήματα δὲ αὐτοῦ ἀναμ-
φίλεκτα ἰλιὰς καὶ ὀδύσσεια· ἐγρ᾿ δὲ τὴν ἰλιάδα οὐχ ἅμα οὐδὲ κατὰ τὸ
συνεχὲς καθάπερ σύγκειται· ἀλλ᾿ αὐτὸς μὲν ἑκάστην ῥαψῳδίαν γράψας καὶ
ἐπιδειξάμενος τῷ περινοστεῖν τὰς πόλεις τροφῆς ἕνεκα ἀπέλιπεν· ὕστερον
δὲ συνετέθη ὑπὸ πολλῶν· καὶ μάλιστα ὑπ᾿ πεισιστράτου τοῦ τῶν ἀθηναίων
τυρα´νν ἀναφέρεται δὲ εἰς αὐτὸ· καὶ ἄλλα τινὰ ποιήματα ἀμαζονία· ἰλιὰς
μικρὰ· νόστοι· ἐπικιχλίδες· μῦϊβατραχομαχία· (μῦο fort. add. m. p.)
ἀραχνομαχία· καὶ ἕτερα ἐτελεύ᾿ δὲ γηραιὸσ· τυφλὸς ἐκ παίδων γεγονώς·
τὸ δ᾿ ἀληθὲς ὅτι οὐχ ἡττήθη ἐπιθυμίας· ἢ διὰ τῶν ὀφθαλμῶν ἄρχεται διὰ
τοῦ ἱστορήθη τυφλὸς· [f. 291 v.] ἐπιγέγραπ δὲ ἐν τῷ τάφῳ αὐτοῦ τόδε τὸ
ἐλεγεῖον ὃ ὑπὸ τῶν ἰητῶν ἐποιήθη χρόνον· ἐν τῇ νήσῳ γὰρ τῇ ἴῳ τέθαπται·
ἔστι δὲ τὸ ἐπίγρ τόδε· ἐνθάδε τὴν ἱερὴν κεφαλὴν κατὰ γαῖα καλύπτει

208 διηγήσαντό (ss. οἱ) οἱ R²   ἐλθεῖν, θ expunct. accent. add. m.
al., P¹ : εὑρεῖν P²   210 ἀνήρουν Bm P⁴ R²   καὶ ὅσους P¹ : ὁ δὲ
μὴ ἠδ. O¹   μὴ om. Bm   ἐδύναντο Bm O² R²   211 ἀκούσας
om. E   τὰ om. P³   τά δὲ R²   215 ταύτης om. O³   συνέ
τὸν O³   τελευτῆσαι sqq. | ἀποθανεῖν οὐχὶ ὥς τινες λέγουσι παρὰ
τὸ μὴ γνῶναι τὸ λεχθὲν παρὰ τῶν ἁλιέων· οἱ δὲ ὁδηγοῦντες αὐτὸν παῖδες
ἐπὶ πολὺν χρόνον ἔψαλον (ss. λ) του (ss. τ΄) ἐν τῇ σάμω τὰ ἔπη ταῦτα
[fin.]   216 οὐ] καὶ Bm P⁴   218 τὸ προρρηθὲν ἐπίγραμμα P² [om.
epigrammate]   220 ἱερὴν P¹ P³ : ἱερὰν (ss. ἡ) P⁴   222 πάντων R²

SVIDAS

ἀνδρῶν ἡρώων κοσμήτορα θεῖον ὅμηρον. τοῦ ἐντυχόντες ἁλιεῖς πρὸς
αὐτὸν εἶπον· ἄγε ὦ ξένοι ἐπακούσατε ἡμέων ἂν ἄρα δύνησθε ἀναγνῶναι
ἅσσ' ἂν ὑμῖν εἴπωμεν· καί τις τῶν παρεόντων ἐκέλευε λέγειν· οἱ δὲ εἶπον·
ἡμεῖς ἅσσ' ἂν εἴλομεν κατελέίπομεν· ἃ δὲ μὴ εἴλομεν φέρομεν. οὐ δυνα-
μένων δὲ τῶν παρόντων γνῶναι τὰ λεχθέντα διηγή"' οἱ παῖδες. ὅτι
ἁλιεύοντες οὐδὲν ἠδύναντο ἑλεῖν· καθήμενοι δὲ ἐν τῇ γῇ ἐφθειρίζοντο· καὶ
ὅσους μὲν ἔλαβον τῶν φθειρῶν ἀνεῖλον· ὅσους δὲ μὴ ἐδύναντο εἰς οἶκον
ἀπεφέροντο· ὁ δὲ ὅμηροσ ἀκούσας ταυτ' ἔλεγε τὰ ἔπη τάδε· τοίων γὰρ
πατέρων ἐξ αἵματος ἐκγεγάασθε· οὔτε βαθυκλήρων οὔτε ἄσπετα μῆλα
νεμόντων· ἐτελεύ γοῦν ὅμηρος μαλακισθείς· οὐ παρὰ τὸ μὴ γνῶναι τὸ ͂ τῶν
παίδων λεχθέν· καθάπερ οἴονταί τινες· ἀλλὰ τῇ μαλςκία :—[fin]

INDEX NOMINVM HYMNORVM

INDEX NOMINVM HYMNORVM

271

INDEX NOMINVM HYMNORVM

272

INDEX NOMINVM HYMNORVM

INDEX NOMINVM CYCLI EPICI ET FRAGMENTORVM HOMERICORVM

INDEX NOMINVM CYCLI EPICI ET

274

FRAGMENTORVM HOMERICORVM

INDEX NOMINVM
BATRACHOMYOMACHIAE

INDEX NOMINVM BATRACHOMYOMACHIAE

NOMINA PROPRIA VITARVM

NOMINA PROPRIA VITARVM

NOMINA PROPRIA VITARVM